KURT ALAND

REPERTORIUM DER
GRIECHISCHEN CHRISTLICHEN PAPYRI
I

PATRISTISCHE TEXTE UND STUDIEN

IM AUFTRAG DER

PATRISTISCHEN KOMMISSION

DER AKADEMIEN DER WISSENSCHAFTEN
IN DER
BUNDESREPUBLIK DEUTSCHLAND

HERAUSGEGEBEN VON

K. ALAND UND W. SCHNEEMELCHER

BAND 18

WALTER DE GRUYTER · BERLIN · NEW YORK
1976

REPERTORIUM DER GRIECHISCHEN CHRISTLICHEN PAPYRI

I

BIBLISCHE PAPYRI

ALTES TESTAMENT, NEUES TESTAMENT
VARIA, APOKRYPHEN

IM NAMEN DER PATRISTISCHEN ARBEITSSTELLE MÜNSTER

HERAUSGEGEBEN VON
KURT ALAND

WALTER DE GRUYTER · BERLIN · NEW YORK
1976

Gedruckt mit Unterstützung der Deutschen Forschungsgemeinschaft

CIP-Kurztitelaufnahme der Deutschen Bibliothek

Repertorium der griechischen christlichen Papyri
im Namen d. Patrist. Arbeitsstelle Münster
hrsg. von Kurt Aland.
NE: Aland, Kurt [Hrsg.]; Patristische Arbeitsstelle
〈Münster, Westfalen〉
1. Biblische Papyri: Altes Testament, Neues Testament,
Varia, Apokryphen.
  (Patristische Texte und Studien; Bd. 18)
  ISBN 3-11-004674-1

Satz und Druck: Walter de Gruyter & Co., Berlin 30
Bindearbeiten: Wübben u. Co., Berlin 42
Printed in the Netherlands

INHALTSVERZEICHNIS

ABKÜRZUNGEN

1. Biblische Bücher

Altes Testament

Gen	Genesis
Ex	Exodus
Lev	Leviticus
Num	Numeri
Deut	Deuteronomium
Jos(ue)	Josua
Jud(icum)	Richter
Ruth	Rut
Regn(orum) I—IV	Könige 1—4
Par(alipomenon) I, II	Chronik 1, 2
Esdr(ae) I, II	Esra 1, 2
Est(her)	Ester
Jdt	Judit
Tob(it)	Tobit
Mac(habaeorum) I—IV	Makkabäer 1—4
Ps(almi)	Psalmen
Od(ae)	Oden
Prov(erbia)	Sprüche
Eccl(esiastes)	Prediger
Cant(icum)	Hoheslied
Job	Job
Sap(ientia)	Buch der Weisheit
Sir(acides)	Jesus Sirach
Ps(almi) Sal(omonis)	Psalmen Salomos
Os(ee)	Hosea
Am(os)	Amos
Mich(aeas)	Micha
Joel	Joel
Abd(ias)	Obadja
Jon(as)	Jonas
Nah(um)	Nahum
Hab(acuc)	Habakuk
Soph(onias)	Zephanja
Agg(aeus)	Haggai
Zach(arias)	Sacharja

Mal(achias)	Maleachi
Is(aias)	Jesaja
Ier(emias)	Jeremia
Bar(uch)	Baruch
Thr(eni) seu Lam(entationes)	Klagelieder
Ep(istula)Ier(emiae)	Brief des Jeremias
Ez(echiel)	Ezechiel
Sus(anna)	Susanne
Dan(iel)	Daniel
Bel	Bel und Draco

Neues Testament

Matth (Mt)	Matthäusevangelium
Mark (Mk)	Markusevangelium
Luk (Lk)	Lukasevangelium
Joh (Jh)	Johannesevangelium
Apg	Apostelgeschichte
Röm	Römerbrief
1. 2. Kor	1. 2. Korintherbrief
Gal	Galaterbrief
Eph	Epheserbrief
Phil	Philipperbrief
Kol	Kolosserbrief
1. 2. Thess	1. 2. Thessalonicherbrief
1. 2. Tim	1. 2. Timotheusbrief
Tit	Titusbrief
Philem	Philemonbrief
Hebr	Hebräerbrief
Jak	Jakobusbrief
1. 2. Petr	1. 2. Petrusbrief
1. 2. 3. Joh	1. 2. 3. Johannesbrief
Jd	Judasbrief
Apk	Apokalypse

2. Allgemeines

?	keine oder nicht ausreichende Information
A	Anfang
Abb	Abbildung
Anm	Anmerkung
ca	circa
cod(d)	Kodex (Kodizes)
col(l)	Kolumne(n)
E	Ende
ed(d)	herausgegeben von
Ev(v)	Evangelium(en)
faij	faijumisch

fol(l)	Blatt (Blätter)
fr(r)	Fragment(e)
id	idem
Inv	Inventar
kopt	koptisch
lin(n)	Zeile(n)
lit(t)	Buchstabe(n)
LXX	Septuaginta
M	Mitte
MT	Masoretischer Text des AT
Nr	Nummer
o	oder
p(p)	Seite(n)
pl	plate, Tafel
r	recto
sn	ohne Inventarnummer
sq(q)	folgende
tab	tabula, Tafel
u	und
v	verso
vgl	vergleiche
vol	Band

3. Literatur

ACl	L'Antiquité Classique, Brüssel
Aeg	Aegyptus, Rivista Italiana di Egittologia e di Papirologia, Mailand
AFP	Archivum Fratrum Praedicatorum, Rom
AGG	Abhandlungen der Königlichen Gesellschaft der Wissenschaften zu Göttingen, Göttingen
AJA	American Journal of Archaeology, Princeton
AJPh	American Journal of Philology, Baltimore
AJSLL	The American Journal of Semitic Languages and Literatures, Chicago
Aland, Liste	Kurzgefaßte Liste der griechischen Handschriften des Neuen Testamentes, ANTF 1 (1963)
Aland, Materialien	Materialien zur neutestamentlichen Handschriftenkunde I, ANTF 3 (1969)
Aland, Papyrus	Das Neue Testament auf Papyrus, Studien zur Überlieferung des Neuen Testamentes und seines Textes, ANTF 2 (1967) pp 91—136
AnBi	Analecta Biblica, Rom
ANTF	Arbeiten zur neutestamentlichen Textforschung, Berlin
AOAW	Anzeiger der österreichischen Akademie der Wissenschaften in Wien, Phil.-hist. Klasse, Wien
APF	Archiv für Papyrusforschung, Leipzig
APh	Archives de philosophie, Paris
ASNSP	Annali della Scuola Normale Superiore di Pisa. Lettere, Storia e Filosofia, Florenz

Fitzmyer	J. A. Fitzmyer, The Oxyrhynchos Logoi of Jesus and the Coptic Gospel according to Thomas, ThSt 20 (1959), pp 505—560
FoFo	Forschungen und Fortschritte, Berlin
GCS	Die griechischen christlichen Schriftsteller der ersten Jahrhunderte, Leipzig
Gn	Gnomon, Berlin — München
GrRoBySt	Greek, Roman and Byzantine Studies, San Antonio (Texas)
GTT	Gereformeerd theologisch tijdschrift, Aalten
Gy	Gymnasium, Zeitschrift für Kultur der Antike und humanistische Bildung, Heidelberg
HAB	Harvard Alumini Bulletin, Cambridge (Mass.)
Hennecke-Schneemelcher	E. Hennecke / W. Schneemelcher, Neutestamentliche Apokryphen, vol I Evangelien, Tübingen 1959³, vol II Apostolisches, Apokryphen und Verwandtes, Tübingen 1964³
HStUnBi	Veröffentlichungen aus der Hamburger Staats- und Universitäts-Bibliothek, Glückstadt und Hamburg
HThR	Harvard Theological Review, Cambridge (Mass.)
ICC	International Critical Commentary of the Holy Scriptures of the Old and New Testament, Edinburgh
ILN	Illustrated London News, London
Iura	Iura, Rivista Internazionale di Diritto Romano e Antico, Neapel
JAOS	Journal of the American Oriental Society, Baltimore
JBL	Journal of Biblical Literature, Philadelphia
JEgArch	Journal of Egyptian Archaeology, London
Jellicoe	S. Jellicoe, The Septuagint and Modern Study, Oxford 1968
JHS	Journal of Hellenic Studies, London
JOBG	Jahrbuch der Österreichischen Byzantinischen Gesellschaft, Wien
JRS	Journal of Roman Studies, London
JThS	Journal of Theological Studies, Oxford
ManchGard	The Manchester Guardian Weekly, Manchester
Marien, Catalogus	M. Marien: Catalogus van de egyptische griekse christelijke literaire papyrustexten, Löwen 1947/48
MBE	Monumenta Biblica et Ecclesiastica, Rom
MEL	Monumenta Ecclesiae Liturgica, Paris
Merell, Papyry	J. Merell, Papyry a kritika Novozákonního textu, Prag 1939
Metzger	B. M. Metzger, Annotated Bibliography of the Textual Criticism of the New Testament 1914—1939, Kopenhagen 1955
MPER	Mitteilungen aus der Papyrussammlung der Nationalbibliothek in Wien (Papyrus Erzherzog Rainer), Baden bei Wien
MPhi	Miscellanea philologica, Genua
MUB Gießen	Mitteilungen aus der Papyrussammlung der Gießener Universitätsbibliothek, Gießen
NedThT	Nederlands theologisch tijdschrift, Wageningen
NEKZ	Neue Evangelische Kirchenzeitung, Berlin
NT	Novum Testamentum. An international Quarterly for New Testament and related Studies, Leiden
NTAbh	Neutestamentliche Abhandlungen, Münster/Westf.

SBA	Sitzungsberichte der preußischen Akademie der Wissenschaften, Phil.-hist. Klasse, Berlin
Sc	Scriptorium, Revue internationale des études relatives aux manuscrits, Antwerpen und Brüssel
ScCat	La Scuola Cattolica, Mailand
SEÅ	Svensk Exegetisk Årsbok, Uppsala
SHVSU	Skrifter utgivna av humanistika vetenskapssamfundet i Uppsala, Uppsala
SIF	Studi italiani di filologia classica, Florenz
SO	Symbola Osloenses, Oslo
Soden, Text	H. von Soden, Die Schriften des Neuen Testaments in ihrer ältesten erreichbaren Textgestalt, Text und Apparat, Berlin 1913
Soden, Untersuchungen	H. von Soden, Die Schriften des Neuen Testaments in ihrer ältesten erreichbaren Textgestalt, Untersuchungen I: Die Textzeugen, Berlin 1902; Untersuchungen II: Die Textformen, A: Die Evangelien, Berlin 1906; Untersuchungen III: Die Textformen, B: Der Apostolos mit Apokalypse, Berlin 1910
StDHI	Studia et Documenta Historiae et Juris, Rom
StPap	Studia Papyrologica. Revista Española de Papirología, San Cugat del Vallés (Barcelona)
StR	Studi Religiosi, Florenz
StSe	Studi Senesi, Siena
StT	Stemmen des Tijds, Zutphen
StudEv	Studia Evangelica, I—V=TU 73, 87, 88, 102, 103
StudPal	Studien zur Palaeographie und Papyruskunde, Leipzig
SVTG	Studia in Veteris Testamenti Pseudepigrapha, Leiden
ThLZ	Theologische Literaturzeitung, Leipzig und Berlin
ThRu	Theologische Rundschau, Tübingen
ThSt	Theological Stuides, Woodstock (Maryland)
ThZ	Theologische Zeitschrift, Basel
TSt	Text and Studies, Cambridge
TU	Texte und Untersuchungen zur Geschichte der altchristlichen Literatur, Berlin
UMichSt HumSer	University of Michigan Studies, Humanistic Series, Ann Arbor (Michigan)
Universitas	Universitas, Stuttgart
VBP	Veröffentlichungen aus den Badischen Papyrussammlungen, Heidelberg
VD	Verbum Domini, Rom
VHP	Veröffentlichungen aus der Heidelberger-Papyrussammlung, Heidelberg
VigChr	Vigiliae Christianae, Amsterdam
ViVrem	Vizantijskij Vremennik, Leningrad
VT	Vetus Testamentum. Quarterly published by the International Organisation of Old Testament Scholars, Leiden
WSt	Wiener Studien. Zeitschrift für klassische Philologie, Wien
YLG	Yale University Library Gazette, New Haven (Conn.)

VORWORT

In unserer Generation hat die früher verbreitete „Neigung, die sogenannten literarischen Papyri von der Papyruskunde auszuschließen"
(W. Schubart) deutlich abgenommen. Das beweist allein schon die
Tatsache, daß in den letzten fünf Jahrzehnten nicht weniger als vier
Repertorien der griechischen literarischen Papyri erschienen sind:
von Oldfather 1923[1], von Reggers 1942[2], von Giabbani 1947[3] und
von Pack 1952 in erster[4] und 1965 in zweiter Auflage[5]. Aber erst in der
zweiten Auflage des Packschen Repertoriums tauchen zum erstenmal
christliche Texte auf, noch in der 1. Auflage erklärte Pack, er habe sie
nicht aufgenommen, weil sie zu den antiken Schriftstellern nicht passen
würden[6]. Das Archiv für Papyrusforschung, Zentralorgan der Papyrologen, nahm von den christlichen Papyri in Form von zusammen-
fassenden Berichten nur in seinen ersten beiden Jahrgängen durch
C. Schmidt[7] Notiz, von da ab herrschte absolutes Schweigen, erst
neuerdings, seit dem Jahrgang 19/20, 1969/70 ist es durch K. Treu[8]
gebrochen worden[9]. P. L. Hedley und M. Marien machten einen Ansatz
zur Sammlung der biblischen Papyri, aber ihre Arbeiten kamen über
das Manuskriptstadium nicht hinaus; wer unter der Hand eine Kopie
davon erlangen konnte, schätzte sich glücklich. J. van Haelst ist

---

[1] Charles Henry Oldfather, The Greek Literary Texts from Greco-Roman Egypt,
a Study in the History of Civilization, University of Wisconsin Studies in the Social
Sciences and History Nr 9, Madison 1923

[2] Elisa Reggers, Catalogus van de grieksche letterkundige Papyrusteksten, Philol.
Studien Teksten en Verhandelingen II, 2, Leuven 1942

[3] Laura Giabbani, Testi letterari greci di provenienza egiziana (1920—1945), Pubbli-
cazioni dell' Istituto di papirologia ‚G. Vitelli' della Università di Firenze, Florenz
1947

[4] Roger A. Pack, The Greek and Latin Literary Texts from Greco-Roman Egypt,
Ann Arbor 1952

[5] Roger A. Pack, The Greek and Latin Literary Texts from Greco-Roman Egypt,
Second Revised and Enlarged Edition, Ann Arbor 1965

[6] Pack, Introduction, p 1: "the secular and the non Biblical Christian texts, if presented
together, would form an unnatural combination."

[7] Carl Schmidt, Christliche Texte, Archiv für Papyrusforschung 1901, pp 120—122.
539—544, fortgesetzt in 2, 1903, pp 381—385

[8] Kurt Treu, Christliche Papyri 1940—1967, Archiv für Papyrusforschung 19, 1969,
pp 169—206. Fortsetzungen: Christliche Papyri II, ebda 20, 1970, pp 145—152;
IV, ebda, 22/23, 1974, pp 367—395

[9] Eine Übersicht über die Einzelbesprechungen vgl ebda 21, 1971, pp 217 sqq

ebenfalls seit Jahren mit der Sammlung christlicher Papyri beschäftigt[10], die Resultate liegen noch nicht vor. So betritt dieses Repertorium Neuland, zumal es sehr viel umfassender angelegt ist als die Repertorien bis hin zu Pack; eventuelle Unausgeglichenheiten erklären sich daraus.

Diese relativ ausführliche Form des Repertoriums ist um des Benutzerkreises willen erforderlich. Denn die christlichen literarischen Papyri sind nicht nur Stiefkinder der Papyrologen, sondern gleichzeitig auch der Patristiker, die in der Regel die Veröffentlichungen der Papyrussammlungen unbeachtet lassen, obwohl ihnen etwa von Melito von Sardes oder vom Hirten des Hermas her (für dessen Ausgabe in den GCS neben dem grundlegenden Papyrus Michigan 129 noch 10 weitere Papyri bzw. Fragmente davon benutzt wurden) die Bedeutung der Papyri im Prinzip deutlich ist. Da Indices für christliche Schriftsteller nach dem 2. Jahrhundert sehr dünn gesät sind, wird der mit christlichen Texten nicht vertraute Papyrologe bei einem Fragment sehr schnell resignieren und sich mit der Rubrizierung: „literarisch, christlich" zufrieden geben. Und dabei bleibt es dann, denn die Chance wird dem Fragment nicht zuteil, daß der Patristiker es vor Augen bekäme, aus dessen Spezialschriftsteller der Text stammt, und der ihn deshalb leicht verifizieren könnte.

Mit den neutestamentlichen Papyri steht es dagegen sehr viel besser. Hier existieren nicht nur ausreichende Hilfsmittel, hier ist auch nach der Sensation, die etwa $\mathfrak{P}^{52}$ — das nur handtellergroße Bruchstück mit Versen aus Kap. 18 des Johannesevangeliums aus der Zeit um 125 — gemacht hat (um von den großen Chester Beatty- und den Bodmer-Papyri zu schweigen), die Aufmerksamkeit der Papyrologen groß. So wächst die Zahl der bekannten neutestamentlichen Papyri ständig an: 1935 waren es noch 48, heute sind es 88, und damit ist ganz sicher noch nicht der Endstand erreicht. Hier werden auch von einer Zentrale, im Institut für neutestamentliche Textforschung zu Münster/W, alle Neuentdeckungen und Identifikationen sorgfältig verfolgt und gebucht; ja im Normalfall ist ein neuer neutestamentlicher Papyrus hier lange vor seiner Publikation bekannt, weil die Herausgeber sich hierhin wenden, und sei es auch nur, um eine Nummer in der offiziellen Handschriftenliste dafür zu bekommen.

Anders sieht es schon bei den Septuaginta-Papyri aus. 1914 hat Rahlfs sein Verzeichnis der griechischen Handschriften des Alten Testaments für das Septuaginta-Unternehmen[11] veröffentlicht. Diese

---

[10] Vgl J. van Haelst, A propos du Catalogue raisonné des papyrus littéraires chrétiens d'Egypte grecs et latins, Actes du Xe Congrès international de papyrologues, 3.—9. Septembre 1961, Warschau 1964, pp 215—225

[11] Nachrichten von der Königlichen Gesellschaft der Wissenschaften zu Göttingen. Phil.hist.Klasse, Beiheft, Berlin 1914

Arbeit der Sammlung und Verzeichnung der Handschriften der Septuaginta, unter ihnen auch der Papyri, ist seitdem in der Septuaginta-Arbeitsstelle der Göttinger Akademie fortgeführt worden. Aber hier ist, und nicht nur bei den Papyri, der für das Neue Testament geltende Zustand noch lange nicht erreicht, daß neu auftauchende Texte der Zentrale sogleich zur Kenntnis gebracht werden, geschweige denn, daß sie bereits mit einer Nummer aus der Liste veröffentlicht und in der Literatur mit dieser Nummer zitiert werden. So hat sich im Verlauf der Arbeit am vorliegenden ersten Band des Repertoriums eine große Zahl von bisher nicht verzeichneten LXX-Papyri ergeben; sie erscheinen hier selbstverständlich mit der Nummer, die sie auf unsere Mitteilung hin inzwischen in der Rahlfs-Liste bekommen haben.

Dabei liegt die Frage nahe, ob Papyri des Alten Testaments überhaupt in ein Repertorium der griechischen *christlichen* Papyri gehören und nicht vielmehr dem Judentum zuzurechnen seien. Die Frage ist schnell beantwortet: von sämtlichen in diesem Band enthaltenen LXX-Papyri sind nur verschwindend wenige jüdischer Herkunft, alle anderen sind christlicher Provenienz (weil sie die für christliche Texte charakteristischen Kürzungen für die nomina sacra gebrauchen und nicht eine Umschrift des Tetragramms, an denen man griechische Handschriften jüdischer Provenienz erkennt; außerdem bedeutet die Zugehörigkeit zu einem Kodex von vornherein ein sicheres Indiz für christliche Herkunft). Die LXX ist schon vor 100 n. Chr. von den Christen okkupiert und wird vom Judentum auch der Diaspora, das sich entsprechend dem auch sonst zu beobachtenden Abgrenzungsprozeß auf den masoretischen Text zurückzieht, bald danach aufgegeben.

Die nächste, weiterreichende und wahrscheinlich besonders von Papyrologen gestellte Frage ist die, weshalb dieses Repertorium sich auf die Papyri beschränkt und nicht auch die Pergamente einschließt, die in Ägypten zusammen mit den Papyri gefunden wurden und dementsprechend neben ihnen in den großen Publikationsreihen erscheinen. Papyrus sei schließlich nur ein Beschreibstoff und kein Selektionsprinzip. Das ist ohne Zweifel richtig, wenn allerdings auch im christlichen literarischen Bereich nur begrenzt gültig. Denn hier (vgl z. B. den neutestamentlichen, aber auch den alttestamentlichen Bereich) sind Papyri von vornherein von spezieller Bedeutung, sofern sie aus der Zeit bis zum 4. Jahrhundert stammen, in dem sich die großen Textgruppen formieren. Erst zu dieser Zeit setzt die Konkurrenz der Pergamente im größeren Maßstab ein, so daß der Wert einer Handschrift erst von jetzt ab nur noch durch die Textqualität, nicht aber durch den Beschreibstoff gegeben ist. Vom christlichen Bereich aus ist den Papyrologen außerdem zu entgegnen: sicher ist der Beschreibstoff an sich kein Selektionsprinzip, aber ebensowenig gilt das für den Fundort, ganz abgesehen von der Tatsache, daß wir jetzt Papyri des Alten (vgl AT 18, 22, 142) wie des Neuen Testaments ($\mathfrak{P}^{83}$, $\mathfrak{P}^{84}$) besitzen, die außerhalb Ägyptens gefunden worden sind (in Höhle 4 und 7 von Qumran bzw. Khirbet Mird). Die christliche Literatur in griechischer Sprache ist über das ganze römische Reich verbreitet, Texte lokal-ägyptischen Charakters sind koptisch geschrieben. Außerdem ist das Bild, das die Papyrus-Corpora mit ihrem Einschluß von Pergamenten bieten, nur scheinbar vollständig. Sofern hier die Papyri und Pergamente eines bestimmten Fundorts publiziert werden, ist die ägyptische Provenienz der Pergamente gesichert. Die Herkunft der Pergamente aber, die nicht im Zusammenhang der ursprünglichen Funde blieben, sondern durch private Sammler außerhalb Ägyptens gelangten, kann im Normalfall nicht mehr festgestellt werden. Und sie dürften — insbesondere in englischen, aber auch in französischen und italienischen Bibliotheken und Museen — einen sehr großen Bestand ausmachen. Nur da, wo wir die Geschichte einer Pergamenthandschrift bzw. eines Fragments mit christlichem Text genau verfolgen können, sind Aussagen über die Herkunft möglich. Das geht beim Neuen Testament z. B. so weit, daß selbst Handschriften mit eindeutig ägyptischem Text keineswegs ohne weiteres Ägypten zugeschrieben werden können, denn dieser Texttyp war — wie alles andere im Christentum auch — über das ganze römische Reich verbreitet.

Dazu kommen praktische Überlegungen: sowohl bei den biblischen wie bei den patristischen Handschriften würde der Einschluß der Pergamente Ägyptens nur einen Torso ergeben. Außerdem besitzen wir für das Alte wie für das Neue Testament vollständige Verzeichnisse aller bekannten griechischen Handschriften, für die patristische Literatur (unter Einschluß der Apokryphen) haben wir das zwar noch nicht erreicht, aber erste Schritte in diese Richtung sind — und zwar von der Arbeitsstelle Münster der Patristischen Kommission — bereits getan. Auch von hier aus scheint also der in diesem Repertorium beschrittene Weg der richtige zu sein, mindestens für die beiden ersten Bände, welche die biblischen und die literarischen christlichen Papyri (im zweiten Fall neben den bereits verifizierten auch die, bei welchen die Zuweisung an einen bestimmten Autor noch aussteht) enthalten. Wenn danach die Katalogisierung der liturgischen Papyri, und vor allem wenn schließlich die der nichtliterarischen Papyri in Angriff genommen wird, wird die Frage der Heranziehung der Pergamente noch einmal zu überlegen sein. Beim Bibeltext wie der griechischen patristischen Literatur steht Ägypten im gesamtkirchlichen Zusammenhang, bei der Liturgie finden sich — auch in der Zeit bis zum 5. Jahrhundert, wo Ägypten ganz eng mit der griechisch sprechenden Kirche des Ostens verbunden ist — durchaus eigene Entwicklungen und Tendenzen. Deshalb könnte man hier daran denken, neben den Papyri auch die Pergamente, soweit sie sicher ägyptischer Provenienz sind, aufzunehmen, um ein möglichst vollständiges Material zu gewinnen. Noch mehr gilt das für die nichtliterarischen christlichen Texte. Hier ergibt sich erst aus der Zusammenfassung der Papyri und Pergamente ein vollständiges Bild vom inneren kirchlichen Leben Ägyptens und seiner Frömmigkeit.

Aber bis dahin wird es noch einige Zeit dauern. Wenn jetzt auch die biblischen Papyri vorgelegt werden, so wird bis zum Erscheinen von Band II mit den literarischen christlichen Papyri doch noch einige Zeit vergehen, obwohl schon viel vorbereitende Arbeit in ihn investiert ist. Denn hier multiplizieren sich die Schwierigkeiten, mit denen beim vorliegenden Band zu kämpfen war: unzureichende Editionen oder unvollständige bzw. einander widersprechende Angaben in den Editionen und/oder der Literatur dazu, so daß nur anhand von Fotos einigermaßen Klarheit zu schaffen ist. Insbesondere bei den bisher nicht identifizierten literarischen Papyri wird in vielen Fällen (besonders dann, wenn die Editionen älteren Datums sind) eine Neuedition von Grund auf erforderlich sein, wobei Hilfe von außen nur sehr selten zu erwarten ist, da sich bisher kaum jemand mit diesen Fragmenten beschäftigt hat.

Selbst beim vorliegenden Band war, trotz der im allgemeinen reichlich vorliegenden Literatur — manchmal sogar ihretwegen, und zwar wegen der in ihr vielfach auftretenden Widersprüche — in den meisten Fällen die Heranziehung der Fotos notwendig. Nur mit ihrer Hilfe konnte z. B. entschieden werden, ob es sich bei einem Fragment um den Rest einer Texthandschrift des Alten oder Neuen Testaments handelte oder um ein Amulett, das in die Abteilung Varia zu verweisen war. Nicht wenige Herausgeber gehen ziemlich summarisch mit ihrer Vorlage um; sollten die Fragmente einigermaßen ausreichend beschrieben werden, mußten die fehlenden Angaben nach dem Foto ergänzt werden: das beginnt bei den Größenangaben, setzt sich bei der Entscheidung fort, ob die Texte auf recto oder verso stehen (recto in diesem Repertorium immer = waagerecht verlaufende, verso immer = senkrecht verlaufende Faser) und geht hin bis zur Rekonstruktion des Blattformates, des Aufbaus der Handschrift und der Schriftbeschreibung — um von der Verzeichnung der Orthographica und der nomina sacra zu schweigen. Dennoch baut der vorliegende Band, das muß mit Nachdruck gesagt werden, auf den vorliegenden Editionen und der dazu erschienenen Literatur auf. An zahlreichen Stellen sind deren Angaben kontrolliert und berichtigt oder ergänzt worden, eine völlige Neubearbeitung des umfangreichen Materials war aber schlechterdings nicht möglich, kann auch von einem Repertorium nicht erwartet werden. So sind z. B. bei den Datierungen die verschiedenen Angaben wiederholt worden, die sich in den Editionen bzw. der Literatur zu den einzelnen Papyri finden, mögen sie einander auch energisch widersprechen. Selbst wenn wir es unternommen hätten, eine eigene Datierung vorzunehmen, wäre eine Aufführung der anderen zeitlichen Ansetzungen unvermeidbar gewesen. Bei den neutestamentlichen Papyri liegt z. B. eine solche Neudatierung vor — sie ist mit Hilfe von C. H. Roberts, T. C. Skeat, W. Schubart, H. Hunger und K. Preisendanz unternommen worden —, auch sie ist jedoch nur neben den anderen sonst vorkommenden verzeichnet, mögen diese dem, der an der Neudatierung teilgenommen hat, auch falsch, nicht selten sogar abwegig erscheinen.

Die Beschreibung der Papyri ist nach einem festen Schema aufgebaut: in der Leitzeile ist der Aufbewahrungsort (bzw. die Aufbewahrungsorte) der Papyri mit ihrer Signatur verzeichnet, zusätzlich ist für alttestamentliche Texte die Nummer in der Liste von Rahlfs, für neutestamentliche Texte die in der neutestamentlichen Handschriftenliste angegeben. Es folgt eine möglichst genaue Beschreibung des Inhalts, unter Angabe der Verteilung auf die einzelnen Fragmente sowie ihr recto und verso. Auch wenn die Fragmente auf verschiedene Aufbewahrungsorte verstreut sind, bzw. wenn sie an einem Aufbewahrungsort als verschiedene selbständige Größen geführt werden, sind sie (soweit die paläographischen und sonstigen Voraussetzungen gegeben waren) zu einer Einheit zusammengefaßt. Der nächste Absatz gilt der Beschreibung des Papyrus: Fundort, Zahl und Größe der Fragmente, Rekonstruktion der Blätter bzw. des Aufbaus, Schriftspiegel, Zeilen- und Buchstabenzahl, Beschreibung der Schrift und ihrer Besonderheiten bis hin zu den Orthographica und den vorkommenden nomina sacra[12]. Editionen wie Literatur sind in besonderen Abschnitten verzeichnet, und zwar in chronologisch aufsteigender Reihenfolge: die jüngste steht zuletzt, so daß der Benutzer des Bandes Neuerscheinungen — zumal angesichts des gewählten Wiedergabesystems, das genügend Raum dafür freiläßt — jeweils nachtragen kann. Bei den Editionen hoffen wir vollständig zu sein, für die Literaturangaben gilt das keineswegs. Trotz aller aufgewandten Mühe war es angesichts der Internationalität der modernen Papyrusforschung und ihrer oft entlegenen Publikationsorte sicher nicht möglich, alles in Betracht Kommende zu erfassen (zusätzliche Hinweise werden jederzeit dankbar entgegengenommen), außerdem konnte das Literaturverzeichnis — wenigstens im Prinzip, in wichtigen Fällen sind Ausnahmen gemacht worden — nur aufnehmen, was sich auf die Beschrei-

---

[12] Um der Vereinfachung des Druckes willen werden diese ohne die Überstreichung im Original gegeben; fehlt die Überstreichung oder wird ein nomen sacrum ausgeschrieben und überstrichen, ist dieses durch zugesetztes (sic!) hervorgehoben.

6

bung des einzelnen Papyrus und seines Inhalts bezog. Das Ziel, die sich daraus ergebenden theologischen und historischen Debatten vollständig zu erfassen, mußte von vornherein ausgeschlossen werden. In einer Reihe von Fällen war außerdem Autopsie bedauerlicherweise nicht möglich. Möchte sich die Zahl der daraus sich zwangsläufig ergebenden Ungenauigkeiten in Grenzen halten.

Die Gliederung des Bandes ergab sich aus seiner Zwecksetzung beinahe automatisch, dementsprechend ist er in die Abteilungen: Altes Testament, Neues Testament, Varia, Apokryphen gegliedert. Das wäre problemlos gewesen, wenn jeder Papyrus nur Texte aus einem dieser Gebiete enthielte. Faktisch gibt es aber „übergreifende" Papyri, die Texte aus dem Alten und dem Neuen Testament zusammen enthalten: so z. B. die Odenhandschrift P Vindob, K 8706 (0201, 𝔓⁴²) mit Texten aus sieben alttestamentlichen Büchern und anschließend Stücken aus dem Lukasevangelium, P Osloensis 1661 (0202, 𝔓⁶²) mit Stücken erst aus Matthäus und dann aus Daniel, oder Papyri mit alttestamentlichen Texten hinter den Acta Pauli wie den Hamburger Pap bil(inguis) 1 (0203), oder aber Papyri mit Apokryphen zusammen mit der Passahhomilie des Melito (P Chester Beatty XII u P Michigan 5552/53, 0204). Die Krönung stellt jener Sammelkodex in der Bibliotheca Bodmeriana (0205) dar, der dort bei der Publikation gleich in neun Bestandteile zerlegt wurde, obwohl er doch ursprünglich als eine Handschrift benutzt wurde. Er gehört mit Ps 33/34 ins Alte Testament, mit 1. 2. Petrus- und dem Judasbrief ins Neue Testament, mit dem Protevangelium Jacobi, dem 3. Korintherbrief, der 11. Ode Salomonis in die Apokryphen; der Rest (Passahhomilie des Melito, Apologie des Phileas, christlicher Hymnus) muß in Band II des Repertoriums verzeichnet werden. Irgendwo müßten aber, so schien uns, die ursprünglichen Kodizes und die Erinnerung an sie aufrecht erhalten werden — Neutestamentler, Alttestamentler, Apokryphenforscher und Patristiker treiben ihre Arbeit so voneinander separiert, daß eine an sich mögliche Aufteilung der Papyri auf die Abteilungen dieses Bandes, in die ihre verschiedenen Bestandteile gehören, oder die Verzeichnung nur in einer (mit Verweisen in den anderen) die Erinnerung an die ursprüngliche Handschrift zerstört hätte. Dazu kommt, daß im Alten wie im Neuen Testament eine ganze Reihe von Papyri mehrere Bücher umfassen, auch sie möchte man angesichts der kodikologischen Fragen, die sie aufwerfen, nicht unbeachtet in der Masse untergehen lassen. Die Paulusbriefe z. B. haben mit Sicherheit vom Anfang ihrer literarischen Überlieferung an in einem Corpus existiert, das heißt doch wohl auch jeweils als ein geschlossener Papyruscodex, obwohl vom Umfang her (rund 130 Nestle-Druckseiten und zwar ohne Pastoralbriefe und Hebräerbrief gerechnet) dagegen eigentlich Bedenken anzumelden sind. Beim Pentateuch

möchte man in der für uns in Betracht kommenden Epoche ebenfalls die geschlossene Existenz in einer Handschrift voraussetzen, vom Umfang her (etwa dreimal so groß wie der der Paulusbriefe) erscheint das angesichts der Grenzen, die einem Papyrusbuch vom Beschreibstoff und von der damaligen Buchtechnik gesetzt sind, jedoch so gut wie ausgeschlossen. Die Evangelien sind dagegen mit Sicherheit anfänglich einzeln umgelaufen, ihre Zusammenfassung zu einem Vier-Evangelien-Papyrus dürfte keineswegs die Regel, sondern — mindestens zunächst — die Ausnahme gewesen sein. Außerdem stehen dem wegen des Umfangs (rund 300 Nestle-Druckseiten) ebenfalls erhebliche technische Bedenken entgegen. Die den Text mehr als eines biblischen Buches umfassenden Papyri bieten also spezielle Probleme. So schien es zweckmäßig, aus ihnen zusammen mit den vorhin kurz beschriebenen Sammelhandschriften eine besondere Gruppe zu bilden: „Corpora und Sammelhandschriften" und diese an den Anfang des Bandes zu stellen. Das wird jeweils unter Voransetzung einer 0 bei der Zählung durchgeführt, und zwar nach Gruppen getrennt: mit 01 beginnen die alttestamentlichen, mehr als ein Buch umfassenden Papyri, mit 0101 die neutestamentlichen Papyri gleicher Kategorie, mit 0201 die Handschriften mit buntgemischten verschiedenen Bestandteilen, am besten als „Mischhandschriften" zu bezeichnen. Zwar haben bisher (vgl z. B. A. Rahlfs) alle solche Systeme dem unvermuteten Andrang der Handschriften nicht Stand gehalten, für diesen Aufbau dürfte das jedoch nicht gelten.
Er empfahl sich auch aus Gründen der inneren Anlage des Bandes, der Zusammengehöriges auch wirklich nebeneinander bieten will. Denn der Spezialist will die Papyri eines biblischen Buches bzw. eines Apokryphons übersichtlich an einer Stelle finden. Nur das angewandte System machte das möglich. Aus der Abteilung Varia (wo alt- und neutestamentliche Texte in bunter Mischung nebeneinanderstehen) wie aus den Sammelhandschriften wurden die in Betracht kommenden Stücke an der Stelle eingefügt, an die sie inhaltlich gehören: so beginnt der alttestamentliche Teil mit einem Verweis auf Var 35, weil dieser Papyrus (neben Hebr 1,1 und einem Briefstück) Gen 1,1—5 enthält — der folgende Berliner Papyrus (AT 1) beginnt erst mit Gen 1,16. Nach alttestamentlichen Büchern geordnet (und in diesen wieder nach Kapitel und Vers des Textbeginns) findet der Benutzer hier alle zusammengehörigen Papyri beieinander. Von AT 1 bis AT 14 die Genesis-Papyri, von AT 15 bis AT 21 die zu Exodus usw. Dabei sind (vgl z. B. AT 11, AT 15, AT 16) die hierhergehörigen Stücke der Sammelhandschriften eingefügt. Die Beschreibung ist in solchen Fällen auf Aufbewahrungsort und Signatur, Alters- und Inhaltsangabe beschränkt, also auf das, was den Benutzer vordringlich interessiert, das Weitere ist im ersten Teil zu finden, auf den

unter Angabe der betreffenden Nummer verwiesen wird (bei AT 11
auf 02 usw.). So geht die Zählung der AT Papyri bis AT 153, es ist
zu hoffen, daß sie künftig nach diesen Nummern zitiert werden,
damit die bisherige Unübersichtlichkeit ein Ende nimmt. Es wäre
ein Leichtes gewesen, auch die Varia in diese Zählung einzubeziehen,
aber da es sich bei ihnen eben nicht um Texthandschriften bzw.
Reste davon handelt, ist das bewußt unterlassen worden: mit einer
AT-Nummer sollen nur Texthandschriften geführt werden. Sollte
sich künftig herausstellen, daß das für einen bisher mit einer AT-Nr
geführten Papyrus nicht gilt, werden daraus die notwendigen Kon-
sequenzen gezogen, damit von Anfang an dem Zustand gewehrt
wird, der sich beim Neuen Testament bedauerlicherweise von den
Vorvätern ererbt hat.

Beim Neuen Testament (Abteilung III, S. 213 ff) schließt sich die
Zählung an die herkömmliche an: NT 1 ist also = $\mathfrak{P}^1$ usw. Immerhin
war es möglich, Papyri wie $\mathfrak{P}^{10}$ und $\mathfrak{P}^{12}$, die niemals in die Liste hätten
aufgenommen werden dürfen, hier nur als Verweis und mit der eigent-
lichen Beschreibung unter den Varia zu führen, was einen wirklichen
Fortschritt bedeutet. Erfreulicherweise handelt es sich dabei um eine
relativ geringe Zahl, sie wäre wesentlich größer, wenn es mir in den
bald 30 Jahren, in denen ich für die neutestamentliche Handschriftenliste verantwortlich zeichne, nicht immer wieder gelungen wäre, dem
oft dringlichen Ansinnen zu widerstehen, neuentdeckte Papyri mit
einzelnen neutestamentlichen Versen in die Papyrusliste aufzunehmen
(von „neutestamentlichen" Papyri abgesehen — vgl z. B. die Publikationen O'Callaghans — die sich in der späteren Diskussion als das
erwiesen, was kritischer Betrachtung schon bei ihrer Anmeldung zur
Liste sicher schien[13]). Den wesentlichsten Fortschritt der Abteilung
III Neues Testament bedeutet es, daß wir hier zum erstenmal eine
ausführliche Beschreibung der neutestamentlichen Papyri besitzen,
die weit über alles hinausgeht, was bisher (meine eigenen Publikationen
zum Gegenstand eingeschlossen) zur Verfügung stand. So ist auch
hier Neuland beschritten worden, wo man — anders als bei den alttestamentlichen Papyri — angesichts der vielen vorliegenden Publikationen und Untersuchungen meinen konnte, das Feld sei bereits
bestellt. Einen — und zwar erheblichen — Schönheitsfehler bedeutet
es, daß beim Neuen Testament eine Neuordnung nach inhaltlichen
Gesichtspunkten parallel zu der beim Alten Testament nicht möglich
war, obwohl die Spezialisten, sei es der Textkritik, sei es der Exegese
des Neuen Testaments, deren mindestens ebenso dringend bedürfen
wie die des Alten Testaments. Aber das seit Generationen festliegende
System verbot das, an der Zählung der neutestamentlichen Papyri,

[13] Vgl dazu K. Aland, Neue Neutestamentliche Papyri III, NTS 20, 1974, pp 358—376

die inzwischen in unzählige Publikationen eingegangen ist, durfte nicht gerüttelt werden.

Hier bieten die Register jedoch einen, wie ich hoffe, vollgültigen Ersatz. Dort wird S. 395 f zunächst eine Sigelkonkordanz der Nummern bei Rahlfs und in diesem Band geboten (weithin theoretischen Charakters, weil seit vielen Jahrzehnten keine Fortsetzung dieser Liste erschienen ist, aber trotzdem unumgänglich), dann S. 397 ff aber eine „NT-Inhaltsübersicht", mit deren Hilfe die Zusammenordnung der Papyrus-Überlieferung für die einzelnen neutestamentlichen Schriften — sei es in Texthandschriften, sei es in Amuletten, Schreibübungen u. ä. — genauso erreicht wird, wie sie in Abteilung II dieses Bandes für das Alte Testament gegeben ist. In früheren Publikationen habe ich ähnliches schon versucht, die S. 397 ff gegebene Übersicht ist jedoch vollständiger, weil sie die „Varia" mit einschließt. Die darauffolgende Übersicht (S. 419) über die in den griechischen Papyri enthaltenen koptischen Texte wird als Sachinformation sicher nicht nur deshalb begrüßt werden, weil einzelne dieser Texte noch nicht identifiziert sind, ebenso wie die Zusammenstellung der in den Papyri begegnenden nomina sacra S. 420 ff über die S. 6 das Notwendige schon bemerkt ist Die nächsten Register: Rolle, Kodex, Einzelblatt (S. 429 ff), Datierungen (S. 434 ff), Fundorte (S. 453 f) bieten Materialzusammenstellungen, die bisher so nicht existierten und deshalb sicher vielen willkommen sein werden. Zu der Übersicht über die Datierungen ist lediglich zu bemerken, daß Papyri, deren Datierung strittig ist (die betr. Nr ist mit einem * gekennzeichnet) mit allen bisherigen zeitlichen Ansetzungen aufgenommen worden sind (vgl dazu S. 6), durch Querverweise ist der notwendige Zusammenhang hergestellt. Das Verzeichnis der Aufbewahrungsorte schließlich (S. 455 ff) verzeichnet in alphabetischer Folge der Ortsnamen nicht nur die in Betracht kommenden Bibliotheken, Museen usw., sondern ebenso auch die Fonds. Das geschieht um der leichteren Auffindbarkeit der Papyri willen, aber auch um verstreute Fonds (vgl z. B. die Oxyrhynchus-Papyri) in ihrer Ursprünglichkeit wiederherzustellen. Auf diese Register ist zwar viel Mühe verwandt worden, angesichts der oft sehr diffizilen Materie wird möglicherweise noch dies oder jenes zu ergänzen und zu berichtigen sein (entsprechende Hinweise sind jederzeit herzlich willkommen).

Die Abteilung IV Varia mit ihren z. Zt. 35 Nummern (ein baldiges Ansteigen dieser Zahl ist ohne Schwierigkeit vorauszusagen) ist inhaltlich geordnet, bestimmend dafür war der erste in den Papyri enthaltene Text. Im wesentlichen handelt es sich dabei um Amulette und Schreibübungen, sie sind trotzdem für den Textkritiker des Alten wie des Neuen Testaments von Interesse (z. B. für die Überlieferung von Psalm 90 oder des Vaterunsers außerhalb der Bibelhandschriften wie den Gebrauch von Bibeltexten in der Volksfrömmigkeit überhaupt). Hier haben auch endlich die vagierenden neutestamentlichen Fragmente, sei es die von v. Dobschütz eingeführte (und zum Glück nicht durchgesetzte) Kategorie der Talismane wie die später entdeckten Phylakterien, eine Heimat gefunden.

Die größten — und manchmal beinahe unüberwindlichen — Schwierigkeiten bot die Abteilung V mit den Apokryphen. Ihre — hoffentlich korrekte — Verzeichnung (bei der sich H.-U. Rosenbaum und W. Klän besondere Verdienste erworben haben) fand in den vorliegenden Editionen oft nur eine geringe Unterstützung, einzelne der Papyri waren, zur großen Überraschung aller Beteiligten, nicht einmal in der Spezialliteratur berücksichtigt. Die Anordnung der Papyri folgt ihrem Inhalt: voran stehen die „alttestamentlichen" (besser: intertestamentarischen) Texte[14], es folgen die Logien, dann die apokryphen Evangelien (ohne den Versuch einer näheren Zuweisung, jedem verständlich, der die dornige Materie kennt), die Apostelakten und -briefe, sowie die Fragmente der Apokalypsen. Für diese Abteilung wird in der Zukunft noch das Meiste zu tun sein, worüber sich alle Beteiligten klar sind, aber dennoch bedeutet das derzeit Gebotene einen wesentlichen Fortschritt über das bisher Vorhandene hinaus.

Das Ideale wäre es gewesen, diesen Band im Loseblattverfahren zu veröffentlichen, damit neu bekannt werdende Papyri ebenso wie Ergänzungen und Berichtigungen sofort eingefügt werden können. Das ließ sich um publikationstechnischer Schwierigkeiten willen leider nicht durchführen. Immerhin konnte ein Druckverfahren erreicht werden, welches so viel freien Raum bietet, daß der Benutzer Ergänzungen usw. zu jedem Papyrus in seinem Handexemplar selbst verzeichnen kann.

Viele Jahre mühsamer Arbeit hat dieses Repertorium gekostet, so sei vorweg der Dank an die Patristische Kommission der Akademien der Wissenschaften in der Bundesrepublik Deutschland ausgesprochen, welche diese Arbeit ermöglicht hat, ebenso aber auch an die studentischen und wissenschaftlichen Hilfskräfte der Arbeitsstelle (seit wenigen Monaten erst verfügt sie über einen hauptamtlichen Mitarbeiter, H.-U. Rosenbaum), welche sich — in mehreren „Generationen" — der entsagungsvollen und mühseligen Aufgabe der Mitarbeit an diesem Repertorium unterzogen haben. In der gegenwärtigen Besetzung (welche die Hauptlast des Manuskriptabschlusses zu tragen hatte, wobei N. Schneider besonders zu nennen ist) sind dies: W. Klän, H.-U. Rosenbaum, J. Rother, N. Schneider, H. Wildner, B. Ellermeyer.

---

[14] Da die Abteilung II Altes Testament nach der LXX aufgebaut ist, finden sich die üblichen „alttestamentlichen Apokryphen" dort, hier in Abteilung V werden nur die sog. Pseudepigraphen verzeichnet.

Aber auch ihrer Vorgänger sei dankbar gedacht, von ihnen seien H. K. Finette, Chr. Parma, R. Peppermüller und M. Rose ausdrücklich genannt. Zwei Institutionen ist Dank zu sagen: dem Septuaginta-Unternehmen der Göttinger Akademie der Wissenschaften und seinem Leiter R. Hanhart sowie dem Institut für neutestamentliche Textforschung in Münster. Eine Reihe wichtiger Informationen ist aus Göttingen zu uns gelangt, die Zusammenarbeit war über jedes Lob erhaben. Mehr nehmend als gebend war die Zusammenarbeit mit dem Institut für neutestamentliche Textforschung, nur die Personalunion in der Leitung des Instituts und der Patristischen Arbeitsstelle Münster machte das möglich. Die Abteilung III Neutestamentliche Papyri wurde fast ausschließlich mit den Unterlagen und Materialien des Instituts erarbeitet (besonderer Dank kommt dabei H. Bolte, früherem wiss. Mitarbeiter des Instituts, zu, der u. a. eine Reihe von neuen Beschreibungen der Schrift neutestamentlicher Papyri beisteuerte) — daß das Institut umgekehrt der Patristischen Arbeitsstelle für die stellvertretende Erarbeitung einer ausführlichen Beschreibung der neutestamentlichen Papyri Dank schuldet, steht auf einem anderen Blatt. An Einzelpersonen ist außer den bereits Aufgeführten besonders C. H. Roberts/Oxford zu danken. Die Deutsche Forschungsgemeinschaft hat durch einen Druckkostenzuschuß das Erscheinen des Bandes ermöglicht, auch ihr sei geziemender Dank gesagt.

Münster/Westf., 10. 9. 1974   K. Aland

I.

CORPORA UND SAMMELHANDSCHRIFTEN

01

Kairo, Universität, P Kairo Fouad Inv Nr 266; Rahlfs 942

105 ante   (Kenyon, p 40)
I ante   (Dunand, p 12; Treu, p 175: vor 50 ante)
II—I ante (Waddell, p 159)

[**AT 3**] **Gen** 7, 17—20 (fr 1); 38, 10—12 (frr 2—3)

[**AT 27**] **Deut** 17,14—15 (fr 1); 17,18—19 (fr 2); 18,3—6 (fr 3); 18,7—8 (fr 4); 18,15 sq (frr 5—6); 19,3—5 (fr 7); 19,5—6 (fr 8); 19,9 (fr 9); 19,10—11 (fr 10); 19,13—14 (fr 11); 19,18—20; 20,3—5 (fr 12); 20,5—6 (fr 13); 20,7—8 (fr 14); 20,8—9 (fr 15); 20,12—14. 17—19 (fr 16); 20,19—20 (fr 17); 20,20; 21,1 (fr 18); 21,1—3 (fr 19); 21,4—6 (fr 20); 21,6—8 (fr 21); 21,9—12 (frr 22—23); 21,14—17 (fr 24); 22,1—2 (fr 25); 22,6—14 (frr 26—28); 22,22 (fr 29); 22,24 (fr 30); 22,26 sq (fr 31); 23,4 (fr 32); 23,8—12. 15—18 (frr 33—34); 23,22—23 (fr 35); 23,25—26; 24,1 (fr 36); 24,4 (fr 37); 24,7—8 (fr 38); 24,8—10 (frr 39—40); 24,19 (fr 41); 24,22.21 (sic! nach Rahlfs) (fr 42); 25,1—5 (frr 43—45); 25,6—10 (frr 46—48); 25,15—17 (fr 49); 26,1—2 (fr 50); 26,2—3 (fr 51); 26,4—5 (fr 52); 26,6—7 (fr 53); 26,8 (fr 54); 26,11 sq (fr 55); 26,13—15 (frr 56—57); 26,16 (fr 58); 27,1—3 (fr 59); 27,3—4 (fr 60); 27,6—9 (fr 61); 27,9 (fr 62); 27,13—16 (fr 63); 27,23—24 (fr 64); 27,26; 28,1—3 (fr 65); 28,4—8 (frr 66—67); 28,9—11 (fr 68); 28,15 (fr 69); 28,16 sq (fr 70); 28,30—31 (fr 71); 28,31—33 (fr 72); 28,49—50 (fr 73); 28,54 (fr 74); 28,54 sq (fr 75); 28,57 sq (fr 76); 28,58—59 (fr 77); 28,60—61 (fr 78); 28,62—63 (fr 79); 28,64—69; 29,1—3 (frr 80—84); 29,8—9 (fr 85); 29,16—17 (fr 86); 29,18—19 (fr 87); 29,25—27 (fr 88); 29,27—28 (frr 89—90); 30,3—4 (fr 91); 30,6—7 (fr 92); 30,9—10 (fr 93); 30,16 (fr 94); 30,20 (fr 95); 31,2—3 (fr 96); 31,7 (fr 97); 31,10—11 (fr 98); 31, 14 (fr 99); 31,15—16 (fr 100); 31,21—22 (fr 101); 31,23—26 (fr 102); 31,27—28 (fr 103); 31,28—30; 32,1—7 (frr 104—106); 32,7 (fr 107); 32,11—12 (fr 108); 32,17—20 (fr 109); 32,25—26 (fr 110); 32,41—43. 45—49 (fr 111); 33,25—27 (fr 112); 33,28—29 (fr 113)

Fundort: Faijum; 115 frr einer Rolle (ca 15 m) mit 88 coll (?, nach vorl. Mitteilung von L. Koenen mehrere Rollen[1]); Formate sehr unterschiedlich; col rekonstruiert: 18×16 cm; rekonstruierte Zeilenzahl: 22; rekonstruierte Buchstabenzahl: 28; oberer Rand: 2,5—3,5 cm; unterer Rand: 3—3,5 cm, in Ausnahmen bis zu 4,5 cm; Kolumnenabstand: 1—2,5 cm; Zeilenabstand: 0,4—0,5 cm;
schöne, aufrechte Unziale mit ornamentalen Apices; Buchstabenhöhe: 0,4—0,5 cm; Hoch- und Mittelpunkte, immer vor Tetragramm; Jota adscriptum; Paragraphoi; 4 Elisionen; eine Korrektur von glei-

cher Hand, eine Randnotiz in Kursive auf fr 6; Orthographica: ε: ει;
ι: ει; υ: ι; ω: ωυ; γ: κ; μ: ν;
Tetragramm: יהוה von zweiter Hand;
P umfaßte vermutlich den gesamten Pentateuch;
1943 von der Société Fouad Iᵉʳ de Papyrologie erworben

E: *F. Dunand*, Papyrus grecs bibliques (Papyrus F. Inv 266), Volu-
mina de la Genèse et du Deutéronome, Introduction, RecArchPhiH
27 (1966), Texte et Planches, ExtEP 9 (1966), pp 81—150 / New
World Translation of the Christian Greek Scriptures, Brooklyn
(New York) 1950, Vorwort pp 11—13

L: *M. Norsa*, La scrittura letteraria greca dal secolo IV a.C. all'
VIII d.C., Florenz 1939, p 17 u pl 18a / *W. G. Waddell*, The Tetra-
grammaton in the LXX, JThS 45 (1944), pp 158—161 / *H. M. Or-
linsky*, The Septuagint, its use in textual criticism, BibArch 9, 2
(1946), pp 21—34 / *P. Kahle*, The Cairo Geniza, London 1947,
²1959, pp 218—220 / *O. Paret*, Die Bibel, Stuttgart ²1950, p 76 /
B. J. Roberts, The O.T. text and versions, Cardiff 1951, p 173 /
M. Delcor, Des diverses manières d'écrire le tétragramme sacré dans
les anciens documents hébraïques, RHR 147 (1955), p 249 / *D. W.
Thomas*, The textual criticism of the Old Testament, The O.T. and
modern study, Oxford ²1956, p 249, Nr 1 / *P. Kahle*, Problems of
the Septuagint, Studia Patristica I, 1, TU 63 (1957), pp 328—342
(mit Appendix von *A. Vaccari*, Papiro Fuad, Inv. 266) / *W. B.
Baars*, NedThT 13 (1969), pp 442—446 / *R. Cantalamessa OFMC*,
Aeg 46 (1966), pp 130—131 / *K. G. O'Connell S. J.*, JBL 86 (1967),
pp 476—477 / *O. Eißfeldt*, ThLZ 93 (1968), coll 256—257 / *A. Hen-
richs*, BiblOr 25 (1968), pp 44—46 / *S. Jellicoe*, p 239 / *J. van Haelst*,
Chron Eg 44 (1969), Nr 87, pp 148—150 / *K. Treu*, Christliche
Papyri 1940—1967, APF 19 (1969), p 175

---

[1] Eine Neuedition durch L. Koenen steht bevor; laut brieflicher Mitteilung durch
R. Hanhart ergibt sich dabei für AT 3 folgender Inhalt: Gen 4,5—6. 23; 7,17—20;
37,34—38,1. 10—12; Rahlfs 942;
AT 27 bleibt im Inhalt unverändert, erhält jedoch neues Rahlfs-Sigel: Rahlfs 848;
als Datierung wird 50 ante vorgeschlagen;
als Neuidentifikation, von anderer Hand als AT 3 u AT 27 ergeben sich folgende frr:
Deut 10,22—11,1. 10. 16 (?); 31,26—28; 32,1—2. 4; 33,16—23. 27—28; Rahlfs 847;
als Datierung wird I post angenommen;
endgültige Aufnahme mit Veränderung der Angaben bei 01, AT 3, AT 27 und eventuelle Aufnahme als AT 26a kann erst nach Erscheinen der Edition erfolgen.

Manchester, John Rylands Library, P Rylands 460 (A); Oslo, Universitätsbibliothek, P Osloensis 11 (B); Rahlfs 958

IV (Marien, p 33; Eitrem / Amundsen, p 10; Roberts, p 10)
IV—V (Rudberg, p 4)

[**AT 11**] **Gen** 26,13—14 (fr 2r B); nicht identifizierte Bruchstücke wahrscheinlich aus Gen (fr 2r A)

[**AT 29**] **Deut** 28,8. 11a (fr 2r A)

[**AT 37**] **Par II** 1,12a (fr 2r A)

[**AT 134**] **Is** 42,3—4a (fr 1r B); 42,4b (fr 1r A); 52,15 (fr 1v B); 53,1—2a (fr 1v B); 53,2b—3 (fr 1v A); 53,6—7 (fr 2v B); 53,11b—12 (fr 2v A); 66,18—19 (fr 1r A)

Fundort: Faijum (Roberts), Arsinoe (Marien); 4 frr eines cod mit einer col; A: frr 1 u 2: 14,1×11,4 cm; Zeilenzahl: 26 (fr 1r), 23 (fr 1v), 23 (fr 2v), 24 (fr 2r); B: fr 1: 10,5×7 cm; fr 2: 11×9 cm; Zeilenzahl: 9 (fr 1r u v), 9 (fr 2r), 7 (fr 2v); rekonstruierte Zeilenzahl: ca 30; rekonstruierte Buchstabenzahl: 10—17, meist 13;
Unziale mit unregelmäßig gesetzten, rohen litt; Hochpunkte und Striche, Zitatschlüsse sind durch Punkte markiert; *v*-Strich; es findet sich eine Korrektur von anderer Hand auf A, fr 1 lin 12; nomina sacra: ανων, κς, κυ, κε; rötlich-braune Tinte;
es handelt sich bei diesen frr sehr wahrscheinlich um Auszüge aus einem Testimonienbuch;
Ähnlichkeiten mit NT 10 (P Oxyrhynchus 209)

E: *G. Rudberg*, Septuaginta-Fragmente unter den Papyri Osloenses, Forhandlinger i Videnskapelsskapets, Kristiania 1923, pp 3—8 (zu B) / *S. Eitrem / L. Amundsen*, Papyri Osloenses 2, Oslo 1931, pp 10sq, Nr 11 (zu B) / *C. H. Roberts*, Two biblical papyri in the John Rylands Library, Manchester 1936, pp 9—46 (zu A) / *C. H. Roberts*, Catalogue of the Greek and Latin Papyri in the John Rylands Library III, Manchester 1938, pp 10—13, Nr 460 (zu A)

L: *H. I. Bell*, JEgArch 10 (1924), pp 89sq / *P. Thomsen*, PhiWo 40 (1928), pp 721sq / *M. Marien*, Catalogus, p 33, Nr 13 (zu B) u p 47, Nr 142 (zu A) / *S. Jellicoe*, p 238

Heidelberg, Papyrussammlung der Universität, P Heidelberg Inv P Gr 8; P Baden IV 56b; Rahlfs 970

II (Bilabel, p 24)

[**AT 15**] **Ex** 8,1—5 (fol 1v); 8,8—12. 14—16 (fol 1r)

[**AT 30**] **Deut** 29,17—18 (fol 2r); 29,22—23 (fol 2v); r enthält einige Buchstaben vom E und vom A einer col, die nicht entziffert sind

Fundort: Qarara; 6 frr von 3 foll aus einem Heft mit 2 coll; frr 1—4 = fol 1: 11,3 × 8 cm; Zeilenzahl: 25 (v), 26 (r); fr 5 = fol 2: 3,1 × 2,5 cm; Zeilenzahl: 7 (r), 6(v); fr 6: 5,2 × 4,5 cm; rekonstruierte Zeilenzahl: 33—35; rekonstruierte Buchstabenzahl: 21—28, meist 25—26; Kolumnenbreite: ca 7,8 cm; Randbreite: ca 3cm; Kolumnenabstand: 0,7 cm;
halbkursive litt nicht-literarischen Charakters; ein Winkelhaken zum Zeilenfüllen; Orthographica: ω: o; ει: ε; nomina sacra: κς, κυ;
es handelt sich sehr wahrscheinlich um eine private Abschrift; zwischen fr 1v u r fehlen ca 10 linn; zwischen fr 2v u r fehlen ca 25 linn; frr stammen aus dem vorderen Teil eines Heftes

E: *F. Bilabel*, VBP 4 (1924), pp 24—27

L: *M. Marien*, Catalogus, p 34, Nr 25 u p 37, Nr 47

04

New York, Pierpont Morgan Library, P Amherst 191 (frr 1 u 4),
192a, b (frr 2 u 3), 194 (frr 5, 6,7); Rahlfs 914 (fr 1), 915 (fr 4), 916
(frr 2 u 3); Brooke/Mc Lean: „U₅" u „U₆"

VI (Grenfell/Hunt, pp 201. 203; Rahlfs, p 49)

[**AT 17**] **Ex** 19,1—2 (fr 1r); 19,5—6 (fr 1v)

[**AT 31**] **Deut** 32,2—4 (fr 2v); 32,4—6 (fr 3v); 32,8—10 (fr 2r); 32,
10—11 (fr 3r)

[**AT 137**] **Is** 58,11—12 (fr 4v); 58,13—14 (fr 4r); vermutlich gehören
noch 3 nicht identifizierte frr (5r, v, 6r, v, 7r, v) zu diesem Papyrus

Fundort: ?; 4 (bzw 7) frr eines cod mit je einer col; fr 1: 10,4 × 9,2 cm;
frr 2 u 3: 8,2 × 8 cm; größtes fr von 5—7: 6,7 × 3,9 cm; Zeilenzahl:
13 (fr 1), 9 (fr 2), 11 (fr 3), 18 (fr 4); Buchstabenzahl: 8 (fr 1), 4 (fr 2),
8 (fr 3), 4 (fr 4); rekonstruierte Buchstabenzahl: 20 (fr 1), 15 (fr 2),
14 (fr 3);
breite, runde Unziale in kalligraphischer Form; Diärese über ι;
Orthographicon: ει: ι; nomen sacrum: ιηλ; 1 Zusatz auf fr 1r: το με-
ρους;
der Kapitelschluß (frr 1 u 4) stimmt mit dem altkirchlichen Sektions-
schluß überein; wahrscheinlich handelt es sich um frr einer Papyrus-
bibel (anders Rahlfs u Jellicoe)

E: *B. P. Grenfell/A. S. Hunt*, The Amherst Papyri 2, London 1901,
pp 201—204

L: *A. Deißmann*, Beilage zur Allgemeinen Zeitung München, Nr 251,
München 31. 10. 1901, pp 1sq / *C. Schmidt*, Christliche Texte, APF 2
(1903), pp 381sqq / *F. Mayence*, RHE 4 (1903), p 234, Nr 19
(die Editoren rechnen Nr 193 *nicht* zum gleichen Papyrusbuch,
dagegen aber Nr 194) / *L. Traube*, Nomina sacra, QulatPhiMA
II (1907), p 62, Nr 30 / *G. Bardy*, Les papyrus des Septante, RPh
33 (1909), p 256 / *A. E. Brooke* / *N. Mc Lean*, The Old Testament
I, 3, Cambridge 1911, p V / *A. Rahlfs*, Verzeichnis, p 49 / *S. Jellicoe*, pp 225sq

05

Dublin, P Chester Beatty VI (A); Ann Arbor, University of Michigan, P Michigan Inv Nr 5554 (B); Rahlfs 963

II M   (Kenyon, p IX; Bell/Schubart bei Kenyon, p IX)
um 200   (Sanders, p 314)
II E o III A (Hunt bei Kenyon, p IX)
Regierung Hadrians (117—138) (Wilcken, APF 11, p 113)

[**AT 24**] **Num** 5,12—22 (fr 9r A); 5,22—6,4 (fr 9v A); 6,4—15 (fr 10v A); 6,15—7,1 (fr 10r A); 7,1—15 (fr 11r A); 7,15—31 (fr 11v A); 7,31—49 (fr 12v A); 7,49—59. 54—59. (sic!: 54—59 doppelt) 60—61 (fr 12r A); 7,61—75 (fr 13r A); 7,75—88 (fr 13v A); 7,88—8,8 (fr 14v A); 8,8—8,19 (fr 14r A); 13,3—5 (fr 20v A); 13,16—17 (fr 20r A); 25,5—6 (fr 39r A); 25,10—11 (fr 39v A); 25,18—26,2. 12—13 (fr 40v A); 26,21—25 (fr 40r A); 26,32—35. 39—42. 47—48 (fr 41r A); 26,48—51. 55—59 (fr 41v A); 26,63—27,7 (fr 42v A); 27,8—11. 13—17 (fr 42r A); 27,17—28,6 (fr 43r A); 28,6—17 (fr 43v A); 28,19—24. 26—31 (fr 44v A); 29,1—6. 8—11 (fr 44r A); 29,11—18.21 (fr 45r A); 29,22—24. 27—33 (fr 45v A); 29,35—30,5 (fr 46v A); 30,6—13 (fr 46r A); 30,13—31,2. 6—8 (fr 47r A); 31,11—17 (fr 47v A); 31, 19—22. 25—28 (fr 48v A); 31,30—32. 35—41 (fr 48r A); 31,41—45. 48—50 (fr 49r A); 31,54—32,2. 5—8 (fr 49v A); 32,11—19 (fr 50v A); 32,19—30 (fr 50r A); 32,32—33; 33,8—9 (fr 51r A); 33,53—34,3 (fr 53r A); 34,4—8. 12—13 (fr 53v A); 34,20—23. 29—35,3 (fr 54v A); 35,5—7. 12—13 (fr 54r A); 35,14—15. 24—25 (fr 55r A); 35,28—32 (fr 55v A); 36,1. 4. 7—8 (fr 56v A); 36,11—13 (fr 56r A)

[**AT 25**] **Deut** 1,20—28 (fr 58v A); 1,28—33. 35—39 (fr 58r A); 1, 39—2,3 (fr 59r A); 2,3—11 (fr 59v A); 2,11—22 (fr 60v A); 2,22—29 (fr 60r A); 2,30—3,1 (fr 61r A); 3,1—10 (fr 61v A); 3,11—18 (fr 62v A); 3,18—21. 23—4,6 (fr 62r A); 4,6—14 (fr 63v A); 4,14—23 (fr 64v A); 4,23—32 (fr 64r A); 4,32—40 (fr 65r A); 4,40—49 (fr 65v A); 5,1—12 (fr 66v A); 5,12—22 (fr 66r A); 5,23—32 (fr 67r A); 5,32—6,7 (fr 67v A); 6,8—20 (fr 68v A); 6,20—7,3 (fr 68r A); 7,3—10 (fr 69r A); 7,12—13. 15—20 (fr 69v A); 9,26. 29—10,2 (fr 73r A); 10,5—7. 11—12 (fr 73v A); 10,19—21 (fr 74v A); 11,11—13 (fr 74r A); 11,17—18 (fr 75r B); 11,31—32 (fr 75v B); 12,2—4 (fr 76v A); 12,15—17 (fr 76r A); 18,22—19,1. 4—6 (fr 85r A); 19,10—11. 13—14. 16 (fr 85v A); 27,6—8 (fr 95r A); 27,13—15 (fr 95v A); 28,1—4. 7—10 (fr 96v A); 28,12—13. 16—20 (fr 96r A); 28,22—25. 27—30 (fr 97r B); 28,32—35. 38—41 (fr 97v B); 28,43—52 (fr 98v A); 28,53—60 (fr 98r A); 28,60—64 (A). 65—66 (B). 67—68 (A) (fr 99r); 28,69

(A). 29,1—2 (B). 3—9 (A) (fr 99v); 29,9—12. 14—17 (fr 100v A); 29,19—20. 22—26 (fr 100r A); 29,19—21. 23—24 (sic!: doppelt) (fr 101r A); 30,1. 4—6 (fr 101v A); 30,10—11 (B). 12—13 (A). 16 (B) (fr 102v); 30,16—17 (A). 19—20; 31,3—4 (B) (fr 102r); 31, 8—12 (fr 103r A); 31,13—16. 18 (fr 103v A); 31,21 (B). 21—23 (A). 26 (B). 27 (A) (fr 104v); 31,27—29 (A). 29; 32,3—5 (B) (fr 104r); 32,10 (A). 10—11 (B). 11—13 (A) (fr 105r); 32,17—19 (A). 22 (B). 24—25 (A). 27—29 (B) (fr 105v); 33,24—27 (fr 108r A)

Fundort: Kirche o Kloster im Faijum (Kenyon); Aphroditopolis (Schmidt); frr von 50 foll, kleine Fetzen (A) und 8 kleine frr von 6 foll (B) aus einem cod mit je 2 coll; fr A: 28 × 13 cm; fr B: 5—10 × 2,5—10 cm; Zeilenzahl foll 9—12: meist 36; restliche foll: 31—33; rekonstruiertes Blattformat: 33 × 19 cm; rekonstruierter Schriftspiegel: 19 × 12,7 cm; rekonstruierte Zeilenzahl: 31—38, meist 33—36; rekonstruierte Buchstabenzahl: 9—28, meist 16;
Unziale mit ziemlich kleinen, aufrechten, quadratischen und kalligraphischen Buchstaben; Füllzeichen >; Apostrophe hinter nichtgriechischen Eigennamen; Diärese über ι u υ; ν-Strich; Unterteilung in Paragraphen; Jota adscriptum; am oberen oder unteren Rand sind Omissionen mit Zeichen aufgeführt; falsche Buchstaben sind mit Punkt darüber markiert; nomina sacra: ανος, θς, θυ, θω, θν, ιηλ, ισλ, ιης, ιην, ιυ, κς, κυ, κω, κν, πρ, πτς, πνα, πνατων; χ über ρ für ἑκατόνταρχοι; Pagierung: 17—28, 78—79, 84—85, 88, 119—120, 122, 125—130, 133—136; der cod umfaßte nach Rekonstruktion 108 foll = 216 pp; es fehlen: 8 foll vor fr 9, 5 foll nach fr 14, 18 foll nach fr 20, 1 fol nach fr 51, 1 fol nach fr 56, 3 foll nach fr 63, 8 foll nach fr 76, 9 foll nach fr 85, 2 foll nach fr 105

E: *F. G. Kenyon*, The Chester Beatty biblical papyri V, 1: Texte, London 1935; V, 2: Tafeln, London 1935, Nr VI / *H. A. Sanders*, Some fragments of the oldest Beatty Papyrus in the Michigan Collection, ProcAmPhS 75 (1935), pp 313—324

L: *F. G. Kenyon*, The Text of the Bible, a new discovery. More papyri from Egypt, London Times (19. 11. 1931), pp 13sq / *C. Schmidt*, Die neuesten Bibelfunde aus Ägypten, ZNW 30 (1931), pp 285sqq / *C. Bonner*, New Biblical Papyri at the University of Michigan, HThR 25 (1932), pp 206sqq / *F. G. Kenyon*, Recent developments in the textual criticism of the Greek Bible (Schweich lectures 1932), London 1933, pp 52. 54. 97. 106—109 / *F. G. Kenyon*, The Chester Beatty Papyri, Gn 8 (1932), p 97 / *A. Merk*, Novi codices sacrae scripturae, Bibl 13 (1932), pp 119sqq / *F. G. Kenyon*, Nomina Sacra in the Chester Beatty Papyri, Aeg 13 (1933), pp 5—10 / *H. A. Sanders*, Epistels of Paul, UMichSt HumSer 38 (1935) / *U. Wilcken*, The Chester Beatty Biblical Papyri, APF 11 (1935), pp 112—114 / *M. Marien*, Catalogus, p 36, Nr 41 / *F. W. Beare*, The Chester Beatty papyri, ChronEg 12 (1937), pp 81—91 / *F. W. Beare*, The Chester Beatty papyri, ChronEg 13 (1938), pp 364—372 / *S. Jellicoe*, p 230

Oxford, Ashmolean Museum, P Antinoopolis 8; Rahlfs 928

III (Roberts, p 2; Zuntz, p 124; Treu, p 179)

[**AT 90**] **Prov** 5,3—9 (fol I, fr 1v); 5,11—14 (frr 2v u 3v); 5,19—23
(fr 1r); 6,2—4 (frr 2r u 3r); 6,6—7 (fol II, fr 4v); 6,8a—11 (frr 5v
u 6v); 6,13—14 (frr 7v u 8v); 6,15—17 (fr 4r); 6,20—25 (frr 5r u
6r); 6,28—30 (frr 7r u 8r); 7,4—5 (fol III, fr 9v); 7,5—7 (fr 10v);
7,18—19 (fr 9r); 7,20—22 (fr 10r); 8,3—6 (fol IV, fr 11v); 8,8—10
(fr 12v); 8,17—20 (fr 11r); 8,22—24 (fr 12r); 8,27—28 (fol V, fr
13v); 8, 31—35 (fr 14v); 9,3—4 (fr 13r); 9,9—12 (fr 14r); 9,18a—18d;
10,1—4 (fol VI, frr 15v u 16v); 10, 8—18 (frr 15r u 16r); 20,4—5
(fol VII, fr 17v); 20,9a (fr 17r)

[**AT 102**] **Sap** 11,19—22 (fol VIII, fr 18v); 12,8—11 (fr 18r)

[**AT 107**] **Sir** 45,14—15 (fol IX, frr 19r u 20r); 45,20—22 (frr 19v
u 20v); frr 21—24 nicht identifiziert

Fundort: Antinoopolis; 24 frr von 9 foll aus einem cod mit je einer
col; rekonstruiertes Blattformat: 24 × 16 cm (?); rekonstruierter
Schriftspiegel: 17 × 12 cm; rekonstruierte Zeilenzahl (stichisch): ca 30;
rekonstruierte Buchstabenzahl (Langzeile): 27—36, meist 33; unterer
Rand: 3,5 cm;
Unziale; Schrift weist auf geübte Hand hin (kursive Züge); Rand-
notizen; Trennung, Stichoi; Diärese über ι; nomina sacra: ανς, θυ, κς
ου[νου];
linn stichisch abgesetzt; da Prov u Sap v/r, Sir r/v, bestand cod vermutlich aus einer Lage;
es fehlen: 4 linn zwischen 1v u 2 u 3v; ca 9 linn zwischen 2 u 3v u 1r;
4 linn zwischen 1r u 2 u 3r; 4 linn zwischen 2 u 3r u 4v; 5 linn zwischen
4v u 5 u 6v; 6 linn zwischen 5 u 6v u 7 u 8v; eine lin zwischen 7 u 8v
u 4r; 4 linn zwischen 4r u 5 u 6r; 4 linn zwischen 5 u 6r u 7 u 8r;
19 linn zwischen 7 u 8r u 9v; eine lin zwischen 9v u 10v; 18 linn
zwischen 10v u 9r; eine lin zwischen 9r u 10r; ca 15 linn zwischen
10r u 11v; ca 4 linn zwischen 11v u 12v; ca 14 linn zwischen 12v
u 11r; 4—5 linn zwischen 11r u 12r; ca 4 linn zwischen 12r u 13v;
ca 6 linn zwischen 13v u 14v; 10 linn zwischen 14v u 13r; ca 9 linn
zwischen 13r u 14r; ca 19 linn zwischen 14r u 15 u 16v; 9 linn zwischen
15 u 16v u 15 u 16r; 24—27 linn zwischen 18v u 18r; 23—28 linn
zwischen 18r u 19 u 20r; 23—28 linn zwischen 19 u 20r u 19 u 20v;
cod umfaßt vermutlich noch andere weisheitliche Bücher des AT
oder der Apokryphen; Text vielleicht prae-origenistischer LXX-Text

E: *C. H. Roberts*, The Antinoopolis Papyri I, London 1950, pp 2—17 /
G. Zuntz, Der Antinoe-Papyrus der Proverbia und das Prophetologion, ZAW 68 (1956), pp 124—184

L: *V. Arangio Ruiz*, Iura 2 (1951), pp 344—347 / *H. I. Bell*, JThS
NS 2 (1951), pp 202—206 / *A. Calderini*, Aeg 31 (1951), pp 71—72 /
C. Préaux, ChronEg 26 (1951), pp 417—423 / *J. Lallemand*,
Byzan 22 (1952), pp 399—403 / *B. R. Rees*, JHS 72 (1952), p
137 / *A. N. Sherwin-White*, JRS 42 (1952), pp 141—142 / *E. G.
Turner*, CR NS 2 (1952), pp 184—185 / *J. F. Gilliam*, AJPh 74
(1953), pp 317—320 / *N. Lewis*, ClPh 49 (1954), pp 64—66 / *E. des
Places*, Orientalia NS 24 (1955), pp 343—344 / *P. Katz*, ThLZ 80
(1955), coll 737—740 / *id*, ZAW 69 (1957), pp 77—84 / *S. Jellicoe*,
p 240 / *K. Treu*, Christliche Papyri 1940—1967, APF 19 (1969),
p 179

24

London, British Museum, Inv Nr 10825 (früher: Inv Nr 2584);
Rahlfs 829

r: II   (Bell/Thompson, p 241; Hunt bei Bell/Thompson, p 241)
v: III E   (Bell/Thompson, p 242)
   III E—IV (Hunt bei Bell/Thompson, p 241)

[**AT 109**] **Os** 2,11—15 (fr 1a); 3,5; 4,1—7 (fr 1b); 6,8—11 (fr 2a: nur
koptisch); 7,14—8, 1 (fr 2b); 8,14—9, 6 (fr 3)

[**AT 112**] **Am** 2,8—10. 13—15 (fr 4; 13—15 nur koptisch?)

Fundort: Mittelägypten; 4 frr aus einem cod mit 2 (frr 1 u 2) bzw
einer (frr 3 u 4) col; Schriftspiegelhöhe: 19 cm; Zeilenzahl: 13 (fr 1a),
14 (fr 1b), 6 (fr 2a), 10 (fr 2b), 9 (fr 3), 12 (fr 4); Buchstabenzahl:
meist 15 (fr 1a), 9 (fr 1b), 5 (fr 2a), 20 (fr 2b), 11 (fr 3), 12 (fr 4);
rekonstruierte Zeilenzahl: ca 20;
flüssige, kursive Hand (r); Hand eher griechisch (v), vgl P London 98
und British Museum, Or MS 7594; es fehlen: 3/5 der coll;
cod möglicherweise zum Privatgebrauch eines Gelehrten oder für eine
Katechetenschule bestimmt; frr enthalten Land-Register (r);
Griechisch-koptisches Glossar, welches den griechischen Text — meist
Kürzel — mit koptischer Übersetzung bzw Erklärung enthält (v)

E: *H. I. Bell/H. Thompson*, A Greek-Coptic glossary to Hosea and
   Amos, JEgArch 11 (1925), pp 241—246

L: *M. Marien*, Catalogus, p 49, Nr 155

08

Washington D. C., Freer Greek Ms V; Rahlfs (Ziegler) W

III (Sanders/Schmidt, p VII)

[**AT 108**] **Os** 2,1—2. 14; 6,5—7; 7,13; 7,4—5; 8,5—6 (fr 1r u v); 14,7—10 (fr 2v)

[**AT 110**] **Am** 1,1—5 (fr 2v); 1,10—13. 15; 2,1—4 (fr 2r); 2,4—16 (fr 3v); 2,16; 3,1—4,1 (fr 3r); 4,1—12 (fr 4v); 4,12—13; 5,1—14 (fr 4r); 5,14—27; 6,1—3 (fr 5v); 6,4—14; 7,1—5 (fr 5r); 7,6—17; 8,1—4 (fr 6v); 8,4—14; 9,1—3 (fr 6r); 9,3—13 (fr 7v); 9,13—15 (fr 7r)

[**AT 113**] **Mich** 1,1—11 (fr 7r); 1,11—16; 2,1—9 (fr 8v); 2,10—13; 3,1—9 (fr 8r); 3,10—12; 4,1—9 (fr 9v); 4,10—13; 5,1—8 (fr 9r); 5,8—15; 6,1—10 (fr 10v); 6,10—16; 7,1—9 (fr 10r); 7,9—20 (fr 11v)

[**AT 114**] **Joel** 1,1—2 (fr 11v); 1,2—17 (fr 11r); 1,17—20; 2,1—11 (fr 12v); 2,11—23 (fr 12r); 2,23—27; 3,1—5; 4,1—4 (fr 13v); 4,4—18 (fr 13r); 4,19—21 (fr 14v)

[**AT 115**] **Abd** 1,1—12 (fr 14v); 1,12—21 (fr 14r)

[**AT 116**] **Jon** 1,1—4 (fr 14r); 1,4—16 (fr 15v); 2,1—11; 3,1—7 (fr 15r); 3,7—10; 4,1—9 (fr 16v); 4,10—11 (fr 16r)

[**AT 118**] **Nah** 1,1—13 (fr 16r); 1,13—14; 2,1—12 (fr 17v); 2,12—14; 3,1—10 (fr 17r); 3,11—19 (fr 18v)

[**AT 119**] **Hab** 1,1—5 (fr 18v); 1,6—17; 2,1 (fr 18r); 2,1—15 (fr 19v); 2,15—20; 3,1—8 (fr 19r); 3,8—19 (fr 20r)

[**AT 120**] **Soph** 1,1—3 (fr 20r); 1,3—15 (fr 20v); 1,16—18; 2,1—9 (fr 21r); 2,10—15; 3,1—7 (fr 21v); 3,7—19 (fr 22r); 3,19—20 (fr 22v)

[**AT 121**] **Agg** 1,1—11 (fr 22v); 1,11—15; 2,1—9 (fr 23r); 2,9—21 (fr 23 v); 2,22—23 (fr 24r)

[**AT 122**] **Zach** 1,1—10 (fr 24r); 1,11—17; 2,1—6 (fr 24v); 2,7—17; 3,1—4 (fr 25r); 3,5—10; 4,1—7 (fr 25v); 4,8—14; 5,1—8 (fr 26r); 5,8—11; 6,1—12 (fr 26v); 6,12—15; 7,1—10 (fr 27r); 7,10—14; 8, 1—9 (fr 27v); 8,9—21 (fr 28r); 8,21—23; 9,1—10 (fr 28v); 9,10—17; 10,1—6 (fr 29r); 10,6—12; 11,1—6 (fr 29v); 11,6—17 (fr 30r); 11,17; 12,1—11 (fr 30v); 12,12—14; 13,1—9; 14,1—2 (fr 31r); 14,2—13 (fr 31v); 14,13—21 (fr 32r)

[**AT 125**] **Mal** 1,1—3 (fr 32r); 1,3—13 (fr 32v); 1,13—14; 2,1—11 (fr 33r); 2,11—17; 3,1—5 (fr 33v); 3,5—14 (fr 34r); 3,16—24 (fr 34v)

Fundort: Faijum; 34 foll aus einem cod mit je einer col; maximal
19,5 × 14 cm; Schriftspiegel: 26 × 10,8 cm; äußerer Rand: 2,5 cm;
innerer Rand: 1,6 cm; unterer Rand: 3,8 cm; rekonstruiertes Blattformat: 34,4 × 14,6 cm; rekonstruierte Zeilenzahl: 46—49; rekonstruierte Buchstabenzahl: 24—35, meist 30;
geschwungene Unziale; ovale litt; Anlehnung an Kursive; Tinte braun;
Hochpunkte; 13 Doppelpunkte am Ende größerer Abteilungen und
Paragraphen: Pharagraphenzeichen (Koronis) am Ende jedes Prophe-
ten; 174 Akzente (alle 3 Arten); Diärese über ι; Apostroph; Spiritus; Jota
adscriptum; Schrift ähnlich P Amherst 72 (246), P Rylands 114 (vor
281), Heroninus-Brief in Papiri Graeci Egizi, vol 2 (nach 250), London,
British Museum P 126, und einer Hand des Marseiller Papyrus von Isokrates (Schoene, Mélanges Graux, p 485, tab II); Orthographica: ει: ι,
ι: ει; ε: αι, αι: ε; η: ει, ει: η; ω: ο, ο: ω; υ: η, η: υ; nomina sacra:
ανος, ανου, ανον, ανα, ανων, ανοις, ανους, θς, θυ, θω, θν, ιηλ, ιηλημ, ιληµ,
ιηλμ, κς, κυ, κω, κν, κε, πνα, πνς, πνι;
Zusatz christlichen Inhalts von anderer Hand; Korrekturen mit
dunkler Tinte; 16 Doppelblätter = 32 foll einer Lage erhalten;
rekonstruierter Lagenaufbau: eine Lage mit 24 Doppelblättern = 48
foll;
es fehlen: 12 foll zu Os, 18 foll zu Mal

E: *H. A. Sanders/C. Schmidt*, The Minor Prophets in the Freer Collection and the Berlin fragment of Genesis, UMichSt Humanistic
Series 21, New York, London 1927 / *H. A. Sanders/C. Schmidt*,
The Minor Prophets in the Freer Collection and the Berlin fragment
of Genesis, New York, London 1927 (*Faksimile-Ausgabe*)

L: *H. A. Sanders*, A papyrus manuscript of the Minor Prophets,
HThR 14,2 (1921), pp 181—187 / *H. A. Sanders*, PQ 3 (1924),
pp 16sqq / *P. Thomsen*, PhiWo 48 (1928), coll 1185—1187 /
S. Jellicoe, pp 233sq

09

Heidelberg, Papyrussammlung der Universität, P Heidelberg Inv Nr G 600 (bis 1900 Sammlung Graf); Rahlfs 919

VI—VII (Wilcken bei Deißmann, p 6, Anm 6; Rahlfs, p 77)
VII   (Deißmann, p 7; Kenyon, Palaeography, pp 118 sq u Deiß-
    mann, pp 6 sq)

[**AT 124**] **Zach** 4,6—10 (fr 1a, tab 1); 4,11—5,1 (fr 1b, tab 2); 5,3—5 (fr 2a, tab 3); 5,6—9 (fr 2b, tab 4); 5,9—6,2 (fr 3a, tab 5); 6,4—7 (fr 3b, tab 6); 6,7—12 (fr 4a, tab 7); 6,12—15 (fr 4b, tab 8); 7,10—14 (fr 5a, tab 9); 7,14—8,4 (fr 5b, tab 10); 8,4—9 (fr 6a, tab 11); 8,9—12 (fr 6b, tab 12); 8,12—15 (fr 7a, tab 13); 8,15—19 (fr 7b, tab 14); 8,19—23 (fr 8a, tab 15); 8,23—9,4 (fr 8b, tab 16); 9,4—7 (fr 9a, tab 17); 9,7—10 (fr 9b, tab 18); 9,10—14 (fr 10a, tab 19); 9,14—10,1 (fr 10b, tab 20); 10,1—4 (fr 11a, tab 21); 10,4—7 (fr 11b, tab 22); 11,5—9 (fr 12a, tab 23); 11,9—13 (fr 12b, tab 24); 11,13—16 (fr 13a, tab 25); 11,16—12,2 (fr 13b, tab 26); 12,2—5 (fr 14a, tab 27); 12,5—8 (fr 14b, tab 28); 12,8—11 (fr 15a, tab 29); 12,11—13,1 (fr 15b, tab 30); 13,1—3 (fr 16a, tab 31); 13,4—7 (fr 16b, tab 32); 13,8—14,2 (fr 17a, tab 33); 14,2—4 (fr 17b, tab 34); 14,4—8 (fr 18a, tab 35); 14,8—12 (fr 18b, tab 36); 14,12—14 (fr 19a, tab 37); 14,14—17 (fr 19b, tab 38); 14,17—21 (fr 20a, tab 39); 14,21 (fr 20b, tab 40)

[**AT 126**] **Mal** 1,1—5 (fr 21a, tab 41); 1,5—8 (fr 21b, tab 42); 1,8—11; 2,1 (fr 22a, tab 43); 2,1—4 (fr 22b, tab 44); 2,4—8 (fr 23a, tab 45); 2,9—12 (fr 23b, tab 46); 2,13—15 (fr 24a, tab 47); 2,16—3,1 (fr 24b, tab 48); 3,2—4 (fr 25a, tab 49); 3,5—7 (fr 25b, tab 50); 3,10—11 (fr 26a, tab 51); 3,13—16 (fr 26b, tab 52); 3,18—19 (fr 27a, tab 53); 3,21—23 (fr 27b, tab 54)

Fundort: Faijum; 27 foll aus einem cod mit je einer col; rekonstruier-tes Blattformat: 29 × 17 cm; rekonstruierter Schriftspiegel: 25 × 12 cm; rekonstruierte Zeilenzahl: 28—29; rekonstruierte Buch-stabenzahl: 11—19, meist 14;
große, rohe Unziale; Doppelpunkt und Füllungsstriche; Zierschnörkel zwischen den Büchern; ν-Strich; nomina sacra: ανος, ανου, ανων, ανους, δαδ, θς, θυ, θω, θν, ιηλ, ιλημ, κς, κυ, κω, κν, κε, μηρ, ουνος, ουνου, πηρ, προς, περα, πρων, πνα, πνς, πντι;
2 Hände: Schreiber und Korrektor; Lagenaufbau: Quaternio (?) (frr 1—4), Quinio (frr 4*—11*, 12), Quinio (frr 13—22), Quaternio (frr 23—27) [die frr 4* u 11* sind nicht erhalten];
cod umfaßte ursprünglich 29 foll; ursprünglich enthielt der Papyrus wahrscheinlich das Dodekapropheton und diente als ägyptische Dorf-bibel

E: *A. Deißmann*, VHP 1 (1905), pp 1—75

L: *W. H. Hechler*, London Times (1. u 7. 9. 1892), p 6 / *W. H. Hechler*, An ancient papyrus manuscript of the Septuagint, Transactions of the Ninth International Congress of Orientalists 2, London 1893, pp 331—333 u tab IV / *F. Kirchner*, Ein Blatt aus dem neu aufgefundenen apokryphischen Evangelium des Petrus (Titel falsch!), Daheim 1893, p 329 / *(anon)*, The Athenaeum Nr 3489, London 8. 9. 1894, pp 319—321 / *C. Häberlin*, Griechische Papyri, Sonderdruck 14 (1897), pp 98sq / *E. Nestle*, Urtext und Übersetzungen der Bibel in übersichtlicher Darstellung, Leipzig 1897, p 74 / *E. Nestle*, Artikel „Bibelübersetzungen, griechische", RE 3 (1897), p 14 / *F. G. Kenyon*, The Palaeography of Greek Papyri, Oxford 1899, pp 25. 118. 132 / *H. B. Swete*, An Introduction to the Old Testament in Greek, Cambridge 1900, pp 147sq / *K. Dziatzko*, Untersuchungen über ausgewählte Kapitel des antiken Buchwesens, Leipzig 1900, pp 91. 144sq / *A. Deißmann*, Neue Bibelfragmente, Die christliche Welt 15, Marburg 1901, coll 288sq / *W. Crönert*, Beilage zur Allgemeinen Zeitung Nr 246, München 1901, pp 1—5 / *C. Häberlin*, Griechische Papyri, ZBW 18 (1901), p 183 / *C. Schmidt*, Christliche Texte, APF 1 (1901), pp 539sqq / *Seymour de Ricci*, Bulletin Papyrologique, REG 14 (1901), p 192 / *W. Weinberger*, ZÖG 52 (1901), p 41 / *A. Deißmann*, The new biblical papyri at Heidelberg, ExpT 17 (1905/06), pp 248—254 / *A. Rahlfs*, Verzeichnis, pp 77sq / *F. G. Kenyon*, Der Text der griechischen Bibel, Göttingen 1952, p 29 / *R. Seider*, Die Universitäts-Papyrussammlung, Heidelberger Jahrbücher 8 (1964), pp 148—151 / *S. Jellicoe*, p 234

010

Dublin, P Chester Beatty IX und X (A); Princeton, John H. Scheide 3 (B); Köln, Universität, Institut für Altertumskunde, P Colon theol 3—40 (C); Barcelona, P Barc (D); Madrid, P Matr bibl 1 (E); Rahlfs 967

II   (Ez u Est: Wilcken, p 113)
II—IIIA   (Geissen, p 18; Galiano, p 16; Hamm, p 18)
IIE—IIIA (Kenyon bei Johnson/Gehman/Kase, p 5; Treu, p 150)
IIIA   (Johnson/Gehman/Kase, p 5; Bell bei Johnson/Gehman/
           Kase, p 5)
III   (Kenyon, p X)

[**AT 146**] **Ez** 11,25—12,6 (fol 10v, p 19 A); 12,3—4. 6—7 (p 19v C)*; 12,12—18 (fol 10r, p 20 A); 12,15—16. 18—19 (p 20r C)*; 12,23—13,6 (fol 11v, p 21 A); 13,7—9 (p 21v C); 13,11—17 (fol 11r, p 22 A); 13,18 (p 22r C); 13,20—14,3 (fol 12v, p 23 A); 14,3—4 (p 23v C); 14,6—10 (fol 12r, p 24 A); 14,10—13 (p 24r C); 14,15—20 (fol 13v, p 25 A); 14,21—22 (p 25v C); 14,23—15,7 (fol 13r, p 26 A); 15,8—16,3 (p 26r C); 16,5—11 (fol 14v, p 27 A); 16,11—14 (p 27v C); 16,16—22 (fol 14r, p 28 A); 16,23—26 (p 28r C); 16,28—34 (fol 15v, p 29 A); 16,35—37 (p 29v C); 16,39—45 (fol 15r, p 30 A); 16,45—46 (p 30r C); 16,48—53 (fol 16v, p 31 A); 16,53—55 (p 31v C); 16,57—17,1 (fol 16r, p 32 A); 17,1—5 (p 32r C); 17,6—10 (fol 17v, p 33 A); 17,11—14 (p 33v C); 17,15—21 (fol 17r, p 34 A); 17,21—24 (p 34r C); 17,24—18, 12 (fol 18v, p 35 A); 18,13—21 (p 36r C); 18,22—31 (p 37v C); 18, 31—19,12 (p 38r C); 19,12—20,7 (p 39v B); 20,5—8 (p 39v C)*; 20,8—16 (p 40r B); 20,13—16 (p 40r C)*; 20,16—25 (p 41v C); 20,25—34 (p 42r C); 20,34—40 (p 43v C); 20,40—44 (p 43v B); 20,44—21,8 (p 44r C); 21,9—14 (p 44r B); 21,14—26 (p 45v B); 21,26—36 (p 46r B); 21,36—22,10 (p 47v B); 22,11—22 (p 48r B); 22,22—23,3 (p 49v B); 23,4—14 (p 50r B); 23,15—25 (p 51v B); 23,25—37 (p 52r B); 23,37—47 (p 53v B); 23,48—24,10 (p 54r B); 24,11—22 (p 55v B); 24,22—25,5 (p 56r B); 25,5—16 (p 57v C); 25,16—26,10 (p 58r C); 26,10—17 (p 59v B); 26,18—27,9 (p 60r B); 27,9—19 (p 61v B); 27,20—32 (p 62r B); 27,33—28,9 (p 63v B); 28,9—18 (p 64r B); 28,19—29,3 (p 65v E); 29,3—12 (p 66r E); 29,12—21 (p 67v B); 30,1—13 (p 68r B); 30,14—24 (p 69v B); 30,25—31,8 (p 70r B): 31,8—15 (p 71v B); 32,19—30 (p 74r B?); 32,30—33,8 (p 75v E); 33,8—16 (p 76r E); 33,17—29 (p 77v E); 33,29—34,6 (p 78r E); 34,6—14 (p 79v B); 34,14—25 (p 80r B); 34,25—35,5 (p 81v B); 35,6—36,3 (p 82v B); 36,4—11 (p 83v B); 36,11—22 (p 84r B); 36,23; 38,1—10 (p 85v B); 38,10—17 (p 86r B);

* C hat abgebrochene Randstücke von A und B

38,18—39,4 (p 87v B); 39,4—13 (p 88r B); 39,13—22 (p 89v B); 39,22—29; 37,1—4 (p 90r B); 37,4—13 (p 91v E); 37,13—22 (p 92r E); 37,22—28; 40,1—3 (p 93v E); 40,3—12 (p 94r E); 40,12—22 (p 95v E); 40,22—33 (p 96r E); 40,33—43 (p 97v E); 40,43—41,2 (p 98r E); 41,3—11 (p 99v E); 41,11—20 (p 100r E); 41,20—42,5 (p 101v E); 42,5—13 (p 102r E); 42,13—43,1 (p 103v E); 43,1—9 (p 104r E); 43,9—17 (p 105v C); 43,17—26 (p 106r C); 43,26—44,7 (p 107v C); 44,7—15 (p 108r C); 44,15—24 (p 109v C); 44,25—45,3 (p 110r C); 45,3—10 (p 111v C); 45,10—20 (p 112r C); 45,20—46,4 (p 113v C); 46,4—14 (p 114r C); 46,14—24 (p 115v C); 46,24—47,9 (p 116r C); 47,9—18 (p 117v C); 47,18—48,4 (p 118r C); 48,4—14 (p 119r C); 48,14—21 (p 120v C); 48,21—31 (p 121r C); 48,31—35 (p 122v C)

[**AT 148**] **Dan** 1,1—8 (p 123r C); 1,8—17 (p 124v C); 1,17—2,4 (p 125r C); 2,4—11 (p 126v C); 2,11—18 (p 127r C); 2,19—26 (p 128v C); 2,26—34 (p 129r C); 2,34—42 (p 130v C); 2,42—48 (p 131r C); 2,48—3,3 (p 132v C); 3,3—11 (p 133r C); 3,11—16 (p 134v C); 3,16—23 (p 135r C); 3,23—30 (p 136v C); 3,30—39 (p 137r C); 3,39—47 (p 138v C); 3,47—56 (p 139r C); 3,56—71 (p 140v C); 3,72—78 (fol 71r, p 141 A); 3,81—88 (fol 71v, p 142 A); 3,88—92 (p 142v C); 3,92—95 (fol 72r, p 143 A); 3,95—96 (p 143r C); 3,96—97; 4,4—12 (fol 72v, p 144 A); 4,12. 11—14 (p 144v C); 4,14—17 (fol 73r, p 145 A); 4,17a—19 (p 145r C); 4,19—22 (fol 73v, p 146 A); 4,23—25 (p 146v C); 4,25—28 (fol 74r, p 147 A); 4,28—31 (p 147r C); 4,31—32 (fol 74v, p 148 A); 4,32—33a (p 148v C); 4,33a—34 (fol 75r, p 149 A); 4,34c—37 (p 149r C); 4,37—37a (fol 75v, p 150 A); 4,37a—37b (p 150v C); 4,37b—37c (fol 76r, p 151 A); 4,37c; 7,1 (p 151r C); 7,1—6 (fol 76v, p 152 A); 7,6—8 (p 152v C); 7,8—11 (fol 77r, p 153 A); 7,11—14 (p 153r C); 7,14—19 (fol 77v, p 154 A); 7,19—22 (p 154r C); 7,22—25 (fol 78r, p 155 A); 7,28—8,4 (fol 78v, p 156 A); 8,7—11 (fol 79r, p 157 A); 8,12—15 (p 157r C); 8,15—20 (fol 79v, p 158 A); 8,20—24 (p 158v C); 8,24—27; 5 praefatio (fol 80r, p 159 A); 5 praefatio (p 159r C); 5 praefatio 5,1—5 (fol 80v, p 160 A); 5,5—7 (p 160v C); 5,7—12 (fol 81r, p 161 A); 5,12—17 (p 161r C); 5,17—29 (fol 81v, p 162 A); 5,29—6,1 (p 162v C); 6,1—5 (fol 82r, p 163 A); 6,5—6 (p 163r C); 6,6—9 (fol 82v, p 164 A); 6,9—13 (p 164v C); 6,13—14 (fol 83r, p 165 A); 6,14—17 (p 165r C); 6,17—19 (fol 83v, p 166 A); 6,19—22 (p 166v C); 6,22—28 (p 167r C); 6,28; 9,1—6 (p 168v C); 9,6—12 (p 169r C); 9,12—17 (p 170v C); 9,17—23 (p 171r C); 9,23—27 (p 172v C); 9,27—10,6 (p 173r C); 10,6—13 (p 174v C); 10,13—20 (p 175r C); 10,20—11,4 (p 176v C); 11,4—8 (p 177r C); 11,10—15 (p 178v C); 11,6—20 (p 179r C); 11,23—26 (p 180v C); ?(p 181r D); ?(p 182v D); 11,40—45 (p 183r C); 12,2—6 (p 184v C); 12,8—13 (p 185r C)

[**AT 153**] **Bel** 4—8 (p 186v C); 10—14 (p 187r C); 18—22 (p 188v C); 26—30 (p 189r C); 33—39 (p 190v C)

[**AT 147**] **Sus** 5—10 (p 191r C); 19—29 (p 192v C); 34—37 (p 193r C); 44—52 (p 194v C); 55—59 (p 195r C); 62a—62b; subscriptio (p 196v C)

[**AT 40**] **Est** 1,1a—f (p 197r C); 1,1m—s (p 198v C); 1,6—10 (p 199r C); 1,15—19 (p 200v C); 2,2—7 (p 201r C); 2,11—15 (p 202v C); 2,20—23 (fol 102r, p 203 A); 3,4—9 (fol 102v, p 204 A); 3,13—13c (fol 103r, p 205 A); 3,13e—14 (fol 103v, p 206 A); 4,3—7 (fol 104r, p 207 A); 4,11—16 (fol 104v, p 208 A); 4,17d—h (fol 105r, p 209 A); 4,17k—o (fol 105v, p 210 A); 4,17r—w (fol 106r, p 211 A); 5,1a—d (fol 106v, p 212 A); 5,2—4 (fol 107r, p 213 A); 5,9—14 (fol 107v, p 214 A); 6,3—6 (fol 108r, p 215 A); 6,11—14 (fol 108v, p 216 A); 7,6—9 (fol 109r, p 217 A); 8,2—6 (fol 109v, p 218 A)

A zählt nach foll, B und C übernehmen die Paginierung des cod; D noch nicht ediert

Fundort: Aphroditopolis; 109 foll = 218 pp eines cod mit je 1 col; 34,4 × 12,8 cm; Schriftspiegel: 30 × 9,5 cm; Zeilenzahl: 49—53 (v), 52—57 (r); Buchstabenzahl: 16—27, meist 22;

große, quadratische Unziale, vermutlich von 2 Händen (Hand 1: Ez, Hand 2: Dan, Bel, Sus, Est); Hochpunkt; Lesezeichen von späterer Hand; Asteriskos und Metobelos zur Kennzeichnung des Theodotion-Textes; Apostroph meist hinter Eigennamen und als Lesehilfe bei γ'γ, γ'κ, γ'χ, τ'τ; Diärese über ι υ υ; Spiritus; Orthographica: häufig auftretende Itazismen; nomina sacra: θϛ, θυ, θω, θν, κϛ, κυ, κω, κν, κε, πνα, πνι; Korrekturen sowohl vom Schreiber selbst, als auch von späteren Händen;

cod war in einer Lage aufgebaut; Paginierung von späterer Hand; cod umfaßt ursprünglich 59 Doppelblätter = 118 foll = 236 pp

E: *F. G. Kenyon*, The Chester Beatty Biblical Papyri VII, Ezekiel, Daniel, Esther, Text: London 1937, Plates: London 1938 / *A. Ch. Johnson/H. S. Gehman/E. H. Kase*, The John H. Scheide Biblical Papyri, Ezekiel, Princeton 1938 / *A. Geissen*, Der Septuagintatext des Buches Daniel, Kap 5—12, zusammen mit Susanna, Bel et Draco, sowie Esther 1,1a—2,15, PTA 5 (1968) / *W. Hamm*, Der Septuagintatext des Buches Daniel Kap 1—4, PTA 10 (1969) / *M. F. Galiano*, Nuevas páginas del códice 967 del A.T. Griego, StPap 10,1 (1971)

L: *F. G. Kenyon*, Nomina sacra in the Chester Beatty Papyri, Aeg 13 (1933), pp 5—10 / *U. Wilcken*, APF 11 (1935), p 113 / *F. W. Beare*, The Chester Beatty Papyri, ChronEg 12 (1937), pp 81—91 / *H. S. Gehman*, The Relations between the Hebrew Text of Ezekiel

and that of the John H. Scheide Papyri, JAOS 58 (1938), pp
92—102 / *id*, The Relations between the Text of the John H.
Scheide Papyri and that of the other Greek Mss. of Ezekiel, JBL
57 (1938), pp 281—287 / *F. W. Beare*, The Chester Beatty Papyri,
ChronEg 13 (1938), pp 364—372 / *F. V. Filson*, The Omission of
Ezekiel 12, 26—28 and 36, 23b—38 in Codex 967, JBL 62 (1943),
pp 27—32 / *J. Ziegler*, Die Bedeutung des Chester Beatty —
Scheide Papyrus 967 für die Textüberlieferung der Ezechiel-Sep-
tuaginta, ZAW 61 (1945/48), pp 76—94 / *M. Marien*, Catalogus,
Ez: p 48, Nr 147, Dan: p 48, Nr 153, Est: p 39, Nr 59 / *M. F.
Galiano/M. Gil*, Observaciones sobre los papiros 961 y 962, Emé-
rita 21 (1953), pp 1—13 / *M. F. Galiano*, Notes on the Madrid
Ezekiel Papyrus, BASOR 5 (1968), pp 349—356 / *S. Jellicoe*, p 231 /
M. F. Galiano, Notes on the Madrid Ezekiel Papyrus, Rahlfs 967,
Proceedings of the Twelfth International Congress of Papyrology
1968, AStP VII (1970), pp 133—138 / *K. Treu*, Christliche Papyri
II, APF 20 (1970), pp 150—152 / *id*, Christliche Papyri IV, APF
22/23 (1974), pp 370sqq

0101 [NT 30]

Gent, Centrale Bibliotheek, Rijksuniversiteit, Inv 61, P Oxyrhynchus 1598; $\mathfrak{P}^{30}$

III   (Aland, Liste, p 30; Papyrus, p 104)
III E—IV (Grenfell/Hunt, p 12; Schofield, p 79)
III—IV   (Dobschütz, p 301; Maldfeld, p 247)

1. Thess 4,12—13. 16—17 (frr 1 u 2 r); 5,3. 8—10 (frr 1 u 2 v); 5,12—18 (frr 3 u 4 v); 5,25—28 (frr 3 u 4 r)

2. Thess 1, 1—2 (frr 3 u 4 r); fr 5 r u v unidentifiziert

Fundort: Oxyrhynchus; 4 frr von 2 foll eines cod mit je einer col; fr 1: 3 × 2,4 cm; Zeilenzahl: 8 (r), 10 (v); fr 2: 5,2 × 5,7 cm; Zeilenzahl: 8 (r), 10 (v); fr 3: 7,3 × 6 cm; Zeilenzahl: 10 (v), 8 (r); fr 4: 6,6 × 6,3 cm; Zeilenzahl: 10 (v), 8 (r); rekonstruiertes Blattformat: 26 × 15 cm; rekonstruierte Zeilenzahl: 34; rekonstruierte Buchstabenzahl: 18—24;
große, schwere, runde Unziale (früher Bibeltyp); ↦ als Zeilenfüllsel; Anfangs-υ mit Diärese; Paginierung: 207—208; nomina sacra: θω, [ιη]υ, κυ, κν, χω

E: *B. P. Grenfell/A. S. Hunt*, The Oxyrhynchus Papyri XIII, London 1919, pp 12—14 / *E. M. Schofield*, The Papyrus Fragments of the Greek New Testament, Clinton (New Jersey) 1936, pp 73. 78. 79. 84. 229—233

L: *E. von Dobschütz*, ZNW 25 (1926), p 301 / *J. Merell*, Papyry, pp 53. 113sq / *G. Maldfeld*, Die griechischen Handschriftenbruchstücke des Neuen Testamentes auf Papyrus, ZNW 42 (1949), p 247 / *K. Aland*, Zur Liste der Neutestamentlichen Handschriften VI, ZNW 48 (1957), pp 149. 153 / *R. Schippers*, De Papyrusfragmenten van 1. en 2. Thessalonicenzen, GTT 57 (1957), pp 121—127 / *K. Aland*, Liste, p 30 / *M. Wittek*, Album de Paléographie grecque, spécimens d'écritures livresques du IIIᵉ siècle avant J. C. au XVIIIᵉ siècle, conservés dans des collections Belges, Story-Scientia 64, Gent 1967, p 29 / *K. Aland*, Papyrus, pp 104. 116sq

0102 [NT 34]

Wien, Österreichische Nationalbibliothek, P Vindob G 39784 (früher: Lit theol 26); 𝔓³⁴

VI—VII (Wessely, p 246; Dobschütz, p 251; Maldfeld, p 247)
VII? (Schofield, p 80)
VII (Aland, Liste, p 30; Papyrus, p 105)

1. Kor 16,4—7 (col 3r); 16,10 (col 4r) [fol 1]

2. Kor 5,18—19 (col 1v); 5,19—21 (col 2v); 10,13—14 (col 3v); 11,2 (col 4v) [fol 2]; 11,4 (col 1r); 11,6—7 (col 2r) [fol 1]

Fundort: Faijum; 1 fr eines Doppelblattes aus einem cod mit 4 coll, außen r, innen v; 21,5 × 46 cm; erhalten sind auf fol 1 innere col über 21 bzw 20 linn, von äußerer col untere 7 bzw 8 linn, auf r zuzüglich 2 Überhangzeilen; innerer Rand: 3,5 cm, äußerer Rand: 3,5 cm; unterer Rand: 4,3 cm; auf fol 2 innere col über 18 linn u 2 Zierlinn nach 2. Kor 10,14 bzw 21 linn; von äußeren coll beidseitig die unteren 7 linn, v u 1 Überhangzeile; rekonstruiertes Blattformat: 30 × 23 cm; rekonstruierte Zeilenzahl: 27; rekonstruierte Buchstaben-zahl: 7—10; Schriftspiegel: 22—23 × 16 cm; Kolumnenabstand: 2 cm;
aufrechte Unziale (koptische Hand); Hochpunkte, Akzente, Zier-linien; nomina sacra: θ̅ς̅, θ̅υ̅, θ̅ω̅, κ̅υ̅, [π̅ν̅]α, χ̅υ̅, χ̅ω̅;
zwischen den erhaltenen foll fehlen — fortlaufender Text vorausge-setzt — 8 foll; erhaltenes Doppelblatt vielleicht Außenblatt eines Quinio; auffälliger Sprung zwischen fol 1r u v; zwischen coll von fol 3 durch Homoioteleuton Auslassung von ca 140 litt

E: *C. Wessely*, StudPal XII, Leipzig 1912, Literarischer theologischer Text Nr 26, p 246 / *E. M. Schofield*, The Papyrus Fragments of the Greek New Testament, Clinton (New Jersey) 1936, pp 3.35.78.80.84. 246—252

L: *C. M. Cobern*, New Archaeological Discoveries, New York ⁷1924, p 155 / *E. von Dobschütz*, ZNW 23 (1924), p 251 / *J. Merell*, Papyry, pp 54. 115 / *G. Maldfeld*, Die griechischen Handschriftenbruch-stücke des Neuen Testaments auf Papyrus, ZNW 42 (1949), p 247 / *G. Maldfeld*, ZNW 43 (1950/51), p 261 / *K. Aland*, Zur Liste der Neutestamentlichen Handschriften VI, ZNW 48 (1957), pp 149. 153 / *id*, Liste, p 30 / *id*, Papyrus, pp 105. 118

0103 [NT 44]

New York, Metropolitan Museum of Art, Inv Nr 14. 1. 527; $\mathfrak{P}^{44}$

VI—VII   (Aland, Liste, p 31; Papyrus, p 105; Maldfeld, p 249)
VI E—VII A (Evelyn White, p 120; Hedley, p 39; Schofield, p 80)

Matth 17,1—3. 6—7; 18,15—17. 19 (fol Av); 25,8—10 (fol Ar)

Joh 10,8—14 (fol Ar); 9,3—4 (fol Br); 12,16—18 (fol Bv); unidentifizierter Text (fol C r u v) [O'Callaghan: fol C r b: Mk 4,22—24 (Joh 13,13—24)]

Fundort: Kloster des Cyriacus in Theben, Grab 65, 66; 13 frr von wenigstens 2 foll eines Lektionarkodex mit je 1 col; durchschnittliches Blattformat: 6,7 × 4,8 cm;
5 frr von fol A: Zeilenzahl: 8 bzw 7 (fr 1), 3 bzw 2 (fr 2), 7 bzw 5 (fr 3), 5 (frr 4 u 5); Buchstabenzahl: 9—10 (fr 1), 2 (fr 2), 6—7 (fr 3), 7—8 (frr 4 u 5); fol B: Zeilenzahl: 5 (r u v); Buchstabenzahl: 6;
7 frr von fol C: durchschnittliche Zeilenzahl: 2—4; durchschnittliche Buchstabenzahl: 2—3; rekonstruierte Zeilenzahl: 50; rekonstruierte Buchstabenzahl: 26—31;
mittelgroße Unziale, deutlich (manchmal etwas schwer und rustikal), gerundet, mit im allgemeinen aufrechten litt; foll A, B, C von gleicher Hand; fol B ist die Schrift größer, Worte sauber getrennt; Akut; Gravis; Zirkumflex; Hochpunkt; Tiefpunkt; Diärese über ι υ ѵ; Trennungen durch Paragraphoi;
da es sich nicht um einen fortlaufenden Text handelt, sind die Angaben zu Zeilen- und Buchstabenzahl sehr unsicher

E: *W. E. Crum/H. G. Evelyn White*, The Metropolitan Museum of Art Egyptian Expedition, The Monastery of Epiphanius at Thebes II, New York 1926 / *E. M. Schofield*, The Papyrus Fragments of the Greek New Testament, Clinton (New Jersey) 1936, pp 296—301

L: *H. A. Sanders*, HThR 26 (1933), pp 77—98 / *E. v. Dobschütz*, ZNW 32 (1933), p 188 / *P. L. Hedley*, The Egyptian Texts of the Gospels and Acts, ChQR 118 (1934), pp 23—39. 210sq / *E. M. Schofield*, The Papyrus Fragments of the Greek New Testament, Clinton (New Jersey) 1936, pp 25. 80 / *K. W. Clark*, Catalogue, pp 135sq / *J. Merell*, Papyry, pp 58. 118 / *G. Maldfeld*, ZNW 42 (1949), p 249 / *id*, ZNW 43 (1950/51), p 261 / *B. M. Metzger*, p 68 / *K. Aland*, Zur Liste der Neutestamentlichen Handschriften VI, ZNW 48 (1957), pp 149. 154 / *id*, Liste, p 31 / *id*, Papyrus, pp 105. 123 / *J. O'Callaghan*, Posible identificatión de $\mathfrak{P}^{44}$ C recto b como Mc 4,22—24, Bibl 52 (1971), pp 398—400

0104 [NT 45]

Dublin, P Chester Beatty I (A); Wien, Österreichische Nationalbibliothek, P Vindob G 31974 (B); $\mathfrak{P}^{45}$

um 250 (Sanders, pp 77 sqq)

III A   (Kenyon, p X; Schofield, p 80)

III   (Bell bei Schofield, p 80; Dobschütz, p 188; Schubart bei Schofield, p 80; Maldfeld, p 249; Aland, Liste, p 31; Papyrus, p 105)

III E   (Grenfell/Hunt bei Schofield, p 80)

Matth 20,24—32 (fr 1v A); 21,13—19 (fr 1r A); 25,41—26,3. 6—10 (fr 2r A); 25,41—26,18 (Ergänzung zu fr 2r B); 26,19—33 (fr 2v A); 26,19—39 (Ergänzung zu fr 2v B)

Mark 4,36—40 (fr 3r A); 5,15—26 (fr 3v A); 5,38—6,3 (fr 4v A); 6,16—25 (fr 4r A); 6,36—50 (fr 5r A); 7,3—15 (fr 5v A); 7,25—8,1 (fr 6v A); 8,10—26 (fr 6r A); 8,34—9,9 (fr 7r A); 9,18—31 (fr 7v A); 11,27—12,1. 5—8 (fr 8v A); 12,13—19. 24—28 (fr 8r A)

Luk 6,31—41 (fr 9v A); 6,45—7,7 (fr 9r A); 9,26—41 (fr 10r A); 9,45—10,1 (fr 10v A); 10,6—22 (fr 11v A); 10,26—11,1 (fr 11r A); 11,6—25 (fr 12r A); 11,28—46 (fr 12v A); 11,50—12,12 (fr 13v A); 12,18—37 (fr 13r A); 12,42—13,1 (fr 14r A); 13,6—24 (fr 14v A); 13,29—14,10 (fr 15v A); 14,17—33 (fr 15r A)

Joh 10,7—25 (fr 16v A); 10,31—11,10 (fr 16r A); 11,18—36 (fr 17r A); 11,42—57 (fr 17v A)

Apg 4,27—36 (fr 18v A); 5,10—21 (fr 18r A); 5,30—39 (fr 19r A); 6,7—7,2 (fr 19v A); 7,10—21 (fr 20v A); 7,32—41 (fr 20r A); 7,52—8,1 (fr 21r A); 8,14—25 (fr 21v A); 8,34—9,6 (fr 22v A); 9,16—27 (fr 22r A); 9,35—10,2 (fr 23r A); 10,10—23 (fr 23v A); 10,31—41 (fr 24v A); 11,2—14 (fr 24r A); 11,24—12,5 (fr 25r A); 12,13—22 (fr 25v A); 13,6—16 (fr 26v A); 13,25—36 (fr 26r A); 13,46—14,3 (fr 27r A); 14,15—23 (fr 27v A); 15,2—7 (fr 28v A); 15,19—27 (fr 28r A); 15,38—16,4 (fr 29r A); 16,15—21 (fr 29v A); 16,32—40 (fr 30v A); 17,9—17 (fr 30r A)

Fundort: Aphroditopolis, Faijum?; frr von 30 foll eines cod mit je 1 col; größtes Format: 21,5 × 19 cm; auf foll 25—30 Reste des oberen Randes (bis zu 3 cm) erhalten; aus foll 11. 14 ergibt sich als Maß für den Innenrand 2 cm und die Kolumnenbreite 15,5—16 cm; rekonstruierte Zeilenzahl: ca 39; rekonstruierte Buchstabenzahl: 50; rekonstruiertes Blattformat: 25 × 20 cm; rekonstruierter Schriftspiegel: 19 × 16 cm; kleine, aber sehr saubere Schrift; mit Ausnahmen entspricht sie einer guten römischen Hand; ν-Strich; Zeilenfüllsel; Hochpunkte von zweiter Hand; Diärese über ι u υ; Jota adscriptum; nomina sacra: θς, θυ, θω, θν, ιη, ιης, κς, κυ, κω, κν, κε, πρ, πς, πρς, πρι, πρα, πνα, πνς, πνι, σ̅ρ̅ν, σ̅ρ̅να[ι], υς, υω, υν, υιε (sic!), χρ, χς, [χρα]νους;

foll 11/12 u 13/14 hängen noch als Doppelblätter zusammen; auf Rückseite von foll 27 u 29 sind lesbare Seitenzahlen 193 u 199; cod bestand ursprünglich aus 55 Doppelblättern = 110 foll = 220 pp, die von der Rückseite des 1. fol an durchgezählt waren; wahrscheinlich war die Vorderseite des 1. fol leer, ebenso das letzte fol; cod war v/r, r/v gefaltet, so daß stets Seiten gleicher Faserrichtung gegenüber standen

E: *F. G. Kenyon*, The Chester Beatty Biblical Papyri II, 1: The Gospels and Acts (Text), London 1933; II, 2: The Gospels and Acts (Plates), London 1934 / *H. Gerstinger*, Ein Fragment des Chester Beatty-Evangelienkodex in der Papyrussammlung der Nationalbibliothek in Wien (P Gr Vindob 31974), Aeg 13 (1933), pp 67—72 /*A. Merk*,Codex Evangeliorum et Actuum ex collectione P Chester Beatty, Miscellanea Biblica 2, Rom 1934, pp 375—406 / *G. Zuntz*, Reconstruction of one leaf of the Chester Beatty Papyrus of the Gospels and Acts (Mt 25,41—26,39), ChronEg 26 (1951), pp 191—211

L: *F. G. Kenyon*, The Text of the Bible, A New Discovery, More Papyri from Egypt, London Times 19. 11. 1931, pp 13sq / *C. Schmidt*, Die neuesten Bibelfunde aus Ägypten, ZNW 30 (1931), pp 285—293 / *F. G. Kenyon*, The Chester Beatty Biblical Papyri, Gn 8 (1932), pp 46—49 / *J. de Zwaan*, De in Egypte gevonden papyri van den bijbel, StT 21 (1932), pp 306—321 / (*anon*), The Chester Beatty Biblical Papyri BRL17 (1933),pp 196sq/*F.C.Burkitt*, The Chester Beatty Papyri, JThS 34 (1933), pp 363—368 / *E. von Dobschütz*, ThLZ 58 (1933), coll 409—412 / *id*, Zur Liste der Neutestamentlichen Handschriften, ZNW 32 (1933), p 188 / *F. G. Kenyon*, New Light on the Text of the Bible, Discovery 14 (1933), pp 331—334 / *id*, Nomina Sacra in the Chester Beatty Papyri, Aeg 13 (1933), pp 5—10 / *id*, Recent Developments in Textual Criticism of the Greek Bible, London 1933, pp 51—63 / *M. J. Lagrange*, Un nouveau Papyrus évangélique, RBi 42 (1933), pp 402—404 / *C. Schmidt*, Die Evangelienhandschrift der Chester Beatty-Sammlung, ZNW 32 (1933), pp 225—232 / *T. Ayuso*, El texto Cesariense del Papiro Beatty en el Evangelio de San Marcos, EB 6 (1934), pp 268—281 / *P. Collomp*, Les Papyri Chester Beatty, RHPhR 14 (1934), pp 130—143 / *J. Héring*, Observations critiques sur le texte des Evangiles et des Actes de P[45], RHPhR 14 (1934), pp 144—154 / *P.-L. Couchoud*, La plus ancienne bible chrétienne: les papyrus Chester Beatty, RHR 109 (1934), pp 207—219 / *id*, Notes sur le texte de St. Marc dans le codex Chester Beatty, JThS 35 (1934), pp 3—22 / *P. L. Hedley*, ChQR 118 (1934), pp 29. 31—34. 37. 191. 193. 204sq. 222, Nr 33 / *M. J. Lagrange*, Les Papyrus Beatty des Actes des Apôtres, RBi 43 (1934), pp 161—171 / *id*, Les Papyrus

Chester Beatty pour les Evangiles, RBi 43 (1934), pp 5—41 /
L. G. Da Fonseca, De antiquissimo Evangeliorum manuscripto,
VD 14 (1934), pp 20—22 / *E. R. Smothers*, RSR 24 (1934), pp
12—14. 467—472 / *L. Vaganay*, Initiation à la critique textuelle
néotestamentaire, Lyon 1934, pp 18sq. 100sq / *H. Lietzmann*, Die
Chester Beatty Papyri des Neuen Testaments, Die Antike 11
(1935), pp 139—148 = Kleine Schriften 2, TU 68, pp 160—169 /
U. Wilcken, The Chester Beatty Biblical Papyri, APF 11 (1935),
pp 112—114 / *R. V. G. Tasker*, The Readings of the Chester
Beatty Papyrus in the Gospel of John, JThS 36 (1935), pp 387—391
/ *E. M. Schofield*, The papyrus fragments of the Greek New Testament, Clinton (New Jersey) 1936, pp VI Anm. 1. 16. 27. 32. 54sqq.
61. 69. 73. 78sq. 80. 85. 302—310. 341sq / *F. W. Beare*, Chester
Beatty Biblical Papyri (I—IV u III Suppl.), ChronEg 12 (1937),
pp 81—91 / *H. Kanter*, Studien zu den Acta Apostolorum der
Chester Beatty Papyri, Breslau 1937 / *F. G. Kenyon*, Some Notes on
the Chester Beatty Gospels and Acts, Quantulacumque, London
1937, pp 145—172 / *G. Lindeskog*, De senaste Textfynden till N.T.,
Domprosten och förste teologie, SEÅ 2 (1937), pp 169—173 /
R. V. G. Tasker, The Chester Beatty Papyrus and the Caesarean
Text of John, HThR 30 (1937), pp 157—164 / *W. H. P. Hatch*,
The Principal Uncial Manuscripts of the NT, Chicago 1939, tab IV /
C. C. Tarelli, The Chester Beatty Papyrus and the Caesarean Text,
JThS 40 (1939), pp 46—55 / *J. Merell*, Papyry, pp 58. 118—123 /
C. C. Tarelli, Some further linguistic aspects of the Chester Beatty
Papyrus of the Gospels, JThS 43 (1942), pp 19—25 / *A. Debrunner*,
Über einige Lesarten der Chester Beatty Papyri des Neuen Testa-
mentes, CN 11 (1947), pp 33—49 / *G. Maldfeld*, Die griechischen
Handschriftenbruchstücke des Neuen Testamentes auf Papyrus,
ZNW 42 (1949), p 249 / *G. Maldfeld/B. M. Metzger*, Detailed List
of the Greek Papyri of the New Testament, JBL 68 (1949), pp
359—370 / *K. Aland*, Zur Liste der Neutestamentlichen Hand-
schriften VI, ZNW 48 (1957), pp 141—154 / *W. D. Bray*, The
Weekday Lessons from Luke in the Greek Gospel Lectionary Text
II, 5, Chicago 1959, p 19 / *P. Benoit*, RBi 67 (1960), pp 434—435 /
H. W. Teeple, Greek NT Mss. Sources of New Translations, Chicago
1961 / *K. Aland*, Liste, p 31 / *E. C. Colwell/E. W. Tune*, Variant
readings: classification and use, JBL 83, 3 (1964), pp 253—261 /
K. Aland, Papyrus, pp 105. 123sq / *S. Jellicoe*, pp 229sq

0105 [NT 46]

Dublin, P Chester Beatty sn (A); Ann Arbor, University of Michigan, P Michigan Inv Nr 6238 (B); $\mathfrak{P}^{46}$

etwa II   (Wilcken, p 113)
II—III A   (Schofield, p 80)
um 200   (Aland, Liste, p 31; Papyrus, p 105; Wilcken bei Kenyon, Pl, Preface)
III A   (Kenyon, p IX)
III   (Dobschütz, p 188; Clark, p 336; Maldfeld, p 250)
III E   (Sanders, p 15)

Röm 5,17—6,3 (fol 8v A); 6,5—14 (fol 8r A); 8,15—25 (fol 11v A); 8,27—35 (fol 11r A); 8,37—9,9 (fol 12v A); 9,10—22 (fol 12r A); 9,22—32 (fol 13v A); 10,1—11 (fol 13r A); 10,12—11,2 (fol 14v A); 11,3—12 (fol 14r A); 11,13—22 (fol 15v A); 11,24—33 (fol 15r A); 11,35—12,9 (fol 16v B); 12,10—13,1 (fol 16r B); 13,2—11 (fol 17v B); 13,12—14,8 (fol 17r B); 14,9—21 (fol 18v A); 14,22—15,9 (fol 18r A); 15,11—19 (fol 19v B); 15,20—29 (fol 19r B); 15,29—33; 16,25—27; 16,1—3 (fol 20v B); 16,4—13 (fol 20r B); 16,14—23 (fol 21v B); 16,23 (fol 21r B)

Hebr 1,1—7 (fol 21r B); 1,7—2,3 (fol 22v B); 2,3—11 (fol 22r B); 2,11—3,3 (fol 23v B); 3,4—13 (fol 23r B); 3,14—4,4 (fol 24v B); 4,4—14 (fol 24r B); 4,15—5,7 (fol 25v B); 5,8—6,4 (fol 25r B); 6,5—13 (fol 26v B); 6,13—7,1 (fol 26r B); 7,2—11 (fol 27v B); 7,11—20 (fol 27r B); 7,20—28 (fol 28v B); 7,28—8,8 (fol 28r B); 8,9—9,2 (fol 29v A); 9,2—9 (fol 29r A); 9,10—16 (fol 30v B); 9,18—26 (fol 30r B); 9,26—10,8 (fol 31v A); 10,8—20 (fol 31r A); 10,22—30 (fol 32v A); 10,32—11,3 (fol 32r A); 11,4—9 (fol 33v A); 11,9—17 (fol 33r A); 11,18—26 (fol 34v A); 11,26—34 (fol 34r A); 11,35—12,1 (fol 35v A); 12,2—11 (fol 35r A); 12,11—21 (fol 36v A); 12,21—13,2 (fol 36r A); 13,3—11 (fol 37v A); 13,12—20 (fol 37r A); 13,20—25 (fol 38v A)

1. Kor 1,1—3 (fol 38v A); 1,4—13 (fol 38r A); 1,14—23 (fol 39v A); 1,24—2,2 (fol 39r A); 2,3—11 (fol 40v B); 2,11—3,5 (fol 40r B); 3,6—15 (fol 41v A); 3,16—4,3 (fol 41r A); 4,4—10 (fol 42v A); 4,11—19 (fol 42r A); 4,20—5,7 (fol 43v A); 5,8—6,3 (fol 43r A); 6,4—12 (fol 44v A); 6,13—7,3 (fol 44r A); 7,4—12 (fol 45v A); 7,12—19 (fol 45r A); 7,20—29 (fol 46v A); 7,30—37 (fol 46r A); 7,37—8,7 (fol 47v A); 8,7—9,2 (fol 47r A); 9,4—12 (fol 48v A); 9,12—20 (fol 48r A); 9,20—10,1 (fol 49v A); 10,1—10 (fol 49r A); 10,11—20 (fol 50v A); 10,21—30 (fol 50r A); 10,31—11,6 (fol 51v A); 11,7—17 (fol 51r A); 11,18—25 (fol 52v A); 11,26—12,2 (fol 52r A); 12,3—12 (fol 53r A); 12,13—24 (fol 53v A); 12,24—13,1 (fol 54r A);

13,2—11 (fol 54v A); 13,11—14,6 (fol 55r A); 14,6—14 (fol 55v A); 14,16—24 (fol 56r A); 14,24—34 (fol 56v A); 14,34—15,5 (fol 57r A); 15,6—15 (fol 57v A); 15,17—28 (fol 58r A); 15,28—39 (fol 58v A); 15,39—50 (fol 59r A); 15,51—16,2 (fol 59v A); 16,2—12 (fol 60r A); 16,12—22 (fol 60v A)

2. Kor 1,1—8 (fol 61r A); 1,8—15 (fol 61v A); 1,16—2,2 (fol 62r A); 2,3—12 (fol 62v A); 2,13—3,4 (fol 63r A); 3,5—13 (fol 63v A); 3,14—4,3 (fol 64r A); 4,4—12 (fol 64v A); 4,13—5,4 (fol 65r A); 5,5—13 (fol 65v A); 5,14—6,2 (fol 66r A); 6,3—13 (fol 66v A); 6,14—7,4 (fol 67r A); 7,5—11 (fol 67v A); 7,12—8,3 (fol 68r A); 8,4—12 (fol 68v A); 8,13—24 (fol 69r A); 9,1—7 (fol 69v A); 9,8—10,1 (fol 70r B); 10,2—11 (fol 70v B); 10,12—11,2 (fol 71r B); 11,3—10 (fol 71v B); 11,12—21 (fol 72r B); 11,23—32 (fol 72v B); 11,33—12,9 (fol 73r B); 12,10—18 (fol 73v B); 12,18—13,4 (fol 74r B); 13,5—13 (fol 74v B)

Eph 1,1—11 (fol 75r B); 1,12—20 (fol 75v B); 1,21—2,7 (fol 76r B); 2,10—20 (fol 76v B); 2,21—3,10 (fol 77r B); 3,11—4,1 (fol 77v B); 4,2—14 (fol 78r B); 4,15—25 (fol 78v B); 4,26—5,6 (fol 79r B); 5,8—25 (fol 79v B); 5,26—6,6 (fol 80r B); 6,8—18 (fol 80v B); 6,20—24 (fol 81r B)

Gal 1,1—8 (fol 81r B); 1,10—22 (fol 81v B); 1,23—2,9 (fol 82r B); 2,12—21 (fol 82v B); 3,2—15 (fol 83r B); 3,16—29 (fol 83v B); 4,2—18 (fol 84r B); 4,20—5,1 (fol 84v B); 5,2—17 (fol 85r B); 5,20—6, 8 (fol 85v B); 6,10—18 (fol 87r A)

Phil 1,1 (fol 87r A); 1,5—15 (fol 86v A); 1,17—28 (fol 87r A); 1,30—2, 12 (fol 87v A); 2,14—27 (fol 88r A); 2,29—3,8 (fol 88v A); 3,10—21 (fol 89r A); 4,2—12 (fol 89v A); 4,14—23 (fol 90r A)

Kol 1,1—2 (fol 90r A); 1,5—13 (fol 90v A); 1,16—24 (fol 91r A); 1,27—2,7 (fol 91v A); 2,8—19 (fol 92r A); 2,23—3,11 (fol 92v A); 3,13—24 (fol 93r A); 4,3—12 (fol 93v A); 4,16—18 (fol 94r A)

1. Thess 1,1 (fol 94r A); 1,9—2,3 (fol 94v A); 5,5—9 (fol 97r A); 5,23—28 (fol 97v A)

Fundort: Faijum?; 86 foll (56 Dublin, 30 Michigan) eines cod mit je einer col; rekonstruiertes Blattformat: 27 × 16—17 cm; rekonstruierte Zeilenzahl: 26—28 (vordere Hälfte), 29—32 (hintere Hälfte); rekonstruierte Buchstabenzahl: ca 28 (vordere Hälfte), ca 38 (hintere Hälfte); Schriftspiegel: 20 × 12 cm;
sorgfältige Schrift (Buchschrift); kalligraphischer Charakter; flüssig geschriebene, große, aufrechte litt; dunkelbraune Tinte; Hochpunkte; Spatien vor Sinnabschnitten; Lesezeichen von 2. Hand; *v*-Strich;

Diärese über ι u υ; Orthographica: αι:ε, ε:αι; ε:η; ει:ι, ι:ει; ο:ω; ου:ω; nomina sacra: αιμα (sic!), ανος, ανου, ανον, ανων, ανοις, θς, θυ, θω, θν, ιης, ιην, ιν, κς, κυ, κω, κν, κε, πνα, πνς, πνι, πνων, πνκος, πνικον, πνκον, πρ, πηρ, πρς, πρι, παρι, πρα, στρος, στρου, στου, στρω, στρν, αναστρες, συνεστραι, εστραι, εσταν, εστραν, εστν, εστρ]θη, υις, υς, υιυ, υω, υιν, υν, χρς, χς, χρυ, χυ, χρω, χω, χρν, χν;
cod war in einer Lage (v/r; r/r; r/v) aufgebaut; durchlaufende Paginierung bis auf 2 übersprungene pp;
cod bestand ursprünglich aus 52 Doppelblättern = 104 foll = 208 pp; es fehlen 7 foll vorn und hinten sowie 2 foll nach dem ersten und 2 foll vor dem letzten erhaltenen fol

E: G. *Milligan*, The New Testament and its Transmission, London 1932, pp 191sqq / F. G. *Kenyon*, The Chester Beatty Biblical Papyri III, 1: Pauline Epistles and Revelation, Text, London 1934; III, 2: Revelation, Plates, London 1936; III, 3: Pauline Epistles, Text, London 1936; III, 4: Pauline Epistles, Plates, London 1937 / H. A. *Sanders*, A Third Century Papyrus Codex of the Epistles of Paul, UMichSt HumSer 38 (1935)

L: *(anon)*, Illustrated London News 179, Nr 4833, p 884 (5. 12. 1931)/ F. G. *Kenyon*, A New Discovery: More Papyri from Egypt, London Times 19. Nov. 1931, pp 13—14 / C. *Schmidt*, Die neuesten Bibelfunde aus Ägypten, ZNW 30 (1931), pp 285—293 / C. *Bonner*, New Biblical Papyri at the University of Michigan, HThR 25 (1932), pp 205—206 / F. G. *Kenyon*, Books and Readers in Ancient Greece and Rome, London 1932, pp 97sqq / *id*, The Chester Beatty Papyri, Gn 8 (1932), pp 46—49 / M. J. *Lagrange*, Bulletin, RBi 41 (1932), pp 453—454 / *(anon)*, Three Manuscripts from the Chester Beatty Collection, BMQ 8 (1933), pp 17—18 / E. *von Dobschütz*, ZNW 32 (1933), p 188 / F. G. *Kenyon*, New Light on the Text of the Bible, Discovery 14 (1933), pp 331—334 / *id*, Recent Developments in the Textual Criticism of the Greek Bible, London 1933, pp 51—63 / *id*, The Chester Beatty Biblical Papyri I, London 1933, pp 6—7, tab II / *id*, Nomina Sacra in the Chester Beatty Papyri, Aeg 13 (1933), pp 5—10 / P. *Collomp*, Les Papyri Chester Beatty, RHPhR 14 (1934), pp 130—143 (mit Bibliographie!) / M. J. *Lagrange*, Les Papyrus Chester Beatty pour les Epîtres de S. Paul et l'Apocalypse, RBi 43 (1934), pp 481—493 / H. *Lietzmann*, Zur Würdigung des Chester Beatty Papyrus der Paulusbriefe, SBA 25 (1934), pp 774—782 / I. M. *Price*, The Ancestry of our English Bible, New York ⁹1934, p 157b / E. R. *Smothers*, Les Papyrus Beatty de la Bible grecque, RSR 24 (1934), pp 12—14. 467—472 / U. *Wilcken*, The Chester Beatty Biblical Papyri, APF 11 (1935), pp 112—114 / M. J. *Lagrange*, Bulletin, RBi 44 (1935), pp 625—629 /

F. G. Kenyon, New Biblical Texts, Discovery 16 (1935), pp 157—161 / *id*, AJPh 57 (1936), pp 91—95 / *E. M. Schofield*, Papyrus Fragments of the Greek New Testament, Clinton (New Jersey), 1936, pp VI. 68. 80. 311—323. 338. 342 / *K̦. W. Clark*, Note on the Beatty-Michigan Pauline Papyrus, JBL 55 (1936), pp 83—84 / *W. H. P. Hatch*, The Position of Hebrews in the Canon of the New Testament, HThR 29 (1936), pp 133—151 / *K. Lake*, Some Recent Discoveries, RelLife 5 (1936), pp 89—102 / *K. W. Clark*, Catalogue, pp 336sqq / *E. C. Colwell*, ClPh 32, 4 (1937), pp 385—387 / *H. C. Hoskier*, A Study on the Chester Beatty Codex of the Pauline Epistles, JThS 38 (1937), pp 148—163 / *P. Benoit*, Le Codex Paulinien Chester Beatty, RBi 46 (1937), pp 58—82 / *F. G. Kenyon*, 𝔓⁴⁶. Addenda et Corrigenda, Oxford 1937 / *id*, The Story of the Bible, New York 1937, pp 112—117. 122. 149 / *id*, The Text of the Greek Bible, London 1937, pp 39. 73—74. 188—191 / *H. C. Hoskier*, A Commentary on the Various Readings in the Text of the Epistle to the Hebrews in the Chester Beatty Papyrus 𝔓⁴⁶, London 1938 / *W. H. P. Hatch*, Principal Uncial Manuscripts of the NT, Chicago 1939, tab II / *J. Merell*, Papyry, pp 58. 118—123, tab IV / *G. D. Kilpatrick*, The Chester Beatty Papyrus 𝔓⁴⁶ and Hebrews 11, 4, JThS 42 (1941), pp 68sq / *H. F. D. Sparks*, The Order of the Epistles in 𝔓⁴⁶, JThS 42 (1941), pp 180sq / *F. W. Beare*, The Text of the Epistle to the Hebrews in 𝔓⁴⁶, JBL 63 (1944), pp 379—396 / *A. Debrunner*, Über einige Lesarten der Chester Beatty Papyri des Neuen Testamentes, CN 11 (1949), pp 33—49 / *C. S. C. Williams*, 𝔓⁴⁶ and the Textual Tradition of the Epistle to the Romans, ExpT 61 (1949/50), pp 125—126 / *E. Brady*, The Position of Romans in 𝔓⁴⁶, ExpT 59 (1947—1948), pp 249—250 / *G. Maldfeld*, Die griechischen Handschriftenbruchstücke des Neuen Testamentes auf Papyrus, ZNW 42 (1949), pp 249—250 / *G. Zuntz*, Réflexions sur l'histoire du texte paulinien, RBi 59 (1952), pp 5—22 / *id*, The Text of the Epistles: A Disquisition upon the Corpus Paulinum, Oxford 1953, pp 14—57. 252—262 / *R. V. G. Tasker*, The Text of the Corpus Paulinum, NTS 1 (1954/55), pp 180—191 / *K. Aland*, Zur Liste der Neutestamentlichen Handschriften VI, ZNW 48 (1957), pp 149. 154 / *R. Schippers*, De Papyrusfragmenten van I en II Thessalonicenzen, GTT 57 (1957), pp 121—127 / *K. Aland*, Liste, pp 31sq / *R. Cantalamessa*, Il papiro Chester Beatty III (𝔓⁴⁶) e la tradizione indiretta di Hebr. 10, 1, Aeg 45 (1965), pp 194—215 / *K. Aland*, Papyrus, pp 105. 124 / *S. Jellicoe*, pp 229sq

0106 [NT 53]

Ann Arbor, University of Michigan, P Michigan Inv Nr 6652; 𝔓⁵³

ca 250 (Sanders, p 153; Clark, p 340; Maldfeld, p 251)
III   (Aland, Liste, p 32; Papyrus, p 105)

Matth 26,29—35 (fr 1v); 26,36—40 (fr 1r)

Apg 9,33—38 (fr 2v); 9,40—10,1 (fr 2r)

Fundort: Faijum; 3 frr von 2 foll aus einem cod (?) mit je 1 col (wahrscheinlich desselben Ms, sicher derselben Hand); fr 1: 11,5 × 10,3 cm; Zeilenzahl: 20 (v), 19 (r); Buchstabenzahl: ca 20 (v), ca 18 (r); fr 2: 9,5 × 11 cm u 1,3 × 1,5 cm; Zeilenzahl: 19, davon 12 fast vollständig (v), 17, davon 11 fast vollständig (r); Buchstabenzahl: ca 16 (v), ca 18 (r); rekonstruiertes Blattformat: 20—21 × 12 cm; rekonstruierte Zeilenzahl: ca 25—26; rekonstruierte Buchstabenzahl: 21—29;
Semiunziale; aufrecht stehende und ganz gleichmäßige litt; nomina sacra: ιης, κυ, περ, πρς;
bei fr 1 fehlen zwischen den Texten ca 6 linn, bei fr 2 ca 8 linn;
Mt umfaßte ursprünglich etwa 70—75 pp, Apg 75—80 pp; die 4 Evv zusammen mit Apg müßten 300—350 pp umfaßt haben; es ist also nicht möglich, nähere Aussagen über den ursprünglichen Inhalt zu machen; daß cod neben Apg das Tetraevangelium enthalten hat, ist als unwahrscheinlich zu bezeichnen

E: *H. A. Sanders*, A Third Century Papyrus of Matthew and Acts, Quantulacumque, Studies presented to Kirsopp Lake by pupils, colleagues and friends, ed R. P. Casey, S. Lake et A. K. Lake, London 1937, pp 151—161

L: *K. W. Clark*, Catalogue, p 340 / *J. Merell*, Papyry, pp 66 sq. 125 sq / *G. Maldfeld*, Die griechischen Handschriftenbruchstücke des Neuen Testamentes auf Papyrus, ZNW 42 (1949), p 251 / *K. Aland*, Zur Liste der Neutestamentlichen Handschriften VI, ZNW 48 (1957), pp 149. 154 / *id*, Liste, p 32 / *id*, Papyrus, pp 105. 126 sq

0107 [NT 61]

New York, Pierpont Morgan Library, P Colt 5; 𝔓⁶¹

VII   (Treu, p 184)
VII E   (Maldfeld, p 252)
um 700   (Aland, Liste, p 32; Papyrus, p 105)
VII—VIII   (Casson/Hettich, pp 82. 112)

Röm 16,23. 25—27 (fol 1r)

1. Kor 1,1—2. 4—6 (fol 1v); 5,1—3. 5—6 (fol 2v); 5,9—13 (fol 2r)

Phil 3,5—9 (fol 3a r); 3,12—16 (fol 3b v)

Kol 1,3—7 (fol 3c v); 1,9—13 (fol 3d r); 4,15 (fol 4r)

1. Thess 1,2—3 (fol 4v)

Tit 3,1—5 (fol 5a r); 3,8—11 (fol 5b v); 3,14—15 (fol 5c v)

Philem 4—7 (fol 5d r); 10 unidentifizierte frr

Fundort: Auja el Hafir; 7 frr von 5 foll aus einem cod mit je einer col; Zeilenzahl: 5—6 (fol 1); 6—7 (fol 2); 18—19 (fol 3); 3—4 (fol 4); 15 (fol 5); rekonstruiertes Blattformat: 25×14 cm; rekonstruierte Zeilenzahl: 25—27; rekonstruierte Buchstabenzahl: 18—24; sorgfältige, aufrechte Unziale (koptische Hand); schwarze Tinte; Spiritus; Apostroph; ν-Strich; Hoch- und Tiefpunkte; Sinnabschnitte durch ausgerückte litt mit Paragraphos; nomina sacra: αν[ους,αν]οις, θς, θυ, θω, ιυ, κυ, κω, πρ[ι, πνα, υυ, χυ, χω, χν; dem Umfang der erhaltenen foll nach würden die Paulusbriefe ohne Hebr ca 130—150 foll, mit Hebr 150—170 foll umfaßt haben; jeder Brief beginnt auf einer neuen p

E: *L. Casson/E. L. Hettich*, Fragments of the Pauline Epistles, Excavations at Nessana II, Literary Papyri, Princeton (New Jersey) 1950, pp 112—122

L: *G. Maldfeld*, Die griechischen Handschriftenbruchstücke des Neuen Testamentes auf Papyrus, ZNW 42 (1949), p 252 / *G. Maldfeld*, ZNW 43 (1950/51), p 261 / *K. Aland*, Zur Liste der neutestamentlichen Handschriften VI, ZNW 48 (1957), pp 150. 155. 157 / *K. Aland*, Liste, p 32 / *id*, Papyrus, pp 105. 129sq / *K. Treu*, Christliche Papyri 1940—1967, APF 19 (1969), p 184

0108 [NT 74]

Cologny/Genf, Bibliotheca Bodmeriana, P Bodmer XVII; $\mathfrak{P}^{74}$

VI—VII (Kasser, p 11)
VII (Aland, Liste, p 33; Papyrus, p 106; Treu, p 183)

Apg 1,2—5 (fol 1r); 1,7—11 (fol 1v); 1,13—15 (fol 2v); 1,18—19 (fol 2r); 1,22—25 (fol 3r); 2,2—4 (fol 3v); 2,6—10 (fol 4v); 2,11—16 (fol 4r); 2,17—22 (fol 5r); 2,22—27 (fol 5v); 2,27—33 (fol 6v); 2,33—38 (fol 6r); 2,38—43 (fol 7r); 2,43—3,2 (fol 7v); 3,2—8 (fol 8v); 3,8—12 (fol 8r); 3,12—17 (fol 9r); 3,17—22 (fol 9v); 3,23—26 (fol 10v); 4,2—6 (fol 10r); 4,8—12 (fol 11r); 4,13—17 (fol 11v); 4,17—22 (fol 12v); 4,23—27 (fol 12r); 4,29—33 (fol 13r); 4,33—5,2 (fol 13v); 5,2—7 (fol 14v); 5,7—12 (fol 14r); 5,12—17 (fol 15r); 5,18—23 (fol 15v); 5, 23—28 (fol 16v); 5,28—34 (fol 16r); 5,34—38 (fol 17r); 5,38—6,1 (fol 17v); 6,1—5 (fol 18v); 6,5—11 (fol 18r); 6,11—7,1 (fol 19r); 7,2—6 (fol 19v); 7,6—10 (fol 20v); 7,10—16 (fol 20r); 7,16—22 (fol 21r); 7, 22—27 (fol 21v); 7,27—33 (fol 22v); 7,33—37 (fol 22r); 7,38—42 (fol 23r); 7,42—45 (fol 23v); 7,46—52 (fol 24v); 7,52—59 (fol 24r); 7, 59—8,3 (fol 25r); 8,3—9 (fol 25v); 8,10—15 (fol 26v); 8,16—21 (fol 26r); 8,22—27 (fol 27r); 8,27—32 (fol 27v); 8,33—39 (fol 28v); 8, 39—9,4 (fol 28r); 9,5—11 (fol 29r); 9,11—17 (fol 29v); 9,17—22 (fol 30v); 9,22—27 (fol 30r); 9,27—33 (fol 31r); 9,33—38 (fol 31v); 9, 39—43 (fol 32v); 10,1—5 (fol 32r); 10,6—11 (fol 33r); 10,12—18 (fol 33v); 10,19—23 (fol 34v); 10,23—29 (fol 34r); 10,29—33 (fol 35r); 10,34—39 (fol 35v); 10,39—44 (fol 36v); 10,45—11,3 (fol 36r); 11, 3—10 (fol 37r); 11,11—16 (fol 37v); 11,16—21 (fol 38v); 11,21—27 (fol 38r); 11,27—12,3 (fol 39r); 12,4—8 (fol 39v); 12,8—11 (fol 40v); 12,12—17 (fol 40r); 12,17—21 (fol 41r); 12,21—13,2 (fol 41v); 13, 2—7 (fol 42v); 13,7—13 (fol 42r); 13,13—17 (fol 43r); 13,17—24 (fol 43v); 13,24—30 (fol 44v); 13,30—36 (fol 44r); 13,36—43 (fol 45r); 13,43—47 (fol 45v); 13,47—14,1 (fol 46v); 14,1—8 (fol 46r); 14,8—14 (fol 47r); 14,14—19 (fol 47v); 14,19—23 (fol 48v); 14,23—15,2 (fol 48r); 15,2—5 (fol 49r); 15,5—11 (fol 49v); 15,11—17 (fol 50v); 15, 17—22 (fol 50r); 15,22—28 (fol 51r); 15,28—35 (fol 51v); 15,35—41 (fol 52v); 15,41—16,5 (fol 52r); 16,6—12 (fol 53r); 16,12—16 (fol 53v); 16,16—20 (fol 54v); 16,20—26 (fol 54r); 16,26—32 (fol 55r); 16,32—37 (fol 55v); 16,37—17,2 (fol 56v); 17,3—6 (fol 56r); 17,7—12 (fol 57r); 17,12—16 (fol 57v); 17,16—21 (fol 58v); 17,21—26 (fol 58r); 17,26—31 (fol 59r); 17,31—18,2 (fol 59v); 18,2—8 (fol 60v); 18,8—14 (fol 60r); 18,14—19 (fol 61r); 18,19—25 (fol 61v); 18,25—19,1 (fol 62v); 19,1—8 (fol 62r); 19,8—13 (fol 63r); 19,13—17 (fol 63v); 19, 18—23 (fol 64v); 19,23—27 (fol 64r); 19,28—33 (fol 65r); 19,33—38 (fol 65v); 19,38—20,3 (fol 66v); 20,3—8 (fol 66r); 20,9—13 (fol 67r);

20,14—18 (fol 67v); 20,19—24 (fol 68v); 20,24—30 (fol 68r); 20, 30—35 (fol 69r); 20,36—21,3 (fol 69v); 21,4—8 (fol 70v); 21,8—13 (fol 70r); 21,13—19 (fol 71r); 21,19—24 (fol 71v); 21,24—28 (fol 72v); 21,28—32 (fol 72r); 21,33—38 (fol 73r); 21,38—22,3 (fol 73v); 22, 3—8 (fol 74v); 22,8—14 (fol 74r); 22,14—20 (fol 75r); 22,20—26 (fol 75v); 22,26—23,1 (fol 76v); 23,1—6 (fol 76r); 23,6—11 (fol 77r); 23 11—15 (fol 77v); 23,15—20 (fol 78v); 23,20—24 (fol 78r); 23,24—30 (fol 79r); 23,31—24,1 (fol 79v); 24,2—9 (fol 80v); 24,10—14 (fol 80r); 24,15—21 (fol 81r); 24,22—26 (fol 81v); 24,26—25,5 (fol 82v); 25, 6—10 (fol 82r); 25,10—15 (fol 83r); 25,15—20 (fol 83v); 25,20—24 (fol 84v); 25,24—26,2 (fol 84r); 26,2—7 (fol 85r); 26,8—13 (fol 85v); 26,14—18 (fol 86v); 26,20—23 (fol 86r); 26,24—29 (fol 87r); 26, 30—27,3 (fol 87v); 27,4—8 (fol 88v); 27,9—13 (fol 88r); 27,14—20 (fol 89r); 27,21—25 (fol 89v); 27,27—32 (fol 90v); 27,33—39 (fol 90r); 27,40—44 (fol 91r); 28,1—5 (fol 91v); 28,6—9 (fol 92v); 28,10—15 (fol 92r); 28,16—19 (fol 93r); 28,20—24 (fol 93v); 28,25—28 (fol 94v); 28,30—31 (fol 94r)

Jak 1,1—6 (fol 95r); 1,8—13 (fol 95v); 1,14—19 (fol 96v); 1,21—23. 25 (fol 96r); 1,27—2,4 (fol 97r); 2,5—10 (fol 97v); 2,11—15 (fol 98v); 2,18—22 (fol 98r); 2,25—3,1 (fol 99r); 3,5—6 (fol 99v); 3,10—12. 14 (fol 100v); 3,17—4,3 (fol 100r); 4,4—8 (fol 101r); 4,11—14 (fol 101v); 5,1—3 (fol 102v); 5,7—9 (fol 102r); 5,12—14 (fol 103r); 5,19—20 (fol 103v)

1. Petr 1,1—2 (fol 104v); 1,7—8 (fol 104r); 1,13 (fol 105r); 1,19—20 (fol 105v); 1,25 (fol 106v); 2,6—7 (fol 106r); 2,11—12 (fol 107r); 2,18 (fol 107v); 2,24 (fol 108v); 3,4—5 (fol 108r)

2. Petr 2,21 (fol 117r); 3,4 (fol 117v); 3,11 (fol 118v); 3,16 (fol 118r)

1. Joh 1,1 (fol 119r); 1,6 (fol 119v); 2,1—2 (fol 120v); 2,7 (fol 120r); 2,13—14 (fol 121r); 2,18—19 (fol 121v); 2,25—26 (fol 122v); 3,1—2 (fol 122r); 3,8 (fol 123r); 3,14 (fol 123v); 3,19—20 (fol 124v); 4,1 (fol 124r); 4,6—7 (fol 125r); 4,12 (fol 125v); 4,16—17 (fol 126v); 5,3—4 (fol 126r); 5,9—10 (fol 127r); 5,17 (fol 127v)

2. Joh 1 (fol 128v); 6—7 (fol 128r); 13 (fol 129r)

3. Joh 6 (fol 129v); 12 (fol 130v)

Jd 3 (fol 130r); 7 (fol 131r); 12 (fol 131v); 18 (fol 132v); 24 (fol 132r)

Fundort: ?; frr von 124 foll aus einem cod mit je einer col, davon 62 foll fast ohne Textverlust; rekonstruiertes Blattformat: 32 × 20 cm; Schriftspiegel: 25—26 × 13—14 cm; rekonstruierte Zeilenzahl: 30—35; rekonstruierte Buchstabenzahl: 18, auf fol 66v: 21—25;

regelmäßige, aber etwas plumpe Unziale koptischen Typs; rotbraune, ziemlich verwässerte Tinte; zahlreiche Textabgrenzungen: ausgerückte litt, meist Hochpunkte; Eigennamen durch apostrophähnliche Zeichen gekennzeichnet; wenige Korrekturen; gelegentlich akzent- und spiritusähnliche Zeichen auf Monosyllaba; Orthographica: αι:ε, ε:αι; ε:α; ε:ι, ι:ε; ει:ι, ι:ει; ει:η, η:ει; η:α; η:ε; η:ι; οι:υ, υ:οι; α:ο, ο:α; εου:ευ; ο:ω; auch Konsonantenverwechslung; Dittographien; Haplographien; eine Omission: Apg 13, 23; nomina sacra: ανος, ανου, ανον, ανε, ανοι, ανων, δαδ, θς, θυ, θω, θν, ις, ιυ, ιν, ιλημ, ιηλ, κς, κυ, κω, κν, κε, ουν, πνα, πνς, πνι, πηρ, πρς, πρι, πρα, σρα, υν, χς, χυ, χν

E: *R. Kasser*, Papyrus Bodmer XVII: Actes des Apôtres, Epîtres de Jacques, Pierre, Jean et Jude, Cologny/Genève 1961

L: *P. Prigent*, Un nouveau texte des actes: le papyrus Bodmer XVII, RHPhR 42 (1962), pp 169—174 / *A. Bataille*, REG 76 (1963), pp 277 sq / *G. D. Kilpatrick*, The Bodmer and Mississippi Collection of Biblical and Christian Manuscripts, GrRoBySt 46 (1963), pp 33—47 / *J. de Savignac*, Le Papyrus Bodmer XVII, Sc 17 (1963), pp 55—56 / *K. Aland*, Liste, p 33 / *id*, Papyrus, pp 106. 135 / *K. Treu*, Christliche Papyri 1940—1967, APF 19 (1969), p 183

0109 [NT 75]

Cologny/Genf, Bibliotheca Bodmeriana, P Bodmer XIV—XV; $\mathfrak{P}$75

175—225 (Martin/Kasser, p 13)
III A   (Aland, Liste, p 33; Papyrus, p 106; Treu, p 181)

Luk 3,18—22 (fol 7*v); 3,33—4,2 (fol 7*r); 4,34—42 (fol 9v); 4,
43—5,10 (fol 9r); 5,37—6,4 (fol 11v); 6,10—15 (fol 11r); 6,16—28 (fol
12v); 6,28—40 (fol 12r); 6,40—49 (fol 13v); 6,49—7,9 (fol 13r); 7,
9—21 (fol 14v); 7,21—32 (fol 14r); 7,35—39. 41—43 (fol 15v); 7,
45—8,5 (fol 15r); 8,5—16 (fol 16v); 8,16—28 (fol 16r); 8,28—39 (fol
17v); 8,39—52 (fol 17r); 8,52—9,2. 4—10 (fol 18v); 9,10—22 (fol 18r);
9,22—33 (fol 19v); 9,33—44 (fol 19r); 9,44—57 (fol 20v); 9,57—10,8
(fol 20r); 10,8—20 (fol 21v); 10,20—32 (fol 21r); 10,32—11,1 (fol 22v);
11,1—13 (fol 22r); 11,13—24 (fol 23v); 11,24—34 (fol 23r); 11,34—46
(fol 24v); 11,46—12,3 (fol 24r); 12,3—13 (fol 25v); 12,13—27 (fol 25r);
12,27—39 (fol 26v); 12,39—53 (fol 26r); 12,53—13,4 (fol 27v); 13,
4—16 (fol 27r); 13,16—27 (fol 28v); 13,28—14,3 (fol 28r); 14,3—14
(fol 29v); 14,14—26 (fol 29r); 14,26—15,3 (fol 30v); 15,3—16 (fol 30r);
15,16—29 (fol 31v); 15,29—16,9 (fol 31r); 16,9—21 (fol 32v); 16,
21—17,2 (fol 32r); 17,3—15 (fol 33v); 17,19—29 (fol 33r); 17,29—18,
6 (fol 34v); 18,6—18,18 (fol 34r); 22,4—21 (fol 39r); 22,21—37 (fol
39v); 22,37—56 (fol 40r); 22,56—23,2 (fol 40v); 23,2—18 (fol 41r);
23,18—35 (fol 41v); 23,35—53 (fol 42r); 23,53—24,15 (fol 42v); 24,
15—31 (fol 43r); 24,31—50 (fol 43v); 24,51—53 (fol 44r)

Joh 1,1—16 (fol 44r); 1,16—33 (fol 44v); 1,33—48 (fol 45r); 1,48—2,
12 (fol 45v); 2,12—3,3 (fol 46r); 3,3—19 (fol 46v); 3,19—34 (fol 47r);
3,34—4,14 (fol 47v); 4,14—30 (fol 48r); 4,31—46 (fol 48v); 4,46—5,9
(fol 49r); 5,9—23 (fol 49v); 5,23—37 (fol 50r); 5,37—6,7 (fol 50v); 6,
7—22 (fol 51r); 6,22—38 (fol 51v); 6,38—54 (fol 52r); 6,54—71 (fol
52v); 6,71—7,17 (fol 53r); 7,17—32 (fol 53v); 7,32—49 (fol 54r); 7,
49—8,22 (fol 54v); 8,22—38 (fol 55r); 8,38—52 (fol 55v); 8,52—9,8
(fol 56r); 9,8—22 (fol 56v); 9,22—40 (fol 57r); 9,40—10,14 (fol 57v);
10,14—29 (fol 58r); 10,29—11,2 (fol 58v); 11,2—19 (fol 59r); 11,19—33
(fol 59v); 11,33—45 (fol 60r); 11,48—57 (fol 60v); 12,3—19 (fol 61r);
12,19—33 (fol 61v); 12,33—47 (fol 62*r); 12,47—13,1. 8—9 (fol
62*v); 14,8—26 (fol 64*r); 14,26—30; 15,7—8 (fol 64*v)

* siehe Martin/Kasser, p 12

Fundort: ?; 51 foll eines cod mit je 1 col, davon 27 fast vollständig
und ohne Textverlust; 19, davon die meisten in frr mit Textverlusten,
5 in sehr kleinen Resten; rekonstruiertes Blattformat: 26 × 13 cm;
Schriftspiegel: 20—21 × 8,5—9,5 cm; rekonstruierte Zeilenzahl: 38
—45; rekonstruierte Buchstabenzahl: 25—36;

schöne, aufrechte Unziale; Textabschnitte gekennzeichnet; Diärese über ι υ υ; semit. Eigennamen durch Apostroph gekennzeichnet; Akzente und Spiritus; Orthographica: ει:ι, ι:ει; (bei bemerkenswert korrekter Orthographie); nomina sacra: ανος, ανου, ανω, ανον, ανε, ανοι, ανων, ανοις, ανους, θς, θυ, θω, θν, ιηλ, ιλημ, ις, ιης, ιυ, ιηυ, ιν, ιην, κς, κυ, κω, κν, κε, πνα, πνς, πνι, πνατων, πνασι, πντα, πρ, πρς, προς, πρι, πρα, στρον, σϟον, σϟωθηναι, εστρωσαν (sic!), υς, υυ, υν, χς, χυ, χυ; nach Rekonstruktion bestand cod aus 72 foll, aufgebaut aus 36 Doppelblättern in einer Großlage; vordere Hälfte v/r, hintere Hälfte r/v; beschädigter, unpaginierter Papyruscodex mit Resten der Einbanddecken; die ersten und letzten erhaltenen foll (das 9. u 11. Doppelblatt und 1. Hälfte des 7. Doppelblattes) waren nachträglich auf die Leder-Einbanddecken zur Verstärkung aufgeklebt und bildeten eine Art Kartonage

E: R. Kasser/V. Martin, Papyrus Bodmer XIV—XV, Cologny/Genève 1961, I Lucas, chap. 3—24, II Johannes, chap. 1—15

L: (anon), Een niew Handschrift van Lucas, Elseviers Weekblad van Zaterdag (15. 7. 1961), p 6 / M. Brändle, Lukasevangelium aus dem 2. Jahrhundert, Orientierung 25 (1961), pp 174sqq / A. Calderini, Aeg 41 (1961), pp 101sq / A. F. J. Klijn, NedThT 16 (1961/62), p 57 / K. W. Clark, The Text of the Gospel of John, NT 5 (1962), pp 17—24 / J. Duplacy, RechSR 50 (1962), pp 255—260 / F. V. Filson, More Bodmer Papyri, BibArch 25 (1962), pp 50—57 / H. J. Cadbury, A Proper Name for Dives, JBL 81 (1962), pp 399—402 / A. Fitzmyer, Papyrus Bodmer XIV: Some features of our oldest text of Luke, CBQ 24 (1962), pp 170—179 / A. Klawek, Nowy rekopis Ew. sw. Lukasza, RBibLit 15 (1962), pp 308—309 / P. Menoud, Papyrus Bodmer XIV—XV et XVII, RThPh 12 (1962), pp 107—116 / B. M. Metzger, The Bodmer Papyrus of Luke and John, ExpT 73, 7 (1962), pp 201—203 / J. T. Müller, Papyrus XIV, Some Features of our oldest Text of Luke, Concord 33 (1962), p 497 / C. L. Porter, Papyrus Bodmer XV ($\mathfrak{P}$75) and the Text of Codex Vaticanus, JBL 81 (1962), pp 363—376 / E. C. Colwell/E. W. Tune, The Quantitative Relationship between Ms Text-Types, Biblical and Patristic Studies in Memory of R. P. Casey, ed J. N. Birdsall et R. W. Thomson, Freiburg 1963, pp 25—32 / G. D. Kilpatrick, The Bodmer and Mississippi Collection of Biblical and Christian Manuscripts, GrRoBySt 4 (1963), pp 33—47 / J. de Savignac, Les Papyrus Bodmer XIV et XV, Sc 17 (1963), pp 50—55 / K. Aland, Liste, p 33 / K. Aland, Neue neutestamentliche Papyri II, NTS 11 (1964/65), pp 1—21 / H. J. Cadbury, The Name for Dives, JBL 84 (1965), p 73 / M. A. King, Notes on the Bodmer Ms of Luke, BiblSacr 122 (1965), pp 234—240 / C. M. Martini, Il problema della recensionalità del codice B alla luce del papiro Bodmer XIV ($\mathfrak{P}^{75}$), AnBi 26, Rom 1966 / *id*, Problema recensionalitatis codicis B in luce papyri Bodmer XIV ($\mathfrak{P}^{75}$), VD 44 (1966), pp 192—196 / *K. Aland*, Papyrus, pp 106. 135. 155—172. 176 / *K. Treu*, Christliche Papyri 1940—1967, APF 19 (1969), pp 181sq / *C. Schedl*, Zur Schreibung von Joh I 10 A in Papyrus Bodmer XV, NT 14,3 (1972), pp 238—240

Wien, Österreichische Nationalbibliothek, P Vindob K 8706 (fol 1b =Ex 15,1—8: früher P Vindob Lit theol 4); Rahlfs 2036; $\mathfrak{P}^{42}$

VI (Rahlfs, p 315)
VI M—VI E (Till/Sanz, p 17; Maldfeld, p 248)
VII—VIII (Aland, Liste, p 31; Papyrus, p 105)

griechisch-koptische Bilingue

[**AT 16, Od 1**] **Ex** 15,1—8 (fol 1b);
*Reste aus Ex (fol 4a)

[**AT 32, Od 2**] **Deut** 32,5—6 (fol 4b); 32,9—13 (fol 5b); 32,14—19 (fol 6b); 32,20—25 (fol 7b); 32,25—32 (fol 8b); 32,32—38 (fol 9b); 32,38—39. 43 (fol 10b);
*32,2—8 (fol 5a); 32,8—13 (fol 6a); 32,14—19 (fol 7a); 32,20—25 (fol 8a); 32,25—32 (fol 9a); 32,32—38 (fol 10a); 32,38—43 (fol 11a)

[**AT 34, Od 3**] **Regn I** 2,1. 3—4. 8 (fol 10b); 2,8—10 (fol 11b);
*2,1. 3—4. 8 (fol 11a); 2,8—10 (fol 12a)

[**AT 117, Od 6**] **Jon** 2,3 (fol 11b); 2,3—10 (fol 12b);
*2,3 (fol 12a); 2,3—10 (fol 13a)

[**AT 131, Od 5, Od 11**] **Is** 25,1—5 (fol 13b); 25,6—7. 10; 26,1—4 (fol 14b); 26,11—16 (fol 15b); 26,16—20 (fol 16b); 38,9—13 (fol 17b); 38, 13—15. 18—20 (fol 18b);
*25,1—5 (fol 14a); 25,6—7. 10; 26,1—4 (fol 15a); 26,11—16 (fol 16a); 26,16—20 (fol 17a); 38,9—13 (fol 18a); 38,13—15. 18—20 (fol 19a)

[**AT 88a**] **Od 12** 1—6 (fol 19b); 7—11 (fol 20b); 12—15 (fol 21 b);
*1—6 (fol 20a); 7—11 (fol 21a); 12—15 (fol 22a)

[**AT 150, Od 7, Od 8**] **Dan** 3,26 (fol 21b); 3,27—31 (fol 22b); 3,32—37 (fol 23b); 3,37—41 (fol 24b); 3,41—45. 52 (fol 25b); 3,52—57 (fol 26b); 3,58—61 (fol 27b);
*3,26 (fol 22a); 3,27—31 (fol 23a); 3,32—37 (fol 24a); 3,37—41 (fol 26a); 3,41—45. 52 (fol 26a); 3,52—54 (fol 27a)

[**NT 42, Od 9, Od 13**] **Luk** 1,54—55; 2,29—32 (fol 34b);
*1,46—52 (fol 34a)
*koptischer Text

r: foll 1b, 4b, 5a, 6a, 7a, 8a, 9b, 10b, 11b, 12b, 13a, 14a, 15a, 16a, 17b, 18b, 19b, 20b, 21a, 22a, 23a, 24a, 25b, 26b, 27b, 34b
v: fol 1a unbeschrieben; foll 4a, 5b, 6b, 7b, 8b, 9a, 10a, 11a, 12a, 13b, 14b, 15b, 16b, 17a, 18a, 19a, 20a, 21b, 22b, 23b, 24b, 25a, 26a, 27a, 34a

Fundort?; 26 frr u 20 Bruchstücke von 26 foll aus einem cod mit
je einer col; Blattformat meist: 24 × 8 cm; rekonstruiertes Blattformat: 27 × 18 cm; rekonstruierter Schriftspiegel: 19 × 11,5 cm;
rekonstruierte Zeilenzahl (stichisch): 24—31, meist 27—28; rekonstruierte Buchstabenzahl (Langzeile): 14—32, meist 21; ursprünglich
40 foll;
koptische Nationalschrift; tiefschwarze Rußtinte; diakritische Punkte;
Odenschlüsse durch Muster gekennzeichnet; Orthographica: ει:ι; ει:υ;
ε:αι; nomina sacra: ανων, θς, θυ, θω, θν, ιλημ, ιηλ, κς, κυ, κω, κν, κε,
μρς, ουνου, ουνον, πηρ, πρς, πρες, χυ;
linn stichisch abgesetzt; Lagenaufbau: 5 Quaternionen, vorne v/r,
hinten r/v; vorhandene Odenzählung: γ (fol 11a); δ (fol 12a); η
(fol 26a); θ (fol 34a); nicht zu Deutendes auf fol 1b;
der Papyrus enthielt sehr wahrscheinlich allein Oden in dieser Reihenfolge: Ode 1, Ode 2, Ode 3, Ode 6, Ode 5, Ode 11, Ode 12, Ode 7, Ode 8,
Ode 9, Ode 13

E: *C. Wessely*, Griechische und koptische Texte theologischen In-
halts I, StudPal 9 (1909), p 3, Nr 3 (nur fol 1b) / *W. Till/P. Sanz*,
Eine griechisch-koptische Odenhandschrift (Papyrus Copt Vindob
K 8706), MBE 5 (1939), pp 9sqq

L: *A. Rahlfs*, Verzeichnis, p 315 / *M. Marien*, Catalogus, p 40, Nr 74 /
J. Merell, Papyry, pp 57. 118 / *G. Maldfeld*, Die griechischen
Handschriftenbruchstücke des Neuen Testaments auf Papyrus,
ZNW 42 (1949), pp 248—249 / *G. Maldfeld*, ZNW 43 (1950/51),
p 261 / *K. Aland*, Zur Liste der Neutestamentlichen Handschriften
VI, ZNW 48 (1957), pp 149. 154 / *K. Aland*, Liste, p 31 / *id*, Papyrus,
pp 105. 122 / *S. Jellicoe*, pp 236. 241

0202

Oslo, Universitätsbibliothek, P Osloensis 1661; Rahlfs 994; 𝔓⁶²

IV (Amundsen, p 129; Maldfeld, p 253; Aland, Liste, p 32; Papyrus, p 105)

kein Text (fr 1r); Koptisches und das griechische Wort εὐαγγέλιον (fr 1v)

[**NT 62**] **Matth** 11,25 (fr 2r); 11,25 (fr 2v); 11,25—26 (fr 3r); 11,27 (fr 3v); 11,27 (fr 4r); 11,27—28 (fr 4v); 11,28—29 (fr 5r); 11,29—30 (fr 5v); 11,30 (fr 6r)
koptisch: 11,25—29; griechische Buchstaben (fr 10r)

[**AT 151, Od 8**] **Dan** 3,50 (fr 10v); 3,51 (fr 11r); 3,51—52 (fr 11v); 3,52 (fr 12r); 3,52—53 (fr 12v); 3,53. 55 (fr 13v); 3,55 (u 54?) (fr 13r)

Fundort?; 13 Doppelblätter eines cod mit je einer col; 6,6—1,3 × 5,6—2,6 cm; Zeilenzahl zwischen 4 u 1; fr 1: 4,5 × 3,3 cm, Zeilenzahl: 3; fr 2: 6,6 × 5,6 cm, Zeilenzahl: 4; fr 3: 5,6 × 3,9 cm, Zeilenzahl: 4; fr 4: 5,7 × 3,9 cm, Zeilenzahl: 4; fr 5: 5,2 × 3,6 cm, Zeilenzahl: 4; fr 6: 5,4 × 3,6 cm, Zeilenzahl: 4; fr 7: 5,1 × 3,7 cm, Zeilenzahl: 4; fr 8: 5 × 3,6 cm, Zeilenzahl: 4; fr 9: 2,6 × 2,6 cm, Zeilenzahl: 3; fr 10: 3,6 × 1,6 cm, Zeilenzahl: 1; fr 11: 5,3 × 1,4 cm, Zeilenzahl: 1; fr 12: 5,2 × 3,3 cm, Zeilenzahl: 1; fr 13: 3,2 × 2,4 cm, Zeilenzahl: 3; rekonstruiertes Blattformat: 6,6 × 5,6 cm; rekonstruierte Zeilenzahl: 7; rekonstruierte Buchstabenzahl: 7—12, meist ca 10;
mittelgroße, aufrechte Unziale; Einfluß koptischer Unziale; Diärese über υ; nomina sacra: θς, ις, κε, πρ, πηρ, υς; eine Lage: vorne r/v, Mitte v/v, hinten v/r;
cod umfaßte wahrscheinlich 15 Doppelblätter und wurde vielleicht als privates Andachtsbuch benutzt;
Danieltext nach Theodotion; obwohl Theodotion-Text, bleibt Rahlfs-Sigel erhalten, da im Buche Daniel die Überlieferung des Theodotion gleichrangig mit der der LXX behandelt wird

E: *L. Amundsen*, Christian Papyri from the Oslo Collection, SO 24 (1945), pp 121—140

L: *M. Marien*, Catalogus, p 48, Nr 152 / *M. Hombert*, ChronEg 23 (1948), Nr 45—46, pp 195—196 / *G. Maldfeld*, Die griechischen Handschriftenbruchstücke des Neuen Testamentes auf Papyrus, ZNW 42 (1949), p 253 / *id*, ZNW 43 (1950/51), p 261 / *K. Aland*, Zur Liste der Neutestamentlichen Handschriften VI, ZNW 48 (1957), pp 150.155 / *K. Aland*, Liste, p 32 / *id*, Papyrus, pp 105.130/ *K. Treu*, APF 19 (1969), p 180

0203

Hamburg, Staats- und Universitätsbibliothek, Pap bil(inguis) 1;
Rahlfs 998

um 300 (Schmidt/Schubart, p 10)

griechisch-koptische Bilingue

[Ap 22] Acta Pauli

fol 1v [III v] = Schmidt pp 22—26
fol 1r [III r] = Schmidt pp 26—30
fol 2v [IV v] = Schmidt pp 30—34
fol 2r [IV r] = Schmidt pp 34—39
fol 3r [V r] = Schmidt pp 40—44
fol 3v [V v] = Schmidt pp 44—48
fol 4r [VI r] = Schmidt pp 48—54
fol 4v [VI v] = Schmidt pp 54—60
linn 3—26 entsprechen P Michigan 1317 u P Berlin 13893r
linn 23—29 entsprechen P Michigan 3788r
linn 30—33 entsprechen P Michigan 1317 u P Berlin 13893v linn 1—10
foll VII sq entsprechen (?) P Michigan 3788v, P Michigan 1317 u
                    P Berlin 13893v linn 11—35
fol 5v [IX v] = Martyrium Pauli ed Lipsius p 110, lin 9—p 114, lin 4
fol 5r [IX r] = Martyrium Pauli ed Lipsius p 114, lin 10—p 116, lin 1
fol 6v [X v] = Martyrium Pauli ed Lipsius p 116, lin 2—p 117, lin 6

Cant faij
foll 6r—9 [X r—XIII]

Threni faij
foll 10—14 [XIV—XVIII]

[AT 92] Eccl 1,1—16 (fol 15 [XXV] v); 1,17—2,12 (fol 15 [XXV] r);
2,12—3,2 (fol 16 [XXVI] v); 3,2—18 (fol 16 [XXVI] r); 3,18—4,11
(fol 17 [XXVII] v); 4,11—5,12 (fol 17 [XXVII] r); 5,12—6,7 (fol 18
[XXVIII] v); 6,7—7,14 (fol 18 [XXVIII] r); 7,14—8,7 (fol 19 [XXIX]
r); 8,8—9,1 (fol 19 [XXIX] v); 9,1—12 (fol 20 [XXX] r); 9,13—10,15
(fol 20 [XXX] v); 10,16—12,2 (fol 21 [XXXI] r); 12,3—14 (fol 21
[XXXI] v)

Eccl kopt
foll 22—25 [XXXII—XXXV; η]; 26—28 [XXXVI—XXXVIII;
ια]; XXXIX, XL

die Zählung erfolgt nach der Rekonstruktion der fünf Lagen, aus
denen Blätter erhalten sind

Fundort: Faijum (Tebtynis? Schmidt, p 9); 14 Doppelblätter aus
5 Quaterniones eines cod (Sammelband) mit je einer col; neue Schriften
beginnen auf neuen Seiten; 26 × 19,5 cm; Schriftspiegel: 22 × 17cm;
Zeilenzahl: 35—40; Buchstabenzahl: 35;

ungefüge, schlechte Schulschrift (Schmidt, p 9); Orthographica: αι:ε,
ε:αι (letzteres häufiger p 11); ει:ι, ι:ει (letzteres häufiger p 11); ο:ω,
ω:ο; οι:υ, υ:οι; υ:ει; υ:ι, θ:τ, τ:θ; τ:δ; Ausfall von intervokalischem
γ; ν-Strich; Spiritus asper; Haken als Apostroph; Punkt; Doppelpunkt; einfacher Strich; Doppelstrich; ·⳨· bei direkter Rede; nachträg-
liche Korrekturen vom selben Schreiber?; nomina sacra: ανθρωπος
(sic!), ανος, ανως = ανος, αντπος, ανου, αντπου, αντπυ, ανω, ανον, ανπον, ανων, θς, θυ, θω, θν, ισλ, πνα, πνς;

bemerkenswert ist der ausgesprochen regelmäßige Lagenaufbau: jeweils 4 Doppelfoll sind zu einem Quaternio zusammengefügt;

die Lücke foll XIX—XXIV könnte gefüllt gewesen sein mit den
Psalmi Salomonis, da dies Buch umfangmäßig allerdings wenig kleiner
als Eccl und wenig größer als Cant (siehe Schmidt/Schubart, p 7) ist;
nach Schmidt sind am Anfang des cod 3 Lagen zu je 8 foll verloren,
so daß der Papyrus einen Umfang von 8 Quaterniones = 32 Doppelblätter = 64 foll = 128 pp gehabt hätte; diese Rekonstruktion wird
bestätigt durch Sanders, pp 75sq

E: *C. Schmidt*, Πράξεις Παύλου, Acta Pauli, nach dem Papyrus der
Hamburger Staats- und Universitätsbibliothek unter Mitarbeit von
W. Schubart, Glückstadt u Hamburg 1936

L: *R. A. Lipsius/M. Bonnet*, Acta Apostolorum Apocrypha, Leipzig
1891 / *C. Schmidt*, Ein Berliner Fragment der alten Πράξεις Παύλου,
Sitzungsberichte der Berliner Akademie der Wissenschaften,
Phil-hist-Klasse, Berlin 1931, pp 37—40 / *H. A. Sanders*, A Fragment of the Acta Pauli in the Michigan Collection, HThR 31 (1938)

Dublin, P Chester Beatty XII = Inv Nr 100, 167—173, 185 (A);
Ann Arbor, University of Michigan, P Michigan Inv Nr 5552 (a—b)
u Inv Nr 5553 (a—d) (B)

IV (Bonner, p 9; Kenyon, p 12; Treu, p 186)

[**Ap 3**] **Henochapokalypse** (επιστολη Ενωχ lautet der Titel im cod)
97,6—107,3 (ohne 105 u 108)

fol 1v (= VIIIv = 100v A): 97,6—10; 98,1—3 (4 linn verloren)
fol 1r (= VIIIr = 100r A): 98,4—11 (4 linn verloren)
fol 2v (= IXv = ιζ = 170v A): 98,12—16; 99,1—5 (3 linn verloren)
fol 2r (= IXr = ιη = 170r A): 99,7—16; 100,1 (2 linn verloren)
fol 3v (= Xv = 5552(a)v B): 100,1—9 (4 linn verloren)
fol 3r (= Xr = 5552(b)r B): 100,11—13; 101,1—7 (3 linn verloren)
fol 4v (= XIv = κα = 169v A): 101,8—9; 102,1—11; 103,1 (3 linn
    verloren)
fol 4r (= XIr = κβ = 169r A): 103,2—13 (3 linn verloren)
fol 5v (= XIIv = κγ = 5552(b)v B): 103,14—15; 104,1—9 (2 linn
    verloren)
fol 5r (= XIIr = κδ = 5552(b)r B): 104,10—13; 106,1—7 (2 linn
    verloren)
fol 6v (= XIIIv = κε = 167v A): 106,8—14. 17a. 15—16. 17b. 18
    (4 linn verloren)
fol 6r, obere Hälfte (= XIIIr = κϛ = 167r A): 106,19; 107,1—3;
Subscriptio: επιστολη Ενωχ; Fischgrätenmuster und andere Ornamente zur Trennung von der folgenden Schrift; der cod hat ursprünglich wohl nur Kapitel 91 bis Schluß enthalten;
die Lückenangaben beruhen auf Bonners Edition; für die Zuverlässigkeit vgl jedoch die Angaben für den Melito-Teil

Melito, Passahhomilie §§ 1—104 (es fehlt der Schluß von § 104 u § 105)
fol 6r, untere Hälfte (= XIIIr = κϛ = 167r A): Verfasser (Μελειτων)
    als Überschrift u §§ 1—4 (ca [3] linn verloren)
fol 7v (= XIVv = κζ = 5553(a)v B): §§ 4—14 (ca 3 [1] linn verloren)
fol 7r (= XIVr = κη = 5553(a)r B): §§ 14—20 (ca 1 [1] lin verloren)
    Lagenmitte
fol 8r (= XVr = κθ = 168r A): §§ 21—26 (ca 2 [1—2] linn verloren)
fol 8v (= XVv = λ = 168v A): §§ 27—35 (ca 4 [0] linn verloren)
fol 9r (= XVIr = λα = 5553(b)r B): §§ 35—42 (ca 2 [0] linn verloren)
fol 9v (= XVIv = λβ = 5553(b)v B): §§ 42—47 (ca 5 [1—2] linn
    verloren)
fol 10r (= XVIIr = λγ = 5553(c)r B): §§ 47—52 (ca 4 [1] linn ver-
    loren)
fol 10v (= XVIIv = λδ = 5553(c)v B): §§ 52—58 (ca 3—4 [4] linn
    verloren)

fol 11r (= XVIIIr = λε = 171r A): §§ 58—66 (ca 2—3 [2—3] linn
   verloren)
fol 11 v(= XVIIIv = λϛ = 171v A): §§ 66—71 (ca 3 [2] linn verloren)
fol 12r (= XIXr = 173r A): §§ 72—78 (ca 2 [2] linn verloren)
fol 12v (= XIXv = [λ]η = 173v A): §§ 78—83 (ca 2 [3—4] linn verloren)
fol 13r (= XXr = 5553(d)r B): §§ 83—90 (0 [0] linn verloren)
fol 13v (= XXv = μ = 5553(d) v B): §§ 90—94 (ca 2 [2] linn verloren)
fol 14r (= XXIr = 172r A): §§ 94—99 (ca 1 [3] linn verloren)
fol 14v (= XXIv = 172v A): §§ 100—104 (ca 11—12 [2—3] linn verloren)

der Lückenberechnung liegt — soweit möglich — der Text von P
Bodmer XIII zugrunde, in eckigen Klammern sind die Angaben Bonners (SaD 12) beigefügt

[Ap 2] Ezechielapokryphon 185 A (3 frr) deren inhaltliche Einordnung nicht möglich ist, da die Schrift sonst nicht überliefert ist; die
Identifizierung nahm Bonner (SaD 12, pp 184sq) aufgrund eines Zitats aus dieser Schrift bei Clemens Alexandrinus, Paedagogus 1.84.
2—4 vor (= fr 1v, linn 11—18); außerdem wurden Zitate bei Clemens
Alexandrinus, Paedagogus 1.91.2 und Clemens Romanus 1. Kor 8,3
zur Rekonstruktion herangezogen; die Anoronung der frr erfolgt
nach ihrer Größe, inhaltliche Kriterien liegen nicht vor

fr 1r (Bonner, SaD 12, p 185):
   incipit: [. . .] εγυπτ[ιω]ν (lin 1, darüber Spuren einer weiteren
   lin)
   explicit: πλατεια (lin 18, darunter noch Spuren einer weiteren lin)
fr 1v (Bonner, SaD 12, p 186):
   incipit: [το πλανωμενο]ν ουκ επ[εσ]τρεψ[ατε] (lin 1)
   explicit: [σιν λεγει κϛ] εκο (lin 19)
fr 2r (Bonner, SaD 12, p 186):
   incipit:]ανισ [(lin 1)
   explicit:]υτον και ειπ[α (lin 12)
fr 2v (Bonner, SaD 12, p 187):
   incipit:]ε[. . .]. [.]ωσοκ (lin 1, darüber noch Spuren einer weiteren lin)
   explicit:]ον [(lin 13)
fr 3r (Bonner, SaD 12, p 187):
   incipit:]ι νυν υμ[(lin 1)
   explicit: μο]χθηραν και [(lin 3)
fr 3v (Bonner, SaD 12, p 187):
   incipit:]. χωρας [(lin 1)
   explicit:]γεινεται ε [(lin 3)

vermutlich repräsentiert jedes fr ein fol des cod; an welcher Stelle des cod (vor Henochapk oder hinter Melito) diese frr einzuordnen sind, läßt sich nicht mehr sicher feststellen; Bonner plädiert dafür, sie hinter die Passahhomilie zu plazieren, da erhaltene frr in direktem Anschluß zu dem erhaltenen Text wahrscheinlicher sind, doch ist diese Annahme hinfällig geworden, seit durch P Bodmer XIII feststeht, daß auch vom Schluß der Passahhomilie mehr als eine p fehlt; unedierte und unidentifizierte frr (A): von ihnen gehören mindestens 8 hierher (der Rest stammt aus anderen codd der Beatty-Kollektion); sie werden von Bonner, SaD 8, pp 11 sq nur kurz erwähnt; eines davon enthält den Namen Ενωχ (Transskription bei Bonner); eine Identifizierung oder Einordnung in den cod ist bisher wegen des geringen Umfangs der frr nicht gelungen

Fundort: ? (Aphroditopolis, Schmidt, p 293; Paap, pp 36 sq, Nr 165, 169, 171); 14 foll mit dem Schluß der Henochapokalypse (97, 6—107,3) und die Passahhomilie Melitos, dazu 3 größere frr des Ezechielapokryphons (aus der Mitte der col) sowie eine Reihe (mindestens 8) kleinere (unidentifizierte) frr aus einem cod mit je einer col; foll sind einer im 4. Jhdt verbreiteten Praxis gemäß aus einer Rolle hergestellt (Klebefalzen am Außenrand); Blattformat meist: 23,8 × 13,5 cm; rekonstruiertes Blattformat: 27 × 13,5 cm; (Beschädigungen hauptsächlich am unteren Rand); Schriftspiegel: 23 × 11 cm; Zeilenzahl: 16—44; rekonstruierte Zeilenzahl: 41—46; Buchstabenzahl: 26—35;

klar lesbare, etwas rechtsgeneigte, unregelmäßige Unziale von ungeübter Hand (Briefschreiber, koptischer Einfluß); breite Strichführung; Tinte schwarz; Apostroph; Hochpunkte (selten); Diärese über ι u υ; Tendenz zu engerer Beschriftung am Zeilenende; ν-Strich; ν-ephelkystikon; Blindzeilen; Spatien; Ligaturen nur zwischen ε und ι; Korrekturen von gleicher Hand; Schlußmarkierungen (Hochpunkt u Paragraphos); Zierzeilen (Fischgrätenmuster) mit Ornamenten zur Trennung der Schriften voneinander; Orthographica: α:ο; α:οι; ε:α; ε:αι; ε:η, η:ε; ε:ι, ι:ε; ει:ι; οι:υ, υ:οι; ο:ω; γ:κ; θ:τ; ζ:σ; τ:δ; einfache Konsonanten statt Doppelkonsonanten; (dazu zahlreiche schwere Textfehler, die, da in Melito seltener als in der Henochapokalypse, wohl auf Konto der nicht sehr viel älteren Vorlage gehen); nomina sacra: κς, κυ, κω, κν, πνα, πρς (Henochapkokalypse); ανς, ανον, θς, θυ, θν, ισλ, ιηλ, ισρλ, κς, κυ, κν, πνα, πνς, πνι, πρ (Melito); θν, ιηµ (sic!), κν (Ezechielapokryphon); Paginierung von jüngerer Hand (soweit erhalten, sind die Seitenzahlen bei der inhaltlichen Aufschlüsselung notiert); die Formate der frr (185 A) sind bisher nicht veröffentlicht;

die Rekonstruktion des Lagenaufbaus hat Schwierigkeiten bereitet, weil Bonner, einer Fehlinformation von Kenyon folgend, zunächst annahm, daß bei fol 1 (100 A) das Recto dem Verso vorangehe (vgl SaD 8, pp 6sqq u SaD 12, pp 6sq); als Kenyon feststellte, daß dies nicht der Fall war, korrigierte Bonner seine Rekonstruktion[1] und stellte nun 2 Möglichkeiten zur Diskussion (SaD 12, pp 81sq):

a) foll 1—14 bilden eine Siebener-Lage; davor lag eine Vierer-Lage, von der das erste Blatt leer war und als Schutzumschlag diente (Paginierung!); der cod endet mit fol 14 [diese Annahme ist durch den längeren Text von P Bodmer XIII jedoch überholt]; damit müßten die Ezechielapokryphon-frr vor der Henochapokalypse gestanden haben

b) foll 1—14 sind die Innenblätter eines Ein-Lagen-Cod von ca 28—30 foll; foll I—VII müßten einen kurzen Text u Henochapokalypse 91—97,6 (ca 3—4 foll) enthalten haben; dann folgt foll 1—14 (= VIII/XXI) mit Henochapokalypse 97,6—107,3 und Melitos Passahhomilie, zum Schluß 7 foll (XXII—XXVIII/XXX) mit einer weiteren Schrift

durch P Bodmer XIII hat die zweite Möglichkeit an Wahrscheinlichkeit gewonnen

E: *C. Bonner / H. C. Youtie*, The Last Chapters of Enoch in Greek, SaD VIII, London 1937 / *F. G. Kenyon*, The Chester Beatty Biblical Papyri 8 (plates), London 1941 / *A. M. Denis*, PVTG III (1970), pp 19—44 (Henoch) u pp 125—128 (Ezechielapokryphon)

L: *C. Schmidt*, Die neuesten Bibelfunde aus Ägypten, ZNW 30 (1931), pp 285sqq / *F. G. Kenyon*, Nachrichten und Vorlagen, Gn 8 (1932), p 49 / *id*, Nomina Sacra in the Chester Beatty Papyri, Aeg 13 (1933), pp 5—10 / *C. Bonner*, The Homily on the Passion by Melito Bishop of Sardis, with some Fragments of the Apokryphal Ezekiel, SaD XII, London, Philadelphia 1940, pp 5sqq / *A. H. R. E. Paap*, Nomina Sacra in the Greek Papyri of the first five Centuries A.D., the Sources and some Deductions, Leiden 1959, p 36, Nr 165 / *M. Black / A. M. Denis*, Apocalypsis Henochi Graece / Fragmenta Pseudepigraphorum quae supersunt Graeca, Leiden 1970 (Bei dem hier (pp 8 u 18) zusätzlich erwähnten Papyrus Panopolitanus handelt es sich um einen im Papyrus-Stil (siehe F. G. Kenyon, Palaeography of Greek Papyri, Oxford 1899, p 119) beschriebenen Pergamentcod, der in dieser Liste daher keine Berücksichtigung finden konnte). / *S. Jellicoe*, p 231 / *K. Treu*, Christliche Papyri 1940—1967, APF 19 (1969), p 186

---

[1] Turner hat bei seiner Behauptung „Chester Beatty Enoch [has] quires of 6 sheets" (Greek Papyri, Oxford 1968, p 13) diese Korrektur Bonners offensichtlich übersehen

Cologny/Genf, Bibliotheca Bodmeriana, P Bodmer V (A); VII (B)*;
VIII (C); IX (D)*; X (E); XI (F); XII (G); XIII (H); XX (I); Rahlfs
2113 (C, D); $\mathfrak{P}^{72}$ (B, C)

[Ap 17]	Protevangelium Jacobi	(A) pp 1—49	[α-μθ]	Hand a
[Ap 25]	3. Korinther (B)	(E) pp 50—57	[ν-νζ]	Hand b
[Ap 6]	11. Ode Salomonis	(F) pp 57—62	[ν]η-ξβ]	Hand b
[NT 72]	Jd ($\mathfrak{P}^{72}$)	(B) pp 62—68	[ξγ-ξη]	Hand b
	Melito, Passahhomilie	(H) pp 69—131	[γ-ξγ]	Hand a
	Christlicher Hymnus(?)	(G) p 132	[ξδ]	Hand a
	Phileas-Apologie	(I) pp 133—149	[ρλγ, ρλε]	Hand c
[AT 60]	Ps 33; 34	(D) pp 150—154		Hand d
[NT 72]	1. 2. Petrus ($\mathfrak{P}^{72}$)	(C) pp 155—190	[α-λς]	Hand b

III	(Testuz, p 9: P Bodmer V, VII, VIII, X, XI, XII, XIII; Treu, pp 186sq. 194: P Bodmer V, X, XI, XII)
III—IV	(Aland, Liste, p 33; Papyrus, p 106: P Bodmer VII, VIII; Treu, pp 185sq. 191: P Bodmer VII, VIII, XIII)
IV	(Testuz, p 9; Martin, p 9; Treu, pp 177. 191: P Bodmer IX, XX)

Tabelle oben nach Rekonstruktion von Testuz (P Bodmer VII—IX pp 8sq);

Fundort: ?; 190(?) pp aus einem cod mit je einer col

Hand a (P Bodmer V, XII, XIII): 15,5 × 14,2 cm; Schriftspiegel: 10,8 × 9,5 cm; Zeilenzahl: 15—17; Buchstabenzahl: 18—30, meist 24; Unziale; aufrechte, viereckige und stilisierte litt; Tinte schwarz; Supra- u Subscriptio; Zierzeilen;
P Bodmer V: Apostroph (nach Eigennamen bzw über dem letzten lit derselben) — stattdessen auch einfacher Punkt in Mittellage — zur Trennung gleicher oder ähnlichlautender Konsonanten; Zirkumflex (1 ×); ν-Strich; Korrekturen von erster (durch Punkt über zu tilgenden litt) und zweiter Hand (durch Streichen); Diärese;
P Bodmer XII: ν-Strich;
P Bodmer XIII: Diärese; Paragraphos; Schrägstrich; Querstrich; „Halbmond" bei Vokalen im Anlaut; ν-Strich; Querstrich über Eigennamen;
Orthographica: ε:αι; ει:ι, ι:ει; ει:η, η:ει; η:ε; ι:ε; ι:η, η:ι; οι:υ, υ:οι; ο:ω, ω:ο; γ:κ; τ:θ; ξ:ζ; σ:ζ; θ:π (A);
nomina sacra:
P Bodmer V: θς, θυ, θω, θν, ις, ιηυν, ιηλ, ισηλ, κς, κυ, κω, κν, κε, πνα, πνς, πρων, χρς;

---

* P Bodmer VII (B); VIII (C); jetzt Vatikan, Bibliotheca Vaticana

P Bodmer XII: πρα, χρν;

P Bodmer XIII: ανς, ανθς, αθυ, αθν, ανθν, ανθον, αθων, ανθων, θς, θυ, θν, ιηυς, ιυ, ιελμ, ιημ, ιρσημ, ιυλμ, ιυσλμ, ιηλ, ισαηλ, ισηλ, κς, κυ, κν, ουν, ουρν, πνα, πντς, πνι, πηρ, πρς, πρι, πτρν, χς, χρς, χρυ, χσυ, χν, χρν, υιος (sic!), υις, υς, υιν, υν, υιων (sic!), δνιν, δυιν, δυνι

Hand b (P Bodmer VII, VIII, X, XI): 15,5 × 14,2 cm; Schriftspiegel: 13,5·× 11 cm; Zeilenzahl (stichisch): 14—22, meist 17—20; Buchstabenzahl (Langzeile): 16—33, meist 20—25; Unziale; fast quadratische litt; unliterarische Hand mit Unregelmäßigkeiten in den Abständen der litt u der Zeilenführung; Tendenz zur Kursive; größere Nachlässigkeit der Schrift gegen Ende der Bücher; Subscriptio u Zierlinien; linn stichisch abgesetzt;

P Bodmer VII: Apostroph bei γγ bzw γ u Guttural; ν-Strich; Diärese über ι u υ;

P Bodmer VIII: Apostroph und kleiner Querstrich (über dem Wort) zur Kennzeichnung von Eigennamen; Spiritus (ᵓ—); Diärese; ν-Strich;

P Bodmer X: Apostroph (zur Kennzeichnung der Elision bzw zur Trennung von Gutturalen); Diärese über ι u υ (α, η, ο, ω je einmal); ν-Strich;

P Bodmer XI: Diärese über η, ι, ω; Punkt über lit zur Kennzeichnung der Tilgung;

Orthographica: P Bodmer VII: αι:ε, ε:αι; ει:ι, ι:ει; υ:οι; ω:ο;

P Bodmer VIII: αι:ε, ε:αι; ει:η, η:ει; ει:ι, ι:ει; η:ι, ι:η; οι:υ, υ:οι, ο:ω, ω:ο;

P Bodmer X: ει:ι, ι:ει; ε:αι, αι:ε; οι:υ, υ:οι; ω:ο;

P Bodmer XI: αι:ε, ε:αι; ει:ι, ι:ει; ο:ω, ω:ο; ζ:δ;

nomina sacra:

P Bodmer VII: θς, θυ, θω, ιηυ, ιην, κς, κυ, κν, πνα, πντι, πρι, χρς, χρυ, χρω, χρν;

P Bodmer VIII: θς, θυ, θω, θεω (sic!), θν, ιης, ιυ, ιηυ, κς, κυ, κυριου (sic!), κω, κν, παρ, πρς, πτρα, πνα, πνς, πναι, πνι, πντι, πνατικος, πνατικας, δυμι;

P Bodmer X: ανπς, ανπου, ανπν, αννων, θς, θυ, θν, ιης, ιην, ιηυ, ισρλ, ισρηλ, κς, κυ, κω, πνα, πνς, πρς, χρς, χρυ, χρν, δαυιδ (sic!);

P Bodmer XI: αγιω πνι; θω, θν, κς, κυ, κον, κε

Hand d (P Bodmer IX): 15,5 × 14,2 cm; Schriftspiegel: 10,8 × 9,5 cm; Zeilenzahl (stichisch): 16—18; Buchstabenzahl (Langzeile): 16—42, meist 35—37; Unziale; Tendenz zu Schleifen bei υ u κ; große Unterlängen bei ρ u φ; linn stichisch abgesetzt; Versende bei Überlänge oberhalb des Zeilenendes gesetzt; ν-Strich; Orthographica: ε:αι; ε:η; ε:ι; ει:ι, ι:ει; ει:η; ι:η; ο:ω, ω:ο; οι:ο; nomina sacra: κς, κυ, κω, κν, κε; Paginierung nicht fortlaufend, wahrscheinlich aus früheren Einheiten stammend, aus denen Einzelstücke ausgelöst und später zum cod zusammengefügt wurden; zumindest ist die Rekonstruktion von Testuz anzweifelbar (Martin, p 11); fraglich ist die Zusammengehörigkeit (liaison) des Hymnenfragments und der Phileas-Apologie, sowie der Psalmenfoll und der Petrusbriefe (Testuz, p 9); allerdings sind P Bodmer VIII sowie P Bodmer VII u XI von derselben Hand geschrieben; cod gehörte vielleicht zu einer privaten Sammlung

E: *M. Testuz*, Papyrus Bodmer V, Nativité de Marie, Cologny-Genève 1958 / *M. Testuz*, Papyrus Bodmer VII—IX, VII: L'Epître de Jude, VIII: Les deux Epîtres de Pierre, IX: Les Psaumes 33 et 34, Cologny-Genève 1959 / *M. Testuz*, Papyrus Bodmer X—XII, X: Correspondance apocryphe des Corinthiens et de l'apôtre Paul, XI: Onzième Ode de Salomon, XII: Fragment d'un Hymne Liturgique, Cologny-Genève 1959 / *M. Testuz*, Papyrus Bodmer XIII, Méliton de Sardes, Homélie sur la Pâque, Cologny-Genève 1960 / *V. Martin*, Papyrus Bodmer XX, Apologie de Philéas, Cologny-Genève 1964 / *C. M. Martini*, Beati Petri Apostoli epistulae, Ex Papyro Bodmeriana VII ($\mathfrak{P}^{72}$), Mailand 1968

L: *K. W. Clark*, An American Textual Criticism Seminary 30.12. 1959, JBL 79 (1960), p XXIV / *F. W. Beare*, The Text of I Peter in Papyrus 72, JBL 80, 3 (1961), pp 253—260 / *E. de Strycker*, *SJ*, La forme la plus ancienne du Protévangile de Jacques, Brüssel 1961 / *J. N. Birdsall*, The Text of Jude in $\mathfrak{P}^{72}$, JThS 14 (1963), pp 394—399 / *E. Massaux*, Le texte de la première épître Petri du papyrus Bodmer VIII ($\mathfrak{P}^{72}$), EThL 39 (1962), pp 616—671 / *K. Aland*, Liste, p 33 / *F. W. Beare*, Some Remarks on the Text of I Peter in the Bodmer Papyrus ($\mathfrak{P}^{72}$), StudEv 3, 2 (1964), pp 263—265 / *M. A. King*, Jude and 1 and 2 Peter, Notes at the Bodmer Manuscript, BiblSacr 121 (1964), pp 54—59 / *Hennecke-Schneemelcher II*, p 235 / *S. Kubo*, $\mathfrak{P}^{72}$ and the Codex Vaticanus, SaD 27 (1965) / *J. D. Quinn*, Notes on the Text of the $\mathfrak{P}^{72}$: 1 Pt 2, 3, 5, 14 and 5[9], CBQ 27 (1965), pp 241—249 / *id*, REG (1965), p 230 / *K. Aland*, Papyrus, pp 106. 134 / *S. Jellicoe*, p 241 / *K. Treu*, Christliche Papyri 1940—1967, APF 19 (1969), pp 177. 185—187. 191. 193 sq / *C. D. Osburn*, The Text of Jude 22—23, ZNW 63 (1972), pp 139—144

II.
ALTES TESTAMENT

New York, Pierpont Morgan Library, Pap G 3; früher P Amherst 3 b;
˒ b; α 1033; $\mathfrak{P}^{12}$; Brooke/McLean „U₂"; Rahlfs 912

III E	(Aland, Liste, p 29; Papyrus, p 104)
III E—IV	(Grenfell/Hunt, p 30; Schofield, p 79)
III—IV	(Gregory, p 1091; Maldfeld, p 244)
IV	(Soden, p XIV; Clark, p 170; Rahlfs, p 48)

Hebr 1,1 (r)

christlicher Brief (r)

Gen 1,1—5 (v)

AT 1

Berlin, Deutsche Staatsbibliothek, P Berlin Fol 66 I/II; Rahlfs 911

III E (Sanders/Schmidt, p 238; Rahlfs, p 28)

Gen 1,16—22 (p 2a); 2,5—9. 11—14 (p 3b); 2,14—22 (p 4a); 2,23—25;
3,2—5 (p 4b); 3,6—14 (p 5a); 3,14—20 (p 5b); 3,20—24; 4,1—4 (p
6a); 4,5—7. 9—12 (p 6b); 4,13—19 (p 7a); 4,20—26; 5,1—3 (p 7b);
5,3—13 (p 8a); 5,15—17. 19—22 (p 8b); 5,24—32 (p 9a); 5,32; 6,1—7
(p 9b); 6,7—15 (p 10a); 6,16—17. 19—20 (p 10b); 6,20—22; 7,1—7
(p 11a); 7,7—17 (p 11b); 7,17—24; 8,1—2 (p 12a); 8,4—12 (p 12b);
8,13—20 (p 13a); 8,20—22; 9,1—6 (p 13b); 9,6—16 (p 14a); 9,17—29;
10,1 (p 14b); 10,1—16 (p 15a); 10,17—30 (p 15b); 10,30—32; 11,1—8
(p 16a); 11,8—17 (p 16b); 11,17—28 (p 17a); 11,28—32; 12,1—5
(p 17b); 12,5—12 (p 18a); 12,13—20; 13,1—2 (p 18b); 13,3—18; 14,1
(p 19); 14,1—17 (p 20); 14,17—24; 15,1—7 (p 21); 15,10—21; 16,1—2;
15,4—8 (sic!) (p 22); 15,11—20; 16,1—6 (sic!) (p 23); 16,8—16;
17,1—10 (p 24); 17,12—24 (p 25); 17,26—27; 18,1—18 (p 26); 18,
22—33; 19,1—4 (p 27); 19, 14—22 (p 28); 19,33—38; 20,1 (p 29);
20,11—18 (p 30); 21,13—17 (p 31); 21,29—34; 22,1—2 (p 32); 22,
13—17 (p 33); 23,6—12 (p 34); 24,4—8 (p 35); 24,20—23 (p 36);
24,37—40 (p 37); 24,40—52 (p 38); 24,52—67; 25,1—3 (p 39); 25,
3—22 (p 40); 25,23—34; 26,1—6 (p 41); 26,6—21 (p 42); 26,21—35;
27,1 (p 43); 27,1—19 (p 44); 27,19—36 (p 45); 27,36—46; 28,1—4
(p 46); 28,4—17 (p 47); 28,17—22; 29,1—10 (p 48); 29,10—28 (p 49);
29,28—35; 30,1—12 (p 50); 30,12—30 (p 51); 30,30—43 (p 52); 30,43;
31,1—16 (p 53); 31,16—33 (p 54); 31,33—46 (p 55); 31,46—54; 32,
1—11 (p 56); 32,11—29 (p 57); 32,29—33; 33,1—15 (p 58); 33,15—20;
34,1—11 (p 59); 34,11—25 (p 60); 34,25—31; 35,1—8 (p 61)

Fundort: Panopolis; 30 foll eines cod; foll 1—18 mit je 2, foll 19—30
mit je 1 col; rekonstruiertes Blattformat: 25 × 18 cm; Schriftspiegel:
foll 1—18: 21 × 7,5 cm; foll 19—30: 21,5—23 × 17,5—18 cm;
durchschnittliche Zeilenzahl: foll 1—18: 33; foll 19—30: 30; durchschnittliche Buchstabenzahl: foll 1—18: 51; foll 19—30: 29; vollständig oder nahezu vollständig erhalten sind folgende linn: p 2:
linn 27 u 28; p 25: lin 17; p 56: lin 29; p 58: linn 27—31; p 59: linn 17.
24—28; p 60: linn 7. 25—29;
frühe Kursive, große Variabilität der Buchstabenform derselben Hand;
Paragraphen sind gekennzeichnet; Anführungszeichen als Zeilenfül-
lung; Diärese über ι u υ; Orthographica: ει:ι, ι:ει; αι:ε, ε:αι; ευ:ηυ,
ηυ:ευ; η:ει, ει:η; ι:η, η:ι; ι:ε, ε:ι; ει:οι; ι:υ, υ:ι; υ:οι; οι:ι; ε:η,
η:ε; ο:ω, ω:ο; Konsonantenverdoppelung κ:χ; ν:μ; τ:δ; λ:ρζ; σθ:τ;
κ:γ; nomina sacra: θς, θυ, θω, θν, κς, κυ, κω, κν, πνα;

Papyrus enthält 120 Korrekturen, die bis auf möglicherweise zwei (pp 53 u 54) von der gleichen Hand stammen; frr stammen alle aus einer Lage von 16 Doppelblättern, von denen das äußere fehlt; Paginierung: p 53 „NΓ", p 57 „(N)Z";
es handelt sich bei dem Papyrus sehr wahrscheinlich um eine lückenlose Genesis-Handschrift, die mit Gen 35,8 abschloß

E: *H. A. Sanders/C. Schmidt*, The Minor Prophets in the Freer Collection and the Berlin Fragment of Genesis, UMichSt HumSer 21 (1927), pp 233sqq

L: *A. Rahlfs*, Verzeichnis, p 28 / *A. Rahlfs/P. Glaue*, Ein Bruchstück des Origenes über Gen 1,28 (P bibl univ Giss 17), MUB 2 (1928), p 28 / *O. J. Baab*, AJSLL 45 (1928/29), p 689 / *H. S. J. Thackeray*, JThS 30 (1928/29), pp 218sq / *F. G. Kenyon*, Recent Developments in the Textual Criticism of the Greek Bible (Schweich-Lectures 1932), London 1933, pp 95—97. 106 / *id*, The Chester Beatty Biblical Papyri IV, 1, London 1934, pp IX—XIII / *M. Marien*, Catalogus, p 32, Nr 2 / *K. Treu*, APF 20 (1970), pp 43—47

AT 1 a

Genesiskommentar des Didymus aus dem Toura-Fund; Inhalt, soweit bekannt:

Gen   1,1—2,1; 3,6—8,20; 12,1—16,16

Ausgabe liegt noch nicht vor, deshalb hier nur provisorische Aufnahme

AT 2

Berlin, Staatliche Museen, P Berlin Inv Nr 6770; Rahlfs 901

V—VI (Marien, p 32; Schubart, p 33; Brooke/McLean, p VIII; Rahlfs, p 33)
VII   (Stegmüller, p 3)

Gen 5,10—13 (v); 5,28—30 (r)

Fundort: Faijum; 1 fr eines fol aus einem cod einer col; 14 × 6 cm; Zeilenzahl: 5 (v), 6 (r); durchschnittliche Buchstabenzahl: 17; rekonstruiertes Blattformat: 40 × 18 cm; rekonstruierte Zeilenzahl: ca 40; rekonstruierte Buchstabenzahl: 28;
hohe, gleichmäßig aufrechte litt; Bibelstil (Stegmüller, p 3); unregelmäßig gesetzte Diärese über ι u υ; Hochpunkte;
Paginierung: ιε; ιϚ; unlesbare Züge einer zweiten Hand in dunkler Tinte zu lin 1 und 2 v; fr weist Leimspuren auf

E: *W. Schubart*, Papyri Graeci Berolinenses, Bonn 1911, tab 506 / *O. Stegmüller*, BKT VIII (1939), pp 3sq

L: *A. E. Brooke/N. McLean*, The Old Testament in Greek I, 4, Cambridge 1906, p VIII / *A. Rahlfs*, Verzeichnis, p 33 / *M. Marien*, Catalogus, p 32, Nr 4 / *S. Jellicoe*, pp 226sq

AT 3 [01]

Kairo, Universität, P Kairo Fouad Inv Nr 266; Rahlfs 942

105 ante   (Kenyon, p 40)
I ante   (Dunand, p 12; Treu, p 175: vor 50 ante)
II—I ante (Waddell, p 159)

Gen 7,17—20 (fr 1); 38,10—12 (frr 2—3)

AT 4

Dublin, P Chester Beatty V; Rahlfs 962

III M—E (Kenyon, p IX)

Gen 8,13—16 (fr 1v); 8,21—22; 9,1 (fr 1r); 24,13—21 (fr 2r); 24,
21—30 (fr 2v); 24,30—40 (fr 3v); 24,40—47 (fr 3r); 24,47—58 (fr
4v); 24,58—67; 25,1 (fr 4r); 25,1—11 (fr 5v); 25,11—21 (fr 5r);
30,24—26. 29—30 (fr 6v); 30,33. 37—38 (fr 6r); 30,38—41 (fr 7v);
31,5—9 (fr 7r); 31,35—38. 40—41 (fr 8r); 31,43—45. 47—49 (fr 8v);
31,50—54; 32,1—2 (fr 9r); 32,6—10 (fr 9v); 32,15—23 (fr 10r);
32,23—33 (fr 10v); 32,33; 33,1—8 (fr 11r); 33,10—17 (fr 11v);
33,18—20; 34,1—8 (fr 12r); 34,8—16 (fr 12v); 34,16—23 (fr 13v);
34,23—30 (fr 13r); 34,30—31; 35,1—6 (fr 14v); 35,6—16 (fr 14r);
39,3—10 (fr 15r); 39,10—19 (fr 15v); 39,20—23; 40,1—4 (fr 16r);
40,6—13 (fr 16v); 41,9—20 (fr 17v); 41,20—34 (fr 17r); 41,34—45
(fr 18v); 41,45—54 (fr 18r); 41,54—57; 42,1—7 (fr 19v); 42,7—19
(fr 19r); 42,19—27 (fr 20v); 42,27—35 (fr 20r); 42,35—38; 43,1—3
(fr 21r); 43,4—11 (fr 21v); 43,11—17 (fr 22r); 43,17—25 (fr 22v);
43,25—34 (fr 23r); 44,1—10 (fr 23v); 44,10—21 (fr 24r); 44,21—31
(fr 24v); 44,32—34; 45,1—7 (fr 25r); 45,8—16 (fr 25v); 45,16—25
(fr 26v); 45,26—28; 46,1—9 (fr 26r); 46,9—21 (fr 27v); 46,21—33
(fr 27r)

Fundort: Aphroditopolis; 27 foll eines cod mit je einer col; rekonstruiertes Blattformat: 21 × 15,2 cm; Schriftspiegel: 15,2 × 13,3 cm;
durchschnittliche Zeilenzahl: 18—19; durchschnittliche Buchstabenzahl: 47—51;
aufrechter, enger, nichtliterarischer Schrifttyp (Urkundenschrift);
Diärese über ι u υ; Anführungsstriche zur Trennung von γ κ und
Doppelbuchstaben und am Ende eines nichtdeklinierten Eigennamens;
ν-Strich; Paragraphoi und Einrückungen; nomina sacra: θς, θυ, θω,
θν, κς, κυ, κω, κν, κε, πνα;
Paginierung von zweiter, kursiver Hand (23 erhalten); cod umfaßte
sehr wahrscheinlich 84 foll in 8 Lagen zu je 10 foll und der ersten
Lage mit 4 foll; nach Rekonstruktion waren foll 1—3 u 164—165
unbeschrieben

E: *F. G. Kenyon*, The Chester Beatty Biblical Papyri IV, 1 (Text),
London 1934 u IV, 3 (Plates), London 1936

L: *C. Schmidt*, Der erste Clemensbrief, Leipzig 1900, pp 105 sq/
id, Die neuesten Bibelfunde aus Ägypten, ZNW 30 (1931), pp
286 sq / *F. G. Kenyon*, Books and Readers in Ancient Greece
and Rome, Oxford 1932, pp 98 sqq / *id*, Nachrichten und Vorlagen,
Gn 8 (1932), pp 47 sqq / *A. Merk*, Nuntia Rerum et Personarum;

novi codices s. scripturae, Biblos 13 (1932), p 119 / *F. G. Kenyon*, Nomina Sacra in the Chester Beatty Papyri, Aeg 13 (1933), pp 5—10 / *H. Gerstinger*, Ein Fragment des Chester Beatty-Evangelienkodex in der Papyrus-Sammlung der National-Bibliothek in Wien, Aeg 13 (1933), pp 67—72 / *F. G. Kenyon*, Recent Developments in the Textual Criticism of the Greek Bible (Schweich-Lectures 1932), London 1933, pp 53. 97 / *F. W. Beare*, The Chester Beatty papyri, ChronEg 12 (1937), pp 81—91 / *id*, The Chester Beatty papyri, ChronEg 13 (1938), pp 364—372 / *M. Marien*, Catalogus, p 32, Nr 5 / *M. F. Galiano*, Emérita 21 (1953), pp 1—3 / *S. Jellicoe*, pp 229 sq

AT 5

Dublin, P Chester Beatty IV; Rahlfs 961

IV (Kenyon, p IX)

Gen 9,1—5. 10—13 (fr 1r); 9,16—27 (fr 1v); 10,2—9. 14—20 (fr 2v); 10,22—32; 11,1—5 (fr 2r); 11,8—11. 13—19 (fr 3r); 11,21—32 (fr 3v); 12,3—7. 8—14 (fr 4v); 12,15—20; 13,2—7 (fr 4r); 13,9—13. 15—18; 14,1—2 (fr 5r); 14,3—8. 9—13 (fr 5v); 14,14—18. 20—24; 15,1 (fr 6v); 15,2—8. 9—14 (fr 6r); 17,7—11. 12—17 (fr 7v); 17, 18—23. 23—27; 18,1—2 (fr 7r); 18,3—8. 10—15 (fr 8r); 8,16—21. 21—25 (fr 8v); 18,27—33; 19,1—5 (fr 9v); 19,5—10. 11—14 (fr 9r); 19,15—19. 20—25 (fr 10r); 19,26—31. 31—34 (fr 10v); 19,35—38; 20,1—3. 4—8 (fr 11v); 20,9—14. 15—18; 21,1—2 (fr 11r); 21,5—11. 12—17 (fr 12r); 21,17—23. 23—30 (fr 12v); 21,32—34; 22,1—2. 3—8 (fr 13v); 22,8—13. 14—18 (fr 13r); 22,20—24; 23,1—3. 6—10 (fr 14r); 23,10—16. 16—20 (fr 14v); 24,2—6. 7—10 (fr 15v); 24,11—15. 15—20 (fr 15r); 24,22—27. 29—33 (fr 16r); 24,34—39. 40—43 (fr 16v); 24,44—48. 49—55 (fr 17v); 24,55—61. 61—67 (fr 17r); 25,2—7. 9—15 (fr 18r); 25,16—21. 21—26 (fr 18v); 25,28—34; 26,2—6 (fr 19v); 26,7—10. 11—16 (fr 19r); 26,18—22. 24—28 (fr 20r); 26,29—34; 27,1—6 (fr 20v); 27,7—13. 14—19 (fr 21v); 27,20—26. 27—30 (fr 21r); 27,32—36. 37—40 (fr 22r); 27,41—45. 46; 28,1—4 (fr 22v); 28,5—10. 11—14 (fr 23v); 28,15—19. 20—22; 29,1—3 (fr 23r); 29, 4—9. 10—13 (fr 24r); 29,15—20. 22—27 (fr 24v); 29,29—33. 35; 30, 1—4 (fr 25v); 30,6—12. 14—16 (fr 25r); 30,18—22. 25—30 (fr 26r); 30,31—35. 35—38 (fr 26v); 30,40—43; 31, 1. 3—7 (fr 27v); 31,9—12. 13—18 (fr 27r); 31,20—25. 27—30 (fr 28r); 31,32—34. 35—39 (fr 28v); 31,41—43. 44—47 (fr 29v); 31,50—53; 32,2—6 (fr 29r); 32, 8—11. 13—16 (fr 30r); 32,17—20. 21—24 (fr 30v); 32,26—30. 33; 33,1—2 (fr 31v); 33,4—7. 10—13 (fr 31r); 33,14—18; 34,1—5 (fr 32r); 34,7—9. 11—14 (fr 32v); 34,16—20. 21—24 (fr 33v); 34,25—28. 30—31; 35,1 (fr 33r); 35,3—5. 7—11 (fr 34r); 35,12—16. 18—22 (fr 34v); 35,26—29; 36,1. 4—6 (fr 35v); 36,9—13. 15—19 (fr 35r); 36,22—28. 31—35 (fr 36r); 36,37—40. 43; 37,1—2 (fr 36v); 37,4—7. 9—11 (fr 37v); 37,14—16. 19—21 (fr 37r); 37,24—27. 28—31 (fr 38r); 37,33—36; 38,2—7 (fr 38v); 38,9—12. 13—15 (fr 39v); 38,17—20. 22—25 (fr 39r); 38,26—29; 39,1—4 (fr 40r); 39,5—7. 9—11 (fr 40v); 39,12—15. 18—19 (fr 41v); 39,22—23; 40,2—5 (fr 41r); 40,7—10. 13—14 (fr 42r); 40,16—18. 20—23; 41,1 (fr 42v); 41,3—7. 9—12 (fr 43v); 41,14—17. 19—21 (fr 43r); 41,24—27. 30—33 (fr 44r); 41,35—36. 39—42 (fr 44v); 41,44—46. 48—50 (fr 45v); 41,52—55. 57; 42,1—2 (fr 45r); 42,6—7. 11—13 (fr 46r); 42,16—18. 21 (fr 46v); 42,28—30 (fr 47v); 42,33—34 (fr 47r); 43,6—7 (fr 48r); 43,9—11 (fr 48v); 43,21—22 (fr 49v); 43,25 (fr 49r); 44,17 (fr 50v); 44,21—22 (fr 50r)

Fundort: Faijum (Kenyon); 50 foll eines cod mit je 2 coll; Blattformat: 21,6 × 15,2 cm; Kolumnenabstand: ca 1,3 cm; durchschnittliche Zeilenzahl: foll 1—8r: 37—42; übrige foll: 36—40; durchschnittliche Buchstabenzahl: 14; rekonstruiertes Blattformat: 27,9 × 17,8 cm; rekonstruierter Schriftspiegel: 21 × 13,3 cm; quadratische Unziale („biblische Unziale"); große, aufrecht gesetzte litt; ν-Strich; Spatien; Spiritus; wenige Korrekturen; Hinzufügung in Semikursive von 2. Hand (fol 24v); Diärese über ι u υ; manchmal Paragraphen-Zeichen (>) am Rand; nomina sacra: θϛ, θυ, θω, θν, κϛ, κυ, κω, κν, κε;
Lagenaufbau nicht eindeutig feststellbar, möglicherweise 10-Blatt-Lagen; Paginierung: pp 33, 37, 39—42, 44, 47—50, 53—54, 56—59, 65(?), 69(?), 81—82, 85(?);
nach Rekonstruktion sind 16 foll am A, 2 in M und 6 am E des cod verlorengegangen, so daß cod ursprünglich etwa 66 foll = 132 pp mit dem gesamten Buch Genesis zum Inhalt hatte

E: *F. G. Kenyon*, The Chester Beatty Biblical Papyri IV, 1, Genesis (Text), London 1934 u IV, 2 (Plates), London 1935

L: *C. Schmidt*, Die neuesten Bibelfunde aus Ägypten, ZNW 30 (1931), pp 286—287 / *A. Merk*, Biblos 13 (1932), p 119 / *F. G. Kenyon*, Nachrichten und Vorlagen, The Chester Beatty Biblical Papyri, Gn 8 (1932), p 47 / *id*, Books and Readers in Ancient Greece and Rome, Oxford 1932, pp 98. 104sq / *F. G. Kenyon*, Nomina Sacra in the Chester Beatty Papyri, Aeg 13 (1933), pp 5—10 / *H. Gerstinger*, Ein Fragment des Chester Beatty-Evangelienkodex in der Papyrus-Sammlung der Nationalbibliothek in Wien, Aeg 13 (1933), pp 67—72 / *F. G. Kenyon*, The Chester Beatty Biblical Papyri I (General Introduction), London 1933, p 7, pl IV u V / *id*, Recent Developments in the Textual Criticism of the Greek Bible (Schweich Lectures 1932), London 1933, pp 52. 97. 105sq / *M. Marien*, Catalogus, p 32, Nr 6 / *F. G. Kenyon*, Der Text der griechischen Bibel, Göttingen 1952, p 29 / *S. Jellicoe*, pp 229 sq

AT 6

New Haven (Conn.), Yale University Library, P Yale 1 (früher P Yale Inv Nr 419); Rahlfs 814

I M—E (Roberts, p 27: früher als 80; Welles, p 6; Treu, p 174: ca 90)

Gen 14,5—8 (v); 14,12—15 (r)

Fundort: ?; unteres Stück eines fr aus einem cod mit einer col; ca 9,5 × ca 14 cm; Zeilenzahl: 12; rekonstruierte Zeilenzahl: 30; durchschnittliche Buchstabenzahl nach Fotografie: ca 20;
Unziale (in nächster Verwandtschaft mit der Augusteischen Periode); nach Rekonstruktion müßte der Gesamtumfang des cod, wenn er das gesamte Buch Genesis zum Inhalt gehabt haben sollte, ca 188 pp betragen haben; es ist umstritten, ob fr christlicher oder jüdischer Herkunft ist

E: *C. B. Welles*, The Yale Genesis Fragment, YLG 39, Nr 1, July 1964, pp 1—8 (mit Fotografie)

L: *C. H. Roberts*, P Yale 1 and the early Christian book, AStP I (1966), pp 25—28 / *J. F. Oates/A. E. Sammel/C. B. Welles*, Yale Papyri in the Beinecke Rare Book and Manuscript Library I, AStP II (1967), pp 3—8 / *K. Treu*, Christliche Papyri 1940—1967, APF 19 (1969), p 174

AT 7

London, British Museum, Inv Nr 212v; P Lit London 228; Haeberlin Nr 154; Brooke/McLean „U₃"

III (Milne, p 191; Rahlfs, p 112)

Gen 14,17 (v); Dokument aus dem Jahr 237 (r)

Fundort: ?; 2 frr eines Einzelblattes (?) mit je 2 coll; 23,5 × 7,2 cm; Format des Zitats: 4,2 × 5,5 cm; Zeilenzahl: col 1: 32; col 2: 7; col 3: 14; col 4: 11; durchschnittliche Buchstabenzahl: 17; col 1; linn 1—2: „minute hand"; lin 3: Anfang des eigentlichen Textes; gegenüber linn 3—6: Spuren von Kursivschrift (Scholien?); col 2, lin 1—2: größere Hand; Halb-Kursive; dem Genesiszitat r folgt eine Rechnung; es handelt sich vielleicht um eine Homilie (Milne, p 191)

E: *F. G. Kenyon*, Greek Papyri in the British Museum, II (Additions), Catalogue with texts, London 1898, p XX / *id*, Catalogue of Additions 1888—1893, London 1898, pp 410sq / *J. M. Milne*, Catalogue of the Literary Papyri in the British Museum, London 1927, pp 191—193, Nr 228

L: *C. Haeberlin*, Griechische Papyri, ZBW XIV (1897), pp 1—13 / *A. Rahlfs*, Verzeichnis, p 112 / *S. Jellicoe*, p 228

AT 8

Oxford, Bodleian Library, Gr bibl d 5 (P); P Oxyrhynchus 656; Brooke/Mc Lean „U₄"; Rahlfs 905

II—III (Rahlfs, p 178; Marien, p 33)
III A (Grenfell/Hunt, pp 28 sq)

Gen 14,21—23 (fr 1 v); 15,5—9 (fr 1 r); 19,32—20,2 (fr 2 v); 20,2—11 (fr 2 r); 24,28—37 (fr 3 r); 24,38—47 (fr 3 v); 27,32—33 (fr 4 r); 27, 40—41 (fr 4 v)

Fundort: Oxyrhynchus; 4 frr von 4 foll aus einem cod mit je einer col; 17,5 × 20 cm; durchschnittliche Zeilenzahl: fr 1: 9 u 11; fr 2: 41 u 42; fr 3: 38 u 41; fr 4: 5 u 5; durchschnittliche Buchstabenzahl: fr 1: 22; fr 2: 21; fr 3: 24; fr 4: 9;
aufrechte, runde Unziale, die Verwandtschaft mit Schrifttypen aus II aufweist (Grenfell/Hunt, p 29); Papyrus enthält Mittel- und Hochpunkte; Abschnitte durch Spatien gekennzeichnet; κύριος ist viermal ausgelassen, an diesen Stellen jedoch dreimal von zweiter Hand ergänzt; ν-Strich; Änderungen und Erweiterungen von zweiter Hand; Paginierung: fr 2v: μ[ε]; fr 2r: [μ]ς; fr 3r: νθ; fr 3v: ξ

E: *B. P. Grenfell/A. S. Hunt*, The Oxyrhynchus-Papyri IV, London 1904, pp 28—36

L: *A. E. Brooke/N. McLean*, The Old Testament in Greek I, Cambridge 1906, pp 35—43 / *L. Traube*, Nomina Sacra, QulatPhiMA 2, (1907), pp 30. 51. 56 (Nr 1). 90 sq / *R. Helbing*, Grammatik der der Septuaginta: Laut- und Wortlehre, Göttingen 1907, p 9 / *J. Dahse*, Textkritische Studien II, ZAW 28 (1908), pp 164—168 / *A. Rahlfs*, Verzeichnis, p 178 / *G. Rudberg*, Neutestamentlicher Text und Nomina Sacra, SHVSU 17,3 (1915), pp 60. 76 / *F. G. Kenyon*, Recent Developments in the Textual Criticism of the Greek Bible (Schweich Lectures 1932), London 1933, pp 99. 106 / *M. Marien*, Catalogus, p 33, Nr 9 / *G. Cavallo*, Ricerche sulla maiuscola biblica, Florenz 1967, p 114 / *S. Jellicoe*, p 235

AT 9

London, British Museum, Inv Nr 2066; P Lit London 201; P Oxyrhynchus 1166; Rahlfs 944

III (Hunt, p 1; Milne, p 164; Rahlfs, p 179)

Gen 16,8—12 (r); v unbeschrieben

Fundort: Oxyrhynchus; 3 frr einer Rolle mit einer col; größtes fr: 13,5 × 4,7 cm; Zeilenzahl: 25; Buchstabenzahl: 1—10, durchschnittlich 8; rekonstruierte Zeilenzahl: 28; rekonstruierte Buchstabenzahl: 10—17, meist 12—14;
kalligraphische Unziale; große, aufrechte litt (frühes Beispiel für „Bibelunziale"?); Mittelpunkt; Spatium; Spiritus asper; nomina sacra: κϛ, κυ;
es fehlen: 1 lin; 1 lin völlig verwischt

E: *A. S. Hunt*, The Oxyrhynchus Papyri IX, London 1912, pp 1sq

L: *A. Rahlfs*, Verzeichnis, p 179 / *J. M. Milne*, Catalogue of the Literary Papyri in the British Museum, London 1927, p 164, Nr 201 / *M. Marien*, Catalogus, p 33, Nr 11

AT 10

Berlin, Staatliche Museen, P Berlin Inv Nr 17213; Rahlfs 995

III A? (Treu, p 46)

Gen 19,11—13 (v); 19,17—19 (r)

Fundort: ?; 1 fr aus der Blattmitte eines cod; 6,2 × 3,7 cm; Zeilenzahl: 8 (v); 9 (r); durchschnittliche Buchstabenzahl: 6 (v); 5 (r); rekonstruierte Zeilenzahl: 27—28; rekonstruierte Buchstabenzahl: 26—27;

Papyrusfarbe: hell bis mittelbraun; kräftige, schwarze Tinte; breite, linksgeneigte regelmäßige Buchschrift; Höhe der litt: 4 mm; lin 13: ein Punkt in Mittelhöhe; lin 14: Spatium;

Rahlfs 995 bezog sich früher auf P Jand 255 und wurde gestrichen, da sich P Jand 255 als Homilie über Ex 17,3sqq und Num 20,5sqq erwies

E: *K. Treu*, Neue Berliner Septuagintafragmente, APF 20 (1970), pp 46sq, tab 1ab

L: *K. Treu*, Christliche Papyri IV, APF 22/23 (1974), p 368

AT 11 [02]

Manchester, John Rylands Library, P Rylands 460 (A); Oslo, Universitätsbibliothek, P Osloensis 11 (B); Rahlfs 958

IV   (Marien, p 33; Eitrem/Amundsen, p 10; Roberts, p 10)
IV—V (Rudberg, p 4)

Gen 26,13—14 (fr 2r B); nicht identifizierte Bruchstücke wahrscheinlich aus Gen (fr 2r A)

AT 12

Princeton, Theological Seminary, Pap 9; P Oxyrhynchus 1167; Rahlfs 945

IV (Grenfell/Hunt, p 2; Rahlfs, p 179)

Gen 31,42—46 (r); 31,47—53 (v)

Fundort: Oxyrhynchus; 1 fr eines fol aus einem cod mit einer col; 10 × 11,4 cm; Zeilenzahl: 17 (r), 16 (v); rekonstruierte Zeilenzahl: 22; rekonstruierte Buchstabenzahl: 24—31;
mittelgroße, geschwungene Unziale; ν-Strich; kommaähnliches Trennungszeichen: ηλεγ' ξεν; Diärese über ι; nomen sacrum: θς;
der obere Teil des fol fehlt; zwischen r u v fehlen ca 5 linn

E: *B. P. Grenfell/A. S. Hunt*, The Oxyrhynchus Papyri IX, London 1912, pp 2—4

L: *A. Rahlfs*, Verzeichnis, p 179 / *M. Marien*, Catalogus, p 33, Nr 16 / *P. L. Hedley*, An Index to Greek and Latin Biblical Texts from Egypt, London 1949, p 5

AT 13

Erlangen, Universitätsbibliothek, P Erlangen 2; Rahlfs 815

IV   (Treu, p 174)
IV—V (Schubart, p 1)

Gen 41,48—52 (v); 41,52—57 (r)

Fundort: ?; 1 fr eines fol aus einem cod mit einer col; 20 × 11 cm;
Zeilenzahl: 25 (v), 26 (r), davon 10 (r u v) vollständig; rekonstruiertes
Blattformat: 20 × 13,5 (?) cm; rekonstruierter Schriftspiegel:
17 × 9,5 (?) cm; rekonstruierte Buchstabenzahl: 13—21, meist 17;
oberer Rand: 1 cm; unterer Rand: 2 cm; äußerer Rand: 2 cm, teilweise erhalten;
Buchschrift des IV—V; Hoch- und Tiefpunkte; ν-Strich; Orthographica: αι:ε; μ:μμ; nomina sacra: θ̅ς̅, π̅ρ̅ς̅;
Reste der Paginierung auf v rechts oben erkennbar; da v vorangeht,
stammt das fr sehr wahrscheinlich aus der ersten Buchhälfte;
es fehlen: $^1/_3$ des oberen und mehr als $^1/_2$ des unteren Blatteils

E: *W. Schubart*, Die Papyri der Universitätsbibliothek zu Erlangen,
Leipzig 1942, pp 1—4

L: *W. Schubart*, APF 14 (1941), pp 99sq / *A. Calderini*, Aeg 22 (1942),
p 138 / *C. Préaux*, ChronEg 18 (1943), Nr 35, pp 167—171 / *M. Marien*, Catalogus, p 34, Nr 20 / *K. Treu*, Christliche Papyri 1940 bis
1967, APF 19 (1969), p 174

AT 14

London, British Museum, Inv Nr 2557; P Lit London 202; Rahlfs 953

III (Milne, p 165)

Gen 46,28—32 (v); 47,3—5 (r)

Fundort: ?; 1 fr, unterer Teil eines fol aus einem cod mit einer col; 13,3 × 10 cm; Zeilenzahl: 10 (v), 9 (r), davon eine vollständig; rekonstruierte Zeilenzahl: 16—17; rekonstruierte Buchstabenzahl: 40—48, meist 44;
Kursive mit aufrechten, seitlich zusammengedrückten mittelgroßen litt, wie in der Zeit Diokletians gebräuchlich; Satzgliederung durch Punkt in mittlerer Höhe u Spatium; Diärese über ι; Orthographicon: ει:ι;
es fehlen: 11 linn

E: *J. M. Milne*, Catalogue of the Literary Papyri in the British Museum, London 1927, pp 165—166, Nr 202

L: *M. Marien*, Catalogus, p 34, Nr 22

AT 15 [03]

Heidelberg, Papyrussammlung der Universität, P Heidelberg Inv P Gr 8; P Baden IV 56b; Rahlfs 970

II (Bilabel, p 24)

Ex 8,1—5 (fol 1v); 8,8—12. 14—16 (fol 1r)

[Var 1]

Berlin, Staatliche Museen, P Berlin Inv Nr 16158; Rahlfs 2132

VI—VII (Treu, p 50)

Ex 15,1—2 (r); 6 linn mit Liste o Rechnung (v)

AT 16 [0201, Od 1]

Wien, Österreichische Nationalbibliothek, P Vindob K 8706 (fol 1b = Ex 15,1—8: früher P Vindob Lit theol 4); Rahlfs 2036

VI   (Rahlfs, p 315)
VI M—VI E (Till/Sanz, p 17)

Ex 15,1—8 (fol 1b)

AT 17 [04]

New York, Pierpont Morgan Library, P Amherst 191 (frr 1 u 4), 192a, b (frr 2 u 3), 194 (frr 5, 6,7); Rahlfs 914 (fr 1), 915 (fr 4), 916 (frr 2 u 3); Brooke/Mc Lean „U$_5$"

VI (Grenfell/Hunt, pp 201. 203; Rahlfs, p 49)

Ex 19,1—2 (fr 1r); 19,5—6 (fr 1v)

AT 18

Jerusalem, Palestine Archaeological Museum, 7 Q_1 LXX Ex; Rahlfs 805

I ante (Baillet/Milik/de Vaux, p 142; Treu, p 175: ca 100 ante)

Ex 28,4—6 (fr 1); 28,7 (fr 2)

Fundort: Qumran, Höhle 7; 2 frr einer Rolle; fr 1: 6,7 × 4 cm; Zeilenzahl: 9; Buchstabenzahl: 3—8, meist 7; fr 2: 1,6 × 1,3 cm; Zeilenzahl: 2; Buchstabenzahl: 3; rekonstruierte Buchstabenzahl: 20; Zeilenabstand: ca 6 mm; Zeilenlänge: 5,4 cm; Buchstabenhöhe: 3 mm;
Unziale im Zierstil;
es handelt sich um ein sorgfältig bearbeitetes Papyrusende, dessen Oberfläche rissig ist;
der Text ist MT ähnlicher als LXX

E: *M. Baillet/J. T. Milik/R. de Vaux*, Les „petites grottes" de Qumrân, DJD III, I (textes), Oxford 1962, pp 142—143; II (planches), tab XXX, 1

L: *J. W. Wevers*, Septuaginta Forschungen seit 1954, ThRu 33 (1968), p 47 / *K. Treu*, Christliche Papyri von 1940—1967, APF 19 (1969), p 175

Urbana, Classical and European Culture Museum, University of Illinois, G P 1074; P Oxyrhynchus 1074; Rahlfs 908

II—III (Hunt, p 4)
III   (Rahlfs, p 178)

Ex 31,13—14 (r); 32,7—8 (v)

Fundort: Oxyrhynchus; 1 fr eines fol aus einem cod mit einer col; 5,1 × 2,7 cm; Zeilenzahl: 10; durchschnittliche Buchstabenzahl: 12; rekonstruierte Buchstabenzahl: 37;
zierliche, runde Schrift mit Tendenz zur Kursive; hervorstechendste Kursivform: κ; 1 Hochpunkt; nomina sacra: κϛ, κυ;
es handelt sich wahrscheinlich um das Mittelstück eines fol

E: *B. P. Grenfell/A. S. Hunt*, The Oxyrhynchus Papyri VIII, London 1911, pp 4—5

L: *A. E. Brooke/N. McLean*, The Old Testament in Greek I, 3, Cambridge 1911, p VII / *A. Merk*, ZKTh 36 (1912), p 176 / *A. Rahlfs*, Verzeichnis, p 178 / *M. Marien*, Catalogus, p 35, Nr 30 / *S. Jellicoe*, p 235, Anm 2

AT 20

Paris, Sorbonne, Inv Nr 2166; P Reinach 59; Rahlfs 1000

III (Collart, p 1; Treu, p 175)

Ex 40,5—6. 8—10. 12—15 (r); 40,21—27 (v)

Fundort: ?; 1 fr eines fol aus einem cod mit einer col; 14 × 12 cm;
Zeilenzahl: 15 r u v; Buchstabenzahl: 13; rekonstruierte Zeilenzahl:
25—28; rekonstruierte Buchstabenzahl: 29—50, meist 37;
Unziale, ähnlich P Oxyrhynchus 1075; nomina sacra: κρς, κρυ, πρα;
Paginierung: ριγ, ριδ;
cod umfaßte ursprünglich mindestens das ganze Buch Exodus

E: *P. Collart*, Les Papyrus Theodore Reinach II, BIFAO 39 (1940),
pp 1—2, Nr 59

L: *U. Wilcken*, APF 14 (1941), pp 162—164 / *M. Marien*, Catalogus,
p 35, Nr 32 / *C. Préaux*, ChronEg 22 (1947), pp 135—139 / *B.
Welles*, AJPh 68 (1947), pp 93—98 / *C. Picard*, RA 37 (1951),
pp 96—97 / *K. Treu*, Christliche Papyri von 1940—1967, APF 19
(1969), p 175

AT 21

London, British Museum, Inv Nr 2053r; P Lit London 203; P Oxyrhynchus 1075; Rahlfs 909

III (Grenfell/Hunt, p 5; Milne, p 166; Rahlfs, p 179)

Ex 40,29. 33—38 (r); **Apk** 1,4—7 [NT 18] (v)

Fundort: Oxyrhynchus; 1 fr einer Rolle mit einer col; 15,1 × 9,8 cm; Zeilenzahl: 24, davon 4 linn vollständig erhalten (linn 12, 14, 23, 24); durchschnittliche Buchstabenzahl: 14; rekonstruierte Buchstabenzahl: 22;

geschwungene Unziale von mittlerer Größe; 1 Hochpunkt; nomen sacrum: κυ;

subscriptio von gleicher Hand: εξοδος; die subscriptio läßt darauf schließen, daß es sich zumindest um eine Exodus-Handschrift handelte;

v (P London Inv Nr 219; P Oxyrhynchus 1079) enthält Apk 1,4—7 von anderer Hand und aus späterer Zeit; die Rückseite der Rolle wurde also vielleicht zur Abschrift der Apk benutzt

E: *B. P. Grenfell* / *A. S. Hunt*, The Oxyrhynchus Papyri VIII, London 1911, pp 5—6 / *J. M. Milne*, Catalogue of the Literary Papyri in the British Museum, London 1927, p 166, Nr 203

L: *A. E. Brooke* / *N. McLean*, The Old Testament in Greek I, 3, Cambridge 1911, p VII / *A. Merk*, ZKTh 36 (1912), pp 176—177 / *A. Rahlfs*, Verzeichnis, p 179 / *M. Marien*, Catalogus, p 35, Nr 33 / *S. Jellicoe*, p 235, Anm 2

AT 22

Jerusalem, Palestine Archaeological Museum, 4 Q LXX Lev^b; Rahlfs 802

I ante (Skehan, p 157)

Lev 2,3—5. 7; 3,4. 9—13; 4,6—8. 10—11. 18—20. 26—29; 5,8—10. 18—24

Fundort: Qumran, 1 fr einer Rolle; Buchstabenzahl: 27;
Schrift eng verwandt mit der von P Fouad Inv Nr 266; nomen sacrum: ΙΑѠ statt κύριος

E: in Vorbereitung, siehe *M. Baillet* | *J. T. Milik* | *R. de Vaux*, Les „petits grottes" de Qumrân, DJD 3 (1962), p V

L: *P. W. Skehan*, The Qumrân Manuscripts and Textual Criticism. Volume du Congrès, Strasbourg 1956, Leiden 1957, p 157

AT 23

Princeton, Theological Seminary, Pap 12; P Oxyrhynchus 1225;
Rahlfs 947

IV A—M (Grenfell/Hunt, p 10; Rahlfs, p 179)

Lev 16,33—34 (r); v unbeschrieben

Fundort: Oxyrhynchus; 1 fr einer Rolle mit einer col; 10,2 × 5,5 cm
Zeilenzahl: 12; Buchstabenzahl: 4—12, meist 10—12; rekonstruierte
Buchstabenzahl: 17;
schwerfällige, schräge Unziale; Orthographicon: ει: ι; Diärese über
ι υ υ; geschrieben mit brauner Tinte, die Interpunktion in Zeilen-
mitte in dunklerer Farbe (spätere Zufügung.?); nomen sacrum: ιηλ

E: *B. P. Grenfell / A. S. Hunt*, The Oxyrhynchus Papyri X, London
1914, p 10 u pl V

L: *A. Rahlfs*, Verzeichnis, p 179 / *M. Marien*, Catalogus, p 35, Nr 36

AT 24 [05]

Dublin, P Chester Beatty VI (A); Ann Arbor, University of Michigan, P Michigan Inv Nr 5554 (B); Rahlfs 963

II M   (Kenyon, p IX; Bell/Schubart bei Kenyon, p IX)
um 200   (Sanders, p 314)
II E o III A (Hunt bei Kenyon, p IX)
Regierung Hadrians (117—138) (Wilcken, APF 11, p 113)

Num 5,12—22 (fr 9r A); 5,22—6,4 (fr 9v A); 6,4—15 (fr 10v A); 6, 15—7,1 (fr 10r A); 7,1—15 (fr 11r A); 7,15—31 (fr11v A); 7,31—49 (fr 12v A); 7,49—59. 54—59. (sic!: 54—59 doppelt) 60—61 (fr 12r A); 7,61—75 (fr 13r A); 7,75—88 (fr 13v A); 7,88—8,8 (fr 14v A); 8, 8—19 (fr 14r A); 13,3—5 (fr 20v A); 13,16—17 (fr 20r A); 25,5—6 (fr 39r A); 25,10—11 (fr 39v A); 25,18—26,2. 12—13 (fr 40v A); 26, 21—25 (fr 40r A); 26,32—35. 39—42. 47—48 (fr 41r A); 26,48—51. 55—59 (fr 41v A); 26,63—27,7 (fr 42v A); 27,8—11. 13—17 (fr 42r A); 27,17—28,6 (fr 43r A); 28,6—17 (fr 43v A); 28,19—24. 26—31 (fr 44v A); 29,1—6. 8—11 (fr 44r A); 29,11—18. 21 (fr 45r A); 29,22—24. 27—33 (fr 45v A); 29,35—30,5 (fr 46v A); 30,6—13 (fr 46r A); 30, 13—31, 2. 6—8 (fr 47r A); 31,11—17 (fr 47v A); 31,19—22. 25—28 (fr 48v A); 31,30—32. 35—41 (fr 48r A); 31,41—45. 48—50 (fr 49r A); 31,54—32,2. 5—8 (fr 49v A); 32,11—19 (fr 50v A); 32,19—30 (fr 50r A); 32,32—33; 33,8—9 (fr 51r A); 33,53—34,3 (fr 53r A); 34,4—8. 12—13 (fr 53v A); 34,20—23. 29—35,3 (fr 54v A); 35,5—7. 12—13 (fr 54r A); 35,14—15. 24—25 (fr 55r A); 35,28—32 (fr 55v A); 36,1. 4. 7—8 (fr 56v A); 36,11—13 (fr 56r A)

AT 25 [05]

Dublin, P Chester Beatty VI (A); Ann Arbor, University of Michigan, P Michigan Inv Nr 5554 (B); Rahlfs 963

II M   (Kenyon, p IX; Bell/Schubart bei Kenyon, p IX)
um 200   (Sanders, p 314)
II E o III A (Hunt bei Kenyon, p IX)
Regierung Hadrians (117—138) (Wilcken, APF 11, p 113)

Deut 1,20—28 (fr 58v A); 1,28—33. 35—39 (fr 58r A); 1,39—2,3 (fr 59r A); 2,3—11 (fr 59v A); 2,11—22 (fr 60v A); 2,22—29 (fr 60r A); 2,30—3,1 (fr 61r A); 3,1—10 (fr 61v A); 3,11—18 (fr 62v A); 3,18—21. 23—4,6 (fr 62r A); 4,6—14 (fr 63v A); 4,14—23 (fr 64v A); 4,23—32 (fr 64r A); 4,32—40 (fr 65r A); 4,40—49 (fr 65v A); 5,1—12 (fr 66v A); 5,12—22 (fr 66r A); 5,23—32 (fr 67r A); 5,32—6,7 (fr 67v A); 6, 8—20 (fr 68v A); 6,20—7,3 (fr 68r A); 7,3—10 (fr 69r A); 7,12—13. 15—20 (fr 69v A); 9,26. 29—10,2 (fr 73r A); 10,5—7. 11—12 (fr 73v A); 10,19—21 (fr 74v A); 11,11—13 (fr 74r A); 11,17—18 (fr 75r B); 11,31—32 (fr 75v B); 12,2—4 (fr 76v A); 12,15—17 (fr 76r A); 18, 22—19,1. 4—6 (fr 85r A); 19, 10—11. 13—14. 16 (fr 85v A); 27,6—8 (fr 95r A); 27,13—15 (fr 95v A); 28,1—4. 7—10 (fr 96v A); 28,12—13. 16—20 (fr 96r A); 28, 22—25. 27—30 (fr 97r B); 28,32—35. 38—41 (fr 97v B); 28,43—52 (fr 98v A); 28,53—60 (fr 98r A); 28,60—64 (A). 65—66 (B). 67—68 (A) (fr 99r); 28,69 (A). 29,1—2 (B). 3—9 (A) (fr 99v); 29,9—12. 14—17 (fr 100v A); 29,19—20. 22—26 (fr 100r A); 29,19—21. 23—24 (sic!: doppelt) (fr 101r A); 30,1. 4—6 (fr 101v A); 30,10—11 (B). 12—13 (A). 16 (B) (fr 102v); 30,16—17 (A). 19—20; 31,3—4 (B) (fr 102r); 31,8—12 (fr 103r A); 31,13—16. 18 (fr 103v A); 31,21 (B). 21—23 (A). 26 (B). 27 (A) (fr 104v); 31,27—29 (A). 29; 32, 3—5 (B) (fr 104r); 32,10 (A). 10—11 (B). 11—13 (A) (fr 105r); 32, 17—19 (A). 22 (B). 24—25 (A). 27—29 (B) (fr 105v); 33,24—27 (fr 108r A)

AT 26

Manchester, John Rylands Library, P Rylands 1; Rahlfs 920

IV (Hunt, p 1; Rahlfs, p 133)

Deut 2,37—3,1 (p 1, col 1); 3,3—5 (p 1, col 2); 3,8—10 (p 2, col 1); 3,12—13 (p 2, col 2); Text nur auf v

Fundort: ?; unterer Teil von zwei foll aus einem cod, die zu einem Stück zusammengeklebt sind, mit je einer col; 11,5 × 10,3 cm; Zeilenzahl: 52; Buchstabenzahl: 4—12, meist 8—11; rekonstruierte Buchstabenzahl: 15
ziemlich große, kunstlose, runde Unziale; Spiritus; Akzente ziemlich häufig gesetzt; Punkte in mittlerer Höhe; Apostroph nach Eigennamen, die auf Muta enden; zweimal kleines Kreuz am Rand (linn 48 und 49); nomen sacrum: κς;
mehrere Korrekturen, vermutlich von gleicher Hand;
auf r findet sich ein Dokument aus dem Jahre 293

E: *A. S. Hunt*, Catalogue of the Greek Papyri in the John Rylands Library, I (texts), Manchester 1911, pp 1—3

L: *A. E. Brooke / N. McLean*, The Old Testament in Greek according to the Text of the Codex Vaticanus, Supplemented from the Uncial mss I, IV, Cambridge 1911, p IV / *A. Rahlfs*, Verzeichnis, p 133 / *M. Marien*, Catalogus, p 36, Nr 42 / *S. Jellicoe*, p 237

AT 27 [01]

Kairo, Universität, P Kairo Fouad Inv Nr 266; Rahlfs 848

105 ante   (Kenyon, p 40)
I ante   (Dunand, p 12; Treu, p 175: vor 50 ante)
II—I ante   (Waddell, p 159)

Deut 17,14—15 (fr 1); 17,18—19 (fr 2); 18,3—6 (fr 3); 18,7—8 (fr 4); 18,15sq (frr 5—6); 19,3—5 (fr 7); 19,5—6 (fr 8); 19,9 (fr 9); 19,10—11 (fr 10); 19,13—14 (fr 11); 19,18—20; 20,3—5 (fr 12); 20,5—6 (fr 13); 20,7—8 (fr 14); 20,8—9 (fr 15); 20,12—14. 17—19 (fr 16); 20,19—20 (fr 17); 20,20; 21,1 (fr 18); 21,1—3 (fr 19); 21,4—6 (fr 20); 21,6—8 (fr 21); 21,9—12 (frr 22—23); 21,14—17 (fr 24); 22,1—2 (fr 25); 22, 6—14 (frr 26—28); 22,22 (fr 29); 22,24 (fr 30); 22,26sq (fr 31); 23,4 (fr 32); 23,8—12. 15—18 (frr 33—34); 23,22—23 (fr 35); 23,25—26; 24,1 (fr 36); 24,4 (fr 37); 24,7—8 (fr 38); 24,8—10 (frr 39—40); 24,19 (fr 41); 24,22. 21 sic! nach Rahlfs (fr 42); 25,1—5 (frr 43—45); 25, 6—10 (frr 46—48); 25,15—17 (fr 49); 26,1—2 (fr 50); 26,2—3 (fr 51); 26,4—5 (fr 52); 26,6—7 (fr 53); 26,8 (fr 54); 26,11sq (fr 55); 26,13—15 (frr 56—57); 26,16 (fr 58); 27,1—3 (fr 59); 27,3—4 (fr 60); 27,6—9 (fr 61); 27,9 (fr 62); 27,13—16 (fr 63); 27,23—24 (fr 64); 27,26; 28, 1—3 (fr 65); 28,4—8 (frr 66—67); 28,9—11 (fr 68); 28,15 (fr 69); 28, 16sq (fr 70); 28,30—31 (fr 71); 28,31—33 (fr 72); 28,49—50 (fr 73); 28,54 (fr 74); 28,54sq (fr 75); 28,57sq (fr 76); 28,58—59 (fr 77); 28, 60—61 (fr 78); 28,62—63 (fr 79); 28,64—69; 29,1—3 (frr 80—84); 29, 8—9 (fr 85); 29,16—17 (fr 86); 29,18—19 (fr 87); 29,25—27 (fr 88); 29,27—28 (frr 89—90); 30,3—4 (fr 91); 30,6—7 (fr 92); 30,9—10 (fr 93); 30,16 (fr 94); 30,20 (fr 95); 31,2—3 (fr 96); 31,7 (fr 97); 31, 10—11 (fr 98); 31,14 (fr 99); 31,15—16 (fr 100); 31,21—22 (fr 101); 31,23—26 (fr 102); 31,27—28 (fr 103); 31,28—30; 32,1—7 (frr 104—106); 32,7 (fr 107); 32,11—12 (fr 108); 32,17—20 (fr 109); 32,25—26 (fr 110); 32,41—43. 45—49 (fr 111); 33,25—27 (fr 112); 33,28—29 (fr 113)

AT 28

Manchester, John Rylands Library, P Rylands 458; Rahlfs 957

II ante (Roberts, p 3)

Deut 23,25—26; 24,1—3 (fr 1); 25,1—3 (fr 2); 26,12 (fr 3); 17—19 (fr 4); 27,15 (fr 5); 28,31—33 (fr 6); frr 7 u 8 nicht einzuordnen

Fundort: Faijum?; 8 frr einer Rolle; fr 1: 10,7 × 4,5 cm; Zeilenzahl: 16; fr 2: 8,4 × 8 cm; Zeilenzahl: 8; fr 3: 4,9 × 2,3 cm; Zeilenzahl: 2; fr 4: 5,4 × 4 cm; Zeilenzahl: 6; fr 5: 2,1 × 1,1 cm; Zeilenzahl: 2; fr 6: 5,7 × 1,8 cm; Zeilenzahl: 8; fr 7: 1,4 × 1,2 cm; Zeilenzahl: 2; fr 8: 1,5 × 1,3 cm; Zeilenzahl: 3; rekonstruierte Buchstabenzahl: 28; stilisierte und sorgfältig gebildete, elegante Schrift; Punkt nur am Versende; Spatien bei Sinnabschnitten

E: *C. H. Roberts*, Two Biblical Papyri in the John Rylands Library, Manchester 1936, pp 9—46, BRL XX (1936), pp 219—245 / *C. H. Roberts*, Catalogue of the Greek and Latin Papyri in the John Rylands Library, Manchester III, Manchester 1938, pp 3—8

L: *P. Katz*, Two Biblical Papyri, ThLZ 61 (1936), coll 340sq / *H. G. Opitz/H. H. Schaeder*, Zum Septuaginta-Papyrus Rylands Greek 458, ZNW 35 (1936), pp 115—117 / *A. Vaccari*, Commentarii ad rem biblicam scientifice investigatam, Bibl 17 (1936), pp 501—504 / *J. Hempel*, ZAW 14 (1937), pp 115—127 / *W. F. Albright*, JBL 56 (1937), pp 146—176 / *F. W. Beare*, ChronEg 12 (1937), pp 101sq / *S. Jellicoe*, pp 237sq

AT 29 [02]

Manchester, John Rylands Library, P Rylands 460 (A); Oslo, Universitätsbibliothek, P Osloensis 11 (B); Rahlfs 958

IV   (Marien, p 33; Eitrem / Amundsen, p 10; Roberts, p 10)
IV—V (Rudberg, p 4)

Deut 28,8. 11a (fr 2r A)

AT 30 [03]

Heidelberg, Papyrussammlung der Universität, P Heidelberg Inv P Gr 8; P Baden IV 56b; Rahlfs 970

II (Bilabel, p 24)

Deut 29,17—18 (fol 2r); 29,22—23 (fol 2v)

AT 31 [04]

New York, Pierpont Morgan Library, P Amherst 191 (frr 1 u 4), 192a, b (frr 2 u 3), 194 (frr 5, 6,7); Rahlfs 914 (fr 1), 915 (fr 4), 916 (frr 2 u 3); Brooke/Mc Lean „U₆"

VI (Grenfell/Hunt, pp 201. 203; Rahlfs, p 49)

Deut 32,2—4 (fr 2v); 32,4—6 (fr 3v); 32,8—10 (fr 2r); 32,10—11 (fr 3r)

AT 32 [0201, Od 2]

Wien, Österreichische Nationalbibliothek, P Vindob K 8706 (fol 1b=
Ex 15,1—8: früher P Vindob Lit theol 4); Rahlfs 2036

VI   (Rahlfs, p 315)
VI M—VI E (Till/Sanz, p 17)

Deut 32,5—6 (fol 4b); 32,9—13 (fol 5b); 32,14—19 (fol 6b); 32,20—25
(fol 7b); 32,25—32 (fol 8b); 32,32—38 (fol 9b); 32,38—39. 43; (fol 10b)

AT 33

Florenz, Biblioteca Laurenziana, PSI 127; Rahlfs 968

V (Vitelli, p 38)

Jud 1,10—14 (v); 1,14—19 (r)

Fundort: Oxyrhynchus; 1 fr eines fol aus einem cod mit einer col;
16 × 11,5 cm; Zeilenzahl: 19, davon 7 vollständig (v); 20, davon 6
vollständig (r); rekonstruierte Buchstabenzahl: 29—30;
feine, aufrechte Unziale mit kursiven Elementen; Diärese über ι u υ;
Orthographica: αι:ε; ει:ι, ι:ει; ι:αι; nomina sacra: υς, θρα, πρς;
Paginierung: γ,δ

E: *G. Vitelli/M. Norsa/V. Bartoletti ua*, PSI II (1913), pp 38—40

L: *M. Marien*, Catalogus, p 38, Nr 52

AT 34 [0201, Od 3]

Wien, Österreichische Nationalbibliothek, P Vindob K 8706 (fol 1 b=
Ex 15,1—8: früher P Vindob Lit theol 4); Rahlfs 2036

VI   (Rahlfs, p 315)
VI M—VI E (Till/Sanz, p 17)

Regn I 2,1. 3—4. 8 (fol 10 b); 2,8—10 (fol 11 b)

AT 35

New York, Columbia University, P Feinberg 1; Rahlfs 842

IV (Feinberg, p 349; Treu, p 369)

Regn I 23,28—24,2 (fr 1 r); 24,6—8 (fr 1 v); 24,12—13 (fr 2 r); 24,18—20
(fr 2 v); frr 3—5 nicht identifizierbar

Fundort: Niltal (?); 5 frr von 2 foll aus einem cod mit je einer col;
fr 1: 5,2 × 3,2 cm; Zeilenzahl: 8 (r u v); fr 2: 6,2 × 2,8 cm; Zeilenzahl: 9 (r u v); fr 3: 2 × 1,5 cm; Zeilenzahl: 2 (r u v); fr 4: 2,1 × 2,1 cm;
Zeilenzahl: 2 (r u v); fr 5: 1,3 × 1,3 cm; Zeilenzahl: 3 (r), 2 (v);
rekonstruierter Schriftspiegel: 19 × 11 cm; rekonstruierte Zeilenzahl:
ca 28—29; rekonstruierte Buchstabenzahl: 26—27;
gefällige, aber leicht unregelmäßige Unziale vom „Bibeltypus";
Tinte rot-braun; Diärese über ι; nomen sacrum: κς; υ schmal und
hoch über λιν

E: *L. Feinberg*, A Papyrus Text of I Kingdoms (I Samuel), (P Feinberg I), HThR 62 (1969), pp 349—356

L: *K. Treu*, Christliche Papyri IV, APF 22/23 (1974), p 369

AT 36

Straßburg, Bibliothèque Nationale et Universitaire, P Gr 911 u P Gr 1027; Rahlfs 934

IV   (Plasberg, p 227; Treu, p 369)
IV—V (Rahlfs, p 294)

Regn II 15,36—16,1 (r); 16,3—5 (v)

Fundort: ?; 1 fr eines fol aus einem cod mit einer col; 10 × 7 cm; Schriftspiegel: 12,7 × 8 cm; Zeilenzahl: 13 (r), 6 (v); unterer Rand: ca 2 cm; rekonstruierte Zeilenzahl: ca 22; rekonstruierte Buchstabenzahl: 18—27, meist 23;
etwas nach rechts geneigte Unziale; Spiritus (oder Kennzeichnung des Eigennamens?): lin 4r; einige Hochpunkte; Orthographicon: ει: ι; nomina sacra: ιηλ, ιλημ, δδ;
Schrift stark verblaßt

E: *O. Plasberg*, Straßburger Anekdota, APF 2 (1903), pp 227sq /
J. Schwartz, Papyrus et tradition manuscrite, ZPE 4,3 (1969), pp 175—182, Nr 3

L: *G. Bardy*, Les Papyrus des Septante, RPh NS 33 (1909), p 256 /
A. Rahlfs, Verzeichnis, p 294 / *L. Traube*, Nomina Sacra, Qulat PhiMA 22 (1967), p 60 / *S. Jellicoe*, p 238 / *K. Treu*, Christliche Papyri IV, APF 22/23 (1974), p 369

AT 37 [02]

Manchester, John Rylands Library, P Rylands 460 (A); Oslo, Universitätsbibliothek, P Osloensis 11 (B); Rahlfs 958

IV   (Marien, p 33; Eitrem / Amundsen, p 10; Roberts, p 10)
IV—V   (Rudberg, p 4)

Par II 1,12a (fr 2r A)

AT 38

London, British Museum, P Egerton 4; Rahlfs 971

III M (Bell/Skeat, p 52)

Par II 24,17—23 (v); 24, 23—27 (r)

Fundort: ?; 2 frr (zusammengesetzt) eines fol aus einem cod mit einer col; 11,2 × 10 cm; Schriftspiegel: 10,5 × 8 cm; Zeilenzahl: 25 (v); 24 (r); oberer u unterer Rand erhalten; rekonstruierte Buchstabenzahl: 24—31, meist 27;
regelmäßige, aber nicht kalligraphische Unziale; einige Spiritus asper; Apostrophe nach ουκ und μετ; Diärese über ι; Hochpunkte sind häufig gesetzt; nomina sacra: θς, θυ, θν, κς, κυ, κν, πνα;
es handelt sich wahrscheinlich um einen Mehrlagenkodex

E: *A. J. Bell/T. C. Skeat,* Fragments of an Unknown Gospel and Other Early Christian Papyri, London 1935, pp 52—55, tab 4

L: *M. Marien,* Catalogus, p 38, Nr 57 / *W. Baars,* Papyrus Barcinonensis, Inv Nr 3 und Egerton Papyrus 4, VT 15 (1965), pp 528sq

AT 39

Barcelona, Fundación San Lucas Evangelista, P Barc Inv Nr 3; Rahlfs 983

II—III (Roca-Puig, p 220; Treu, p 175)

Par II 29,32—35 (v); 30,2—5 (r)

Fundort: ?; 3 frr des oberen Teiles eines fol aus einem cod mit einer col; 8,5 × 8,5 cm; Zeilenzahl: 15 (v), 14 (r), oberer Rand: 2,2 cm; unterer Rand 0,5 cm; rekonstruiertes Blattformat: 16 × 12 cm; rekonstruierter Schriftspiegel: 12 × 8,5 cm; rekonstruierte Zeilenzahl: 24; rekonstruierte Buchstabenzahl: 25—28, meist 27;
schlichte Unziale; 2 Spiritus asper, sie fehlen jedoch in anderen Fällen, wo sie zu erwarten wären; Diärese über ι; Tilgungspunkte; Orthographicon: ει:ι; nomina sacra: θω, ιλημ, κω

E: *R. Roca-Puig,* Un papir grec del llibre segon dels Paralipòmens, BolBarc XXIX—XXX, Barcelona 1961—1962, pp 219—227 / *R. Roca-Puig,* Un papiro griego del libro segundo de los paralipómenos, Helmantica XIV, 44, Salamanca 1963, pp 175—185

L: *W. Baars,* Papyrus Barcinonensis, Inv Nr 3 und Egerton Papyrus 4, VT 15 (1965), pp 528—529 / *K. Treu,* Christliche Papyri von 1940—1967, APF 19 (1969), pp 175sq

AT 40 [010]

Dublin, P Chester Beatty IX und X (A); Princeton, John H. Scheide 3 (B); Köln, Universität, Institut für Altertumskunde, P Colon theol 3—40 (C); Barcelona, P Barc (D); Madrid, P Matr bibl 1 (E); Rahlfs 967

II	(Ez u Est: Wilcken, p 113)
II—III A	(Geissen, p 18; Galiano, p 16; Hamm, p 18)
II E—III A	(Kenyon bei Johnson/Gehman/Kase, p 5; Treu, p 150)
III A	(Johnson/Gehman/Kase, p 5; Bell bei Johnson/Gehman/Kase, p 5)
III	(Kenyon, p X)

Est 1,1a—f (p 197r C); 1,1m—s (p 198v C); 1,6—10 (p 199r C); 1,15—19 (p 200v C); 2,2—7 (p 201r C); 2,11—15 (p 202v C); 2,20—23 (fol 102r, p 203 A); 3,4—9 (fol 102v, p 204 A); 3,13—13c (fol 103r, p 205 A); 3,13e—14 (fol 103v, p 206 A); 4,3—7 (fol 104r, p 207 A); 4,11—16 (fol 104v, p 208 A); 4,17d—h (fol 105r, p 209 A); 4,17k—o (fol 105v, p 210 A); 4,17r—w (fol 106r, p 211 A); 5,1a—d (fol 106v, p 212 A); 5,2—4 (fol 107r, p 213 A); 5,9—14 (fol 107v, p 214 A); 6,3—6 (fol 108r, p 215 A); 6,11—14 (fol 108v, p 216 A); 7,6—9 (fol 109r, p 217 A); 8,2—6 (fol 109v, p 218 A)

[**Var 2**]

Wien, Österreichische Nationalbibliothek, P Vindob Expos Nr 26; Rahlfs 2041

V (Rahlfs, p 314)

Ps 1, Einzelwörter

[**Var 3**]

Turin, Museo Egizio e di Antichità Greco-Romane T Gr 1; P Taur 27; Rahlfs 2144

II   (Traversa, p 236)
IV—V (Bartoletti, p 177; Treu, p 176)

Ps 1,1 (r); v unbeschrieben

[**Var 4**]

Florenz, Biblioteca Laurenziana sn; Rahlfs 2133

V—VI (Bartoletti, p 176; Treu, p 176)

Ps 1,1—2 (r); v nicht identifiziert

AT 41

Barcelona, Seminario de Papirología, P Barc Inv Nr 33; P Palau Rib 1; Rahlfs 2130

V—VI (O'Callaghan, p 92; Treu, p 176)

Ps 1,3—6 (r); 2,6—9 (v)

Fundort: ?; 1 fr eines fol aus einem cod mit einer col; 17,7 × 17,1 cm; Zeilenzahl: 12 (r), davon 9 vollständig; 13 (v), davon 6 vollständig; unterer Rand: 6 cm; Seitenrand: 3,8 cm; rekonstruiertes Blattformat: 36,5 × 23 cm; rekonstruierte Zeilenzahl: 27—30; rekonstruierte Buchstabenzahl für Langzeile: 19—23, meist 21;
Bibelunziale; Hochpunkt; ν-Strich; nomen sacrum: κς

E: *J. O'Callaghan*, Salmos 1,3—6; 2,6—9 (P Palau Rib 1), StPap 4 (1965), pp 91—97

L: *K. Treu*, Christliche Papyri 1940—1967, APF 19 (1969), p 176

AT 42

Dayton (Ohio), United Theological Seminary, P Oxyrhynchus 1779; Rahlfs 2073

IV (Grenfell/Hunt, p 6)

Ps 1,4—5 (r); 1,5—6 (v)

Fundort: Oxyrhynchus; 1 fr eines fol aus einem cod mit einer col; 11,5 × 7,7 cm (vollständiges fol); Zeilenzahl: 9 (r), 8 (v), davon 14 vollständig, 3 unvollständig; Buchstabenzahl: 7—12, meist 10; ziemlich große, formlose Unziale, die im Mißverhältnis zum Format des fol steht; Hochpunkte; 1 Aspirationszeichen; nomen sacrum: κϛ

E: *B. P. Grenfell/A. S. Hunt*, The Oxyrhynchus Papyri XV, London 1922, p 6

L: *M. Marien*, Catalogus, p 39, Nr 63 / *P. L. Hedley*, An Index to Greek and Latin Biblical Texts from Egypt, including all non-Egyptian Biblical Ostraca and Papyri, London 1949, p 14

AT 43

London, British Museum, Inv Nr 2556; P Lit London 204; Rahlfs 2051

III (Milne, p 166)

Ps 2,3—7 (r); 2,7—12 (v)

Fundort: Philadelphia; 2 frr eines fol aus einem cod mit einer col; 7,3 × 5,6 cm; Schriftspiegelhöhe: 4,8 cm; Zeilenzahl: 12 (r u v); oberer Rand: 1 cm; unterer Rand: 1,5 cm; rekonstruiertes Blattformat: 7,3 × 7,3 cm; rekonstruierte Buchstabenzahl: 18—24, meist 23;
nicht sehr regelmäßige, feine Unziale; nomina sacra: κϲ, ουνο[ιϲ]

E: *J. M. Milne*, Catalogue of the Literary Papyri in the British Museum, London 1927, pp 166—167, Nr 204

L: *C. H. Roberts*, The Codex, ProcBritA Nr IX (1943), p 198, Anm 2 / *M. Marien*, Catalogus, p 39, Nr 64 / *C. H. Roberts*, The Codex (From the ProcBritA IX, pp 169—204 u tab XII), London 1955 / *A. Bataille*, REG 69 (1956), p 244 / *H. I. Bell*, JThS 7 (1956), pp 351sq / *J. Irigoin*, ACl 25 (1956), pp 202sq / *H. Hunger*, Gn 28 (1956), pp 478—480 / *L. Herrmann*, Latomus 16, Brüssel 1957, p 507 / *E. G. Turner*, JHS 77 (1957), pp 343—344 / *M. Wittek*, Sc 12 (1958), pp 153—155 / *E. des Places*, Orientalia 27 (1958), pp 323—324 / *E. Volterra*, Iura 9 (1958), pp 279—284 / *D. L. Page*, CR NS 9 (1959), pp 15—23 / *C. Préaux*, ChronEg 34 (1959), Nr 67, pp 148—153 / *H. J. Wolff*, ZSavR 76 (1959), pp 569—571 / *W. M. Calder*, ClPh 55 (1960), pp 127—128 / *U. W. Daty*, AJPh 81 (1960), pp 89—93 / *W. S. Barret*, Gn 33 (1961), pp 682—692

[Var 5]

Wien, Österreichische Nationalbibliothek, P Vindob G 27290 A; Rahlfs 2085

VI (Sanz, p 40; Treu, p 178)

Ps 2,7; 109,3; 86,2. 5; 64,2; ein Satz mit Anklängen an Psalmen (v); Umformung von Ps 86,2 (r)

AT 44

Wien, Österreichische Nationalbibliothek, P Vindob K 9907—9972; Rahlfs 1220

IV? (Wessely, p 65; Marien, p 39; Rahlfs, p 315)

Ps 3,8—9; 3,1—8 (*); 4,1—2 (fol 1v); 4,2—9; 4,1—2 (*) (fol 1r); 6,9—11; 6,6 (*) (fol 2v); 6,9—10 (*); 7,1—2 (fol 2r); 9,21—24 (*) (fol 3r); 9,31—34 (*) (fol 3v); 16,4—7 (fol 4r); 16,13—15 (fol 4v); 24,7—9 (*) (fol 5v); 24,15—20 (*) (fol 5r); 25,5—10 (*) (fol 6r); 25,6—9 (fol 6v); 25,11—12; 25,1—4 (*) (fol 6v); 25,12 (*); 26,1—3 (fol 6r); 27,1—4 (*) (fol 7v); 28,1—4 (fol 7r); 28,5—10. 28,1—4 (*) (fol 8v); 28,4—10 (*); 29,2—4 (fol 8r); 29,4—13 (fol 8r); 29,1—10 (*) (fol 8v); 30,19—25 (fol 9r); 30,1—8 (*) (fol 9v); 30,10—19 (*) (fol 10r); 30,19—24 (*); 31,1—3 (fol 10v); 31,4—7 (fol 11r); 31,11; 31,1—4 (*) (fol 11v); 36,12—21 (*) (fol 12r); 36,23—32 (*) (fol 12v); 37, 12—21 (*) (fol 13v); 37,22 (*); 38,1—10 (fol 13r); 39,15—17 (*); 40,1—3 (fol 14v); 40,7—13 (fol 14r); 47,4—13 (*) (fol 15r); 48,2—12 (fol 15v); 48,12—19 (fol 16v); 48,2—10 (*) (fol 16r); 50,11—21 (fol 17v); 50,1—11 (*) (fol 17r); 52,2—7 (*) 53,1—2 (fol 18r); 53,5—9; 53,1—3 (*) (fol 18v); 54,4—12 (fol 19v); 54,15—23 (fol 19r); 54,21—23 (*); 55,1—2 (fol 20v); 55,7—14 (fol 20r); 55,2—13 (*); 56,1 (fol 21r); 56,1—9 (fol 21v); 67,13—15 (fol 22v); 67,21—24 (fol 22r); 67,30—35 (fol 23r); 67,2—7 (*) (fol 23v); 68,18—26 (fol 24v); 68,28—37 (fol 24r); (*) = koptischer Text

Fundort: Oberägypten (Panopolis?); 64 frr, zusammengesetzt zu 25 foll aus einem cod mit je einer col; erhaltene Formate: 15,3 × 14,3 cm (fol 1, fr 9910); 13,5 × 11 cm (fol 1, fr 9967b); 8,5 × 3,6 cm (fol 2, fr 9924); 7,2 × 6,8 cm (fol 3, fr 9934 u 9947); 16,5 × 8 cm (fol 4, fr 9961); 8,9 × 6,4 cm (fol 5, fr 9915); 9,5 × 7,8 cm (fol 6, frr 9927, 9945c, 9957b); 12 × 6,8 cm (fol 7, fr 9962); 15,6 × 7 cm (fol 8, fr 9959); 6,4 × 5,3 cm (fol 8, fr 9965); 8,7 × 6 cm (fol 8, fr 9940); 7 × 6 cm (fol 8, fr 9913); 5 × 3,5 cm (fol 8, fr 9970); 4,5 × 4,5cm (fol 9, fr 9936a); 4,4 × 3,2 cm (fol 9, fr 9936b); 4,5 × 3,7 cm (fol 9, fr 9949a); 4,7 × 4 cm (fol 9, fr 9949b); 6,4 × 4,2 cm (fol 9, fr 9945); 4 × 3,5 cm (fol 9, fr 9938); 9 × 8 cm (fol 10, fr 9928); 11 × 7 cm fol 10, fr 9937); 6,5 × 5,5 cm (fol 10, fr 9966); 5,5 × 3 cm (fol 10, fr 9958); 5,5 × 3 cm (fol 11, fr 9958a); 7 × 3 cm (fol 11, fr 9935b); 9 × 6,2 cm (fol 12, fr 9963); 12,5 × 9,5 cm (fol 12, fr 9939); 8,8 × 6,5 cm (fol 13, fr 9951); 10,7 × ? cm (fol 13, fr 9918); 11,5 × 6 cm (fol 13, fr 9950); 6 × 3 cm (fol 13, fr 9954); 14,8 × 9,6 cm (fol 13, fr 9919); 14,5 × 2,5 cm (fol 14, fr 9930); 22,5 × 12 cm (fol 15, fr 9909); 7 × 3,7 cm (fol 16, fr 9957a); 6,7 × 5 cm (fol 16, fr 9960); 6,5 × 4,7 cm (fol 16, fr 9944); 27 × 10,7cm (fol 17, fr 9914); 18,5 × 6 cm (fol 17, fr 9956); 7,5 × 6 cm (fol 18, fr 9907); 9,2 × 6 cm (fol 18, fr 9921); 6,9 × 5,7 cm (fol 18, fr 9933); 9,5 × 6 cm (fol 18, fr 9942); 9 × 5,5 cm (fol 19, fr 9964); 9,8 × 8 cm (fol 19, fr 9953); 9,2 × 6 cm (fol 19, fr 9952); 4,3 × 4,3 cm (fol 19, fr 9911); 5,3 × 4,2 cm (fol 20, fr 9911); 4 × 2,5 cm (fol 20, fr 9945b); 11,5 × 10,7 cm (fol 21, fr 9920); 6 × 6 cm (fol 21, fr 9911); 7 × 6,5 cm (fol 21, fr 9932); 8 × 5,5 cm (fol 21, fr 9941); 4,5 × 3,5 cm (fol 21, fr 9971b); 3 × 3 cm (fol 21, fr 9945a); 6,4 × 3 cm (fol 22, fr 9971); 6,5 × 5,7 cm (fol 23, fr 9922b); 6,5 × 5,7 cm (fol 23, fr 9923b); 6,5 × 3,2 cm (fol 23, fr 9936); 4,7 × 4 cm (fol 24, fr 9916a); 6,6 × 4,5 cm (fol 24, fr 9916b); 6 × 6 cm (fol 24, fr 9948); 6,5 × 6 cm (fol 24, fr 9969); 7,8 × 6,2 cm (fol 24, fr 9929); rekonstruiertes Blattformat: 23 × 13,5 cm (Wessely), 23 × 14 cm (Rahlfs); rekonstruierte Zeilenzahl: ca 32; rekonstruierte Buchstabenzahl: 24 (Langzeile), 11 (Kurzzeile);

steife, eckige, schmucklose Schrift des halbunzialen Typs; Apostroph; Diärese; Spiritus asper; ν-Strich; Doppel-, Hoch- und Tiefpunkte; Orthographica: αι:ε; ει:ι, ι:ει; Suprascriptionen von gleicher Hand; nomina sacra: αvoς, αvωv, θ[ς], θυ, θω, κς, κυ, κ[ω], κv, κε; Paginierung: 173 u (1)74 (fol 21)

E: *C. Wessely:* Sahidisch-griechische Psalmenfragmente, Sitzungsberichte der Kaiserlichen Akademie der Wissenschaften, Phil-hist Klasse 155, 1, Abh, Wien 1907, pp 63—133

L: *A. Rahlfs*, Verzeichnis, p 315 / *M. Marien*, Catalogus, p 39, Nr 65 / *S. Jellicoe*, p 236

AT 45

New York, Pierpont Morgan Library, P Amherst 5; Rahlfs 2008

V—VI (Grenfell/Hunt, p 32; Rahlfs, p 48)

Ps 5,6—9 (v); 5,10—12 (r)

Fundort: ?; 1 fr eines fol aus einem cod mit einer col; 12,6 × 6,5 cm
(vollständig erhalten, doch rechter Rand abgebrochen); Zeilenzahl: 14
(v u r); rekonstruierte Buchstabenzahl: 16—24, meist 19—21;
aufrechte, runde Unziale; ν-Strich; Apostroph bei γ' γ; Stichoi durch
diagonale Doppelstriche gekennzeichnet; Orthographicon: ει:ι; nomina
sacra: κϲ, κε;
der Text scheint dem LXX-Text nahe zu stehen.

E: *B. P. Grenfell/A. S. Hunt*, The Amherst Papyri I, London 1900,
pp 32 sq

L: *C. Schmidt*, APF 1 (1901), p 543 / *A. Rahlfs*, Septuagintastudien 2,
Göttingen 1907, pp 18. 105 („Amh. V") / *A. Rahlfs*, Verzeichnis, p
48 / *M. Marien*, Catalogus, p 40, Nr 67 / *S. Jellicoe*, p 225

AT 46

Wien, Österreichische Nationalbibliothek, P Vindob G 36022; Rahlfs 2152

VI (Luzzatto/Roselli, p 13)

Ps 5,12 (r); 6,9—10 (v);

Fundort: ?; 1 fr eines fol aus einem cod mit einer col; 11,5 × 6,5 cm; Zeilenzahl: 4 (r u v); rekonstruiertes Blattformat: 21 × 35 cm; rekonstruierter Schriftspiegel: 16 × 29 cm; rekonstruierte Zeilenzahl: ca 34; rekonstruierte Buchstabenzahl (Langzeile): 23—26 (Kurzzeile): 14—20; äußerer Rand: 1,4 cm; unterer Rand: ca 3 cm; Unziale des koptischen Typs; α und μ in einem Zug geschrieben; α, μ, κ, λ mit folgenden litt an der Buchstabenbasis verbunden; Querstrich von τ stark nach links verlängert und im rechten Winkel nach unten gebogen; Gegensatz zwischen sehr breiten und sehr schmalen litt fehlt, daher VI; Orthographicon: ι:ει; nomen sacrum: κϲ; linn stichisch abgesetzt; wenn cod mit Ps begann, gingen dem fol zwei foll voraus

E: *T. Luzzatto/A. Roselli*, Sei frammenti greci inediti biblici e classici Nr 2, Athenaeum NS LII, London 1974, pp 6—12

AT 47

Liverpool, Harold Cohen Library, University of Liverpool, ClassGrLibr 424; P Oxyrhynchus 1226; Rahlfs 2025

III E—IV A (Grenfell/Hunt, p 11; Rahlfs, p 179)

Ps 7,9—12 (v); 8,1—4 (r)

Fundort: Oxyrhynchus; obere Ecke eines fol aus einem cod mit einer col; 10,5 × 6,8 cm; Zeilenzahl (stichisch): 12 (r u v); rekonstruierte Zeilenzahl: 32—34; rekonstruierte Buchstabenzahl: 23—31, meist 27—28;

runde, aufrechte Unziale von mittlerer Größe mit Tendenz zu kursiven Formen; Diärese über ι; nomina sacra: θς, θυ, κς, κε;

in lin 8v scheint eine zweite Hand ein Jota adscriptum hinzugefügt zu haben

E: *B. P. Grenfell/A. S. Hunt*, The Oxyrhynchus Papyri X, London 1914, pp 11 sq

L: *A. Rahlfs*, Verzeichnis, p 179 / *M. Marien*, Catalogus, p 40, Nr 68

AT 48

Ann Arbor, University of Michigan, P Michigan Inv Nr 22; Rahlfs
2067

III   (Sanders, p 3)
III o IV (Hunt bei Sanders, p 3)

Ps 8,3—9; 9,1 (v); 9,7—17 (r)

Fundort: ?; 1 fr eines fol aus einem cod mit einer col; 17 × 13 cm;
Zeilenzahl: 20 (v), 25 (r); rekonstruierte Zeilenzahl: 33—35; rekonstruierte Buchstabenzahl: 25—31, meist 26—27;
sorgfältige, breite Buchschrift; Suprascriptio von gleicher Hand;
nomina sacra: κς, κω, κε;
der Text ist in Paragraphen geschrieben, die der hebräischen Ein-
teilung entsprechen; dem fr gingen 7 pp voraus

E: *J. G. Winters/H. A. Sanders ua*, Papyri in the University of
Michigan Collection. Miscellaneous Papyri, UMichSt HumSer 40
(1936), pp 3—6, Nr 133

L: *M. Marien*, Catalogus, p 40, Nr 69

[**Var 6**]

Wien, Österreichische Nationalbibliothek, P Vindob G 29525 und 30465; Rahlfs 2086

V (Sanz, p 19; Treu, p 176)

Ps 9,22—25 (r); v nicht identifiziert

AT 49

Wien, Österreichische Nationalbibliothek, P Vindob G 39786 (früher P Lit theol 28); Rahlfs 2053

IV A (Wessely, p 104)

Ps 9,19—22 (r); v unbeschrieben

Fundort: Hermopolis Magna (Marien, p 40); 1 fr eines fol mit einer col; 4 × 8 cm; (ein unbeschrifteter Faserstrang erreicht eine Höhe von 9,5 cm); Zeilenzahl: 6; Buchstabenzahl: 4—22, meist 22; rekonstruierte Buchstabenzahl: 33—36;
schöne, aufrechte Unziale; Schrägstrich nach Sinnabschnitten; nomina sacra: ανος, ανοι, κε

E: *C. Wessely*, StudPal 15 (1914), p 104, Nr 234

L: *M. Marien*, Catalogus, p 40, Nr 70

London, British Museum, Inv Nr 37; P Lit London 205; Rahlfs U

IV? (Rahlfs, p 111)
IV—V (Tischendorf, p XXXXIV; Bond/Thompson/Warner, p 38)
IV—VII (Rahlfs, Septuaginta-Studien, p 5)
VII? (Kenyon, Greek Papyri, p XVII; Palaeography, p 116—117)
VII (Gardthausen, p 110; Milne, p 167)

Ps 10,2—7 (219)*; 10,7—11,6 (220); 11,7—12,3 (221); 12,4—13,1 (222); 13,1—3 (223); 13,3—14,1 (224); 14,1—5 (225); 14,5—15,5 (226); 15,6—11 (227); 16,1—4 (228); 16,4—9 (229); 16,9—14 (230); 16,14—17,3 (231); 17,3—8 (232); 17,8—15 (233); 17,15—20 (234); 17,20—26 (235); 17,26—33 (236); 17,33—38 (237); 17,38—44 (238); 17,44—51 (239); 17,51—18,6 (240); 20,14—21,8 (241); 21,8—14 (242); 21,14—19 (243); 21, 19—25 (244); 21,25—30 (245); 21,30—22,5 (246); 22,5—23,3 (247); 23,4—9 (248); 23,10—24,7 (249); 24,7—12 (250); 24,12—17 (251); 24,18—25,1 (252); 25,1—8 (253); 25,9—26,2 (254); 26,2—6 (255); 26,7—12 (256); 26,12—27,2 (257); 27,3—5 (258); 27,5—9 (259); 27,9—28,6 (260); 28,6—29,1 (261); 29,2—7 (262); 29,8—13 (263); 29,13—30,7 (264); 30,7—12 (265); 30,12—18 (266); 30,19—23 (267); 30,23—31,2 (268); 31,2—6 (269); 31,6—9 (270); 31,9—32,5 (271); 32,5—12 (272); 32,13—19 (273); 32,19—33,3 (274); 33,3—10 (275); 33,11—18 (276); 33,18—34,1 (277); 34,3—6 (278)

* (die Zählung richtet sich nach Tischendorfs Edition, pp 219—278)

Fundort: Theben; 32 foll aus einem cod mit je einer col, (foll 12 u 21 unbeschrieben); Blattformat unterschiedlich, meist 22 × 16,5 cm; Zeilenzahl: 12—19, meist 16; Buchstabenzahl: 14—33, meist 25—28; unregelmäßige, schräge Semiunziale des koptischen Typs; Hochpunkte; Akzente u Spiritus sind häufig, aber regelwidrig geschrieben; Diärese über ι u υ; Orthographica: αι:ι; ε:ει, ει:ε; ε:η, η:ε; ε:ι; ε:οι; ε:υ; η:αι; η:οι; η:υ; ο:ω; οι:η; υ:αι; die temporalen und syllabischen Augmente werden sehr vernachlässigt; nomina sacra: ανος, ανων, δαυδ, θυ, θω, θν, ιηλ, κς, κυ, κω, κν, κε, μρς, πνι, πρεες; σαρξ ist überstrichen;
Paginierung (von zweiter Hand?): κδ, λγ;
Text ist an keiner Stelle in Abschnitte oder Verse unterteilt

E: *A. F. C. Tischendorf*, Monumenta sacra inedita, Nova Collectio I, Leipzig 1855, pp XXXXIII sqq. 219—278 / *E. A. Bond/E. M. Thompson/Z. F. Warner*, The Palaeographical Society: Facsimiles of Manuscripts and Inscriptions 1873—83, Series 1, London 1901, tab 38

L: *E. Hogg*, Visit to Alexandria, Damaskus and Jerusalem II, London 1835, pp 310—312, Anm / *(anon)*, List of additions to the Mss in the British Museum in the years 1836—1840, London 1843 / *A. F. C. Tischendorf*, Neuer Beitrag zur neutestamentlichen Textkritik, namentlich zu der dieselbe betreffenden Paläographie. Mit Beigabe einer Notiz über die griechischen Psalmenpapyri zu London, Gotha 1844, pp 490—496 / *P. A. de Lagarde*, Genesis graece. E fide editionis Satinae addita scripturae discrepantia e libris manuscriptis a se ipso, Leipzig 1868, Vorwort p 14 u Specimen p 4 / *E. M. Thompson/G. F. Warner*, British Museum Catalogue of Ancient Manuscripts in the British Museum I, Greek, London 1881, p 21, pl XII / *G. F. C. Tischendorf*, Vetus Testamentum Graece, Leipzig 1890, pp XLVII sqq / *P. de Lagarde*, Psalterii graeci quinquagesima Prima a Paulo de Lagarde in usum scholarum edita, Göttingen 1892, p 7 / *F. G. Kenyon*, Greek Papyri in the British Museum 1, London 1893, p XVII / *C. Haeberlin*, ZBW XIV (1897), p 158 / *F. G. Kenyon*, The Palaeography of the Greek Papyri, Oxford 1899, pp 6 sq. 116—117 / *F. E. Brightman*, The Sahidic Text of the Psalter, JThS 2 (1901), pp 275 sqq / *A. Rahlfs*, Die Berliner Hs des sahidischen Psalters, AGW IV, 4 (1901), pp 17 sq, Anm 6 / *G. Heinrici*, Beiträge zur Geschichte und Erklärung des Neuen Testaments: Die Leipziger Papyrusfragmente der Psalmen, Leipzig 1903, pp 7 sq. 24—29 / *L. Traube*, Nomina Sacra, QulatPhiMA (1907), pp 50. 62 sq (Nr 34). 97. 100. 103. 105. 109 / *V. Gardthausen*, Griechische Palaeographie, Zweiter Band, Leipzig 1913, pp 190 sq / *A. Rahlfs*, Verzeichnis, pp 111 sq / *F. C. Burkitt*, JThS 28 (1926), p 322 / *H. G. Evelyn-White*, The Metropolitan Museum of Art Egyptian Expedition. The Monastery of Epiphanius at Thebes, New York 1926, p 299, Nr 578 / *J. M. Milne*, Catalogue of the Literaty Papyri in the British Museum, London 1927, pp 167 sq, Nr 205 / *P. L. Hedley*, JThS 32 (1931), p 306 / *A. Rahlfs*, Psalmi cum Odis, Göttingen 1931, pp 11. 28—30. 73 sq / *F. G. Kenyon*, Recent Developments in the Textual Criticism of the Greek Bible (Schweich Lectures 1932), London 1933, pp 98. 110 sq / *A. Rahlfs*, Der Text des Septuaginta-Psalters. Nebst einem Anhang: Griechische Psalterfragmente aus Oberägypten nach Abschriften von von W. E. Crum, Septuaginta-Studien 2, Göttingen ²1965, pp 5. 54. 146—152. 161 sq / *S. Jellicoe*, pp 227 sq

AT 51

London, British Museum, Inv Nr 230; P Lit London 207; Rahlfs 2019

III E   (Rahlfs, p 112)
III—IV (Milne, p 173)

Ps 11,7—12, 3a. 4a. 3b. c. 4b.—14, 4 (r); (v) = P London Inv Nr 255:
Isokrates ad Demonicum 26—28

Fundort: Faijum: 1 fr eines fol mit 2 coll; 25,7 × 24,5 cm; Zeilenzahl
(stichisch): 37 (col 1 u col 2), davon 5 in col 2 vollständig; rekonstruierte Buchstabenzahl (Langzeile): 27—31, meist 29;
aufrechte, wohlgeformte Halbunziale; Doppelbuchstaben durch Apostrophe getrennt; die Silben sind durch hochgestellte Punkte gekennzeichnet; Diärese über ι; Orthographica: αι:ε, ε:αι; αι:η; ε:α; ει:η;
ι:ει; ι:η; κ:γ; νγ:γγ; σ:χ; τ:δ; τ:θ; nomina sacra: ανπν, θν, κς, κυ,
κω, κν, κε;
linn stichisch abgesetzt; col 1 ist mit Lücken erhalten;
es ist nicht sicher zu entscheiden, ob fr aus Rolle o cod stammt; da
Silbenkennzeichnungen von anderer Hand vorliegen, könnte es sich
um ein fol aus einem „Schulbuch" (Athenaeum, p 321; Kenyon,
Palaeography, p 109) handeln

E: *(anon)*, Athenaeum Nr 3489, London 8. 9. 1894, pp 319—321 /
   F. G. Kenyon, Facsimiles of Biblical Manuscripts in the British
   Museum I, London 1900, tab I

L: *F. G. Kenyon*, Catalogue of Additions to the Department of Manuscripts in the British Museum, London 1888—93, p 413 / *id*, Greek
   Papyri in the British Museum, Catalogue with Texts II, with Atlas
   of 123 Plates, London 1898, p XXII / *A. Rahlfs*, Septuagintastudien 2, Göttingen ²1965, pp 15sq. 104. 227, Anm („Lond 230") /
   id, Verzeichnis, p 112 / *J. M. Milne*, Catalogue of the Literary
   Papyri in the British Museum, London 1927, p 173, Nr 207 /
   M. Marien, Catalogus, p 40, Nr 72 / *S. Jellicoe*, p 228

AT 52

Amsterdam, Universität, Papyrussammlung, Inv Nr 83; Rahlfs 2129

V (Sijpesteijn, p 93; Treu, p 369)

Ps 15,1—4 (v); 16,2—5 (r)

Fundort: ?; 1 fr eines fol aus einem cod mit einer col; 8,2 × 6,8 cm;
Zeilenzahl: 10 (r u v); Buchstabenzahl: 3—14, meist 7—10; rekonstruierte Buchstabenzahl: 22—32, meist 25—28; unterer Rand (2,5 cm)
teilweise erhalten;
wenig sorgfältige biblische Unziale; ein Doppelpunkt

E: *P. J. Sijpesteijn*, Sechs christliche Texte aus der Amsterdamer
   Papyrussammlung, StPap 9 (1970), pp 93—94 u Abb

L: *K. Treu*, Christliche Papyri IV, APF 22/23 (1974), p 369

AT 53

Cologny/Genf, Bibliotheca Bodmeriana, P Bodmer XXIV; Rahlfs 2110

III E—IV A (Kasser/Testuz, p 22; Treu, p 176)

Ps 17,45—18,14 (p 13v); 18,15—20,7 (p 14r); 20,7—21,15 (p 15v); 21,15—30 (p 16r); 21,30—23,8(p 17v); 23,9—24,15 (p 18r); 24,17—26, 1 (p 19v); 26,2—14; 25,1—3 (p 20r); 27,1—29,1 (p 21v); 29,2—30,8 (p 22r); 30,8—22 (p 23v); 30,23—31,8 (p 24r); 32,3. 9—10. 12—19 (p 25v); 33,2. 7—8. 11—18 (p 26r); 33,21—34,13 (p 27v); 34,15—35, 3 (p 28r); 35,3—36,10 (p 29v); 36,10—30 (p 30r); 36,31—37,9 (p 31v); 37,10—38,2 (p 32r); 38,3—39,4 (p 33v); 39,4—15 (p 34r); 39, 16—40,14 (p 35v); 41,2—12 (p 36r); 42,1—43,9 (p 37v); 43,9—27 (p 38r); 44,1—17 (p 39v); 44,17—46,6 (p 40r); 46,6—47,15 (p 41v); 48,1—18 (p 42r); 48,18—49,17 (p 43v); 49,18—50,12 (p 44r); 50, 12—51,9 (p 45v); 51,9—53,5 (p 46r); 55,8—56,12 (p 49v); 56,12—58,5 (p 50r); 58,5—59,5 (p 51v); 59,5—60,9 (p 52r); 60,9—62,6 (p 54*v); 62 6—63,11 (p 54r); 64,1—65,4 (p 55v); 65,6—66,3 (p 56r); 66,3—67,14 (p 57v); 67,14—32 (p 58r); 67,32—68,13 (p 59v); 68,13—28 (p 60r); 68, 28—70,4 (p 61v); 70,4—18 (p 62r); 70,19—71,14 (p 63v); 71,14—72,9 (p 64r); 72,10—28 (p 65v); 73,2—16 (p 66r); 73,16—75,1 (p 67v); 75, 2—76,6 (p 68r); 76,6—77,4 (p 69v); 77,4—19 (p 70r); 77,19—36 (p 71v); 77,37—51 (p 72r); 77,52—70 (p 74*v); 77,70—78,11 (p 75*r); 78,11—79,14 (p 76*v); 79,15—80,13 (p 77*r); 80,13—82,11 (p 78*v); 82,11—83,10 (p 79*r); 83,10—85,2 (p 80*v); 85,2—86,2 (p 81*r); 86, 2—87,12 (p 82*v); 87,13—88,10 (p 83*r); 88,47—89,12 (p 86*r); 89, 12—90,13 (p 87*v); 90,13—92,1 (p 88*r); 92,1—93,15 (p 89*v); 93, 15—94,7 (p 90*r); 94,8—95,12 (p 91*v); 95,13—97,3 (p 92*r); 97, 3—98,8 (p 93*v); 98,8—100,8 (p 94*r); 100,8—101,14 (p 95*v); 101, 14—29 (p 96*r); 102,1—18 (p 97*v); 102,18—103,15 (p 98*r); 103, 15—32 (p 99*v); 103,32—104,18 (p 100*r); 104,18—37 (p 101*v); 104,38—105,10 (p 102*r); 105,10—32 (p 103*v); 106,28—107,10 (p 106*r); 107,10—108,16 (p 107*v); 108,16—109,4 (p 108*r); 109,4—111, 1 (p 109*v); 111,10—113,1 (p 110*r); 113,9—16 (p 111*v); 113, 16—114,8 (p 112*r); 114,9—117,6 (p 113*v); 117,9—11. 13—27 (p 114*r); 117,27—118,11 (p 115*v); 118,20. 26—29 (p 116*r); 118, 37—44 (p 117*v)

Fundort: Kairo bis Assuan (Kasser/Testuz, p 10); 49 foll aus einem cod mit einer col; 24 × 13 cm; Schriftspiegel: 21—21,7 cm × 10,4— 10,7 cm; Zeilenzahl Hand A: 36—44, meist 41 (pp 13—42), 36—41, meist 37—38 (pp 43—72), 33—40, meist 37 (pp 73—108); Hand B: 33—35; Buchstabenzahl Hand A: 22—37, meist 29—32; Hand B: 20—30, meist 26—28;

Hand A: nachlässige u unregelmäßige kleine Unziale; Hand B: kalligraphische Unziale;

beide Hände: unregelmäßiger Gebrauch der Diärese über ι υ υ; Textgliederung durch 1 Doppelpunkt o 2 Doppelpunkte, manchmal einfachen Punkt; verschiedenartige Verwendung des Apostrophs: zur Kennzeichnung des Wortendes, besonders nach Eigennamen, selten zur Trennung zweier Silben; ν-Strich; mehrere Arten von Paragraphenzeichen nach Psalmtitel und Psalmende; Orthographica: α:αι, αι:α; α:ε; ε:α; αι:ε, ε:αι; αι:η; αι:ου, αυ:ου; ε:ει; ε:η; ει:αι; ει:ι, ι:ει; η:αι; η:ε; η:ο; η:υ; ι:υ; ο:ω, ω:ο; οι:υ, υ:οι; οι:ω; ου:ο; ω:ου; α:λ, λ:α; β:μ, μ:β; β:υ; γγ:γ; γ:θ; γ:κ, κ:γ; γ:π, π:γ; δ:τ, τ:δ; δ:θ; ζ:δ; ζ:σ; θ:τ; θ:φ; λλ:λ; λ:ν; λ:ρ; μ:μμ, μ:μν; μ:ν; ν:γι; ν:ι; ν:π; ν vor γ, κ, λ, π, φ nicht assimiliert; ο:θ, π:τ; ρ:ρρ; σ:σσ, σσ:σ; σσσ:σσ; τ:γ; τ:κ; τ:υ; χ:τ; nomina sacra: ανος, ανου, ανω, ανον, ανοι, ανων, ανους, ανπους, θς, θυ, θω, θν, ιλημ, ιηλ, κς, κυ, κω, κν, κε, μρ, μρς, πνα, πνι, πσιν, πρ, πρς, προς, πρες, πρων, χρς, χρυ, χρν; Korrekturen im Text von Hand A durchschnittlich 4 je p, in dem von Hand B nur 1 auf zwei pp;

ursprünglich 84 foll in Einzellage, es fehlen foll 1—7, 25, 43, 53, 60—84; Paginierung, falsch gezählt sind p 53 (im Text dafür 54) und die pp ab 73 bis zum Ende (im Text dafür 74 usw, oben durch Sternchen gekennzeichnet); die pp 109*—117* sind von einer zweiten Hand (B) geschrieben

E: *R. Kasser/M. Testuz*, Papyrus Bodmer XXIV, Psaumes XVII—CXVIII, Cologny, Genève 1967

L: *R. Tournay*, RBi 75 (1968), pp 300—301 / *C. Préaux*, BiblOr 26 (1969), pp 73—74 / *J. van Haelst*, ChronEg 44 (1969), p 150 / *K. Treu*, Christliche Papyri 1940—1967, APF 19 (1969), p 176

AT 54

Berlin, Staatliche Museen, P Berlin Inv Nr 11682; Rahlfs 2059

IV (Stegmüller, p 15)

Ps 17,45. 47—51; 18,2—3 (r); v unbeschrieben

Fundort: ?; 1 fr eines Einzelblattes; 6 × 4 cm; Schriftspiegelbreite: ca 30 cm; Zeilenzahl: 7; Buchstabenzahl: 4—15, meist 12—14; rekonstruierte Buchstabenzahl (unsicher): 78—90, meist 82; breite, aufrechte Unziale; Schriftbild ungleichmäßig; nomen sacrum: θς

E: *O. Stegmüller*, Berliner Septuagintafragmente, BKT VIII (1939), pp 15sq, Nr 5

L: *B. Botte*, RThAM 12 (1940), p 156 / *J. Hempel*, ThLZ 65 (1940), pp 122—123 / *M. Hombert*, ACl 9 (1940), pp 132—133 / *M. Marien*, Catalogus, p 40, Nr 73

AT 55

Wien, Österreichische Nationalbibliothek, P Vindob G 39772 (früher P Lit theol 7); Rahlfs 2037

IV (Wessely, p 6; Rahlfs, p 315)

Ps 18,15—19,3 (r); 20,1—4 (v)

Fundort: Faijum; 1 fr eines fol aus einem cod mit einer col; 6,5 × 5,5 cm; Zeilenzahl (stichisch): 11 (r u v); Buchstabenzahl (Langzeile): 2—10, meist 6—9; rekonstruierte Buchstabenzahl (Langzeile): 20—29, meist 25; seitlicher Rand: 1,8 cm;
Unzialschrift; Diärese über ι; Orthographicon: ει:ι; nomina sacra: θς, θυ, κε;
linn stichisch abgesetzt

E: *C. Wessely*, StudPal 9 (1909), p 6

L: *A. Rahlfs*, Verzeichnis, p 315 / *M. Marien*, Catalogus, p 40, Nr 74 / *S. Jellicoe*, p 236

AT 56

Manchester, John Rylands Library, Box III, sub-gr 1, folder no N; Rahlfs 2142

III—V (Kraft/Tripolitis, p 138)
IV—V (Treu, p 369)

Ps 19,7—8 (r); unleserliche linn in Kursive von späterer Hand (v)

Fundort: ?; 1 fr eines Einzelblattes(?) o eines Amuletts; 4 × 7 cm; Zeilenzahl (stichisch): 7; Buchstabenzahl: ca 9; rekonstruierte Buchstabenzahl: 33;
Unzialschrift; Orthographica: αι:ε, ε:αι; ι:ει; eine Korrektur; linn stichisch abgesetzt

E: *R. A. Kraft/A. Tripolitis*, Some Uncatalogued Papyri of Theological and Other Interest in the John Rylands Library, BRL 51 (1968—1969), pp 137—142 u tab 1

L: *K. Treu*, Christliche Papyri IV, APF 22/23 (1974), p 369

Köln, Universität, Institut für Altertumskunde, P Colon theol 1 (A);
Cologny/Genf, Bibliotheca Bodmeriana (B); London, British Museum,
Inv Nr 2921 (C); Kairo, P Kairo, Inventaire provisoire
$\frac{27 \mid 9}{41 \mid 1}$ u $\frac{16 \mid 9}{41 \mid 1}$ (D)

VI (Kehl, p 17; Treu, p 188)

Ps 20,1—6b (I, 1—16; B); 20,6b—21,14 (II, 1—16; A); 21,14—25a
(III, 1—16; B); 21,25a—22,5c (IV, 1—16; B); 22,5c—24,8a (V,
1—16; A); 24,8a—25,9a (VI, 1—16; A); 25,9a—26,10a (VII, 1—16;
A); VIII fehlt; 29,1—30,13a (IX, 1—16; A); 30,13a—31,3b (X 1—16;
A); XI fehlt; 32,14a—33,5b (XII, 1—14, 15—16 leer; A); 33,5b—34,
7a (XIII, 1—16; A); 34,7a—17c (XIV, 1—14,6—8 leer; A); 34,
17c—35,13b (XV, 1—16; A); 36,9a—12b, 21—24b, 28—40a (XVI,
5, 6, 11, 12, 15, 16; C); 36,40a—38,2b (XVII, 1—16; A) 38,2c—39,
13b (XVIII, 1—16; A); 39,13b—42,1b (XIX, 1—16; D); 42,1b—43,
18b (XX, 1—16; D); 43,18b—44,3b; (XXI, 1—16; D); 44,3b—4a
(XXII, 1—2; D)

Fundort: Toura; Palimpsestcod aus einzelnen Quaternionen, 22 erhalten, mit je 16 pp; 1 col; Nummerierung der Hefte; rekonstruiertes
Blattformat: 26,5 × 24 cm; Schriftspiegel: 18,5 × 18 cm; Zeilenzahl: 30;
Kursive aus VI; Doppelpunkt; Hochpunkt; Schrägstriche zur Trennung einzelner Abschnitte; Korrekturen von 1. und 2. Hand; Orthographica: αι:ε, ε:αι; ει:ι, ι:ει; η:ε; η:ει; η:ι, ι:η; ο:ω; οι:υ, υ:οι; nomina sacra: δαδ, θς, θν, κς, κω, κε, πνα (alle Angaben nach der Edition
von Quaternio IX durch Kehl; in den anderen Fascikeln ist Auflösung
ohne weitere Angaben erfolgt);
die Zahlen I—XXII bezeichnen die Quaternionen

E: *A. Kehl*, Der Psalmenkommentar von Tura, Quaternio IX, Papyrologica Coloniensia I, Köln-Opladen 1964 / *M. Gronewald*,
Didymos der Blinde, Psalmenkommentar, Teil II: Kommentar zu
Ps 22—26,10, PTA 4 (1968) / *L. Doutreleau/A. Gesché/M. Grone-*
wald: Didymos der Blinde, Psalmenkommentar, Teil I: Kommentar
zu Ps 20—21, PTA 7 (1969) / *A. Gesché-M. Gronewald*, Didymos
der Blinde, Psalmenkommentar, Teil III: Kommentar zu Ps
29—34, PTA 8 (1969) / *M. Gronewald*, Didymos der Blinde, Psalmenkommentar, Teil IV: Kommentar zu Ps 35—39, PTA 6 (1969) /
M. Gronewald, Didymos der Blinde, Psalmenkommentar, Teil V:
Kommentar zu Ps 40—44, PTA 12 (1970)

L: *W. Schubart*, Papyri Graeci Berolinenses, Bonn 1911, tab 45 /
S. L. Mitteis/U. Wilcken, Grundzüge und Chrestomathie der Papyruskunde, Leipzig—Berlin 1912, p XLVII / *W. Schubart*, Griechische Paläographie, München 1925, p 91, Abb 58, p 93, Abb 60 /
O. Guéraud, Note préliminaire sur les papyrus d'Origène découverts à Toura, RHR 131 (1946), pp 85—108 / *E. Klostermann*,
Symeon und Macarius, Berlin 1944, p 26 / *W. Völker*, ThLZ 72
(1947) Nr 1, coll 32 sq / *H. I. Bell/C. H. Roberts*, A Descriptive Catalogue of the Greek Papyri in the Collection of W. Merton I, London 1948, tab XXXVII b / *O. Cullmann*, Die neuesten Papyrus-
funde von Origenestexten und gnostischen Schriften, ThZ 5 (1949),
p 153—154 / *A. Gesché*, L'âme humaine de Jésus dans la christologie du VIe siècle, RHE 54 (1959), Abb 4, pp 385—425 / *K. Treu*,
Christliche Papyri 1940—1967, APF 19 (1969), pp 188 sq / *id*,
Christliche Papyri II, APF 20 (1970), pp 149 sq / *id*, Christliche
Papyri III, APF 21 (1971), pp 207 sqq / *W. A. Bienert*, „Allegoria"
und „Anagoge" bei Didymus dem Blinden von Alexandria, Berlin
1972 / *K. Treu*, Christliche Papyri IV, APF 22/23 (1974), pp
373—377

[**Var 7**]

Wien, Österreichische Nationalbibliothek, P Vindob G 29418, Rahlfs
2121

VI (Niederwimmer, p 9; Treu, p 176)

Ps 21,19 = **Mt** 27,35 = **Joh** 19,24 (r); v unbeschrieben

[Var 26]

Kairo, Egyptian Museum, Midan-el-Tahrir, P Kairo JE 10696

V—VI (Grenfell/Hunt, p 85)

Ps 21,20—23; **Matth** 1,1; **Luk** 1,1; **Joh** 1,1; **Gebet** (v); r unbeschrieben

AT 58

Jena, Philologisches Seminar, P Jena; Rahlfs 2007

V   (Rahlfs, p 79)
V—VII (Marien, p 40)
VII   (Lietzmann, p 65)

Ps 22,6—23,2 (r); 24,2—5 (v)

Fundort: ?; 1 fr aus einem cod mit einer col; $9 \times 10,5$ cm; Zeilenzahl (stichisch): 10 (r), 11 (v); rekonstruiertes Blattformat: 27×24 cm o 27×27 cm (Lietzmann, p 63); 32×19 cm (Rahlfs, p 79); Schriftspiegel: 20×23 cm; rekonstruierte Zeilenzahl: ca 38; rekonstruierte Buchstabenzahl: 21—27, meist 24 (r), 24—31, meist 27 (v);
Prachthandschrift mit prae-koptischem Duktus; nomina sacra: [δα]δ, κυ; linn stichisch abgesetzt;
der gesamte Psalter würde 100 foll umfaßt haben

E: *H. Lietzmann*, Ein Psalterfragment der Jenaer Papyrussammlung, Neutestamentliche Studien, Georg Heinrici zu seinem 70. Geburtstage dargebracht, Leipzig 1914, pp 60—65

L: *A. Rahlfs*, Verzeichnis, p 79 / *M. Marien*, Catalogus, p 40, Nr 75

AT 59

Leipzig, Universitätsbibliothek, P Leipzig Inv Nr 39; Rahlfs 2013

IV (Heinrici, p 2; Rahlfs, p 99)

Ps 30,5—14 (col 1); 30,18—31,1 (col 2); 32,18—33,9 (col 3); 33,13—34, 2 (col 4); 34,9—17 (col 5); 34,24—35,3 (col 6); 35,3—36,3 (col 7); 36, 4—17 (col 8); 36,17—30 (col 9); 36,30—37,4 (col 10); 37,5—19 (col 11); 37,19—38,7 (col 12); 38,7—39,5 (col 13); 39,6—13 (col 14); 39,13—40, 4 (col 15); 40,4—41,2 (col 16); 41,3—11 (col 17); 41,11—43,2 (col 18); 43,3—13 (col 19); 43,14—26 (col 20); 43,26—44,9 (col 21); 44,9—18 (col 22); 45,1—46,4 (col 23); 46,5—47,12 (col 24); 47,12—48,12 (col 25); 48,13—49,3 (col 26); 49,4—17 (col 27); 49,18—50,8 (col 28); 50, 9—51,2 (col 29); 51,3—52,3 (col 30); 52,4—54,1 (col 31); 54,2—16 (col 32); 54,16—55,2 (col 33); 55,3—14 (col 34)

Fundort: Hermopolis Magna (Heinrici, p 1; Marien, p 41); 28 frr u ein größeres Stück (2/3) einer Rolle mit 34 coll; 2,75—28 × 390 cm; Schriftspiegel: 22—23 × 10—14 cm; rekonstruiertes Blattformat: 27,5—28 × 412 cm; rekonstruierte Zeilenzahl: 30—34, meist 32; col 1—6: fast alle linn unvollständig; col 7—34: fast alle linn vollständig; rekonstruierte Buchstabenzahl: 20—51, meist 32—34; flotte, deutliche Kursive in geradem Zug, geübte Kanzleischrift; Apostroph und Spiritus selten; 1 Punkt, zweimal Obelos; ν-Strich; Orthographica: ει: ι, ι: ιε; nomina sacra: ανος, ανου, ανω, ανοι, ανων, ανοις, ανους, δδ, θς, θυ, θω, θν, κς, κυ, κω, κν, κε, μρ, μτρς, πνα, πνι, πρς, πρων; oberes Drittel der Rolle ist abgerissen; auf der Vorderseite befinden sich Wirtschaftsrechnungen oder Steuersätze aus dem Jahr 338; Psalm-Text nur auf v; Rolle begann vermutlich mit Ps 30 und endete mit Ps 55,14, da nun freier Raum folgt

E: *C. F. G. Heinrici*, Die Leipziger Papyrusfragmente der Psalmen, Beiträge zur Geschichte und Erklärung des Neuen Testamentes IV, Leipzig 1903

L: *A. Rahlfs*, Septuagintastudien 2, Göttingen 1907, pp 5. 54. 146sqq. 152 („L") / *id*, Verzeichnis, p 99 / *M. Marien*, Catalogus, p 41, Nr 78 / *F. G. Kenyon*, Der Text der griechischen Bibel, Göttingen 1952, p 31 / *E. C. Blackmann*, Gn 26 (1954), pp 282—283 / *F. Scheidweiler*, Gy 62 (1955), pp 183—184 / *S. Jellicoe*, p 234

[Var 8]

Wien, Österreichische Nationalbibliothek, P Vindob G 29274; Rahlfs
2090

IV—V   (Sanz, p 42; Treu, p 177)
V—VI   (Wessely bei Sanz, p 44)

Ps 32,9—10 (fol 1r); 32,10—11 (fol 1v); 32,11—12 (fol 2r); 32,12—13
(fol 2v); 32,13. 9 (fol 3r); 32,13 (fol 3v); 32,14 (fol 4r); 32,14—15 (fol
4v); 32,9—10 (fol 5v); p 16 koptischer Text von zweiter Hand; pp
15—11 (sic!) Schreibübungen und auf p 10 Zeichnung von dritter
Hand, von der auch die Stellen aus Ps 32,9 (fol 3r) und Ps 32,9—10
(fol 5v) stammen

AT 60 **[0205]**

Cologny/Genf, Bibliotheca Bodmeriana, P Bodmer V (A), VII (B),
VIII (C), IX (D), X (E), XI (F), XII (G), XIII (H), XX (I); Rahlfs
2113 (C, D); 𝔓⁷² (B, C)

[Ap 17]	Protevangelium Jacobi	(A)	pp 1—49	Hand a [α-μθ]
[Ap 25]	3. Kor (B)	(E)	pp 50—57	Hand b [ν-νζ]
[Ap 6]	11. Ode Salomonis	(F)	pp 57—62	Hand b [νη-ξβ]
[NT 72]	Jd (𝔓⁷²)	(B)	pp 62—68	Hand b [ξγ-ξη]
	Melito, Passahhomelie	(H)	pp 69—131	Hand a [γ-ξγ]
	Christlicher Hymnus(?)	(G)	p 132	Hand a [ξδ]
	Phileas-Apologie	(I)	pp 133—149	Hand c [ρλγ, ρλε]
[AT 60]	Ps 33, 34	(D)	pp 150—154	Hand d
[NT 72]	1. u 2. Petr (𝔓⁷²)	(C)	pp 155—290	Hand b [α-λς]

III   (Testuz, p 9: P Bodmer V, VII, VIII, X, XI, XII, XIII;
          Treu, pp 186sq. 194: P Bodmer V, X, XI, XII)
III—IV (Aland, Liste, p 33; Papyrus, p 106: P Bodmer VII, VIII;
          Treu, pp 185sq. 191: P Bodmer VII, VIII, XIII)
IV   (Testuz, p 9; Martin, p 9; Treu, pp 177. 191: P Bodmer IX,
          XX)

Ps 33,2—10 (p 77); 33,10—18 (p 78); 33,19—34,3 (p 79); 34,4—10
(p 80); 34,10—16 (p 81)

(Seitenangaben beziehen sich auf Edition von Testuz)

AT 61

Wien, Österreichische Nationalbibliothek, P Vindob G 39774 (früher P Lit theol 9); Rahlfs 2038

V—VI   (Rouillard, p 19)
VI   (Rahlfs, p 316)
VI—VII (Wessely, p 24)

Ps 33,5—10 (v); 33,12—18 (r)

Fundort: Faijum oder Gau von Hermopolis; 2 frr eines fol aus einem cod (zusammenpassend) mit je einer col; 17,5 × 13,5 cm; Zeilenzahl (stichisch): 21, davon eine vollständig (v); 19 (r); äußerer Rand: 3 cm; unterer Rand: 2,5 cm; rekonstruierte Zeilenzahl: 25—28; rekonstruierte Buchstabenzahl (Langzeile): 17—25; meist 21; regelmäßige, aufrechte Unziale; Akzente; Spiritus; Hochpunkte; Diärese über ι u υ; Apostroph zwischen γ'γ; nomina sacra: ανος, κς, κυ; linn stichisch abgesetzt

E: *C. Wessely*, StudPal 9 (1909), p 24

L: *A. Rahlfs*, Verzeichnis, p 316 / *G. Rouillard*, Les papyrus greques de Vienne, Inventaire des documents publiés, Paris 1923, p 19 / *M. Marien*, Catalogus, p 41, Nr 41 / *S. Jellicoe*, p 236

AT 62

Wien, Österreichische Nationalbibliothek, P Vindob G 26205; Rahlfs 2091

IV (Sanz, p 24; Treu, p 177)

Ps 34,1—5 (r); v nicht identifiziert

Fundort: Faijum; 1 fr eines Einzelblattes mit einer col; 14 × 13 cm; Zeilenzahl (stichisch): 10; rekonstruierte Buchstabenzahl: 25—33, meist 29;
schöne, leicht rechtsgeneigte Unziale; kommaähnliche Zeichen zur Markierung der Stichoi (in linn 6 u 8 nicht gesetzt); vulgäre Orthographie; Orthographica: ε:α; ε:αι; η:υ; ι:ει; οι:ει; κ:χ; τ:δ; τ:θ;
linn stichisch abgesetzt; fol diente vermutlich privaten liturgischen Zwecken

E: *P. Sanz*, Griechische literarische Papyri christlichen Inhalts 1, MPER IV (1946), pp 24—25, Nr 9

L: *M. Marien*, Catalogus, p 41, Nr 82 / *K. Treu*, Christliche Papyri 1940—1967, APF 19 (1969), p 177

AT 63

Berlin, Staatliche Museen, P Berlin Inv Nr 6747 u 6785; Rahlfs 2046

III—IV (Rahlfs, p 33)
IV (Stegmüller, p 20; Treu, p 369)

Ps 35,12—36,10 (r); 36,14—25 (v)

Fundort: Faijum; 2 frr eines fol aus einem cod mit einer col; fr 1: 16,2 × 14 cm; Zeilenzahl: 26 (r), 24 (v); fr 2: 7 × 4 cm; Zeilenzahl: 12 (r u v); fr 2 schließt so an fr 1 an, daß nur 4 linn unvollständig (v); oberer Rand: 2,5 cm; innerer Rand: 3 cm; rekonstruiertes Blattformat: 24 × 22 cm; rekonstruierte Zeilenzahl: 33—34; rekonstruierte Buchstabenzahl (Langzeile): 33—46, meist 40;
gleichmäßige, schöne Unziale: Buchschrift; Frühzeit des Bibelstils; Diärese unregelmäßig über υ; Orthographica: α:αι; ε:αι; ει:ι; η:αι; ι:ει; nomina sacra: ανου, κϛ, κυ, κυ;
linn stichisch abgesetzt; nicht mehr zu entziffernde Korrektur, wohl von erster Hand

E: *O. Stegmüller*, Berliner Septuagintafragmente, BKT VIII (1939), pp 20—25, Nr 8 / *K. Treu*, Zwei weitere Berliner Septuagintafragmente, Akten des XIII. Internationalen Papyrologenkongresses, Münchener Beiträge zur Papyrusforschung und Antiken Rechtsgeschichte 66, München 1974, pp 421—426

L: *A. Rahlfs*, Verzeichnis, p 33 / *M. Marien*, Catalogus, p 41, Nr 83 / *B. Botte*, RThAM 12 (1940), p 156 / *J. Hempel*, ThLZ 65 (1940), coll 122—123 / *M. Hombert*, ACl 9 (1940), pp 132—133 / *K. Treu*, Christliche Papyri IV, APF 22/23 (1974), p 369

AT 64

Florenz, Biblioteca Laurenziana, PSI 1371; Rahlfs 2064

IV (Vitelli, p 1; Treu, p 177)

Ps 36,5—14 (r); 36,14—24 (v)

Fundort: ?; 1 fr eines fol aus einem cod mit einer col; 28 × 18,7 cm;
Schriftspiegel: 19 × 10,7 cm; Zeilenzahl: 27 (r), 26 (v), davon 22 (r u
v) vollständig; Buchstabenzahl: 27—33, meist 29; oberer und äußerer
Rand: 5 cm; unterer Rand: 4,5 cm; innerer Rand: 3 cm;
klare regelmäßige Unziale; Hochpunkte, 1 Zirkumflex; Diärese über υ;
ν-Strich; Orthographica: ει:ι, ι:ει νκ:γκ; Korrekturen: eine Suprascription; nomina sacra: ανου, ανω, κϛ, κυ, κω, κν;
Paginierung: 23,24; nach der Paginierung sind dem Text etwa Ps
25—36,4 vorausgegangen; überhängende linn gekennzeichnet

E: *G. Vitelli/M. Norsa/V. Bartoletti ua*, PSI 14 (1957), pp 1—3

L: *K. Treu*, Christliche Papyri 1940—1967, APF 19 (1969), p 177

[Var 9]

Berlin, Staatliche Museen, P Berlin Inv Nr 17098; Rahlfs 2146

Byzantinische Zeit (Treu, p 53)

Ps 39,3—6 (r); v unbeschrieben

AT 65

Paris, Sorbonne, Inv Nr 827; P Bouriant 2 (Inv Nr 41); Rahlfs 2050

IV (Collart, p 28)

Ps 39,15—40,7 (r); 40,7—41,5 (v)

Fundort:?; 1 fr eines fol aus einem cod mit einer col; 21 × 14,5 cm;
Zeilenzahl: 26, davon 4 vollständig (r); 27, davon 7 vollständig (v);
rekonstruierte Buchstabenzahl: 22—32, meist 28;
Unziale; regelmäßig gesetzte, runde litt; zweimal Apostroph zur Wort-
trennung; Doppelpunkte zur Verstrennung; 7 horizontale Striche
zum Ausfüllen der lin nach Ps 39; ν-Strich; die Anfänge der Ps
sind numeriert (erhalten nur MA); Korrekturen von erster u zweiter
Hand; nomina sacra: θς, θν, κς, κε;
es fehlen: Teile sämtlicher Ränder und der obere Rand nahezu vollständig

E: *P. Collart*, Les Papyrus Bouriant, Paris 1926, pp 28—30

L: *M. Marien*, Catalogus, p 41, Nr 84

AT 66

Berlin, Staatliche Museen, P Berlin Inv Nr 5018; Rahlfs 2003

VII (Stegmüller, p 25; Rahlfs, p 33)

Ps 39,16—18; 40,2—4 (r); 40,5—11 (v)

Fundort: Faijum; 3 frr eines fol aus einem cod mit je einer col; zu-sammengesetztes Stück: 25,5 × 19 cm; Zeilenzahl (stichisch): 25, davon 7 vollständig (r); 20, davon eine vollständig (v); 4 linn völlig verlöscht; rekonstruiertes Blattformat: 29 × 19 cm; rekonstruierte Zeilenzahl: 24 (r u v); rekonstruierte Buchstabenzahl (Langzeile): 21—29, meist 24;
schöne, breite byzantinische Buchschrift; 1 Hochpunkt; nomina sacra: θ̅ς̅, κ̅ς̅, κ̅ε̅; Korrektur von zweiter Hand: dunklere Tinte, dünnerer Schriftzug, aber ähnliche Schrift;
linn stichisch abgesetzt

E: *O. Stegmüller*, Berliner Septuagintafragmente, BKT VIII (1939), pp 25—29, Nr 9

L: *F. Blass*, Fragmente griechischer Handschriften im Königlichen Aegyptischen Museum zu Berlin, ZÄA 19 (1881), p 22 / *A. Rahlfs*, Verzeichnis, p 33 / *id*, Septuaginta-Studien 2, Göttingen ²1965, p 18 / *B. Botte*, RThAM 12 (1940), p 156 / *J. Hempel*, ThLZ 65 (1940) coll 122—123 / *M. Hombert*, ACl 9 (1940), pp 132—133

AT 67

Birmingham, Selly Oak Colleges Library, Inv Nr 181i; P Rendel Harris 31; Rahlfs 2108

V (Powell, p 18)

Ps 43,20—23 (r), v unbeschrieben

Fundort: ?; 1 fr, möglicherweise einer Rolle, da einseitig beschrieben, mit einer col; 6 × 4,5 cm; Zeilenzahl: 6; Buchstabenzahl: 7—9; rekonstruierte Buchstabenzahl: 33;
aufrechte, regelmäßige Unziale;
Treu vermutet Einzelblatt wegen langer Zeilen

E: *J. E. Powell*, The Rendel Harris Papyri, Cambridge 1936, p 18 /
G. D. Kilpatrick, A Fragment of Psalm XLIII (LXX) 20—23, JThS 50 (1949), pp 176—177

L: *S. Jellicoe*, p 237 / *K. Treu*, Christliche Papyri 1940—1967, APF 19 (1969), p 177

AT 68

Oxford, Bodleian Library, Gr bibl g 5 (P); Rahlfs 2082

II   (Treu, p 177)
II—III (Barns/Kilpatrick, p 229)

Ps 48,20—49,3 (r); 49,17—21 (v)

Fundort: ?; 1 fr eines fol aus einem cod mit einer col; 5,8 × 5,7 cm;
Zeilenzahl (stichisch): 9 (r), 10 (v); rekonstruierte Buchstabenzahl
(Langzeile): 34—38, meist 35;
runde, sorgfältige Unziale; 1 Zirkumflex; linn stichisch abgesetzt

E: *J. W. B. Barns/G. D. Kilpatrick*, A New Psalms Fragment,
ProcBritA 43 (1957), pp 229—232 u tab 10

L: *C. Préaux*, ChronEg 33 (1958), p 279, Nr 66 / *K. Treu*, Christliche
Papyri 1940—1967, APF 19 (1969), p 177

[**Var 10**]

Tiflis, K. S. Kekelidze Institut für Handschriften der Akademie der Wissenschaften der georgischen SSR; G. Zereteli Fonds Inv Nr 220, P Russ Georg 1; Rahlfs 2069

VI (Zereteli, p 1)

Ps 49,1—7 (v); r unbeschrieben

AT 69

Wien, Österreichische Nationalbibliothek, P Vindob G 26113; Rahlfs 2092

VII (Sanz, p 25; Treu, p 177)

Ps 54,2—8 (v); 54,15—20 (r)

Fundort: Faijum; 1 Einzelblatt mit einer col; 2,3 × 7,5 cm; Zeilenzahl: 7 (v), 6 (r); rekonstruiertes Blattformat: 26 × 16 cm; rekonstruierte Zeilenzahl: ca 15; rekonstruierte Buchstabenzahl: 48—49; aufrechte, stellenweise zur Kursive neigende Unziale; schwerfällige, ungefüge, ungleich große litt; Diärese über υ; Orthographica: ε:η; ει:ι; η:οι; η:υ; ο:ω; δ:τ; κ:γ; Vertauschungen charakteristisch für Handschriften, die von Kopten geschrieben sind (Rahlfs, pp 148sqq); nomen sacrum: κς;
das Blatt diente sehr wahrscheinlich den liturgischen Zwecken eines Privatmannes (Sanz, p 25)

E: *P. Sanz*, Griechische literarische Papyri christlichen Inhaltes I, MPER IV (1946), pp 25—26, Nr 10

L: *A. Rahlfs*, Septuaginta-Studien 2, Göttingen ²1965, pp 148sqq / *K. Treu*, Christliche Papyri von 1940—1967, APF 19 (1969), p 177

AT 70

Berlin, Staatliche Museen, P Berlin Inv Nr 11763; Rahlfs 2063

VII—VIII (Stegmüller, p 41)

Ps 61,8—10. 13; 62,2. 4; 67,36; 72,1; 73,13. 15—18; 75,8—10; 76,15; 80,3 (r); 109,4; 111,2—3; 112,4; 117,28; 120,4; 121,7; 122,2; 127,4; 129, 5—6; 131,11; 138,5. 14 (v); arabische Schriftreste (linker Rand r u Ränder v)

Fundort: Hermopolis Magna; 1 fr eines Einzelblatts mit einer col; 17 × 8,5 cm; Zeilenzahl (stichisch): 32, davon 24 vollständig (r); 27, davon 24 vollständig (v); Buchstabenzahl: 18—33, meist 26; Mischung von Buch- und Geschäftsschrift; gleichmäßige Schriftführung; schwarze Tinte; Spiritus asper; Diärese durch Querstrich; Orthographica: αι:η; η:οι; η:υ, υ:η; ι:ει; ο:ω; δ:τ; nomina sacra: αλλ, ανος, ανων, θς, θυ, θω, θν, ισλ, κς, κν, κε, ουνους, υιοι (sic!); linn stichisch abgesetzt; es fehlen: oberer und unterer Rand; fr ist ein Gebetszettel bzw fol mit kirchlichem Hymnus

E: *O. Stegmüller*, Berliner Septuagintafragmente, BKT VIII (1939), pp 41—50, Nr 16

[Var 11]

Wien, Österreichische Nationalbibliothek, P Vindob G 26166; Rahlfs 2093

V—VI (Sanz, p 26; Treu, p 177)

Ps 62,2—3 (r); 3,5—6 (v)

AT 71

Berlin, Staatliche Museen, P Berlin Inv Nr 7954; Rahlfs 2047

VI (Rahlfs, p 33)
VIII (Stegmüller, p 30)

Ps 67,2—14 (r); 67,14—28 (v)

Fundort: Faijum; vermutlich 1 fr eines Einzelblattes mit einer col; 23,5 × 18 cm; Zeilenzahl: 17 (r), 18 (v); rekonstruiertes Blattformat: 36 × 23,5 cm; rekonstruierte Buchstabenzahl: 46—64, meist 52; hohe, etwas nach rechts geneigte Unziale, stark mit Kursive durchsetzt: Mischschrift; Diärese über υ; 1 Hochpunkt; Orthographica: η:αι; η:οι; ι:η; nomina sacra: θς, θυ, ιλ, κς, κυ; Korrekturen von erster Hand

E: *O. Stegmüller*, Berliner Septuagintafragmente, BKT VIII (1939), pp 30—33, Nr 11

L: *A. Rahlfs*, Verzeichnis, p 33 / *B. Botte*, RThAM 12 (1940), p 156 / *J. Hempel*, ThLZ 65 (1940), coll 122—123 / *M. Hombert*, ACl 9 (1940), pp 132—133

AT 72

Wien, Österreichische Nationalbibliothek, P Vindob G 26035 B; Rahlfs 2094

III (Sanz, p 27; Treu, p 177)

Ps 67,35—68,4 (r); 68,8—14 (v)

Fundort: ?; 1 fr eines fol aus einem cod mit einer col; 12 × 6 cm; äußerer Rand: 2,3 cm; unterer Rand: 1 cm; Zeilenzahl: 14 (r u v); rekonstruierte Zeilenzahl: ca 26 (r u v); rekonstruierte Buchstabenzahl: 29—32, meist 31;
sehr altertümliche Unziale; nomen sacrum: θϛ;
fr stellt wahrscheinlich die äußere untere Ecke eines Kodexblattes dar

E: *P. Sanz*, Griechische literarische Papyri christlichen Inhalts I, MPER IV (1946), pp 27—29, Nr 12

L: *M. Marien*, Catalogus, p 42, Nr 93 / *K. Treu*, Christliche Papyri 1940—1967, APF 19 (1969), p 177

AT 73

Wien, Österreichische Nationalbibliothek, P Vindob G 35782; Rahlfs 2095

VI—VII (Sanz, p 29; Treu, p 177)

Ps 68,3—5 (r); 68,9—12 (v)

Fundort: Faijum; 1 fr eines fol aus einem cod mit einer col; 7 × 4 cm;
Zeilenzahl: 9 (r), 11 (v); rekonstruierte Zeilenzahl: ca 26—28; rekonstruierte Buchstabenzahl: 20—24, meist 21;
sorgfältige, vom koptischen Stil beeinflußte Unziale; einmal Akut; einmal Zirkumflex; dreimal Gravis; ein Hochpunkt;
linn vielleicht stichisch abgesetzt; r in oberer Hälfte stark abgescheuert

E: *P. Sanz*, Griechische literarische Papyri christlichen Inhalts I, MPER IV (1946), pp 29—30, Nr 13

L: *K. Treu*, Christliche Papyri 1940—1967, APF 19 (1969), p 177

AT 74

Kairo, Egyptian Museum, Midan-el-Tahrir, JE 41083; P Oxyrhynchus 845; Rahlfs 2042

IV E—V (Kenyon, p 1; Rahlfs, p 178)

Ps 68,30—37 (v); 70,3—8 (r)

Fundort: Oxyrhynchus; 1 fr eines fol aus einem cod mit einer col; 18,2 × 12,5 cm; Zeilenzahl: 10 (v), 8 (r); rekonstruierte Buchstabenzahl: 37—51, meist 44;
breite, klare Kursive; Diärese über υ; nomina sacra: θ[ς], θυ, θ[ω], κς, κε; fr ist Mittelstück eines fol

E: *F. G. Kenyon*, The Oxyrhynchus Papyri VI, London 1908, pp 1—2

L: *A. Rahlfs*, Verzeichnis, p 178 / *M. Marien*, Catalogus, p 43, Nr 94

AT 75

Oxford, Ashmolean Museum, P Antinoopolis 51; Rahlfs 2126

VI (Barns/Zilliacus, p 1; Treu, p 177)

Ps 71,12 (v); 71,16—17 (r)

Fundort: Antinoopolis; 1 fr eines fol aus einem cod mit einer col; 6,8 × 2,9 cm; Zeilenzahl: 4 (r u v); rekonstruierte Zeilenzahl: 22—24; Buchstabenzahl: 3 u 4 (Kurzzeile v), 7 u 11 (Langzeile v); 11 (Langzeile r); rekonstruierte Buchstabenzahl: 18 (Langzeile), 11 (Kurzzeile);
große, schräge Unziale des halbliterarischen Typs; 1 Spiritus asper; 1 Apostroph;
linn stichisch abgesetzt; zwischen v u r fehlen 18—20 linn; fr ist Mittelteil eines fol

E: *J. W. B. Barns/H. Zilliacus*, The Antinoopolis Papyri II, London 1960, p 1

L: *A. Calderini*, Aeg 41 (1961), p 101 / *C. Préaux*, ChronEg 36 (1961), Nr 71, pp 209—214 / *K. Latte*, Gn 34 (1962), pp 152—155 / *B. R. Rees*, CR NS 12 (1962), pp 143—144 / *J. D. Thomas*, JHS 82 (1962), p 79 / *H. J. Wolff*, ZSavR 79 (1962), pp 376—378 / *W. M. Calder*, ClPh 68 (1963), pp 271—272 / *J. W. Wevers*, ThRu 33 (1968), pp 56sq / *K. Treu*, Christliche Papyri 1940—1967, APF 19 (1969), p 177

AT 76

Gießen, Universitätsbibliothek, P bibl univ Giss 34, Inv Nr 305; Rahlfs 2056

IV (Eberhart, p 4)

Ps 73,2; 111,1; (r); v unbeschrieben

Fundort: Faijum (?); 1 fr einer Rolle; 9 × 10 cm; Zeilenzahl: 10, davon 5 vollständig; rekonstruierte Buchstabenzahl: 13—22, meist 16—17;
sehr unregelmäßige u ungelenke, jedoch gut leserliche Unziale; Hochpunkte; Kreuzzeichen an Anfang u Ende der Psalmenzitate; Orthographica: ει:η, η:ει; η:αι; ι:η; ο:ω, ω:ο; οι:αι; ου:ο; ρ:λ; nomen sacrum: κυ;
es könnte sich um ein Bruchstück einer alphabetisch angelegten Sammlung von Psalmenversen handeln

E: *H. Eberhart*, Literarische Stücke, MUB Gießen IV (1935), pp 5—7, Nr 34

L: *P. Collart*, REG 49 (1936), pp 479—480 / *M. Hombert*, ChronEg 11 (1936), p 171 / *S. Lösch*, Theologische Quartalschrift 117, Tübingen 1936, pp 104—105 / *H. J. M. Milne*, CR 50 (1936), p 37 / *O. Montevecchi*, BFC 42 (1936), pp 242—243 / *P. Collart*, RPh(NS) 11 (1937), pp 177—178 / *W. Schubart*, Gn 13 (1937), pp 105—106

[Var 12]

Wien, Österreichische Nationalbibliothek, P Vindob G 19920; Rahlfs 2096

VII (Sanz, p 30; Treu, p 177)

Ps 77,1—8 (v); Buchstabenreste (r)

AT 77

Alexandria, Griechisch-Römisches Museum, P Alex 240; PSI 921; Rahlfs 2054

II (Norsa, p 90)

Ps 77,5a. 1—4. 5b—18 (v); Zahlungsanweisungen (r)

Fundort: Arsinoe; 1 fr einer Rolle mit 2 coll; 23,5 × 22 cm; Zeilenzahl: col 1: 21, col 2: 19; rekonstruierte Buchstabenzahl: col 1: 33 (Langzeile), 11 (Kurzzeile); col 2: 23;
Unziale, die auf E II hindeutet; linn 1—2. 14—22 von 2. Hand? (Unterschiede nicht wesentlich); Diärese über υ; Spiritus u Akzente; Orthographica: αι:ε, ε:αι; ε:η; ει:ι, ι:ει; ει:οι; ει:υ; ευ:ηυ; ο:ω; υ:οι; ω:ου; ρ:ρρ; 1 Subscriptio; 1 Suprascriptio; 1 Korrektur; schlechte Orthographie; nomina sacra: θυ, θν, θε, πνα

E: *M. Norsa*, BSAA 22,2 (1926), pp 162—164 / *id*, PSI 8 (1927), pp 90—95, Nr 921

L: *U. Wilcken*, APF 8 (1927), pp 275. 313 / *P. L. Hedley*, HThR 26 (1933), p 69 / *A. Swiderek*, Papyrus grecs du Musée Gréco-Romain d'Alexandrie, Warschau 1964, p 9 / *B. M. Metzger*, The Lucianic Recension of the Greek Bible, Chapters in the History of New Testament Textual Criticism, Leiden 1963, p 33 / *S. Jellicoe*, pp 241sq

AT 78

Oxford, Ashmolean Museum, P Antinoopolis 7; Rahlfs 2077

II (Roberts, p 1; Treu, p 177: II M)

Ps 81,1—4 (fr a v); 82,4—5 (fr b v); 82,6—9 (fr a r); 82,16—17 (fr b r)

Fundort: Antinoopolis; 2 frr eines fol aus einem cod mit einer col; 5,8 × 4,7 cm; Zeilenzahl: 7 u 8 (fr a, v u r), 3 (fr b, v u r); Buchstaben-zahl: 4—14, meist 8; rekonstruiertes Blattformat: 14 × 12 cm; rekonstruierte Zeilenzahl: 24; rekonstruierte Buchstabenzahl: 27;
feine, runde, literarische Unziale; aufrechte, bisweilen rechtsgeneigte litt mit kursiven Einflüssen; 1 Diärese über ι; Orthographica: ει:ι; γγ:γ; nomen sacrum: κε

E: *C. H. Roberts*, The Antinoopolis Papyri 1, London 1950, pp 1—2

L: *V. Arangio-Ruiz*, Iura 2 (1951), pp 344—347 / *H. J. Bell*, JThS NS 2 (1951), pp 202—206 / *A. Calderini*, Aeg 31 (1951), pp 71—72 / *C. Préaux*, ChronEg 26 (1951), Nr 52, pp 417—423 / *J. Lallemand*, Byzan 22 (1952), pp 399—403 / *B. R. Rees*, JHS 72 (1952), p 137 / *A. N. Sherwin-White*, JRS 42 (1952), pp 141—142 / *E. G. Turner*, CR NS 2 (1952), pp 184—185 / *J. F. Gilliam*, AJPh 74 (1953), pp 317—320 / *N. Lewis*, ClPh 49 (1954), pp 64—66 / *P. Katz*, ThLZ (1955), coll 737—740 / *E. des Places*, Orientalia NS 24 (1955), pp 343—344 / *S. Jellicoe*, p 240 / *J. W. Wevers*, ThRu 33 (1968), p 61 / *K. Treu*, Christliche Papyri 1940—1967, APF 19 (1969), p 177

AT 79

Oxford, Ashmolean Museum, P Oxyrhynchus 2386; Rahlfs 2070

IV—V (Lobel/Roberts/Turner/Barns, p 6; Treu, p 177)

Ps 83,9—13; 84,2 (r); Privatbrief? von anderer Hand (v)

Fundort: Oxyrhynchus; 1 fr einer Rolle mit einer col; 13,5 × 12,5 cm; Zeilenzahl: 14 (r), 3 (v); rekonstruierte Buchstabenzahl: 23—36, meist 31;

ziemlich große, leicht nach rechts geneigte quadratische litt; 2 Schrägstriche zur Trennung der Stichoi; Ps durch Querstrich über volle Zeilenbreite getrennt; 1 Korrektur, wahrscheinlich von 1. Hand; Orthographicon: ι:ει; nomina sacra: θς, θεος (sic!), θυ, κε, χυ; alle Ränder (bis auf Teil des oberen?) weggebrochen

E: *E. Lobel/C. H. Roberts/E. G. Turner/J. Barns*, The Oxyrhynchus Papyri XXIV, London 1957, pp 6—7

L: *J. D. Wevers*, ThRu 33 (1968), pp 56—57 / *K. Treu*, Christliche Papyri 1940—1967, APF 19 (1969), p 177

[**Var 31**]

Florenz, Biblioteca Laurenziana, PSI 719; T⁴

IV—V? (Vitelli, p 151)

Ps 90,1; **Joh** 1,1; **Matth** 1,1; **Mark** 1,1 (?); **Luk** 1,1; **Matth** 6,9; Doxologie (r); v unbeschrieben

[**Var 13**]

Wien, Österreichische Nationalbibliothek, P Vindob G 2312 (früher P Vindob Rainer Inv Nr 8032; Expos Nr 528); Rahlfs 2031

IV   (Rahlfs, p 314; Heinrici, p 31)
VI—VII (Wessely, p 141)

Ps 90,1—2; **Röm** 12,1—2; **Joh** 2,1—2; mystische Anrufung in letzter lin (v); r unbeschrieben

[**Var 27**]

Oslo, Universitätsbibliothek, P Osloensis 1644; Rahlfs 2115

IV E (Amundsen, p 141; Treu, p 195)

Matth 6,9—13; **Ps** 90,1—4 (r); v unbeschrieben

AT 80

Florenz, Biblioteca Laurenziana, PSI 759; Rahlfs 2074

V? (Vitelli, p 43; Mercati, p 96; Naldini, p 29; Kilpatrick, p 224; Treu, p 178)

Ps 90,1—4 (v), koptische litt in 2 linn oberhalb; theologischer Text (Homilie) von anderer Hand (r)

Fundort: ?; 1 fr einer Rolle mit einer col; 20,5 × 28 cm; Zeilenzahl: 6 (v), 17 (r); rekonstruierte Buchstabenzahl: 40—50, meist 44; uneinheitliche Unziale; große litt; einige Elemente der Majuskel; Ortographica: ει: υ; ι: ει; nomina sacra: θυ, κυ; Lesarten weisen auf Verbindung mit Lukianischem Text hin

E: *G. Vitelli*, PSI 7 (1925), pp 43—45 / *S. G. Mercati*, Bibl 8 (1927), p 96 / *G. D. Kilpatrick*, ZAW 78 (1966), p 224

L: *A. D. Nock*, JEgArch 13 (1927), p 92 / *M. Marien*, Catalogus, p 43, Nr 102 / *M. Naldini*, Documenti dell'Antichità Cristiana, Florenz 1964, pp 29—30, Nr 35, tab XXI u XXII / *J. W. Wevers*, ThRu 33 (1968), pp 56—57 / *K. Treu*, Christliche Papyri 1940—1967, APF 19 (1969), p 178

[Var 14]

Oxford, Ashmolean Museum, P Oxyrhynchus 1928; Rahlfs 2106

V—VI (Grenfell/Hunt, p 208)

Ps 90,1—16, dem Text folgt ein Zusatz (v); byzantinisches Protokoll (r)

[Var 15]

Manchester, John Rylands Library, P Rylands 3; Rahlfs 2020

V—VI (Johnson/Martin, p 7; Rahlfs, p 133)

Ps 90,5—16 (r); v unbeschrieben

[Var 30]

Gießen, P Jand 14; T[6]

V—VI (Schäfer, p 19; Preisendanz, p 206; Wessely, p 415)

Ps 90,13; **Matth** 6,9—13 (mit Doxologie); 8,1; **Luk** 11,1—2

[Var 16]

Oxford, Bodleian Library, Gr bibl e 6 (P); Rahlfs 2081

V—VI (Hedley, p 26)

Ps 90,13—16 (v); r unbeschrieben

AT 81

New York, Metropolitan Museum of Art 14. 1. 481

?

Ps 91,1 (r); unidentifizierter Text in koptisch (v)

Fundort: Theben; 1 fr; Zeilenzahl: 3 u 2 Zierzeilen (r), 7 (v); Buchstabenzahl: 4—5 (r u v); rekonstruierte Buchstabenzahl: 12—13 (r), (v nicht feststellbar)

E: *H. G. Evelyn-White*, The Metropolitan Museum of Art Egyptian Expedition, The Monastery of Epiphanius at Thebes II, New York 1926, pp 5. 157

[Var 17]

Wien, Österreichische Nationalbibliothek, P Vindob G 26228 B; Rahlfs 2098

VII (Sanz, p 32; Treu, p 178)

Ps 92,1—4 (v); r unbeschrieben

AT 82

Wien, Österreichische Nationalbibliothek, P Vindob G 26781; Rahlfs 2099

VI (Sanz, p 33; Treu, p 178)

Ps 92,1 (v); 103,10—12 (r); 2 unedierte linn gehen dem Ps-Zitat voraus (v)

Fundort: Hermopolis Magna; 1 fr eines fol aus einem cod mit einer col; 9 × 8,5 cm; Seitenrand: 2,5 cm; unterer Rand: 3 cm; Zeilenzahl: 5 (r), 7 (v); rekonstruierte Buchstabenzahl: 19—24, meist 21;
schmale, aufrechte, koptisch beeinflußte Unziale; nomen sacrum: ĸ͞ꞓ

E: *P. Sanz*, Griechische literarische Papyri christlichen Inhaltes I, MPER IV (1949), pp 33—34, Nr 17

L: *M. Hombert*, ChronEg 23 (1948), Nr 45—46, pp 191—194 / *K. Treu*, Christliche Papyri 1940—1967, APF 19 (1969), p 178

AT 83

Paris, Sorbonne, Inv Nr 2125; P Reinach 60; Rahlfs 2128

VII (Collart, p 3)
VIII (Treu, p 178)

Ps 100,1—4 (r); 100, 8; 101,1—3 (v)

Fundort: ?; 1 fr eines fol aus einem cod mit einer col; 9 × 19 cm; oberer Rand: ca 3 cm (zerfetztes Blatt); Zeilenzahl: 10 (r), 8 (v); rekonstruierte Blatthöhe: 23 cm; rekonstruierte Zeilenzahl: 25; rekonstruierte Buchstabenzahl: 20—31, meist 25;
kalligraphische Kanzleischrift des koptischen Typs; Orthographicon: ει: ι; nomen sacrum: κε;
es handelt sich um den ersten Papyrusfund mit Ps 100 und um den zweiten mit Ps 101 (Collart, p 3)

E: *P. Collart*, Psaumes C 1—4 et 8 — C 1—3, Les papyrus Théodore Reinach, BIFAO 39 (1940), pp 3—4, Nr 60

L: *U. Wilcken*, APF 14 (1941), pp 162—164 / *C. B. Welles*, AJPh 68 (1947), pp 93—98 / *C. Préaux*, ChronEg 22 (1947), Nr 43, pp 135—139 / *C. Picard*, RA NS 6, 37 (1951), pp 96—97 / *K. Treu*, Christliche Papyri 1940—1967, APF 19 (1969), p 178

AT 84

New York, Pierpont Morgan Library, P Amherst 6; Rahlfs 2009

VII   (Grenfell/Hunt, p 33)
VII—IX (Rahlfs, p 48)

Ps 107,14—108,2 (fr 1r); 108,12—13 (fr 1v); 118,115—122 (fr 2r); 118,126—135 (fr 2v); 135,18—136,1 (fr 3v); 136,6—137,3 (fr 3r); 138,20—24; 139,1—7 (fr 4v); 139,9—140,4 (fr 4r)

Fundort: ?; 4 frr von 4 foll aus einem cod mit je einer col; fr 2: 25,5 × 21,1 cm; Zeilenzahl (stichisch): fr 1: 6 (r), 7 (v), davon vollständig 3 (v); fr 2: 24 (r u v), davon vollständig 4 (r), 6 (v); fr 3: 22 (r), 23 (v), davon vollständig 1 (v); fr 4: 30 (r), 31 (v), davon vollständig 2 (r), 1 (v); rekonstruierte Zeilenzahl: 36—38; rekonstruierte Buchstabenzahl (Langzeile): 20—34, meist 25;
gerade, breite Unziale des späten byzantinischen Stils; Hochpunkte; Diärese mit 1 o 2 Punkten; nomina sacra: θ[υ], κε, πνα;
linn stichisch abgesetzt; der Text stimmt überein mit cod A, dem Verona-Psalter, der zweiten Korrektur von ℵ

E: *B. P. Grenfell/A. S. Hunt*, The Amherst Papyri 1, London 1900, pp 33—39

L: *C. Schmidt*, APF 1 (1901), p 543 / *A. Rahlfs*, Septuaginta-Studien 2, Göttingen 1907, pp 19—105 („Amh.") / *G. Bardy*, Les papyrus de Septante, RPh NS 33 (1909), p 258 / *A. Rahlfs*, Verzeichnis, pp 48 sq / *S. Jellicoe*, p 225

AT 85

Genua, Universität, Istituto di Filologia Classica; PUG Inv Nr 1160r; Rahlfs 2134

V? (Traversa, p 117; Treu, p 178)

Ps 114,5—8 (r), v nicht identifiziert

Fundort: ?; Einzelblatt?; 13 × 7,5 cm; Zeilenzahl: 7; rekonstruierte Buchstabenzahl: 12—25, meist 22;
nicht besonders elegante Bibelunziale; Orthographicon: ι: ει; eine Haplographie (σ: σσ); nomen sacrum: κϲ

E: *A. Traversa*, Alcuni papiri inediti della collezione Genovese, Serta Eusebiana, Genua 1958, pp 117—120

L: *J. W. Wevers*, Septuagintaforschung seit 1954, ThRu 33 (1968), p 56 / *K. Treu*, Christliche Papyri 1940—1967, APF 19 (1969). p 178

AT 86

Leipzig, Universitätsbibliothek, P Leipzig 170; Rahlfs 2014

II—III (Heinrici, p 30)
III A ? (Rahlfs, p 99)

Ps 118,27—45 (r); 118,46—58 (v)

Fundort: Dimeh (Heinrici, p 29) o Soknopaiou Nesos (Marien, p 45);
1 fr eines fol aus einem cod mit einer col; möglicherweise auch letzte
col einer Rolle, auf deren Rückseite weitergeschrieben wurde (Heinrici, 30); Zeilenzahl: 38 (r), 22 (v); 16 linn (v) unlesbar; rekonstruierte
Buchstabenzahl (Langzeile): 31—35, meist 33;
gleichmäßige, sorgfältige Unziale; Orthographica: ει:ι, ι:ει; δουλῷ:
δουλῶν lin 49, 1;
der Text scheint fortgeführt zu sein bis 118, 63 (Heinrici, p 30);
linn stichisch abgesetzt;
fr im Krieg verlorengegangen

E: *C. F. G. Heinrici*, Die Leipziger Papyrusfragmente der Psalmen,
Beiträge zur Geschichte und Erklärung des NT IV, Leipzig 1903,
pp 29—32. coll 35. 36

L: *A. Rahlfs*, Septuagintastudien 2, Göttingen 1907, pp 14—15,
pp 103—104. 227 Anm („Lpz 170") / *id*, Verzeichnis, p 99 / *M.
Marien*, Catalogus, p 45, Nr 116 / *S. Jellicoe*, p 235

AT 87

Wien, Österreichische Nationalbibliothek, P Vindob G 35887; Rahlfs 2103

VI—VII (Sanz, p 37; Treu, p 178)

Ps 135,10—13 (v); 135,19—21 (r)

Fundort: Faijum; 1 fr eines fol aus einem cod mit einer col; 5 × 5 cm; Zeilenzahl (stichisch): 7 (r u v); rekonstruierte Zeilenzahl: 24—26; rekonstruierte Buchstabenzahl (Langzeile): 26—32, meist 29; schmale, aufrechte Unziale in koptischem Duktus; dreimal Akut; zweimal Zirkumflex; nomen sacrum: ιηλ (lin 2v); linn stichisch abgesetzt

E: *P. Sanz*, Griechische literarische Papyri christlichen Inhalts 1, MPER IV (1946), pp 24—25, Nr 21

L: *K. Treu*, Christliche Papyri 1940—1967, APF 19 (1969), p 178

[Var 18]

Paris, Sorbonne, Inv Nr 2136, P Reinach 61; Rahlfs 2083

VII (Collart, p 208)
VIII (Treu, p 178)

Ps 140,1—6. 8. 10 (v); r unbeschrieben

[Var 19]

Florenz, Istituto de Papirologia G. Vitelli, PSI 1372; Rahlfs 2065

VII (Vitelli, p 4; Treu, p 178)

Ps 141,2—6 (r); arabische Schrift (v)

AT 88

Florenz, Biblioteca Laurenziana, PSI 980; Rahlfs 2055

III—IV (Vitelli, p 190)

Ps 143,14—144,13a (fr 1r); 144,13a—145,6 (fr 1v); 145,6—146,10 (fr 2r); 146,10—148,3 (fr 2v)

Fundort: ?; 2 frr zweier foll aus einem cod mit je einer col; fr 1: 11 × 23 cm; Zeilenzahl: 37 (r u v), davon 10 (r) u 11 (v) vollständig; fr 2: 9 × 21 cm; Zeilenzahl: 36 (r), 34 (v); rekonstruierte Buchstabenzahl: 20—34, meist 26;
Unziale; Apostroph zwischen γ γ u bei nichtgriechischen Namen; stichische Trennung durch Doppelpunkte; Spiritus; Diärese über ι u υ; Orthographicon: ει:ι; nomina sacra: ανων, θς, θω, θν, κς, κυ, κω, κν, κε, πν[α]; Korrekturen: Sub- u Suprascriptionen von 2. Hand

E: G. Vitelli, PSI 7 (1927), pp 190—196

L: M. Marien, Catalogus, p 45, Nr 120 / F. G. Kenyon, Der Text der Griechischen Bibel, Göttingen 1952, p 31 / E. C. Blackmann, Gn 26 (1954), pp 282—283 / F. Scheidweiler, Gy 62 (1955), pp 183—184 / S. Jellicoe, p 240

[**AT 16, 0201**]

Wien, Österreichische Nationalbibliothek, P Vindob K 8706 (fol 1b=
Ex 15,1—8: früher P Vindob Lit theol 4); Rahlfs 2036

VI   (Rahlfs, p 315)
VI M — VI E (Till/Sanz, p 17)

Od 1 Ex 15,1—8 (fol 1b)

[**AT 32, 0201**]

Wien, Österreichische Nationalbibliothek, P Vindob K 8706 (fol 1b =
Ex 15,1—8: früher P Vindob Lit theol 4); Rahlfs 2036

VI   (Rahlfs, p 315)
VI M — VI E (Till/Sanz, p 17)

Od 2 Deut 32,5—6 (fol 4b); 32,9—13 (fol 5b); 32,14—19 (fol 6b);
32,20—25 (fol 7b); 32,25—32 (fol 8b); 32,32—38 (fol 9b); 32,38—39.
43 (fol 10b)

[**AT 34, 0201**]

Wien, Österreichische Nationalbibliothek, P Vindob K 8706 (fol
1b = Ex 15,1—8: früher P Vindob Lit theol 4); Rahlfs 2036

VI   (Rahlfs, p 315)
VI M — VI E (Till/Sanz, p 17)

Od 3 Regn I 2,1. 3—4. 8 (fol 10b); 2,8—10 (fol 11b)

[AT 131, 0201]

Wien, Österreichische Nationalbibliothek, P Vindob K 8706 (fol 1 b =
Ex 15,1—8: früher P Vindob Lit theol 4); Rahlfs 2036

VI   (Rahlfs, p 315)
VI M — VI E (Till/Sanz, p 17)

Od 5 Is 25,1—5 (fol 13 b); 25,6—7. 10; 26,1—4 (fol 14 b); 26,11—16
(fol 15 b); 26,16—20 (fol 16 b)

[Var 21]

Ann Arbor, University of Michigan, P Michigan Inv Nr 1572; Rahlfs
2155

VII—VIII (Winters, p 9)

Od 5 Is 26,9 (v); arabische Buchstaben (r)

[AT 117, 0201]

Wien, Österreichische Nationalbibliothek, P Vindob K 8706 (fol 1 b
= Ex 15,1—8: früher P Vindob Lit theol 4); Rahlfs 2036

VI   (Rahlfs, p 315)
VI M — VI E (Till/Sanz, p 17)

Od 6 Jon 2,3 (fol 11 b); 2,3—10 (fol 12 b)

[AT 150, 0201]

Wien, Österreichische Nationalbibliothek, P Vindob K 8706 (fol 1b =
Ex 15,1—8: früher P Vindob Lit theol 4); Rahlfs 2036

VI   (Rahlfs, p 315)
VI M — VI E (Till/Sanz, p 17)

Od 7, Od 8 Dan 3,26 (fol 21 b); 3,27—31 (fol 22 b); 3,32—37 (fol 23 b);
3,37—41 (fol 24 b); 3,41—45. 52 (fol 25 b); 3,52—57 (fol 26 b); 3,58—61
(fol 27 b)

[AT 151, 0202]

Oslo, Universitätsbibliothek, P Osloensis 1661; Rahlfs 994

IV (Amundsen, p 129)

Od 8 Dan 3,50 (fr 10 v); 3,51 (fr 11 r); 3,51—52 (fr 11 r); 3,52 (fr 12 r);
3,52—53 (fr 12 v); 3,53. 55 (fr 13 v); 3,55 (u 54?) (fr 13 r)

[Var 22]

New York, Metropolitan Museum of Art 12. 180. 334; Rahlfs 2125

VI—VII (Hedley, p 38)

Od 8 Dan 3,52 o 57 (?) sqq

[Var 23]

Ann Arbor, University of Michigan, P Michigan Inv Nr 6427; Rahlfs
2154

IVA — IVM (r), Hand A (Gronewald, pp 198 sq)
IVM — IVE (v), Hand B (Gronewald, pp 198 sq)

Od 8 Dan 3.52—53. 58—68. 77—84 (v); Gebet (r)

160

[Var 24]

Rom, P Lais; Rahlfs 2153

VIII—IX (Benigni, p 514)

Od 8 Dan 3,57. 86—87, Auszüge aus Lk 4 in koptisch (r); arabischer Text von späterer Hand (v)

[AT 152]

Wien, Österreichische Nationalbibliothek, P Vindob G 25199; Rahlfs 2120

VII (Sanz, p 53; Treu, p 179)

Od 8 Dan 3,62—66 (r); v unbeschrieben

[NT 42, 0201]

Wien, Österreichische Nationalbibliothek, P Vindob K 8706 (fol 1 b = Ex 15,1—8; früher P Vindob Lit theol 4); Rahlfs 2036; 𝔓⁴²

VI   (Till/Sanz, p 17; Maldfeld, p 248; Rahlfs, p 315)
VII—VIII (Aland, Liste, p 31; Papyrus, p 105)

Od 9 Luk 1,54—55 (r) (fol 34 b)

[**AT 131, 0201**]

Wien, Österreichische Nationalbibliothek, P Vindob K 8706 (fol 1b = Ex 15,1—8; früher P Vindob Lit theol 4); Rahlfs 2036

VI   (Rahlfs, p 315)
VI M—VI E (Till/Sanz, p 17)

Od 11 Is 38,9—13 (fol 17b); 38,13—15. 18—20 (fol 18b)

AT 88a [0201]

Wien, Österreichische Nationalbibliothek, P Vindob K 8706 (fol 1b = Ex 15,1—8; früher P Vindob Lit theol 4); Rahlfs 2036

VI   (Rahlfs, p 315)
VI M — VI E (Till/Sanz, p 17)

Od 12 1—6 (fol 19b); 7—11 (fol 20b); 12—15 (fol 21b)

AT 88 b

Berlin, Staatliche Museen, P Berlin Inv Nr 17097

VI—VII (Treu, p 425)

Od 12, 3—5 (v); r unbeschrieben

Fundort: Hermopolis Magna; 1 fr eines fol; 9 × 11 cm; unterer Rand: 1 cm; Zeilenzahl: 10; rekonstruierte Zeilenzahl: 16—17; Buchstabenzahl: 14—26;

große, aufrechte Buchschrift; geschwungene Linie als Zeilenfüller (lin 6); Orthographicon: η : ει; erstes Wort der letzten Zeile und letztes Wort von 2. Hand;

die ganze Ode umfaßte noch ca 3 foll

E: *K. Treu*, Zwei weitere Berliner Septuagintafragmente, Akten des XIII. Internationalen Papyrologenkongresses, Münchener Beiträge zur Papyrusforschung und Antiken Rechtsgeschichte 66, München 1974, pp 421—426

L: *K. Treu*, Christliche Papyri IV, APF 22/23 (1974), p 370

[NT 42, 0201]

Wien, Österreichische Nationalbibliothek, P Vindob K 8706 (fol 1b = Ex 15,1—8: früher P Vindob Lit theol 4); Rahlfs 2036; $\mathfrak{P}^{42}$

VI (Till/Sanz, p 17; Maldfeld, p 248; Rahlfs, p 315)
VII—VIII (Aland, Liste, p 31; Papyrus, p 105)

Od 13 Luk 2,29—32(r) (fol 34 b)

AT 89

Oxford, Ashmolean Museum, P Antinoopolis 9; Rahlfs 987

III E? (Roberts, p 18; Treu, p 179)

Prov 2,9—15 (v); 3,13—17 (r)

Fundort: Antinoopolis; 1 fr eines fol aus einem cod mit einer col; 8 × 8 cm; Zeilenzahl: 11 (v), 9 (r); rekonstruiertes Blattformat: 35 × 18 cm; rekonstruierte Zeilenzahl: ca 40; rekonstruierte Buchstabenzahl: 37—56, meist 46;
plumpe, laienhafte, nach rechts geneigte Unziale; Ende eines Semistich durch Doppelpunkte o Hochpunkte gekennzeichnet; Orthographicon: ει: ι

E: *C. H. Roberts*, The Antinoopolis Papyri 1, London 1950, pp 18—19

L: *V. Arangio-Ruiz*, Iura 2 (1951), pp 344—347 / *H. I. Bell*, JThS NS 2 (1951), pp 202—206 / *A. Calderini*, Aeg 31 (1951), pp 71—72/ *C. Préaux*, ChronEg 26 (1951), Nr 52, pp 417—423 / *B. R. Rees*, JHS 72 (1952), p 137 / *A. N. Sherwin-White*, JRS 42 (1952), pp 141—142 / *J. F. Gilliam*, AJPh 74 (1953), pp 317—320 / *J. Lallemand*, Byzan 22 (1952), pp 399—403 / *E. G. Turner*, CR NS 2 (1952), pp 184—185 / *N. Lewis*, ClPh 49 (1954), pp 64—66 / *P. Katz*, ThLZ 80 (1955), coll 737—740 / *E. des Places*, Orientalia NS 24 (1955), pp 343—344 / *K. Treu*, Christliche Papyri 1940—1967, APF 19 (1969), p 179

AT 90 [06]

Oxford, Ashmolean Museum, P Antinoopolis 8; Rahlfs 928

III (Roberts, p 2; Zuntz, p 124; Treu, p 179)

Prov 5,3—9 (fol I, fr 1v); 5,11—14 (frr 2v u 3v); 5,19—23 (fr 1r); 6,2—4 (frr 2r u 3r); 6,6—7 (fol II, fr 4v); 6,8a—11 (frr 5v u 6v); 6, 13—14 (frr 7v u 8v); 6,15—17 (fr 4r); 6,20—25 (frr 5r u 6r); 6,28—30 (frr 7r u 8r); 7,4—5 (fol III, fr 9v); 7,5—7 (fr 10v); 7,18—19 (fr 9r); 7,20—22 (fr 10r); 8,3—6 (fol IV, fr 11v); 8,8—10 (fr 12v); 8,17—20 (fr 11r); 8,22—24 (fr 12r); 8,27—28 (fol V, fr 13v); 8,31—35 (fr 14v); 9,3—4 (fr 13r); 9,9—12 (fr 14r); 9,18a—18d; 10,1—4 (fol VI, frr 15v u 16v); 10,8—18 (frr 15r u 16r); 20,4—5 (fol VII, fr 17v); 20,9a (fr 17r)

AT 91

Wien, Österreichische Nationalbibliothek, P Vindob G 29245, 29454, 29830; Rahlfs 981

VI (Sanz, p 128; Treu, p 198)

Prov 8,22—25 (fr 1v); unbekannter theologischer Traktat (fr 1r); fr 2 nicht identifiziert

Fundort: ?; 2 frr eines (?) fol aus einem cod mit einer col; fr 1: 17 × 7,5 cm; Zeilenzahl: 8 (r u v), davon 2 (v) vollständig; oberer Rand: 2 cm; innerer Rand: 1,7 cm (r), 0,6 cm (v); fr 2: 4 × 2,5 cm; Zeilenzahl: 4 (r), 3 (v); rekonstruierte Buchstabenzahl: 19—23, meist 20;

schöne, kalligraphierte Unziale mit koptischem Duktus; Satzgliederung durch Hochpunkte; Diärese über ι; ν-Strich

E: *P. Sanz*, Griechische literarische Papyri christlichen Inhalts I, MPER IV (1946), pp 128—129, Nr 57

L: *K. Treu*, Christliche Papyri 1940—1967, APF 19 (1969), p 198

AT 92 [0203]

Hamburg, Staats- und Universitätsbibliothek, Pap bil(inguis) 1; Rahlfs 998

um 300 (Schmidt/Schubart, p 10)

Eccl 1,1—16 (fol 15 [XXV] v); 1,17—2,12 (fol 15 [XXV] r); 2,12—3,2 (fol 16 [XXVI] v); 3,2—18 (fol 16 [XXVI] r); 3,18—4,11 (fol 17 [XXVII] v); 4,11—5,12 (fol 17 [XXVII] r); 5,12—6,7 (fol 18 [XXVIII] v); 6,7—7,14 (fol 18 [XXVIII] r); 7,14—8,7 (fol 19 [XXIX] r); 8,8—9,1 (fol 19 [XXIX] v); 9,1—12 (fol 20 [XXX] r); 9,13—10,15 (fol 20 [XXX] v); 10,16—12,2 (fol 21 [XXXI] r); 12,3—14 (fol 21 [XXXI] v)

AT 92 a

Ecclesiasteskommentar des Didymus aus dem Toura-Fund; Inhalt, bisher publiziert:

Eccl 5,8— 6,12   J. Kramer, PTA 13 (1970)
       11,1—12,6   G. Binder/L. Liesenborghs, PTA 9 (1969)

weiterer Inhalt, soweit bekannt:

Eccl 1,1— 2,14; 3,1—4,11; 6,11—8,8; 9,8—12,6

endgültige Aufnahme, sobald die Edition abgeschlossen ist und alle für die Verzeichnung notwendigen Unterlagen zugänglich sind

AT 93

Mailand, P Mailand Inv Nr 151 (A); Ann Arbor, University of Michigan, P Michigan Inv Nr 27 (B); Rahlfs 989

III   (Sanders, p 8)
III—IV (Roca-Puig, p 215; Treu, p 179)

Eccl 3,17—18 (fr 1 r A); 3,21—22 (fr 1 v A); 6,3—5 (fr 2 r B); 6,8—11 (fr 2 v B)

Fundort: ?; 2 frr zweier foll aus einem (?) cod mit einer col; A: 2,9 × 2,4 cm; Zeilenzahl (stichisch): 6 (r), 5 (v); B: 7 × 3,5 cm; Zeilenzahl (stichisch): 9 (r), 8 (v); rekonstruierte Zeilenzahl: 15—17; rekonstruierte Buchstabenzahl (Langzeile): 29—40, meist 34; fast quadratische Unziale des „Bibeltypus"; Doppelpunkte am Ende der Stichoi; Diärese über ι; nomina sacra: ανος, θς, πνα, πνος; linn stichisch abgesetzt

E: *H. A. Sanders*, UMichSt HumSer 40 (1936), pp 8—9, Nr 135 / *R. Roca-Puig*, P Med Inv Nr 151 (Eccl III, 17—18, 21—22), Aeg 32 (1952), pp 215—222 / *S. Daris*, Papiri Milanesi I, Mailand 1966, Nr 13, p 3

L: *M. Marien*, Catalogus, p 46, Nr 127 / *K. Treu*, Christliche Papyri 1940—1967. APF 19 (1969), p 179

AT 94

Oxford, Ashmolean Museum, P Oxyrhynchus 2066; Rahlfs 992

V—VI (Kenyon, p 2)

Eccl 6,6—8 (r); 6,12—7,1 (v)

Fundort: Oxyrhynchus; 1 fr eines fol aus einem cod mit einer col; 8,8 × 5,6 cm; Zeilenzahl (stichisch): 13 (r), 8 (v); rekonstruierte Zeilenzahl: ca 34; rekonstruierte Buchstabenzahl (Langzeile): 15—18, meist 16;
Unziale; Diärese über ʋ;
linn stichisch abgesetzt; zwischen r u v fehlen ca 21 linn

E: *F. G. Kenyon*, The Oxyrhynchus Papyri XVII, London 1927, pp 2—3

L: *M. Marien*, Catalogus, p 46, Nr 128

AT 95

Oxford, Bodleian Library, Gr bibl g 1 (P); P Grenfell 7; Rahlfs 924

VII—VIII (Grenfell, p 12; Rahlfs, p 172)

Cant 1,6—7 (v); 1,8—9 (r)

Fundort: Faijum; 1 fr eines fol aus einem cod mit einer col; 6 × 4 cm;
Zeilenzahl (stichisch): 3 (v), 4 (r); rekonstruierte Zeilenzahl: ca 24;
rekonstruierte Buchstabenzahl: (Langzeile): 14—16;
große, regelmäßige Unziale; Akut; Zirkumflex; Diärese über ι;
1 Korrektur; eine Suprascription;
linn stichisch abgesetzt, zwischen r und v fehlen ca 20 linn

E: *B. P. Grenfell*, An Alexandrian Erotic Fragment and Other Greek
Papyri Chiefly Ptolomaic, Oxford 1896, pp 12—13

L: *F. G. Kenyon*, The Palaeography of Greek Papyri, Oxford 1899,
p 132 / *A. Rahlfs*, Verzeichnis, p 172 / *H. B. Swete*, An Introduction
to the Old Testament in Greek; Revised by R. Rottley, Cambridge
1914, p 147, Nr 11 / *F. Madan/H. H. E. Groister*, A Summary
Catalogue of Western Manuscripts in the Bodleian Library at
Oxford 6, Oxford 1924, Nr 31900 / *M. Marien*, Catalogus, p 46,
Nr 130

AT 96

London, British Museum, Inv Nr 2486; P Lit London 209; Rahlfs 952

IV A (Milne, p 176)

Cant 5,12—6,4 (v); 6,4—11 (r)

Fundort:?; 1 Doppelblatt aus einem cod mit einer col; 19,5 × 26,3 cm; Schriftspiegel: 15 × 10,5 cm; Zeilenzahl: 24 (v), 25 (r), davon 4 (v), 7 (r) vollständig; die übrigen linn weisen geringe Lücken auf; rekonstruierte Buchstabenzahl 25—34, meist 28;
mittelgroße, geschwungene Unziale; Apostroph; Interpunktion durch Spatium; Punkt in mittlerer Höhe; Diärese über ι u υ;
anderes fol enthält Apologie des Aristides (Milne Nr 223)

E: *J. M. Milne*, Catalogue of the Literary Papyri in the British Museum, London 1927, pp 176—178, Nr 209

L: *S. Jellicoe*, pp 228 sq

AT 96 a

Hiobkommentar des Didymus aus dem Toura-Fund; Inhalt, bisher publiziert:

Job	
1,1—4,21	A. Henrichs, PTA 1 (1968)
5,1—6,29	A. Henrichs, PTA 2 (1968)
7,20—11,10	U. Hagedorn/D. Hagedorn/L. Koenen, PTA 3 (1968)

weiterer Inhalt, soweit bekannt:

Job 12,1—16,2

endgültige Aufnahme, sobald die Edition abgeschlossen ist und alle für die Verzeichnung notwendigen Unterlagen zugänglich sind

AT 97

New York, Pierpont Morgan Library, P Amherst 4 (A); Manchester, John Rylands Library, P Rylands 2 (B); London, British Museum, Inv Nr 1859 B (C); P Lit London 210; Rahlfs 913

V   (Serruys bei Bardy, p 256)
VI—VII (Hunt, p 3; Milne, p 178)
VII   (Grenfell/Hunt, p 31; Rahlfs, p 48)

Job 1,15—16 (fr 1r B); 1,17—18 (fr 2r B); 1,18—19 (fr 1v B); 1,19—21 (fr 2v B); 1,21—22 (fr v A); 2,3 (fr r A); 5,24—6,3 (fr 3r B); 6,3—9 (fr 3v B); 14,1—5 (fr r C); 14,12—14 (fr v C);

Fundort ?; 5 frr (A:1; B:3; C:1) von 4 foll aus einem cod mit je einer col; fr A: 6,7 × 6,7 cm; Zeilenzahl (stichisch): 7 (v u r); fr B: 17,2 × 10,2 cm; Zeilenzahl (stichisch): 9 (1r), 8 (1v), 11 (2r), 10 (2v), 20 (3r), 22 (3v); fr C: 11 × 13,5 cm; Zeilenzahl (stichisch): 10 (r), 11 (v); oberer Rand: 4 cm; innerer Rand: 7 cm; rekonstruiertes Blattformat: 30 × 24 cm; rekonstruierter Schriftspiegel: 22 × 11,5 cm; rekonstruierte Zeilenzahl: 22—23; rekonstruierte Buchstabenzahl (Langzeile): 27—28, meist 20—23;
runde Unziale; ziemlich aufrechte, große litt; hellbraune Tinte; Spiritus; Initialen der Stichoi vergrößert; Diärese über ι u υ; Apostroph zwischen γγ; Orthographica: αι:ε, ε:αι; ει:ι, ι:ει; linn stichisch abgesetzt; nomina sacra: κς, ουνου, πνα;
Paginierung: λγ (33), λδ (34)

E: *B. P. Grenfell/A. S. Hunt,* The Amherst Papyri I, London 1900, pp 31 sq / *A. S. Hunt,* Catalogue of the Greek Papyri in the John Rylands Library Manchester, Manchester 1911, pp 3—7 / *J. M. Milne,* Catalogue of the Literary Papyri in the British Museum, London 1927, pp 178 sq, Nr 210

L: *C. Schmidt,* APF 1 (1901), p 543 (dort Vertauschung von r u v) / *G. Bardy,* Les Papyrus des Septante, RPh NS 33 (1909), pp 256 sq / *A. Rahlfs,* Verzeichnis, p 48 / *S. Jellicoe,* pp 225. 237

AT 98

Florenz, Biblioteca Laurenziana, PSI 1163; Rahlfs 955

IV (Vitelli/Norsa/Bartoletti, p 105)

Job 1,19—2,1 (v); 2,6—9b (r)

Fundort: Oxyrhynchus; 1 fr eines fol aus einem cod mit einer col;
13 × 7 cm; Zeilenzahl: 16 (r u v); rekonstruierte Zeilenzahl: 33—34;
rekonstruierte Buchstabenzahl: 26—35, meist 30;
kalligraphische Unziale; Koronis; Diärese über ι; Orthographicon: ει:ι;
nomina sacra: θυ, κυ, κω;
zwischen r u v fehlen ca 17—18 linn

E: *G. Vitelli/M. Norsa/V. Bartoletti*, PSI 10 (1932), p 105

L: *M. Marien*, Catalogus, p 39, Nr 60

AT 99

Berlin, Staatliche Museen, P Berlin Inv Nr 6788; Rahlfs 834

V—VI (Treu, p 59)

Job 31,32—34 (r); 31,39—32,1 (v)

Fundort: Faijum; 1 fr eines fol aus einem cod mit einer col; 9 × 7 cm; äußerer Rand: 2,8 cm; unterer Rand: 1,5 cm; Zeilenzahl (stichisch): 7 (r u v), davon eine (v) vollständig; rekonstruierte Zeilenzahl: ca 22—24; rekonstruierte Buchstabenzahl: 20; aufrechte, kräftige Unziale „koptischen" Typs; lin 5 v Koronis; linn stichisch abgesetzt; fr ist untere, äußere Ecke des fol

E: *K. Treu*, Neue Berliner Septuagintafragmente, APF 20 (1970), p 59 u tab 7 b

L: *K. Treu*, Christliche Papyri IV, APF 22/23 (1974), p 370

AT 100

Berlin, Staatliche Museen, P Berlin Inv Nr 11778; Rahlfs 974

um 220 (Stegmüller, p 50)

Job 33,23—24 (col 1); 34,10—15 (col 2) (v); Teil aus Bericht über Prozeßverhandlung (r)

Fundort: ?; 1 fr eines fol mit 2 coll (gefaltet?); 7 × 24 cm; Schriftspiegel: 4,5 × 9,5 cm; Zeilenzahl: 9 (col 1), davon 8 vollständig; 9 (col 2), davon 2 vollständig; rekonstruierte Zeilenzahl 9; rekonstruierte Buchstabenzahl: 26—36, meist 30;
kleine, regelmäßige, elegante Geschäftsschrift; regelmäßige Interpunktion am Satzende; 1 Spiritus asper; 1 Zirkumflex; Diärese über υ; nomina sacra: ανω, ανοις, κυ, ουνον;
aus dem fr mit dem Prozeßbericht wurde ein Stück herausgeschnitten, um die freie Rückseite für einen neuen Text zu verwerten; die Schrift läuft auf beiden Seiten parallel zur Faserung; es erscheint unwahrscheinlich, daß noch weitere coll vorhanden waren

E: *O. Stegmüller*, Berliner Septuagintafragmente, BKT VIII (1939), pp 50—55, Nr 17

L: *B. Botte*, RThAM 12 (1940), p 156 / *J. Hempel*, ThLZ 65 (1940), coll 122—123 / *M. Hombert*, ACl 9 (1940), pp 132—133 / *M. Marien*, Catalogus, p 39, Nr 61

Wien, Österreichische Nationalbibliothek, P Vindob G 39770 (früher: P Lit theol 5); Rahlfs 950

IV—V (Wessely, p 4; Rahlfs, p 315)

Sap 1,1—2 (r); 1,6—8 (v)

Fundort: ?; 1 fr eines fol aus einem cod mit einer col; 9,5 × 8 cm; Rand oben und seitlich: 2 cm; Zeilenzahl (stichisch): 8 (r), davon eine vollständig; 6 (v); rekonstruiertes Blattformat: 28 × 16—18 cm; rekonstruierte Zeilenzahl: 30—32; rekonstruierte Buchstabenzahl (Langzeile): 21—25, meist 22—23;
große Unziale; Kreuzzeichen vor Beginn der ersten lin; Strich über dem Titelwort;
linn stichisch abgesetzt

E: *C. Wessely*, StudPal 9 (1909), p 4

L: *A. Rahlfs*, Verzeichnis, p 315 / *M. Marien*, Catalogus, p 46, Nr 132 / *S. Jellicoe*, p 236

AT 102 [06]

Oxford, Ashmolean Museum, P Antinoopolis 8; Rahlfs 928

III (Roberts, p 2; Zuntz, p 124; Treu, p 179)

Sap 11,19—22 (fol VIII, fr 18v); 12,8—11 (fr 18r)

AT 103

Berkeley (California), Palestine Institute Museum, Pacific School of Religion, P Oxyrhynchus 1595; Rahlfs 991

VI (Grenfell/Hunt, p 6)

Sir 1,1—5 (v); 1,5—9 (r)

Fundort: Oxyrhynchus; 1 fr eines fol aus einem cod mit einer col; 18 × 11,2 cm; Zeilenzahl (stichisch): 16 (v u r); rekonstruierte Buchstabenzahl (Langzeile): 15—22, meist 18;
breite, schwerfällige, runde Unziale; braune Tinte; regelmäßig Hochpunkt nach Versende; Zirkumflex in lin 1 (r); Diärese über υ; nomina sacra: θυ, κϛ, ουνου, aber κυρίου (lin 1v);
jeder Vers beginnt auf einer neuen lin;
unter lin 16 (r) Zusatz von 2. Hand

E: *B. P. Grenfell/A. S. Hunt*, The Oxyrhynchus Papyri XIII, London 1919, pp 6—8

AT 104

Florenz, Istituto di Papirologia G. Vitelli, Inv Nr 531; Rahlfs 828

III—IV (Dianich, p 178; Treu, p 179)

Sir 29,15—18 (v); 29,25—27 (r)

Fundort: ?; 1 fr eines fol aus einem cod mit einer col; 10 × 5,5 cm; Zeilenzahl: 8 (v), 6 (r); innerer Rand: 2,3 cm; äußerer Rand: 0,5 cm; rekonstruiertes Blattformat: 22 × 15 cm; rekonstruierter Schriftspiegel: 17—18 × 12 cm; rekonstruierte Zeilenzahl: 14; rekonstruierte Buchstabenzahl: 16—24, meist 20;
große, klare Unziale des Bibeltyps;
zwischen v u r fehlen ca 23 linn

E: *A. Dianich,* Papiri inediti della raccolta Fiorentina, ASNSP II, 26 (1957), pp 178—179

L: *K. Treu,* Christliche Papyri 1940—1967, APF 19 (1969), p 179.

AT 105

Dublin, P Chester Beatty XI; Rahlfs 964

IV E (Kenyon, p XIV)

Sir 36,23—37,11 (fr 1 v); 37,11—22 (fr 1 r); 46,6—11 (fr 2 v); 46,16—47, 2 (fr 2 r)

Fundort ?; 2 frr zweier foll aus einem cod mit je einer col; fr 1: 26,7 × 17,8 cm; Zeilenzahl (stichisch): 35 (r u v), davon 29 vollständig; fr 2: 15,2 × 9,2 cm; Zeilenzahl (stichisch): 19 (v), 18 (r); rekonstruiertes Blattformat: 28 × 19 cm; rekonstruierter Schriftspiegel: 21 × 14 cm; rekonstruierte Zeilenzahl: 32—35; rekonstruierte Buchstabenzahl (Langzeile): 30—38, meist 33;
große, geschwungene Unziale; litt ziemlich roh; Spiritus; ν-Strich; Diärese über ι u υ; Orthographica: ει:ι, ι:ε; nomina sacra: ανω, ανων, ιηλ, κυ, υϛ (= υἱούς);
linn stichisch abgesetzt;
es fehlen: linker Rand und $^2/_3$ des Mittelteils (fr 1); unterer Teil (fr 2); cod bestand wahrscheinlich aus 10- o 12-Blattlagen; frr stammen aus 1. Hälfte zweier aufeinanderfolgender Lagen; Paginierung ογ (73) οδ (74) auf fr 1 v u r;
nach Rekonstruktion müßte cod aus 108 pp = 54 foll bestanden haben

E: *F. G. Kenyon*, The Chester Beatty Biblical Papyri VI, 1, London 1937, pp VIII sq u 28 sqq; VI,2, Dublin 1958, pl 104—105

L: *F. G. Kenyon*, Gn 8 (1932), p 48 / *F. G. Kenyon*, Nomina Sacra in the Chester Beatty Papyri, Aeg 13 (1933), pp 5—10 / *M. Marien*, Catalogus, p 46, Nr 133 / *F. G. Kenyon*, Der Text der griechischen Bibel, Göttingen 1952, p 30 / *S. Jellicoe*, p 231

AT 106

Wien, Österreichische Nationalbibliothek, P Vindob G 26782; Rahlfs 938

V (Sanz, p 50; Treu, p 179)

Sir 42,17—19 (r); v unleserlich

Fundort: Hermopolis Magna; 1 fr eines fol aus einem cod mit einer col; 9 × 10,5 cm; linker Rand: 1,8 cm; unterer Rand: 3,0 cm; Zeilenzahl (stichisch): 8, davon eine vollständig; rekonstruierte Buchstabenzahl (Langzeile): 26—28;
monumentale Bibelunziale; Diärese über υ;
linn stichisch abgesetzt;
fr ist äußere untere Ecke des fol

E: *P. Sanz*, Griechische literarische Papyri christlichen Inhalts I, MPER IV (1946), pp 50—51, Nr 28

L: *K. Treu*, Christliche Papyri 1940—1967, APF 19 (1969), p 179

AT 107 [06]

Oxford, Ashmolean Museum, P Antinoopolis 8; Rahlfs 928

III (Roberts, p 2; Zuntz, p 124; Treu, p 179)

Sir 45,14—15 (fol IX, frr 19r u 20r); 45,20—22 (frr 19v u 20v); frr 21—24 nicht identifiziert

AT 108 [08]

Washington D.C., Freer Greek Ms V; Rahlfs W

III (Sanders/Schmidt, p VII)

Os 2,1—2. 14; 6,5—7; 7,13; 7,4—5; 8,5—6 (fr 1, r u v); 14,7—10; (fr 2v)

AT 109 [07]

London, British Museum, Inv Nr 10825 (früherInv Nr 2584); Rahlfs 829

r: II   (Bell/Thompson, p 241; Hunt bei Bell/Thompson, p 241)
v: III E   (Bell/Thompson, p 242)
   III E—IV (Hunt bei Bell/Thompson, p 241)

Os 2,11—15 (fr 1a); 3,5; 4,1—7 (fr 1b); 6,8—11 (fr 2a: nur koptisch); 7,14—8,1 (fr 2b); 8,14—9,6 (fr 3)

AT 110 [08]

Washington D.C., Freer Greek Ms V; Rahlfs W

III (Sanders/Schmidt, p VII)

Am 1,1—5 (fr 2v); 1,10—13. 15; 2,1—4 (fr 2r); 2,4—16 (fr 3v); 2,16; 3,1—4,1 (fr 3r); 4,1—12 (fr 4v); 4,12—13; 5,1—14 (fr 4r); 5,14—27; 6,1—3 (fr 5v); 6,4—14; 7,1—5 (fr 5r); 7,6—17; 8,1—4 (fr 6v); 8,4—14; 9,1—3 (fr 6r); 9,3—13 (fr 7v); 9,13—15 (fr 7r)

AT 111

Philadelphia, University Museum, University of Pennsylvania, E 3074; P Oxyrhynchus 846; Rahlfs 906

VI (Grenfell/Hunt, p 3; Rahlfs, p 178)

Am 2,6—8 (v); 2,9—12 (r)

Fundort: Oxyrhynchus; 1 fr eines fol aus einem cod mit einer col; 16,4 × 12,6 cm; Zeilenzahl: 16 (v u r); rekonstruiertes Blattformat: 26,5 × 15,5 cm; rekonstruierte Zeilenzahl: 22; rekonstruierte Buchstabenzahl: 16—23, meist 19;
breite und schwere, runde und aufrechte Unziale, am Ende längerer linn ziemlich klein werdend; braune Tinte; Hoch- und Mittelpunkte; Diärese über ι u υ; Orthographicon: ι:ει; nomina sacra: θ[υ], κς, πρ; fr ist Oberteil des fol

E: *B. P. Grenfell/A. S. Hunt*, The Oxyrhynchus Papyri VI, London 1908, pp 3—4

L: *A. Rahlfs*, Verzeichnis, p 178 / *S. Jellicoe*, p 235, Anm 3

AT 112 [07]

London, British Museum, Inv Nr 10825 (früher Inv Nr 2584); Rahlfs 829

r: II   (Bell/Thompson, p 241; Hunt bei Bell/Thompson, p 241)
v: III E   (Bell/Thompson, p 242)
   III E—IV (Hunt bei Bell/Thompson, p 241)

Am 2,8—10; 13—15 (fr 4; 13—15 nur koptisch?)

AT 113 [08]

Washington D.C., Freer Greek Ms V; Rahlfs W

III (Sanders/Schmidt, p VII)

Mich 1,1—11 (fr 7r); 1,11—16; 2,1—9 (fr 8v); 2,10—13; 3,1—9 (fr 8r); 3,10—12; 4,1—9 (fr 9v); 4,10—13; 5,1—8 (fr 9r); 5,8—15; 6,1—10 (fr 10v); 6,10—16; 7,1—9 (fr 10r); 7,9—20 (fr 11v)

AT 114 [08]

Washington D.C., Freer Greek Ms V; Rahlfs W

III (Sanders/Schmidt, p VII)

Joel 1,1—2 (fr 11v); 1,2—17 (fr 11r); 1,17—20; 2,1—11 (fr 12v); 2,11—23 (fr 12r); 2,23—27; 3,1—5; 4,1—4 (fr 13v); 4,4—18 (fr 13r); 4,19—21 (fr 14v)

AT 115 [08]

Washington D.C., Freer Greek Ms V; Rahlfs W

III (Sanders/Schmidt, p VII)

Abd 1,1—12 (fr 14v); 1,12—21 (fr 14r)

AT 116 [08]

Washington D.C., Freer Greek Ms V; Rahlfs W

III (Sanders/Schmidt, p VII)

Jon 1,1—4 (fr 14r); 1,4—16 (fr 15v); 2,1—11; 3,1—7 (fr 15r); 3,7—10; 4,1—9 (fr 16v); 4,10—11 (fr 16r)

AT 117 [0201, Od 6]

Wien, Österreichische Nationalbibliothek, P Vindob K 8706 (fol 1b = Ex 15,1—8: früher P Vindob Lit theol 4); Rahlfs 2036

VI   (Rahlfs, p 315)
VI M—VI E (Till/Sanz, p 17)

Jon 2,3 (fol 11b); 2,3—10 (fol 12b)

AT 118 [08]

Washington D.C., Freer Greek Ms V; Rahlfs W

III (Sanders/Schmidt, p VII)

Nah 1,1—13 (fr 16r); 1,13—14; 2,1—12 (fr 17v); 2,12—14; 3,1—10 (fr 17r); 3,11—19 (fr 18v)

AT 119 [08]

Washington D.C., Freer Greek Ms V; Rahlfs W

III (Sanders/Schmidt, p VII)

Hab 1,1—5 (fr 18v); 1,6—17; 2,1 (fr 18r); 2,1—15 (fr 19v); 2,15—20; 3,1—8 (fr 19r); 3,8—19 (fr 20r)

AT 120 [08]

Washington D.C., Freer Greek Ms V; Rahlfs W

III (Sanders/Schmidt, p VII)

Soph 1,1—3 (fr 20r); 1,3—15 (fr 20v); 1,16—18; 2,1—9 (fr 21r); 2,10—15; 3,1—7 (fr 21v); 3,7—19 (fr 22r); 3,19—20 (fr 22v)

AT 121 [08]

Washington D.C., Freer Greek Ms V; Rahlfs W

III (Sanders/Schmidt, p VII)

Agg 1,1—11 (fr 22v); 1,11—15; 2,1—9 (fr 23r); 2,9—21 (fr 23v); 2,22—23 (fr 24r)

AT 122 [08]

Washington D.C., Freer Greek Ms V; Rahlfs W

III (Sanders/Schmidt, p VII)

Zach 1,1—10 (fr 24r); 1,11—17; 2,1—6 (fr 24v); 2,7—17; 3,1—4 (fr 25r); 3,5—10; 4,1—7 (fr 25v); 4,8—14; 5,1—8 (fr 26r); 5,8—11; 6,1—12 (fr 26v); 6,12—15; 7,1—10 (fr 27r); 7,10—14; 8,1—9 (fr 27v); 8,9—21 (fr 28r); 8,21—23; 9,1—10 (fr 28v); 9,10—17; 10,1—6 (fr 29r); 10,6—12; 11,1—6 (fr 29v); 11,6—17 (fr 30r); 11,17; 12,1—11 (fr 30v); 12,12—14; 13,1—9; 14,1—2 (fr 31r); 14,2—13 (fr 31v); 14,13—21 (fr 32r)

AT 123

Köln, Universität, Institut für Altertumskunde, P Colon theol 2;
P Toura cod VI

V—VI   (Koenen, p 63)
VI—VII (Doutreleau, p 145)

Zach 1,1—6,8 (vol I); 6,9—8,15 (vol II); 8,16—10,12 (vol III); 11,
1—13,7 (vol IV); 13,8—14,21 (vol V)

Zach 1,1 (I, 2); 1,3. 2 (I, 8); 1,7 (I, 16); 1,8 (I, 20); 1,9 (I, 31); 1,10
(I, 35); 1,11 (I, 41); 1,12 (I, 46); 1,13 (I, 53); 1,14—15 (I, 55); 1,16 (I,
67); 1,17 (I, 76); 2,1—2a (I, 81); 2,2b (I, 87); 2,3—4 (I,89); 2,5—6 (I,
101); 2,7—8a (I,111); 2,8b—9 (I, 117); 2,10—11 (I, 128); 2,12—13 (I,
138); 2,14—16 (I, 155); 2,17 (I, 168); 3,1 (I, 182); 3,2 (I, 196); 3,
3—5a (I, 207); 3,5b—7 (I, 225); 3,8—9a (I, 237); 3,9b—10 (I, 262);
4,1—3 (I, 271); 4,4—6 (I, 291); 4,7 (I, 300); 4,8—9 (I, 313); 4,10 (I,
320); 4,11—14 (I, 334); 5,1—4 (I, 344); 5,5—8 (I, 361); 5,9—11 (I,
385); 6,1—8 (I, 402); 6,9—11 (II, 1); 6,12—15 (II, 31); 7,1—3 (II,
89); 7,4—7 (II, 107); 7,8—10 (II, 132); 7,11—12 (II, 154); 7,12—14
(II, 191); 8,1—3 (II, 221); 8,4—5 (II, 243); 8,6 (II, 279); 8,7—8 (II,
287); 8,9 (II, 307); 8,10 (II, 316); 8,11—12 (II, 328); 8,13—15 (II,
350); 8,16—17 (III, 4); 8,18—19 (III, 31); 8,20—22 (III, 37); 8,23
(III, 54); 9,1—2 (III, 74); 9,2—4 (III, 82); 9,5—8 (III, 99); 9,9—10
(III, 132); 9,11—12 (III, 160); 9,13—14a (III, 186); 9,14b—15a (III,
199); 9,15b—16 (III, 215); 10,1—3a (III, 237); 10,3b—5a (III, 260);
10,5b—7 (III, 268); 10,8—10 (III, 280); 10,11—12 (III, 309); 11,
1—2 (IV, 16); 11,3 (IV, 40); 11,4—5 (IV, 48); 11,6—7 (IV, 61); 11,
7—9 (IV, 71); 11,9 (IV, 98); 11,10—11 (IV, 105); 11,12—13 (IV,
113); 11,14 (IV, 129); 11,15—16 (IV, 149); 11,17 (IV, 163); 12,1—3
(IV, 175); 12,4 (IV, 198); 12,6—7 (IV, 211); 12,8 (IV, 229); 12,9—10a
(IV, 239); 12,10b (IV, 251); 12,11—14 (IV, 258); 13,1 (IV, 278); 13,2
(IV 285); 13,3 (IV, 294); 13,4—6 (IV, 299); 13,7 (IV, 307); 13,8—9
(V, 1); 14,1—2 (V, 21); 14,3—4a (V, 31); 14,4b—5a (V, 50); 14,5b—7
(V, 68); 14,8—9a (V, 79); 14,9b—11 (V, 91); 14,12 (V, 120); 14,
13—14 (V, 132); 14,15 (V, 141); 14,16 (V, 155); 14,17 (V, 178); 14,
18—19 (V, 183); 14,20—21a (V, 189); 14,21b (V, 200)

Fundort: Toura; 410 foll aus einem cod mit je einer col; 45 × 27 cm
(Doppelblatt); Schriftspiegel: 19—21, 5 × 15,5—18 cm; Zeilenzahl:
22—30, meist 27; Buchstabenzahl: 38—48, meist 42—43; rekonstruiertes Blattformat (Doppelblatt): 46 × 28 cm;
weder Unziale noch Kursive, sondern Minuskel (nicht zu verwechseln
mit der Manuscriptminuskel) (siehe Doutreleau, p 145); Apostroph zur
Zusammenfassung von Wortgruppen; Punkt, Mittel- und Hochpunkt
am Abschluß von Sätzen oder Satzteilen; Diärese über ι υ υ; Zitate

186

sind durch >, die Lemmata durch » bezeichnet; Orthographica: αι:ε,
ε:αι; ει:η; ει:ι, ι:ει; η:ι; η:ει; η:ε; ο:ω; υ:ου; ω:ου; nomina sacra:
ανος, ανου, ανω, ανον, ανοι, ανων, ανοις, ανους, δαδ, θς, θυ, θω, θν, ιλημ,
ιλμ, ιηλμ, ις, ιυ, ιν, ιηλ, ισηλ, κς, κυ, κω, κν, κε, πηρ, πρς, προς, πρι,
πρα, πνα, πνς, πνος, πνι, πντι, πντα, πνκου, πνικω, πνκην, πνκα,
πνκων, σρ, σηρ, σωρ, στρ, σρς, σρος, σωρος, σρι, σηρι, σρα, σηρα, υς,
υυ, υω, υν, υε;

Korrekturen von 6 Händen; Palimpsestcod aus 26 Quaternionen
(I—XXVI) mit je 16 pp (Lage I, 18), insgesamt 418 pp, davon 414
erhalten, 4 unbeschrieben (204 beschriebene + 4 unbeschriebene pp
befinden sich in Kairo, 202 in anderen Sammlungen, 8 pp fehlen); von
Didymus in 5 Bücher eingeteilt

E: *L. Koenen*, Ein theologischer Papyrus der Kölner Sammlung:
Kommentar Didymos' des Blinden für Zach 9,11. 16, APF 17
(1960—62), pp 61—81 / *L. Doutreleau*, Didyme l'aveugle, Sur Za-
charie, Sources Chrétiennes 83—85, Paris 1962, pp 7—1208

L: *W. Schubart*, Papyri Graeci Berolinenses, Bonn 1911, tab 45 / *E. M.
Thompson*, An Introduction to Greek and Latin Palaeography, Oxford 1912, p 181, Nr 40 / *M. Norsa*, La scrittura letteraria greca dal
seculo IV. A. C. all' VIII D. C., Florenz 1939, tab 15 u 17 / *G.
Bardy*, RechSR 32 (1944), pp 247—250 / *O. Guéraud*, Note préliminaire sur les papyrus d'Origène découverts à Toura, RHR, An-
nales du Musée Guimet, 131 (1946), pp 85—108 / *H. C. Puech*, Les
nouveaux écrits d'Origène et de Didyme découverts à Toura,
RHPhR 31 (1951), pp 293—329 / *J. Aucagne/L. Doutreleau*, Que
savons nous aujourd'hui des papyrus de Toura?, RechSR 43
(1955), pp 161—195 / *A. Gesché*, L'âme humaine de Jésus dans la
christologie du IVᵉ siècle, RHE 54 (1959), p 389, Anm 4; pp
385—425 / *B. R. Rees/H. I. Bell/J. W. B. Barns*, A Descriptive
Catalogue of the Greek Papyri in the Collection of Wilfred Merton,
F. S. A. II, Dublin 1959, tab 40 / *A. Gesché*, Un document nouveau
sur la christologie du IVᵉ siècle, TU 78 (1961), pp 205—206 /
K. Treu, Christliche Papyri 1947—1960, APF 19 (1969), pp 188sq /
W. A. Bienert, „Allegoria" und „Anagoge" bei Didymus dem
Blinden von Alexandria, Berlin 1972

AT 124 [09]

Heidelberg, Papyrussammlung der Universität, P Heidelberg Inv Nr G 600 (bis 1900 Sammlung Graf); Rahlfs 919

VI—VII (Wilcken bei Deißmann, p 6, Anm 6; Rahlfs, p 77)
VII (Deißmann, p 7; Kenyon, Palaeography, pp 118sq u Deißmann, pp 6sq)

Zach 4,6—10 (fr 1a, tab 1); 4,11—5,1 (fr 1b, tab 2); 5,3—5 (fr 2a, tab 3); 5,6—9 (fr 2b, tab 4); 5,9—6,2 (fr 3a, tab 5); 6,4—7 (fr 3b, tab 6); 6,7—12 (fr 4a, tab 7); 6,12—15 (fr 4b, tab 8); 7,10—14 (fr 5a, tab 9); 7,14—8,4 (fr 5b, tab 10); 8,4—9 (fr 6a, tab 11); 8,9—12 (fr 6b, tab 12); 8,12—15 (fr 7a, tab 13); 8,15—19 (fr 7b, tab 14); 8,19—23 (fr 8a, tab 15); 8,23—9,4 (fr 8b, tab 16); 9,4—7 (fr 9a, tab 17); 9,7—10 (fr 9b, tab 18); 9,10—14 (fr 10a, tab 19); 9,14—10,1 (fr 10b, tab 20); 10,1—4 (fr 11a, tab 21); 10,4—7 (fr 11b, tab 22); 11,5—9 (fr 12a, tab 23); 11,9—13 (fr 12b, tab 24); 11,3—16 (fr 13a, tab 25); 11,16—12,2 (fr 13b, tab 26); 12,2—5 (fr 14a, tab 27); 12,5—8 (fr 14b, tab 28); 12,8—11 (fr 15a, tab 29); 12,11—13,1 (fr 15b, tab 30); 13,1—3 (fr 16a, tab 31); 13,4—7 (fr 16b, tab 32); 13,8—14,2 (fr 17a, tab 33); 14,2—4 (fr 17b, tab 34); 14,4—8 (fr 18a, tab 35); 14,8—12 (fr 18b, tab 36); 14,12—14 (fr 19a, tab 37); 14,14—17 (fr 19b, tab 38); 14,17—21 (fr 20a, tab 39); 14,21 (fr 20b, tab 40)

AT 125 [08]

Washington D. C., Freer Greek Ms V; Rahlfs W

III (Sanders/Schmidt, p VII)

Mal 1,1—3 (fr 32r); 1,3—13 (fr 32v); 1,13—14; 2,1—11 (fr 33r); 2, 11—17; 3,1—5 (fr 33v); 3,5—14 (fr 34r); 3,16—24 (fr 34v)

AT 126 [09]

Heidelberg, Papyrussammlung der Universität, P Heidelberg Inv Nr G 600 (bis 1900 Sammlung Graf); Rahlfs 919

VI—VII (Wilcken bei Deißmann, p 6, Anm 6; Rahlfs, p 77)
VII (Deißmann, p 7; Kenyon, Palaeography, pp 118sq u Deißmann, pp 6sq)

Mal 1,1—5 (fr 21a, tab 41); 1,5—8 (fr 21b, tab 42); 1,8—11; 2,1 (fr 22a, tab 43); 2,1—4 (fr 22b, tab 44); 2,4—8 (fr 23a, tab 45); 2,9—12 (fr 23b, tab 46); 2,13—15 (fr 24a, tab 47); 2,16—3,1 (fr 24b, tab 48); 3,2—4 (fr 25a, tab 49); 3,5—7 (fr 25b, tab 50); 3,10—11 (fr 26a, tab 51); 3,13—16 (fr 26b, tab 52); 3,18—19 (fr 27a, tab 53); 3,21—23 (fr 27b, tab 54)

AT 127

Köln, Universität, Institut für Altertumskunde, P Colon theol 2420; Rahlfs 852

?

Is 1,22—2,1 (r); etwa gleicher Text koptisch (v)

Fundort: ?; 9 frr (2 größere u 7 kleinere) eines fol (aus einem cod?) mit einer col; fr 1: 4,5 × 17,5 cm; fr 2: 5 × 18 cm; fr 3: 2,5 × 2 cm; fr 4: 1,6 × 1 cm; fr 5: 2,3 × 1,9 cm; fr 6: 3 × 2 cm; fr 7: 6,5 × 1,6 cm; fr 8: 2,5 × 1,5 cm; rekonstruierte Buchstabenzahl: ca 30; zwischen frr 1 u 2 Lücke von ca 4 cm;

weitere Angaben nicht möglich, da Edition noch nicht vorliegt

AT 128

Oxford, Ashmolean Museum, P Antinoopolis 52; Rahlfs 985

VI E—VII (Barns/Zilliacus, p 1; Treu, p 180)

Is 1,18—24 (r); 1,24—29 (v)

Fundort: Antinoopolis; frr eines fol aus einem cod mit einer col; 18 × 13 cm; Zeilenzahl: 21 (r), 24 (v); seitlicher Rand: ca 2 cm (r), ca 1,5 cm (v); oberer Rand: ca 2 cm (r), ca 1,5 cm (v); rekonstruierte Buchstabenzahl: 15—23, meist 19—21 (r); 19—26, meist 21—22 (v); Unziale von koptischem Typ; Satzgliederung durch Hochpunkte oder Spatien; Paragraphos zwischen linn 7 und 8r; Abbruchkürzel am Zeilenende für αι; ι bei αὐτοί subscribiert; nomina sacra: θ[υ], κς, πρ

E: *J. W. B. Barns/H. Zilliacus*, The Antinoopolis Papyri II, London 1960, pp 1—2

L: *A. Calderini*, Aeg 41 (1961), p 101 / *C. Préaux*, ChronEg 36 (1961), Nr 71, pp 209—214 / *K. Latte*, Gn 34 (1962), pp 152—155 / *B. R. Rees*, CR NS 12 (1962), pp 143—144 / *J. D. Thomas*, JHS 82 (1962), p 179 / *H. J. Wolff*, ZSavR (1962), pp 376—378 / *W. M. Calder*, ClPh 68 (1963), pp 271—272 / *K. Treu*, Christliche Papyri 1940—1967, APF 19 (1969), p 180

[Var 20]

Wien, Österreichische Nationalbibliothek, P Vindob G 19887; Rahlfs 982

V—VI (Wessely, p 437)

Is 6,3b (v); r unbeschrieben

AT 129

Dublin, P Chester Beatty VII (A); London, P Merton 2 (B); Florenz, Biblioteca Laurenziana, PSI 1273 (C); Rahlfs 965

236   (Kenyon, p VIII)
III   (Vaccari, p 107)
III A   ?   (Bell/Roberts, p 6; Treu, p 180)

Is 8,18—19 (fr 13 v A); 9,1—2 (fr 13 r A); 11,5—7 (fr 18 v A); 11, 10—12 (fr 18 r A); 11,15—12,1 (fr 19 v A); 12,5—13,2 (fr 19 r A); 13, 6—9 (fr 20 v A); 13,12—14 (fr 20 r A); 13,18—20 (fr 21 v A); 14,2—4 (fr 21 r A); 14,23—27 (fr 23 v A); 14,29—15,1 (fr 23 r A); 15,3—5 (fr 24 v A); 15,8—16,4 (fr 24 r A); 16,7—10 (fr 25 v A); 16,12—17,3 (fr 25 r A); 17,5—7 (fr 1 r B); 17,9—12 (fr 1 v B); 18,1—4 (fr 27 v A); 18,6—19,1 (fr 27 r A); 19,3—5 (fr 55 C)*; 19,5—6 (fr 28 v A); 19, 8—11 (fr 56 C)*; 38,14—15 (fr 59 r A); 39,7—8 (fr 60 r A); 40,22—23 (fr 61 r A); 41,25 (fr 62 r A); 41,28—42,2 (fr 62 v A); 42,5—7 (fr 63 r A); 42,10—13 (fr 63 v A); 42,16—18 (fr 64 r A); 42,22—24 (fr 64 v A); 42, 25—43,2 (fr 65 r A); 43,6—8 (fr 65 v A); 43,10—13 (fr 66 r A); 43, 17—20 (fr 66 v A); 43,25—44,2 (fr 67 r A); 44,5—7 (fr 67 v A); 44, 11—12 (fr 68 r A); 44,15—17 (fr 68 v A); 44,19—21 (fr 69 r A); 44 23—25 (fr 69 v A); 44,28 (fr 70 r A); 45,5 (fr 70 v A); 54,1—5 (fr 85 r A); 54,10—11 (fr 85 v A); 54,14—17 (fr 2 r B); 55,3—6 (fr 2 v B); 55, 9—12 (fr 87 r A); 56,1—3 (fr 87 v A); 56,6—7 (fr 88 r A); 56,11—57,3 (fr 88 v A); 57,9—10 (fr 89 r A); 57,15 (fr 89 v A); 57,17—20 (fr 90 r A); 58,2—4 (fr 90 v A); 59,1—3 (fr 92 r A); 59,7—9 (fr 92 v A); 59, 12—14 (fr 93 r A); 59,17—20 (fr 93 v A); 60,2—5 (fr 94 r A); 60,9—10 (fr 94 r A); 60,14—16 (fr 95 r A); 60,19—22 (fr 95 v A);

Fundort: Aphroditopolis?; 27 (A), 2 (B), 1 (C) frr eines cod mit je einer col; Blattformat: $14 \times 12{,}8$ cm (fr 1 B); $14 \times 11{,}9$ cm (fr 2 B); $13{,}5 \times 11{,}5$ cm (C); durchschnittliche Zeilenzahl: 26 (A); 25 (B); 23 (C); rekonstruiertes Blattformat: $27{,}5 \times 15{,}2$ cm; rekonstruierter Schriftspiegel: $19{,}5 \times 12{,}7$ cm; rekonstruierte Zeilenzahl: 25—27; rekonstruierte Buchstabenzahl: 21—24;
mittelgroße, regelmäßige schöne Unziale der „römischen Periode" mit Manierismen der Spätphase; Punkte häufig; Apostroph nach Eigennamen und zwischen Doppelkonsonanten; ν-Strich; Diärese über ι und υ: ϊ, ΰ oder υ (A); ϋ (B); nomina sacra: θς, θυ, θω, θν, κς, κυ, κω, κν, κε, πνα;
Interpunktionen und Textkorrekturen in Kursive von zweiter Hand; 1 Lage aus 56 foll; Paginierung: 26, 36, 40, 45, 46, (4)9, 53, 54 (A); 55, 56 (B); 51, 52 (C);
der Text enthält koptische Glossen im faijumischen Dialekt; die Texte von B sind auch in A enthalten, die Angaben richten sich nach B

E: *H. von Erffa*, Esai 19,3sqq, SIF NS XII (1935), pp 109—110 /
F. G. Kenyon, The Chester Beatty Biblical Papyri VI, 1 (Text),
London 1937, pp 1—26; VI, 2 (Plates), Dublin 1958, pl 75sqq
(A) / *H. I. Bell/C. H. Roberts*, A descriptive catalogue of the greek
papyri in the collection of W. Merton I, London 1948, pp 6—12 (B)
/ *A. Vaccari*, 1273, Isai 19,3—5. 8—11, PSI 12 (1951), pp 107—110

L: *F. G. Kenyon*, Gn 8 (1932), p 47 / *id*, Nomina Sacra in the Chester
Beatty Papyri, Aeg 13 (1933), pp 5—10 / *J. Ziegler*, Septuaginta,
XIV Isaias, Vetus Testamentum Graecum Auctoritate Societatis
Literarum Gottingensis, Göttingen 1939, p 11 (nur für A) / *M. Marien*, Catalogus, p 47, Nr 137 (A) / *F. G. Kenyon*, Der Text der griechischen Bibel, Göttingen 1952, p 30 / *E. C. Blackmann*, Gn 26
(1954), pp 282—283 / *F. Scheidweiler*, Gy 62 (1955), pp 183—184 /
S. Jellicoe, p 231 / *K. Treu*, Christliche Papyri 1940—1967, APF 19
(1969), p 180

AT 130

Washington D. C., Library of Congress, 4082 B; Rahlfs 844

III E (Donovan, p 625)

Is 23,4—7 (v); 23,10—13 (r)

Fundort: ?; 1 fr eines fol aus einem cod mit einer col; 6,7 × 12,4 cm; Schriftspiegel: 11,2 × 8,6 cm (v), 11,2 × 9,5 cm (r); innerer Rand: 1,4 cm (v), 1 cm (r); äußerer Rand: 2,5 cm (v), 2 cm (r); Zeilenzahl 10 (v u r), davon 2 (v) vollständig; rekonstruiertes Blattformat: 13 × 12,5 cm; rekonstruierte Zeilenzahl: 19; rekonstruierte Buchstabenzahl: 24;

klare, unverzierte Unziale mit Annäherung zur Kursive; Apostroph; ν-Strich; Orthographicon: ει:ι; leichte Korrekturen; nomen sacrum: κς

E: *B. E. Donovan*, An Isaiah Fragment in the Library of Congress, HThR 61 (1968), pp 625—628 u tab

AT 131 [0201, Od 5, Od 11]

Wien, Österreichische Nationalbibliothek, P Vindob K 8706 (fol 1 b = Ex 15,1—8: früher P Vindob Lit theol 4); Rahlfs 2036

VI   (Rahlfs, p 315)
VI M — VI E (Till/Sanz, p 17)

Is 25,1—5 (fol 13 b); 25,6—7. 10; 26,1—4 (fol 14 b); 26,11—16 (fol 15 b); 26,16—20 (fol 16 b); 38,9—13 (fol 17 b); 38,13—15. 18—20 (fol 18 b)

[Var 21, Od 5]

Ann Arbor, University of Michigan, P Michigan Inv Nr 1572; Rahlfs 2155

VII—VIII (Winters, p 9)

Is 26,9 (v); arabische Buchstaben (r)

AT 132

Berlin, Staatliche Museen, P Berlin Inv Nr 6772; Rahlfs 902

II—III (Rahlfs, p 33)
IV (Stegmüller, p 58)

Is 36,16—20 (v); 37,1—6 (r)

Fundort: ?; 1 fr eines fol aus einem cod mit einer col; 12 × 5 cm; Zeilenzahl: 16 (r u v); rekonstruiertes Blattformat: 19 × 12 cm; rekonstruierter Schriftspiegel: 18 × 9 cm; rekonstruierte Zeilenzahl: 23; rekonstruierte Buchstabenzahl: 22—32, meist 26 (v), 25—37 meist 31 (r);

breite, aufrechte Unziale im Bibelstil; Diärese über ι u υ; Orthographica: ει:ι, ι:ει; (lin 7r); nomina sacra: θς, κς, κυ;

auf r Spuren vertikal zum Text laufender spiegelbildlicher Schrift, vermutlich aus viel späterer Zeit

E: *O. Stegmüller*, Berliner Septuagintafragmente, BKT VIII (1939), pp 58—60, Nr 20

L: *A. Rahlfs*, Verzeichnis, p 33 / *M. Marien*, Catalogus, p 47, Nr 140 / *B. Botte*, RThAM 12 (1940), p 156 / *J. Hempel*, ThLZ 65 (1940), coll 122—123 / *M. Hombert*, ACl 9 (1940), pp 132—133

AT 133

Wien, Österreichische Nationalbibliothek, P Vindob G 2320 (früher P Vindob 8024; Expos Nr 536); Rahlfs 948

III (Wessely, p 1; Rahlfs, p 314)

Is 38,3—5 (v); 38,13—16 (r)

Fundort: ?; 1 fr eines fol aus einem cod mit einer col; 8,5 × 6,5 cm; Zeilenzahl: 9 (v u r); oberer und innerer Rand: 1,5 cm; rekonstruierte Blatthöhe: 28,5—31 cm; rekonstruierte Zeilenzahl: 33—35; rekonstruierte Buchstabenzahl: 23—32, meist 27;
große, breite, aufrechte Unziale; nomina sacra: θς, κς, κ[υ]

E: *C. Wessely*, StudPal 9 (1909), p 1, Nr 1

L: *A. Hölder*, Papyrus Erzherzog Rainer, Wien 1894, Expos Nr 536 (= Inv Nr 8024), p 128 / *A. Rahlfs*, Verzeichnis, p 314 / *M. Marien*, Catalogus, p 47, Nr 141 / *S. Jellicoe*, p 236

AT 134 [02]

Manchester, John Rylands Library, P Rylands 460 (A); Oslo, Universitätsbibliothek, P Osloensis 11 (B); Rahlfs 958

IV   (Marien, p 33; Eitrem/Amundsen, p 10; Roberts, p 10)
IV—V (Rudberg, p 4)

Is 42,3—4a (fr 1r B); 42,4b (fr 1r A); 52,15 (fr 1v B); 53,1—2a (fr 1v B); 53,2b—3 (fr 1v A); 53,6—7 (fr 2v B); 53,11b—12 (fr 2v A); 66,18—19 (fr 1r A)

AT 135

Alexandria, Griechisch-Römisches Museum, P Alex 203; Rahlfs 850

III—IV (Carlini, p 489)

Is 48,6—8 (fr 1); 48,11—14 (fr 2, col 1); 48,17—18 (fr 2, col 2)

Fundort: ?; 2 frr einer Rolle mit einer (fr 1) u 2 (fr 2) coll; fr 1: 10,2 × 3,2 cm; Zeilenzahl: 13; rekonstruierte Buchstabenzahl: 8—17, meist 15—17; fr 2: 23 × 8 cm; Zeilenzahl: 20 (col 1), 8 (col 2); rekonstruierte Buchstabenzahl: 9—14, meist 10—12 (col 1), 12—18, meist 15—16 (col 2);
sehr elegante Schrift; Diärese über ι; Orthographicon: ει:ε; nomen sacrum: κς

E: *A. Carlini*, Sei papiri letterari del Museo di Alessandria, ASNSP III 2,2 (1972), pp 485—494

AT 136

Berlin, Staatliche Museen, P Berlin Inv Nr 13422; Rahlfs 904

III ? (Rahlfs, p 33)
IV   (Stegmüller, p 60)

Is 49,16—18 (v); r unbeschrieben

Fundort: ?; 1 fr eines fol aus einem cod mit einer col; 7 × 5 cm; oberer Rand: über 2 cm; Zeilenzahl: 10; rekonstruierte Zeilenzahl: 23—25; rekonstruierte Buchstabenzahl: 21—23;
schöne Unziale; ein Hochpunkt; nomen sacrum: κϲ;
eine Korrektur von zweiter Hand, wenig verschieden; einseitig beschriebenes Blatt, wohl Schlußblatt eines Bandes

E: *O. Stegmüller*, Berliner Septuagintafragmente, BKT VIII (1939), pp 60—61

L: *A. Rahlfs*, Verzeichnis, p 33 / *M. Marien*, Catalogus, p 47, Nr 143 / *B. Botte*, RThAM 12 (1940), p 156 / *J. Hempel*, ThLZ 65 (1940), coll 122—123 / *M. Hombert*, ACl 9 (1940), pp 132—133

AT 137 [04]

New York, Pierpont Morgan Library, P Amherst 191 (frr 1 u 4), 192 a, b (frr 2 u 3), 194 (frr 5, 6, 7); Rahlfs 914 (fr 1), 915 (fr 4), 916 (frr 2 u 3)

VI (Grenfell/Hunt, pp 201. 203; Rahlfs, p 49)

Is 58,11—12 (fr 4 v); 58,13—14 (fr 4 r)

AT 138

Berlin, Staatliche Museen, P Berlin Inv Nr 17212; Rahlfs 837

III (Treu, p 60)

Ier 2,2—3 (fr 1v); 2,8—9 (fr 1r); 2,16—19 (fr 2v); 2,24—26 (fr 2r); 2,30—32 (fr 3v); 2,37—3,1 (fr 3r); 3,6—7 (fr 4r); 3,12—13 (fr 4v); 3,18 (fr 5r); 3,24—25 (fr 5v)

Fundort: ?; 5 frr von 5 foll aus einem cod mit je einer col; fr 1: 5 × 4 cm; fr 2: 9,6 × 8,8 cm; fr 3: 9,5 × 9,2 cm; fr 4: 5,8 × 5,8 cm; fr 5: 2,5 × 0,9 cm; rekonstruierte Zeilenzahl: ca 37; rekonstruierte Buchstabenzahl: 20;
schöne, aufrechte, etwas eckige Unziale; vereinzelt Spiritus; Punkt in hoher oder mittlerer Stellung; Diärese über ι u υ; einfacher Punkt auf ι am Wortende vor vokalischem Anlaut; Apostroph besonders nach Eigennamen, aber auch im Wortinnern; ν-Strich; in lin 32 hebt ein kleiner Strich den Versanfang hervor; Orthographicon: ε:ι; nomina sacra: θς, ι[ηλ], κς, κυ; mehrere Korrekturen

E: *K. Treu*, Neue Berliner Septuagintafragmente, APF 20 (1970), pp 43—44. 60—65, tab 1c. 2

L: *K. Treu*, Christliche Papyri IV, APF 22/23 (1974), p 370

AT 139

Dublin, P Chester Beatty VIII; Rahlfs 966

II—III (Kenyon, p XIII)

Ier 4,30—5,1 (fr 1v); 5,9—13 (fr 1r); 5,14 (fr 2v); 5,23 (fr 2r)

Fundort: Aphroditopolis; 2 frr von 2 foll aus einem cod mit je einer col; fr 1: 12,4 × 10,8 cm; Zeilenzahl: 13, davon 4 vollständig (v); 14, davon 10 vollständig (r); fr 2: 3,5 × 3,2 cm; Zeilenzahl: 6 (v u r); rekonstruiertes Blattformat: 30,5 × 15,2 cm; rekonstruierter Schriftspiegel: 25,4 × 11,4 cm; rekonstruierte Zeilenzahl: 48; rekonstruierte Buchstabenzahl: 21—27, meist 23;

ziemlich große, unregelmäßige, aber klare und saubere Unziale; Punkte, roher Spiritus; Diärese über ι u υ; nomina sacra: θϛ, θυ, θν, κϛ, κυ

E: *F. G. Kenyon*, The Chester Beatty Biblical Papyri VI, 1, London 1937, pp 27—28; VI, 2, Dublin 1958, tab 102sq

L: *F. G. Kenyon*, Nomina Sacra in the Chester Beatty Papyri, Aeg 13 (1933), pp 5—10 / *F. W. Beare*, The Chester Beatty papyri, ChronEg 12 (1937), pp 81—91 / *M. Marien*, Catalogus, p 48, Nr 144 / *S. Jellicoe*, p 231

AT 140

Genf, Bibliothèque publique et universitaire, P Gen Gr Inv Nr 252; Rahlfs 851

IV (Carlini, p 6)

Ier 5,29—6,4 (v); 6,5—10 (r)

Fundort: ?; 5 frr eines fol aus einem cod mit einer col; fr 1: 3,6 × 7,2 cm; fr 2: 7,5 × 5,2 cm; fr 3: 4,5 × 8,8 cm; fr 4: 5 × 5,4 cm; fr 5: 4,2 × 3 cm; Zeilenzahl: 24 (v), 23 (r); rekonstruiertes Blattformat: 25 × 12 cm; rekonstruierte Zeilenzahl: ca 20; rekonstruierte Buchstabenzahl: ca 22; (Rekonstruktion unsicher); oberer Rand: 2,2 cm; innerer Rand: 1,1 cm;
Unziale; litt leicht nach rechts geneigt; breite senkrechte und dünne waagerechte Strichführung, halbdicker Schrägstrich; braune Tinte; ε, θ, σ oval; ο klein und hochgesetzt; α, η, μ, ν, τ, φ gleichen der Bibelunziale; Schrift ähnlich P Oxyrhynchus 2699; Hochpunkte; Doppelkonsonanten durch Apices getrennt; Akzente von zweiter Hand; Spatien; Orthographica: ει:ι; ι:ει; nomina sacra: ιλμ, κς, κυ;
Lagenaufbau: Quaternionen; frr gehören zum inneren Doppelblatt der zweiten Quaternione; Paginierung: κγ, κδ;
dem fol gingen 11 foll mit Jer 1,1—5,28 voraus

E: *A. Carlini*, Sei frammenti greci inediti biblici e classici, Nr 1, Athenaeum NS LII, London 1974, pp 6—12

AT 141

Paris, Sorbonne, Inv Nr 2250; Rahlfs 817

IV (Haelst, p 113; Treu, p 180: IV E)

Ier 17,26—27 (fr 1v); 18,8—11 (fr 1r); 46,14—47,1 (fr 2r); 47,7—9 (fr 2v)

Fundort: ?; 2 frr von 2 foll aus einem cod mit je einer col; fr 1: 12,5 × 9 cm; Zeilenzahl: 12 (v u r); innerer Rand: 4 cm (r), 2 cm (v); unterer Rand: 4 cm (v), 3 cm (r); rekonstruierte Zeilenzahl: 27—28; rekonstruierte Buchstabenzahl: 26—36, meist 30; fr 2: 10 × 6,8 cm; Zeilenzahl: 13 (r), 11 (v); innerer Rand: 2 cm; unterer Rand: 2 cm; rekonstruierte Zeilenzahl: 36—37; rekonstruierte Buchstabenzahl: 25—31, meist 30; rekonstruierter Schriftspiegel: 20 × 11 cm; halbliterarische, der Kursive nahestehende Unziale; litt auf fr 1 sind größer als auf fr 2; Apostroph nach Eigennamen; Diärese über ι; v-Strich; nomina sacra: κς, κυ;
Korrekturen: auf fr 1 vom Schreiber selbst wegen des schlechten Schreibmaterials; auf fr 1v befindet sich außerdem eine Marginalie in Kursive von zweiter Hand aus V—VI; es handelt sich dabei vermutlich um eine Lesernotiz (kein Scholion); frr sind linker, unterer Teil der foll

E: *J. van Haelst*, Deux nouveaux fragments de Jérémie, RechPap I (1961), pp 113—120 (planche VI)

L: *C. Préaux*, ChronEg 36 (1961), Nr 71, pp 214—215 / *K. Treu*, Christliche Papyri 1940—1967, APF 19 (1969), p 180

AT 142

Barcelona, Fundación San Lucas Evangelista, P Barc Inv Nr 5; Rahlfs 984

IV (Roca-Puig, p 71; Treu, p 180)

Ier 18,15—16 (r); 18,19—20 (v)

Fundort: ?; 1 fr eines fol aus einem cod mit wahrscheinlich einer col; 9,9 × 7,65 cm; unterer Rand: 4,2 cm (v), 4,4 cm (r); Zeilenzahl: 8 (r u v); rekonstruierter Schriftspiegel: 15 × 15 cm; rekonstruierte Zeilenzahl: 24; rekonstruierte Buchstabenzahl: 14—20; Bibelunziale; fr ist unterer Teil des fol

E: *R. Roca-Puig*, Papiro Griego de Jeremias, Aeg 45 (1965), pp 70—73

L: *K. Treu*, Christliche Papyri 1940—1967, APF 19 (1969), p 180

AT 143

Oxford, Ashmolean Museum, P Antinoopolis 53; Rahlfs 986

VI E—VII (Barns/Zilliacus, p 3; Treu, p 180)

Ier 28,30—31 (fr a v); 28,35—36 (fr a r); 28,58 (fr b v); 28,63—29,1 (fr b r); 30,18—19 (fr c r); 30,19—20 (fr d r); 30,24—25 (fr c v); 30,26 (fr d v); 31,39. 41 (fr e r); 32,16—17 (fr e v)

Fundort: Antinoopolis; 5 frr (a—e) eines cod mit einer col; fr a: 5,1 × 5,4 cm; Zeilenzahl: 5 (r), 7 (v); fr b: 5,2 × 3,4 cm; Zeilenzahl: 8 (r), 7 (v); fr c: 5,7 × 5,8 cm; Zeilenzahl: 7 (r u v); fr d: 2,3 × 2,3 cm; Zeilenzahl: 3 (r u v); fr e: 4,5 × 3,9 cm; Zeilenzahl: 6 (r u v); rekonstruierte Zeilenzahl: 25—29; rekonstruierte Buchstabenzahl: 21—26, meist 22;

Unziale des koptischen Typs; Diärese über ι; nomina sacra: κϲ, ιλημ, ιηλ;

es fehlen: 19—20 linn (zwischen a v u r), 21—23 linn (zwischen b v u r), 2—3 linn (zwischen c r u d r), 14 linn (zwischen d r u c v), 3 linn (zwischen c v u d v), 18 linn (zwischen e r u v)

E: *J. W. B. Barns/H. Zilliacus/C. H. Roberts,* The Antinoopolis Papyri 2, London 1960, pp 3—6

L: *A. Calderini,* Aeg 41 (1961), p 101 / *C. Préaux,* ChronEg 36 (1961), Nr 71, pp 209—214 / *K. Latte,* Gn 34 (1962), pp 152—155 / *B. R. Rees,* CR NS 12 (1962), pp 143—144 / *J. D. Thomas,* JHS 82 (1962), p 179 / *H. J. Wolff,* ZSavR 79 (1962), pp 376—378 / *W. M. Calder,* ClPh 68 (1963), pp 271—272 / *K. Treu,* Christliche Papyri 1940—1967, APF 19 (1969), p 180

AT 144

Jerusalem, Palestine Archaeological Museum, 7 Q$_2$; Rahlfs 804

100 ante (Baillet/Milik/de Vaux, p 143; Treu, p 180)

Ep Ier 43—44

Fundort: Qumran; 1 fr einer Rolle mit einer col; 4,5 × 3,8 cm; Zeilenzahl: 5; rekonstruierte Buchstabenzahl: 21—23; Zeilenabstand: 0,7 cm
schöne, große Unziale; Buchstabenhöhe: 0,3 cm

E: *M. Baillet/J. T. Milik/R. de Vaux*, Les ,,petites grottes" de Qumrân, DJD 3 (1962), p 143 u tab XXX, 2

L: *J. W. Wevers*, Septuagintaforschungen seit 1954, ThRu 33 (1968), p 62 / *K. Treu*, Christliche Papyri 1940—1967, APF 19 (1969), p 180

AT 145

Oxford, Bodleian Library, Gr bibl d 4 (P); P Grenfell 5; Rahlfs 922

III—IV (Rahlfs, p 172)
IV   (Grenfell, p 9)

Ez 5,12—14 (r); 5,15—6,3 (v)

Fundort: Faijum; 1 fr eines fol aus einem cod mit einer col; 14 × 11cm;
Zeilenzahl: 15 (r u v), davon eine (r) u 2 (v) vollständig; Buchstabenzahl: 17; rekonstruierte Zeilenzahl: 19; rekonstruierte Buchstabenzahl:
21—28, meist 24;
etwas schräge Unziale; diakritische Zeichen des Origenes; Asteriskoi
zur Kennzeichnung hexaplarischer Zusätze; Orthographicon: ει:ι;
nomina sacra: ανου, κς, κυ;
zwischen r u v fehlen 4 linn

E: *B. P. Grenfell*, An Alexandrian Erotic Fragment and Other Greek
Papyri Chiefly Ptolomaic V, Oxford 1896, pp 9—11

L: *F. G. Kenyon*, The Palaeography of Greek Papyri, Oxford 1899,
pp 107. 132 / *H. B. Swete*, An Introduction to the Old Testament
in Greek; Revised by R. Rottley, Cambridge 1914, p 148, Nr 17 /
A. Rahlfs, Verzeichnis, p 172 / *M. Marien*, Catalogus, p 48, Nr 146

AT 146 [010]

Dublin, P Chester Beatty IX und X (A); Princeton, John H. Scheide 3 (B); Köln, Universität, Institut für Altertumskunde, P Colon theol 3—40 (C); Barcelona,. P Barc (D); Madrid, P Matr bibl 1 (E); Rahlfs 967

II	(Ez u Est: Wilcken, p 113)
II—III A	(Geissen, p 18; Galiano, p 16; Hamm, p 18)
II E—III A	(Kenyon bei Johnson/Gehman/Kase, p 5; Treu, p 150)
III A	(Johnson/Gehman/Kase, p 5; Bell bei Johnson/Gehman/ Kase, p 5)
III	(Kenyon, p X)

Ez 11,25—12,6 (fol 10v, p 19 A); 12,3—4. 6—7 (p 19v C)*; 12,12—18 (fol 10r, p 20 A); 12,15—16. 18—19 (p 20r C)*; 12,23—13,6 (fol 11v, p 21 A); 13,7—9 (p 21v C); 13,11—17 (fol 11r, p 22 A); 13,18 (p 22r C); 13,20—14,3 (fol 12v, p 23 A); 14,3—4 (p 23v C); 14,6—10 (fol 12r, p 24 A); 14,10—13 (p 24r C); 14,15—20 (fol 13v, p 25 A); 14,21—22 (p 25v C); 14,23—15,7 (fol 13r, p 26 A); 15,8—16,3 (p 26r C); 16,5—11 (fol 14v, p 27 A); 16,11—14 (p 27v C); 16,16—22 (fol 14r, p 28 A); 16,23—26 (p 28r C); 16,28—34 (fol 15v, p 29 A); 16,35—37 (p 29v C); 16,39—45 (fol 15r, p 30 A); 16,45—46 (p 30r C); 16,48—53 (fol 16v, p 31 A); 16,53—55 (p 31v C); 16,57—17,1 (fol 16r, p 32 A); 17,1—5 (p 32r C); 17,6—10 (fol 17v, p 33 A); 17,11—14 (p 33v C); 17,15—21 (fol 17r, p 34 A); 17,21—24 (p 34r C); 17,24—18,12 (fol 18v, p 35 A); 18,13—21 (p 36r C); 18,22—31 (p 37v C); 18,31—19,12 (p 38r C); 19,12—20,7 (p 39v B); 20,5—8 (p 39v C)*; 20,8—16 (p 40r B); 20,13—16 (p 40r C)*; 20,16—25 (p 41v C); 20,25—34 (p 42r C); 20,34—40 (p 43v C); 20,40—44 (p 43v B); 20,44—21,8 (p 44r C); 21,9—14 (p 44r B); 21,14—26 (p 45v B); 21,26—36 (p 46r B); 21, 36—22,10 (p 47v B); 22,11—22 (p 48r B); 22,22—23,3 (p 49v B); 23,4—14 (p 50r B); 23,15—25 (p 51v B); 23,25—37 (p 52r B); 23, 37—47 (p 53v B); 23,48—24,10 (p 54r B); 24,11—22 (p 55v B); 24,22—25,5 (p 56r B); 25,5—16 (p 57v C); 25,16—26,10 (p 58r C); 26,10—17 (p 59v B); 26,18—27,9 (p 60r B); 27,9—19 (p 61v B); 27,20—32 (p 62r B); 27,33—28,9 (p 63v B); 28,9—18 (p 64r B); 28,19—29,3 (p 65v E); 29,3—12 (p 66r E); 29, 12—21 (p 67v B); 30,1—13 (p 68r B); 30,14—24 (p 69v B); 30,25—31,8 (p 70r B); 31,8—15 (p 71v B); 32,19—30 (p 74r B ?); 32,30—33,8 (p 75v E); 33,8—16 (p 76r E); 33,17—29 (p 77v E); 33,29—34,6 (p 78r E); 34,6—14 (p 79v B); 34,14—25 (p 80r B); 34,25—35,5 (p 81v B); 35,6—36,3 (p 82v B); 36,4—11 (p 83v B); 36,11—22 (p 84r B); 36,23; 38,1—10 (p 85v B); 38,10—17 (p 86r B); 38,18—39,4 (p 87v B);

* C hat abgebrochene Randstücke von A und B

39,4—13 (p 88r B); 39,13—22 (p 89v B); 39,22—29; 37,1—4 (p 90r
B); 37,4—13 (p 91v E); 37,13—22 (p 92r E); 37,22—28; 40,1—3
(p 93v E); 40,3—12 (p 94r E); 40,12—22 (p 95v E); 40,22—33
(p 96r E); 40,33—43 (p 97v E); 40,43—41,2 (p 98r E); 41,3—11
(p 99v E); 41,11—20 (p 100r E); 41,20—42,5 (p 101v E); 42,5—13
(p 102r E); 42,13—43,1 (p 103v E); 43,1—9 (p 104r E); 43,9—17
(p 105v C); 43,17—26 (p 106r C); 43,26—44,7 (p 107v C); 44,7—15
(p 108r C); 44,15—24 (p 109v C); 44,25—45,3 (p 110r C); 45,3—10
(p 111v C); 45,10—20 (p 112r C); 45,20—46,4 (p 113v C); 46,4—14
(p 114r C); 46,14—24 (p 115v C); 46,24—47,9 (p 116r C); 47,9—18
(p 117v C); 47,18—48,4 (p 118r C); 48,4—14 (p 119r C); 48,14—21
(p 120v C); 48,21—31 (p 121r C); 48,31—35 (p 122v C)

AT 147 [010]

Dublin, P Chester Beatty IX und X (A); Princeton, John H. Scheide
3 (B); Köln, Universität, Institut für Altertumskunde, P Colon theol
3—40 (C); Barcelona, P Barc (D); Madrid, P Matr bibl 1 (E); Rahlfs
967

II—III A   (Geissen, p 18; Galiano, p 16; Hamm, p 18)
II E—III A (Kenyon bei Johnson/Gehman/Kase, p 5; Treu, p 150)
III A   (Johnson/Gehman/Kase, p 5; Bell bei Johnson/Gehman/
                   Kase, p 5)
III   (Kenyon, p X)

Sus 5—10 (p 191r C); 19—29 (p 192v C); 34—37 (p 193r C); 44—52
(p 194v C); 55—59 (p 195r C); 62a—62b; subscriptio (p 196v C)

AT 148 [010]

Dublin, P Chester Beatty IX und X (A); Princeton, John H. Scheide 3 (B); Köln, Universität, Institut für Altertumskunde, P Colon theol 3—40 (C); Barcelona, P Barc (D); Madrid, P Matr bibl 1 (E); Rahlfs 967

II—III A   (Geissen, p 18; Galiano, p 16; Hamm, p 18)
II E—III A (Kenyon bei Johnson/Gehman/Kase, p 5; Treu, p 150)
III A   (Johnson/Gehman/Kase, p 5; Bell bei Johnson/Gehman/
              Kase, p 5)
III   (Kenyon, p X)

Dan 1,1—8 (p 123r C); 1,8—17 (p 124v C); 1,17—2,4 (p 125r C); 2,4—11 (p 126v C); 2,11—18 (p 127r C); 2,19—26 (p 128v C); 2, 26—34 (p 129r C); 2,34—42 (p 130v C); 2,42—48 (p 131r C); 2,48—3,3 (p 132v C); 3,3—11 (p 133r C); 3,11—16 (p 134v C); 3,16—23 (p 135r C); 3,23—30 (p 136v C); 3,30—39 (p 137r C); 3,39—47 (p 138v C); 3,47—56 (p 139r C); 3,56—71 (p 140v C); 3,72—78 (fol 71r, p 141 A); 3,81—88 (fol 71v, p 142 A); 3,88—92 (p 142v C); 3,92—95 (fol 72r, p 143 A); 3,95—96 (p 143r C); 3,96—97; 4,4—12 (fol 72v, p 144 A); 4,12. 11—14 (p 144v C); 4,14—17 (fol 73r, p 145 A); 4,17a—19 (p 145r C); 4,19—22 (fol 73v, p 146 A); 4,23—25 (p 146v C); 4,25—28 (fol 74r, p 147 A); 4,28—31 (p 147r C); 4,31—32 (fol 74v, p 148 A); 4,32—33a (p 148v C); 4,33a—34 (fol 75r, p 149 A); 4,34c—37 (p 149r C); 4,37—37a (fol 75v, p 150 A); 4,37a—37b (p 150v C); 4,37b—37c (fol 76r, p 151 A); 4,37c; 7,1 (p 151r C); 7,1—6 (fol 76v, p 152 A); 7,6—8 (p 152v C); 7,8—11 (fol 77r, p 153 A); 7,11—14 (p 153r C); 7,14—19 (fol 77v, p 154 A); 7,19—22 (p 154r C); 7,22—25 (fol 78r, p 155 A); 7,28—8,4 (fol 78v, p 156 A); 8,7—11 (fol 79r, p 157 A); 8,12—15 (p 157r C); 8,15—20 (fol 79v, p 158 A); 8,20—24 (p 158v C); 8,24—27; 5 praefatio (fol 80r, p 159 A); 5 praefatio (p 159r C); 5 praefatio 5,1—5 (fol 80v, p 160 A); 5,5—7 (p 160v C); 5,7—12 (fol 81r, p 161 A); 5,12—17 (p 161r C); 5,17—29 (fol 81v, p 162 A); 5,29—6,1 (p 162v C); 6,1—5 (fol 82r, p 163 A); 6,5—6 (p 163r C); 6,6—9 (fol 82v, p 164 A); 6,9—13 (p 164v C); 6,13—14 (fol 83r, p 165 A); 6,14—17 (p 165r C); 6,17—19 (fol 83v, p 166 A); 6,19—22 (p 166v C); 6,22—28 (p 167r C); 6,28; 9,1—6 (p 168v C); 9,6—12 (p 169r C); 9,12—17 (p 170v C); 9,17—23 (p 171r C); 9,23—27 (p 172v C); 9,27—10,6 (p 173r C); 10,6—13 (p 174v C); 10,13—20 (p 175r C); 10,20—11,4 (p 176v C); 11,4—8 (p 177r C); 11,10—15 (p 178v C); 11,6—20 (p 179r C); 11,23—26 (p 180v C);   ?   (p 181r D);   ?   (p 182v D); 11,40—45 (p 183r C); 12,2—6 (p 184v C); 12,8—13 (p 185r C)

AT 149

Wien, Österreichische Nationalbibliothek, P Vindob G 29255; Rahlfs 813

V (Sanz, p 52; Treu, p 180)

Dan 3,23—25 (v); am unteren Rande Buchstabenreste von anderer Hand (r)

Fundort: Faijum; 1 fr eines fol (Einzelblatt?) mit einer col; 7,5 × 5,3 cm; Zeilenzahl: 10; rekonstruierte Buchstabenzahl: 23—30, meist 27; flüchtige, vom Bibelstil abweichende Unziale; nomen sacrum: κω; fr hat sehr wahrscheinlich liturgischen Zwecken gedient; grobes, stark abgescheuertes fr

E: *K. Sanz*, Griechische literarische Papyri christlichen Inhalts 1, MPER IV (1946), pp 52—53, Nr 30

L: *K. Treu*, Christliche Papyri 1940—1967, APF 19 (1969), p 180

AT 150 [0201, Od 7, Od 8]

Wien, Österreichische Nationalbibliothek, P Vindob K 8706 (fol 1 b = Ex 15,1—8: früher P Vindob Lit theol 4); Rahlfs 2036

VI   (Rahlfs, p 315)
VI M—VI E (Till/Sanz, p 17)

Dan 3,26 (fol 21 b); 3,27—31 (fol 22 b); 3,32—37 (fol 23 b); 3,37—41 (fol 24 b); 3,41—45. 52 (fol 25 b); 3,52—57 (fol 26 b); 3,58—61 (fol 27 b)

AT 151 [0202, Od 8]

Oslo, Universitätsbibliothek, P Osloensis 1661; Rahlfs 994

IV (Amundsen, p 129)

Dan 3,50 (fr 10v); 3,51 (fr 11r); 3,51—52 (fr 11v); 3,52 (fr 12r); 3,52—53 (fr 12v); 3,53. 55 (fr 13v); 3,55 (u 54?) (fr 13r)

[Var 22, Od 8]

New York, Metropolitan Museum of Art 12. 180. 334; Rahlfs 2125

VI—VII (Hedley, p 38)

Dan 3,52 o 57 (?)sqq

[Var 23, Od 8]

Ann Arbor, University of Michigan, P Michigan Inv Nr 6427; Rahlfs 2154

IVA — IVM (r), Hand A (Gronewald, pp 198sq)
IVM — IVE (v), Hand B (Gronewald, pp 198sq)

Dan 3,52—53. 58—68. 77—84 (v); Gebet (r)

[Var 24, Od 8]

Rom, P Lais; Rahlfs 2153

VIII—IX (Benigni, p 514)

Dan 3,57. 86—87, Auszüge aus Lk 4 in koptisch (r); arabischer Text von späterer Hand (v)

AT 152 [Od 8]

Wien, Österreichische Nationalbibliothek, P Vindob G 25199; Rahlfs 2120

VII (Sanz, p 53; Treu, p 179)

Dan 3,62—66 (r); v unbeschrieben

Fundort: Hermopolis Magna; 1 fr eines Einzelblattes mit einer col; 10,5 × 7 cm; oberer Rand: 2 cm; rekonstruierte Breite: 20—25 cm; Zeilenzahl: 6; rekonstruierte Buchstabenzahl: 51—57, meist 55; byzantinische Kursive; Orthographica: ει:η; ι:ε; ω:ο; ρρ:ρ; fr diente liturgischem Gebrauch; fr ist oberer rechter Teil des fol

E: *P. Sanz*, Griechische literarische Papyri christlichen Inhalts 1, MPER IV (1946), pp 53—54, Nr 31

L: *K. Treu*, Christliche Papyri 1940—1967, APF 19 (1969), p 179

[**Var 25**]

Oxford, Bodleian Library, Gr bibl c 2 (P); Rahlfs 853

VI—VII (nach brieflicher Mitteilung von Roberts)

Dan 6,20

AT 153 [010]

Dublin, P Chester Beatty IX und X (A); Princeton, John H. Scheide 3 (B); Köln, Universität, Institut für Altertumskunde, P Colon theol 3—40 (C); Barcelona, P Barc (D); Madrid, P Matr bibl 1 (E); Rahlfs 967

II—III A	(Geissen, p 18; Galiano, p 16; Hamm, p 18)
II E—III A	(Kenyon bei Johnson/Gehman/Kase, p 5; Treu, p 150)
III A	(Johnson/Gehman/Kase, p 5; Bell bei Johnson/Gehman/Kase, p 5)
III	(Kenyon, p X)

Bel 4—8 (p 186 v C); 10—14 (p 187 r C); 18—22 (p 188 v C); 26—30 (p 189 r C); 33—39 (p 190 v C)

III.
NEUES TESTAMENT

NT 1

Philadelphia, University Museum, University of Pennsylvania, E 2746; P Oxyrhynchus 2; Tˢ; ε 01 (H); 𝔓¹*

III   (Hedley, p 38; Schubart bei Schofield, p 79; Clark, p 341; Aland, Liste, p 29; Papyrus, p 104)
III E   (Schofield, p 79)
III E—IV (Grenfell/Hunt, p 4)
III—IV   (Gregory, p 1084; Soden, p 995; Dobschütz, p 85; Maldfeld, p 242)

Matth 1,1—9. 12 (v); 1,14—20 (r); unidentifizierte Buchstaben (v)

Fundort: Oxyrhynchus; 2 frr eines Doppelblattes aus einem cod mit je einer col; 14,7 × 15 cm u 2,5 × 3 cm; Zeilenzahl: 27, davon 23 vollständig (v); 25, davon 1 vollständig (r); rekonstruiertes Blattformat: 25 × 13 cm; rekonstruierte Zeilenzahl: 37—38; rekonstruierte Buchstabenzahl: 24—31;
Matth-Text in kleinerer Unziale mit Tendenz zur Kursive; Hochpunkt; Akzent; Apostroph; Diärese über ι; nomina sacra: ιϲ, ιυ, κυ, πνϲ, υυ, χυ;
Paginierung: α u β, Text beginnt auf v;
zwischen den frr fehlen 7—8 linn, nach dem kleinen fr 3—4 linn;
fol weist Buchstaben eines unidentifizierten Textes von anderer Hand auf

E: *B. P. Grenfell/A. S. Hunt*, The Oxyrhynchus Papyri I, London 1898, pp 4—7, tab I, II / *C. Wessely*, Les plus anciens monuments du Christianisme, PO IV, 2 (1907), pp 142—144, tab I, 1 / *E. M. Schofield*, The Papyrus Fragments of the Greek New Testament, Clinton (New Jersey) 1936, pp 86—91

L: *B. P. Grenfell*, Archaeological Report for 1896—1897, Egypt Exploration Fund, London 1898, p 6 / *F. C. Burkitt*, The Biblical Text of Clement of Alexandria, TSt 5,5 (1899), pp 10—11 / *E. von Dobschütz*, Literarisches Zentralblatt 26 (1900), pp 1081 sq / *B. P. Grenfell/A. S. Hunt*, The Oxyrhynchus Papyri IV, London 1904, p 266 / *A. Bludau*, Papyrusfragmente des neutestamentlichen Textes, BiZ 4 (1906), pp 26—27 / *C. R. Gregory*, Die griechischen Handschriften des Neuen Testamentes, Leipzig 1908, pp 45. 261. 362 / *id*, Textkritik des Neuen Testamentes III, Leipzig 1909, pp 1026. 1084. 1432 / *H. von Soden*, Untersuchungen I, pp X.

---

* Die Angaben anschließend an Aufbewahrungsort und die Signatur dort beziehen sich auf die Bezeichnung des Papyrus in Tischendorf⁸ bzw in den Prolegomena dazu, bei von Soden (jeweils soweit dort erfaßt) und in der Handschriftenliste von Gregory/Aland.

XI. 118; III, pp 2138. 2141. 2163 / *A. Savary*, Les papyrus grecs et la critique textuelle du Nouveau Testament, ROC 16 (1911), pp 397—398. 404—405 / *F. G. Kenyon*, Textual Criticism of the New Testament, London ²1912, p 41 / *G. Milligan*, The New Testament Documents, London 1913, pp 61. 248—249, tab II / *H. C. Hoskier*, Codex B and Its Allies, London 1914, pp 10—12 / *C. F. Sitterly*, Canon Text and Manuscripts of the New Testament, New York 1914, p 121, tab II / *C. M. Cobern*, New Archaeological Discoveries, New York 1917, pp 137. 144, tab I / *E. von Dobschütz/E. Nestle*, Einführung in das griechische Neue Testament, Göttingen ⁴1923, pp 85. 144 / *A. T. Robertson*, An Introduction to the Textual Criticism of the New Testament, Nashville 1925, p 76 / *E. von Dobschütz*, ZNW 27 (1928), p 216 / *G. Milligan*, Greek Papyri and the New Testament, History of Christianity in the Light of Modern Knowledge — A Collective Work, New York 1929, pp 303 sq / *J. H. Moulton/G. Milligan*, Vocabulary of the Greek Testament, London 1930, p 10 / *M. Meinertz*, Einleitung in das Neue Testament, Paderborn ⁴1933, tab I / *H. A. Sanders*, HThR 26 (1933), pp 77—98 / *P. L. Hedley*, The Egyptian Texts of the Gospels and Acts, ChQR 118 (1934), pp 23—39 / *K. W. Clark*, Catalogue, pp 341 sq / *W. H. P. Hatch*, The Principal Uncial Manuscripts of the New Testament, Chicago 1939, tab XI / *J. Merell*, Papyry, pp 40 sq. 102 / *G. Maldfeld*, Die griechischen Handschriftenbruchstücke des Neuen Testamentes auf Papyrus, ZNW 42 (1949), p 242 / *id*, ZNW 43 (1950/51), p 260 / *K. Aland*, Zur Liste der Neutestamentlichen Handschriften VI, ZNW 48 (1957), pp 148. 150 / *id*, Liste, p 29 / *id*, Papyrus, pp 104. 107 / *J. O'Callaghan*, Mt 2, 14, en el fragmento adéspota de P¹?, StPap 10,2 (1971), pp 88—92

NT 2

Florenz, Museo Archeologico, Inv Nr 7134; ε 020 (H); 𝔓²

V—VI   (Pistelli, p 129; Gregory, p 1084; Soden, p 2144; Maldfeld, p 242)
VI   (Hedley bei Schofield, p 79; Aland, Liste, p 29; Papyrus, p 104)
VI—VII (Dobschütz, p 85; Schofield, p 79)

Luk 7,50, koptisch; **Joh** 12,12—15, griechisch (v); **Luk** 7,22—26, koptisch (r)

Fundort: ?; 1 fr eines fol aus einem cod mit einer col; 6,6 × 5,8 cm; Zeilenzahl: 13 (r), 10 (v); rekonstruiertes Blattformat: 25 × 15 cm; rekonstruierte Zeilenzahl: 40 bzw 32—33; rekonstruierte Buchstabenzahl: 28—34;
große, kräftige Buchstaben, meist aufrecht, jedoch z. T. nach links und rechts geneigt; schwache Tendenz zur Kursive (z. B. beim ε); Akut; Gravis; Zirkumflex; Diärese über ι; nomen sacrum: ιηλ; griechischer Johannestext von anderer Hand; Rekonstruktion schwierig, da koptischer Text nicht von 7,26—7,50 durchgelaufen sein kann, aber auch für die vollen Perikopen 7,20—30 u 7,36—50 der Raum kaum ausgereicht haben dürfte; fr stammt sehr wahrscheinlich aus einem Lektionar

E: *E. Pistelli*, RStRe 6,2 (1906), pp 129—140 / *E. M. Schofield*, The Papyrus Fragments of the Greek New Testament, Clinton (New Jersey) 1936, pp 92—95

L: *C. R. Gregory*, Die griechischen Handschriften des Neuen Testamentes, Leipzig 1908, pp 45. 294 / *id*, Textkritik des Neuen Testamentes III, Leipzig 1909, p 1084 / *H. von Soden*, Untersuchungen III, p 2144 / *G. Horner*, The Coptic Version of the New Testament in Southern Dialect III, Oxford 1911, p 344 / *E. von Dobschütz/E. Nestle*, Einführung in das griechische Neue Testament, Göttingen ⁴1923, p 85 / *J. Merell*, Papyry, pp 41. 102sq / *G. Maldfeld*, Die griechischen Handschriftenbruchstücke des Neuen Testamentes auf Papyrus, ZNW 42 (1949), p 242 / *K. Aland*, Zur Liste der Neutestamentlichen Handschriften VI, ZNW 48 (1957), pp 148. 151 / *id*, Liste, p 29 / *id*, Papyrus, pp 104. 107sq

NT 3

Wien, Österreichische Nationalbibliothek, P Vindob G 2323; (früher
Inv Nr 8021, Expos Nr 539); $\mathfrak{P}^3$

VI　　　(Wessely, p 198; Gregory, pp 417. 1084; Dobschütz, p 86;
　　　　Hedley, p 198; Schubart bei Schofield, p 79; Schofield, p 79;
　　　　Maldfeld, p 243)

VI—VII (Aland, Liste, p 29; Papyrus, p 104; Treu, p 181)

Luk 7,36—45 (r); 10,38—42 (v)

Fundort: Faijum; 1 fr eines fol aus einem cod mit einer col; 24,5 ×
11,5 cm; Zeilenzahl: 21 (v), 27 (r); rekonstruiertes Blattformat:
25 × 18 cm; sehr wahrscheinlich alle linn des fol erhalten; rekonstruierte Buchstabenzahl: 20—30 (v), 30—50 (r);

keine Buchschrift, sondern Geschäftsschrift mit feiner Strichführung;
nicht sehr regelmäßige Hand; wenige Ligaturen; nomina sacra: ιϲ, κϲ,
κυ, κε;

fr enthält τίτλοι, stellt eine Auswahl Ligaturen der Evv dar oder
wurde vielleicht als Lektionar benutzt (Birdsall, p 164!)

E: *C. Wessely*, Evangelien-Fragmente auf Papyrus, WSt 4 (1882),
　　pp 198—214 / *id*, Neue Evangelien-Fragmente auf Papyrus, WSt 7
　　(1885), pp 69. 70 / *E. M. Schofield*, The Papyrus Fragment of the
　　Greek New Testament, Clinton (New Jersey) 1936, pp 96—99

L: *(anon)*, AOAW 19 (1882), Nr XIV, pp 42sq / *G. Volkmar*, Der Wiener
　　Evangelien Papyrus, ThZ 3 (1886), pp 40—42 / *(anon)*, The
　　Faiyûm Manuscripts, ExpT III, 1 (1891), pp 342. 600 / *C. R. Gre
　　gory*, Prolegomena zu Tischendorfs Novum Testamentum Graece,
　　Leipzig 1894, p 734 / *C. Wessely*, Papyrus Erzherzog Rainer, Füh
　　rer durch die Ausstellung, Wien 1894, p 129, Nr 539 / *C. R. Gre
　　gory*, Die griechischen Handschriften des Neuen Testamentes,
　　Leipzig 1908, pp 51. 52 / *id*, Textkritik des Neuen Testaments,
　　Leipzig 1900—1909, I, p 417; III, pp 1084. 1228 / *E. von Dobschütz* /
　　E. Nestle, Einführung in das griechische Neue Testament, Göttin
　　gen ⁴1923, p 86 / *G. Milligan*, Here and there among the papyri,
　　London 1923, p 120 / *H. A. Sanders*, HThR 26 (1933), p 88 /
　　P. L. Hedley, The Egyptian Texts of the Gospels and Acts,
　　ChQR 118 (1934), p 198 / *J. Merell*, Papyry, pp 41sq. 103 / *G.
　　Maldfeld*, Die griechischen Handschriftenbruchstücke des Neuen
　　Testamentes auf Papyrus, ZNW 42 (1949), pp 242—243 / *K. Aland*,
　　Zur Liste der Neutestamentlichen Handschriften VI, ZNW 48
　　(1957), pp 148. 151 / *J. N. Birdsall*, A further decipherment of
　　Papyrus G 2323 of the Papyrussammlung der österreichischen
　　Nationalbibliothek, WSt 76 (1963), pp 163—164 / *K. Aland*, Liste,
　　p 29 / *id*, Papyrus, pp 104. 108 / *K. Treu*, Christliche Papyri
　　1940—1967, APF 19 (1969), pp 181sq

NT 4

Paris, Bibliothèque Nationale, Suppl Gr 1120; ε 34 (H); 𝔓⁴

III   (Aland, Liste, p 29; Papyrus, p 104)
III ?   (Wessely, p 104)
IV   (Grenfell/Hunt, p 16; Gregory, pp 452 sq. 1084 sq; Kenyon, p 145; Dobschütz, p 86; Schofield, p 79; Maldfeld, p 243)
V E   (Hedley, p 136)
vor VI (Cohn, p XLII; Wilcken bei Cohn, p XLII)
VI   (Scheil, p 113; Soden, p 124)

Luk 1,58—59. 62—64 (fr A 1v); 1,65—73 (fr A 2v); 1,74—2,1 (fr A 1r); 2,6—7 (fr A 2r); 3,8—14 (fr B 1r); 3,15—20 (fr B 2r); 3,20—30 (fr B 1v); 3,30—4,2 (fr B 2v); 4,29—32 (fr C 1v); 4,34—35 (fr C 2v); 5,3—5 (fr C 1r); 5,6—8 (fr C 2r); 5,30—36 (fr D 1v); 5,36—6,4 (fr D 2v); 6,4—10 (fr D 1r); 6,10—16 (fr D 2r)

Fundort: Koptos; 6 frr von 4 foll eines cod mit je 2 coll; fr A: 15,2 × 10 cm; Zeilenzahl: 17 u 35 (v), 35 u 8 (r); fr B: 15,6 × 12,2 cm; Zeilenzahl: 36 u 36 (r u v); fr C: 5 × 5,1 cm u 4,7 × 4,3 cm; Zeilenzahl: 12 bzw 13 u 10 bzw 13 (v u r); fr D: 17 × 13,9 cm; Zeilenzahl: 30, davon 19 vollständig (v), 36 (r); rekonstruiertes Blattformat: 18 × 14 cm; rekonstruierte Zeilenzahl: 36; rekonstruierte Buchstabenzahl: 14—18; rekonstruierter Schriftspiegel: 13,5 × 10,5 cm; Kolumnenabstand: 1,5 cm;

gleichmäßige, quadratische Unziale, Vorläufer der Bibelunziale; Haarstriche deutlich abgesetzt; Buchstabenhöhe: 2 mm; Diärese über ι υ υ; Hoch-, Tief-, Mittel- u Doppelpunkte; Gliederung durch Ausrücken der ersten vollen lin eines neuen Abschnittes mit Paragraphos über ausgerückten Buchstaben; nomina sacra: θς, θυ, ις, ιυ, κς, κυ, πνα, πνος, πνς, πνι, χς;

bei frr noch 3 Teile eines fremden Textes u Rest eines fol, r mit Überschrift: „Matthäusevangelium", v mit bisher unidentifizierten Buchstabenspuren in 2 coll, wohl zur gleichen Hand gehörend;

es fehlen: Teile der inneren coll und 1 lin unten an äußeren coll (fol A), Teile der erhaltenen linn (fol B); äußere coll fast ganz u zwischen frr 7 linn (fol C), Teile von fol D;

cod würde nach erhaltenem Umfang für Lk ca 44 foll, für Evv ca 140—170 foll umfaßt haben; Handschrift bestand vielleicht aus Mehrblattlagen: vordere Hälfte v/r, hintere r/v;

bis auf Formatrekonstruktion größte Ähnlichkeit mit 𝔓⁶⁴ u 𝔓⁶⁷

E: *F. V. Scheil*, Archéologie, Varia, RBi 1 (1892), pp 113—115 / *id*, Mémoires publiés par les membres de la Mission archéologique française au Caire 9,2, Paris 1893, p 215, tab III / *E. M. Schofield*, The Papyrus Fragments of the Greek New Testament, Clinton (New

Jersey) 1936, pp 100—106 / *J. Merell*, Noveaux fragments du papyrus IV, RBi 47 (1938), pp 5—22 / *F. V. Scheil*, RBi 47 (1938), pp 5—22, tab I u VII

L: *C. R. Gregory* Prolegomena zu Tischendorfs Novum Testamentum Graece, Leipzig 1894, p 1312 / *C. Häberlin*, ZBW 14 (1897), p 396 / *A. Bludau*, Papyrusfragmente des neutestamentlichen Textes, BiZ 4 (1906), pp 28sqq / *C. R. Gregory*, Die griechischen Handschriften des Neuen Testamentes, Leipzig 1908, pp 45. 283 / *id*, Textkritik des Neuen Testaments III, Leipzig 1909, pp 1084. 1085 / *H. von Soden*, Untersuchungen I, p 124; II, p 998; III, p 2144 / *E. von Dobschütz/E. Nestle*, Einführung in das griechische Neue Testament, Göttingen ⁴1923, p 86 / *P. L. Hedley*, The Egyptian Texts of the Gospels and the Acts, ChQR 118 (1934), p 196 / *J. Merell*, Papyry, pp 42sq. 103sq, tab V—XI / *G. Maldfeld*, Die griechischen Handschriftenbruchstücke des Neuen Testamentes auf Papyrus, ZNW 42 (1949), p 243 / *id*, ZNW 43 (1950/51), p 260 / *K. Aland*, Zur Liste der Neutestamentlichen Handschriften VI, ZNW 48 (1957), pp 148. 151 / *id*, Liste, p 29 / *id*, Papyrus, pp 104. 108sq

NT 5

London, British Museum, Inv Nr 782, P Oxyrhynchus 208 (A); Inv Nr 2484, P Oxyrhynchus 1781 (B); P Lit London 213; T×; ε02 (H); 𝔓⁵

250—300 (Streeter, p 54)
III   (Wessely, p 142; Kenyon, p 42; Schubart bei Schofield, p 79;
           Wilcken bei Schofield, p 79; Soden, p 118; Hedley, p 205;
           Maldfeld, p 243; Aland, Liste, p 29; Papyrus, p 104)
III E   (Grenfell/Hunt, p 29; Schofield, p 79)
III—IV   (Goodspeed bei Schofield, p 79; Dobschütz, p 86)
IV   (Gregory, p 1058)

Joh 1,23—31 (fr Av col 2); 1,33—40 (fr Ar col 1); 16,14—22 (fr Br); 16,22—30 (fr Bv); 20,11—17 (fr Ar col 2); 20,19—20. 22—25 (fr Av col 1)

Fundort: Oxyrhynchus; 2 frr von 3 foll eines cod mit 2 (fr A) bzw einer (fr B) coll; fr A: 21,2 × 7,5 cm; Zeilenzahl: 5 u 13 bzw 5 u 9; fr B: 24,5 × 6,8 cm; Zeilenzahl: 27; rekonstruiertes Blattformat: 26 × 14 cm; rekonstruierte Zeilenzahl: 27; rekonstruierte Buchstabenzahl: 21—33;
runde, aufrechte Unziale von mittlerer Höhe; semi-literarischer Typ; 2 Korrekturen über lin in kleinerer Schrift von wahrscheinlich gleicher Hand; 2 Spiritus; Spatium; Interpunktion; nomina sacra: θυ, ιης, ιην, π]να, π[νι], πρ, πρς, πρα;
fr A ist Innenteil eines Doppelblattes und entspricht wahrscheinlich dem 3. u vorvorletzten, wohl 48. fol von einem cod mit 25 Doppelblättern in einer Lage; fol 1 war leer, da vor fol 3 Text eines fol, nach fol 48 Text von 2 foll fehlt; fr B ist wohl als fol 41 des cod einzuordnen; Lagenaufbau mit relativer Sicherheit vordere Hälfte: v/r, Mitte: v/r r/v, hintere Hälfte: r/v;
außer Teilen der linn aller 3 foll fehlen 3 bzw 4 linn von fol 3 am Kolumnenende, von fol 48 oben 4, in der Mitte 2 und unten 3 bzw 7 linn

E: *B. P. Grenfell/A. S. Hunt*, The Oxyrhynchus Papyri II, London 1899, pp 1—8, Nr 208 / *id*, The Oxyrhynchus Papyri XV, London 1922, pp 8—12, Nr 1781 / *E. M. Schofield*, The Papyrus Fragments of the Greek New Testament, Clinton (New Jersey) 1936, pp 107—117

L: *A. Deissmann*, Review of foregoing, ThLZ 26 (1901), pp 70sq / *A. Bludau*, Papyrusfragmente des neutestamentlichen Textes, BiZ 4 (1906), pp 30sqq / *C. Wessely*, Les plus anciens monuments du Christianisme, PO IV, 2 (1907), pp 142sqq / *C. R. Gregory*, Die griechischen Handschriften des Neuen Testaments, Leipzig 1908, pp 45. 273 / *id*, Textkritik des Neuen Testaments III, Leipzig 1909, p 1085 / *H. von Soden*, Untersuchungen I, pp XI. 118 / *F. G. Kenyon*, Textual Criticism of the New Testament, ²1912, p 42 / *E. von Dobschütz/E. Nestle*, Einführung in das griechische Neue Testament, Göttingen ⁴1923, p 86 / *G. Milligan*, Here and there among the papyri, London 1923, pp 117sq / *C. Wessely*, Les plus anciens monuments du Christianisme, PO 18,3 (1924), pp 499sq / *E. von Dobschütz*, ZNW 25 (1926), p 300 / *J. M. Milne*, Catalogue of the Literary Papyri in the British Museum, London 1927, p 181 / *J. H. Bernard*, Saint John's Gospel, ICC 1 (1928), pp 14—29 / *B. H. Streeter*, The Four Gospels, London ⁴1930, p 54, Anm 1 / *P. L. Hedley*, The Egyptian Texts of the Gospels and Acts, ChQR 118 (1934), p 205 / *J. Merell*, Papyry, pp 43. 104sq / *G. Maldfeld*, Die griechischen Handschriftenstücke des Neuen Testamentes auf Papyrus, ZNW 42 (1949), p 243 / *id*, ZNW 43 (1950/51), p 260 / *K. Aland*, Zur Liste der Neutestamentlichen Handschriften VI, ZNW 48 (1957), pp 148. 151 / *C. L. Porter*, A Textual Analysis of Earliest Greek Manuscripts of the Gospel of John, DissAbstr 22,12 (1962), p 4424 / *K. Aland*, Liste, p 29 / *id*, Papyrus, pp 104. 109

Straßburg, Bibliothèque Nationale et Universitaire, P Copt 379 (A), 381 (B), 382 (C), 384 (D); Tᶻ; ε 021; 𝔓⁶

IV   (Aland, Liste, p 29; Papyrus, p 104)
V E   (Rösch, p X)
V E—VI   (Hedley, p 209; Schofield, p 79; Dobschütz, p 250; Mald-
            feld, p 260)
VII—VIII (Schmidt, p 5)

Joh 10,1—2. 4—7. 9—10 (fr Av); 11,1—8 (fr Bv); 11,45 (fr Cr); 11, 46—52 (fr Dv);

koptischer Text auf diesen frr: **Joh** 10,1 (fr Av); 10,40—42 (fr Bv); 11, 46—52 (fr Cr); 11,45—47 (fr Dv);

ferner auf weiteren foll (koptisch): **Joh** 10,1—40; 11,1—36; 11 45—12,20; 13,1—2. 11—12

Fundort: ?; 15 frr (5 + 2 + 3 + 5) von 4 foll eines cod mit je einer col; erhalten sind Fetzen in sehr unterschiedlicher Größe; Zeilenzahl: 24 (fr A); 30 (fr B); 22 (fr C); 30 (fr D); rekonstruiertes Blattformat: 28 × 15 cm; rekonstruierte Zeilenzahl: 30; rekonstruierte Buchstabenzahl: 22—28;

ziemlich unregelmäßige Unziale griechischen Charakters; Akzente; Spiritus; Jota adscriptum; ν-Strich; Diärese über ι; nomina sacra: ιϲ, κυ, κε;

regelmäßige Paginierung: fr A = 100; fr B = 104; fr C = 108; fr D = 109; cod bestand aus mehreren Lagen unregelmäßigen Aufbaus; cod enthält Teile des 1. Clemens- und des Jakobus-Briefes in Achmimisch und Perikopen aus dem Johannes-Evangelium in Achmimisch und Griechisch (keine Parallelübersetzung!)

E: *F. Rösch*, Bruchstücke des ersten Clemensbriefes nach dem achmimischen Papyrus der Straßburger Universitäts- und Landesbibliothek, Straßburg 1910, pp 119—122. 131—134. 143—148 / *E. M. Schofield*, The Papyrus Fragments of the Greek New Testament, Clinton (New Jersey) 1936, pp 118—125

L: *C. R. Gregory*, Die griechischen Handschriften des Neuen Testaments, Leipzig 1908, pp 46. 265 / *C. Schmidt*, Der erste Clemensbrief, Leipzig 1908, p 5 / *C. R. Gregory*, Textkritik des Neuen Testaments III, Leipzig 1909, pp 1085. 1086 / *H. von Soden*, Untersuchungen III, p 2144 / *E. von Dobschütz/E. Nestle*, Einführung in das griechische Neue Testament, Göttingen ⁴1923, p 86 / *E. von Dobschütz*, ZNW 23 (1924), pp 250sq / *C. M. Cobern*, New Archaeological Discoveries, New York ⁸1928, p 152 / *H. A. Sanders*, HThR 26 (1933), p 90 / *P. L. Hedley*, The Egyptian Texts of the

Gospels and Acts, ChQR 118 (1934), p 209 / *J. Merell*, Papyry, pp 43sq. 105 / *G. Maldfeld*, Die griechischen Handschriftenbruchstücke des Neuen Testaments auf Papyrus, ZNW 42 (1949), p 243 / *id*, ZNW 43 (1950/51), p 260 / *K. Aland*, Zur Liste der Neutestamentlichen Handschriften VI, ZNW 48 (1957), pp 148. 151 / *J. Schwartz ua*, Papyrus grecs de la Bibliothèque Nationale et Universitaire de Strasbourg I, Straßburg 1963, pp XI. 285sqq / *K. Aland*, Liste, p 29 / *id*, Papyrus, pp 104. 109sq

NT 7

Kiew, Ukrainische Nationalbibliothek, Petrov 553; ε 11 (H); 𝔓⁷
Papyrus ist verschollen!

IV   (Schofield, p 79; Soden, p 895)
IV—VI (Gregory, p 1086; Treu, p 196)

Luk 4,1—2

Fundort: ?; Mittelteil eines Papyrusblattes mit einer col; Gregory
notierte: 24,5 × 15,6 cm; Zeilenzahl: 18; Buchstabenzahl: 15—20;
nomina sacra: ιϲ, [π]νϲ, πνι;
ferner stellte er Reste eines weiteren fol (26,3 × 15,2 cm) fest, von
denen er wenige Buchstaben aus der Mitte von 22 linn transkribierte;
sowohl 𝔓⁷ wie zusätzliches fr, das teilweise an Mt 6,33—34 erinnert,
bieten möglicherweise patristischen Kontext und können wegen
Lückenhaftigkeit der vorliegenden Angaben nicht rekonstruiert werden

E: *K. Aland*, Neue neutestamentliche Papyri, NTS 3 (1957), pp 261—265

L: *(anon)*, Guide of the Church Archaeological Museum, Kiew ²1897 /
   C. R. Gregory, Die griechischen Handschriften des Neuen Testaments, Leipzig 1908, pp 46. 310 / *id*, Textkritik des Neuen Testaments III, Leipzig 1909, p 1086 / *H. von Soden*, Untersuchungen I,
   pp 62. 119; III, p 2141 / *A. Savary*, Les papyrus grecs et la critique
   textuelle du Nouveau Testament, ROC 16 (1911), pp 396sqq /
   E. von Dobschütz/E. Nestle, Einführung in das griechische Neue
   Testament, Göttingen ⁴1923, p 86 / *E. M. Schofield*, The Papyrus
   fragments of the Greek New Testament, Clinton (New Jersey) 1936,
   pp 79. 126—127. 348. 350 / *J. Merell*, Papyry, pp 44sq. 105 /
   G. Maldfeld, Die griechischen Handschriftenbruchstücke des
   Neuen Testamentes auf Papyrus, ZNW 42 (1949), p 243 / *K. Aland*,
   Zur Liste der Neutestamentlichen Handschriften VI, ZNW 48
   (1957), pp 148. 151. 263—265 / *id*, Liste, p 29 / *K. Treu*, Die grie-
   chischen Handschriften des Neuen Testaments in der UdSSR,
   TU 91 (1966), pp 361sq / *K. Aland*, Papyrus, pp 104. 110. 137—140/
   K. Treu, Christliche Papyri 1940—1967, APF 19 (1969), pp 196sq

NT 8

Berlin, Staatliche Museen, P Berlin Inv Nr 8683; ᵉe; α 8 (H); 𝔓⁸
Papyrus ist verloren

IV (Gregory, p 1086; Soden, pp 216sq; Dobschütz, p 86; Schofield,
p 79; Maldfeld, p 243; Aland, Liste, p 29; Papyrus, p 104)

Apg 4,31—37 (r col 2); 5,2—9 (v col 1); 6,1—6 (v col 2); 6,8—15
(r col 1)

Fundort: ?; fast vollständiges Doppelblatt eines cod mit 2 coll;
19 × 24,2 cm; Zeilenzahl: 24, davon 20 vollständig (r 2/v 1); 25 (v 2/
r 1); rekonstruiertes Blattformat der Einzelblätter: 25 × 15 cm; rekonstruierte Zeilenzahl: 29 bzw 28; rekonstruierte Buchstabenzahl:
22—31;
regelmäßige Unziale; aufrechte Buchstaben mittlerer Größe mit wenigen Unregelmäßigkeiten; nomina sacra: ανοις, θυ, θω, ις, ιυ, κυ,
πνα, πνς, πνι;
da zwischen col 1 und col 2 ein Doppelblatt fehlt, ist auf einen aus
mehreren Lagen aufgebauten cod zu schließen; 1. Lage dürfte 8 + 1
+ 1 = 10 Doppelblätter, der Rest von Acta zwei ähnliche Lagen zu
10—12 Doppelblättern gehabt haben;
es fehlen: unten 4—5 linn, vom fol 1 Teile des äußeren Randes, vom
fol 2 außen ca ¼ der col und der Außenrand

E: *C. R. Gregory*, Textkritik des Neuen Testaments III, Leipzig 1909,
pp 1087—1090 / *A. H. Salonius*, Die griechischen Handschriftfrag-
mente des Neuen Testamentes in den Staatlichen Museen zu Berlin, ZNW 26 (1927), pp 97—119 / *E. M. Schofield*, The Papyrus
Fragments of the Greek New Testament, Clinton (New Jersey)
1936, pp 128—133

L: *C. R. Gregory*, Die griechischen Handschriften des Neuen Testaments, Leipzig 1908, pp 46. 263 / *id*, Textkritik des Neuen Testaments III, Leipzig 1909, p 1086 / *H. von Soden*, Untersuchungen I,
pp 216sq; III, p 2143 / *A. Savary*, Les papyrus grecs et la critique
textuelle du Nouveau Testament, ROC 16 (1911), pp 396—415 /
E. von Dobschütz/E. Nestle, Einführung in das griechische Neue
Testament, Göttingen ⁴1923, p 86 / *H. A. Sanders*, HThR 26
(1933), p 92 / *P. L. Hedley*, The Egyptian Texts of the Gospels and
Acts, ChQR 118 (1934), p 218 / *J. Merell*, Papyry, pp 45. 106 /
G. Maldfeld, Die griechischen Handschriftenbruchstücke des Neuen
Testaments auf Papyrus, ZNW 42 (1949), pp 243—244 / *K. Aland*,
Zur Liste der Neutestamentlichen Handschriften VI, ZNW 48
(1957), pp 148. 151 / *id*, Liste, p 29 / *id*, Papyrus, pp 104. 110

Cambridge (Mass.), Houghton Library, Harvard University, SM Inv 3736; α 1009; P Oxyrhynchus 402; 𝔓⁹

III   (Aland, Liste, p 29; Papyrus, p 104)

IV E—V (Grenfell/Hunt, p 2; Schofield, p 79)

IV—V   (Gregory, p 1091; Soden, p 2146; Clark, p 117; Maldfeld, p 244)

1. Joh 4,11—12 (r); 4,14—17 (v)

Fundort: Oxyrhynchus; 1 fr eines fol aus einem cod mit einer col; 7,3 × 5,2 cm; Zeilenzahl: 6 (r), 11 (v); rekonstruiertes Blattformat: 14 × 11 cm; rekonstruierte Zeilenzahl: 15; rekonstruierte Buchstabenzahl: 21—23;

klare Semiunziale; ν-Strich; nomina sacra: θς, τονειν (= τον θν), [ιη]ς, [υ]ς, χθς;

zwischen Texten fehlen ca 4 linn

E: *B. P. Grenfell/A. S. Hunt*, The Oxyrhynchus Papyri III, London 1903, pp 2—3, Nr 402 / *E. M. Schofield*, The Papyrus Fragments of the Greek New Testament, Clinton (New Jersey) 1936, pp 134—136

L: *B. P. Grenfell/A. S. Hunt*, The Oxyrhynchus Papyri IV, London 1904, p 268 / *A. Bludau*, Papyrusfragmente des neutestamentlichen Textes, BiZ 4 (1906), pp 37—38 / *C. R. Gregory*, Die griechischen Handschriften des Neuen Testaments, Leipzig 1908, pp 46. 261 / *B. P. Grenfell/A. S. Hunt*, The Oxyrhynchus Papyri V, London 1908, p 316 / *C. R. Gregory*, Textkritik des Neuen Testaments III, Leipzig 1909, p 1091 / *H. von Soden*, Untersuchungen III, pp 2139. 2146 / *A. Savary*, Les papyrus grecs et la critique textuelle du Nouveau Testament, ROC 16 (1911), pp 396—415 / *F. G. Kenyon*, Textual Criticism of the New Testament, London ²1912, p 43 / *G. Milligan*, The New Testament Documents, London 1913, p 250 / *C. M. Cobern*, New Archaeological Discoveries, New York 1917, p 148 / *E. von Dobschütz/E. Nestle*, Einführung in das griechische Neue Testament, Göttingen ⁴1923, p 86 / *H. P. Smith*, JBL 42 (1923), p 243 / *A. T. Robertson*, Introduction to the Textual Criticism of the New Testament, Nashville 1925, p 77 / *A. C. Clark*, The Acts of the Apostles, Oxford 1933, pp 117. 118 / *K. W. Clark*, Catalogue, pp 117 sq / *J. Merell*, Papyry, pp 45. 106 / *G. Maldfeld*, Die griechischen Handschriftenbruchstücke des Neuen Testaments auf Papyrus, ZNW 42 (1949), p 244 / *K. Aland*, Zur Liste der Neutestamentlichen Handschriften VI, ZNW 48 (1957), pp 148. 151 / *J. H. Greenlee*, A Misinterpreted Nomen Sacrum in P⁹, HThR 51 (1958), p 187 / *K. Aland*, Liste, p 29 / *id*, Papyrus, pp 104. 110

NT 10 [**Var 33**]

Cambridge (Mass.), Houghton Library, Harvard University, SM Inv 2218; P Oxyrhynchus 209; T$^{d\ paul}$; α 1032; 𝔓^{10}

IV A (Grenfell/Hunt, p̄ 8; Schofield, p 79; Clark, p 115)
IV   (Gregory, p 1091; Soden, p XIV; Dobschütz, p 86; Maldfeld, p 244; Aland, Liste, p 29; Papyrus, p 104)

Röm 1,1—7 (r); kursive Notiz in 2 linn; 2 Worte (v)

NT 11

Leningrad, Staatlich-Öffentliche Bibliothek, Gr 258 A; Q^{paul}; α 1020 (H o J); $\mathfrak{P}^{11}$

IV E—V	(Tischendorf, p 192)
IV—V	(Mayence, p 235)
V	(Gregory, p 1091; Soden, pp 241 sq; Schubart bei Schofield, p 79; Dobschütz, p 86)
V—VI	(Schofield, p 79)
V(?), V—VI (?)	(Maldfeld, p 244)
VII	(Aland, Liste, p 29; Papyrus, p 104; Treu, p 184)

1. Kor 1,17—20 (fr 1 v); 1,20—22 (fr 1 r); 2,9—10 (fr 2 r); 2,11—12 (fr 2 v); 2,14 (fr 3 v); 3,1—2 (fr 3 r); 3,2—3 (fr 4 r); 3,5—6 (fr 4 v); 4,3—5 (fr 5 v); 4,5—6 (fr 5 r); 4,6—8 (fr 6 v); 4,9—10 (fr 6 r); 4,11—12 (fr 7 v); 4,13—15 (fr 7 r); 4,16—17 (fr 8 r); 4,18—19 (fr 8 v); 4,20—5,1 (fr 9 r); 5,2—3 (fr 9 v); 5,4—5 (fr 10 r); 5,7—8 (fr 10 v); 6,5—7 (fr 11 u 12); 6,7—9 (fr 11 u 12 r)[1]; 6,11—12 (fr 13 r); 6,13—15 (fr 14 v); 6, 15—18 (fr 14 r); 7,3—4 (fr 15 v); 7,5—6 (fr 15 r); 7,10—11 (fr 16 v); 7,12—14 (fr 17 r)

Fundort: Sinai; 16 (evtl 20) frr von foll aus einem cod mit je einer col; Formate der frr sehr unterschiedlich; rekonstruiertes Blattformat: 20 × 15 cm; rekonstruierte Zeilenzahl: 12—13; rekonstruierte Buchstabenzahl: 11—18;

große, quadratische, sehr gleichmäßige und schöne Bibelunziale; breite Zeilenabstände; große Spatien; nomina sacra: θς, θυ, θν, ιυ, κς, κω, πνς, πν[ι], χς, χυ, χν;

als Doppelblätter gehören zusammen: frr 5/10, 6/11, 7/8; Lagenaufbau: vordere Hälfte: v/r; Mitte: v/r, r/v; hintere Hälfte: r/v; frr 5—10 bildeten Innenblätter einer Lage;

$\mathfrak{P}^{11}$ gehört vielleicht mit $\mathfrak{P}^{14}$ zusammen und stammt aus derselben Kartonage aus dem Katharinenkloster auf dem Sinai wie $\mathfrak{P}^{68}$

E: *E. M. Schofield*, The Papyrus Fragments of the Greek New Testament, Clinton (New Jersey) 1936, pp 141—151 / *K. Aland*, Neue neutestamentliche Papyri, NTS 3 (1957), pp 261—286, besonders pp 269—278 u p 286

L: *S. P. Tregelles*, Novum Testamentum Graece, London 1857—1879 / *C. Tischendorf*, Artikel: Text of the Bible. Herzog, RE 19 (1865), p 192 / *C. Tischendorf*, Philologen-Versammlung zu Halle vom 1.—4. Oktober 1867, Verhandlungen des Vereins deutscher Philologen und Schulmänner (1868), pp 44 sqq / *(anon)*, Imperial Public Library, Report for 1883, Sankt Petersburg 1885, p 119 / *C. R.*

---

[1] recto weitgehend überklebt, aber Spuren von 8 linn

Gregory, Prolegomena zu Tischendorfs Novum Testamentum Graece, Leipzig 1894, pp 434sqq u 1021 / *F. H. A. Scrivener*, A Plain Introduction to Criticism of the New Testament, London ⁴1894, p 186 / *F. Mayence*, RHE 4 (1903), p 235 / *A. Bludau*, Papyrusfragmente des neutestamentlichen Textes, BiZ 4 (1906), p 34 / *C. R. Gregory*, Textkritik des Neuen Testamentes, Leipzig 1900—1909, pp 119. 1091 / *id*, Die griechischen Handschriften des Neuen Testaments, Leipzig 1908, pp 46. 314 / *H. von Soden*, Untersuchungen I, pp 241sq. 244 / *A. Savary*, Les Papyrus grecs et la critique textuelle du Nouveau Testament, ROC 16 (1911), pp 396—415 / *F. G. Kenyon*, Textual Criticism of the New Testament, London ²1912, p 43 / *E. von Dobschütz/E. Nestle*, Einführung in das griechische Neue Testament, Göttingen ⁴1923, p 86 / *A. T. Robertson*, Introduction to the Textual Criticism of the New Testament, Nashville 1925, p 77 / *J. Merell*, Papyry, pp 46. 107 / *G. Maldfeld*, Die griechischen Handschriftenbruchstücke des Neuen Testamentes auf Papyrus, ZNW 42 (1949), p 244 / *id*, ZNW 43 (1950/51), p 260 / *K. Aland*, Zur Liste der Neutestamentlichen Handschriften VI, ZNW 48 (1957), pp 148. 152. 158 / *K. Treu*, Zur Rekonstruktion eines neutestamentlichen Papyruskodex (P¹¹, Leningrad Gr 258 und P¹⁴, Sinai, Harris Nr 14), FoFo 31,6 (1957), pp 185—189 / *E. S. Granström*, P¹¹, ViVrem 16 (1959), pp 221sq / *M. Richard*, Répertoire des Bibliothèques et des Catalogues, Supplement I, Paris 1958—1963, Nr 485a / *K. Aland*, Liste, p 29 / *K. Treu*, Die griechischen Handschriften des Neuen Testaments in der UdSSR, TU 91 (1966), pp 107sqq / *K. Aland*, Der gegenwärtige Stand der Arbeit an den Handschriften wie am Text des griechischen Neuen Testaments und das Institut für Neutestamentliche Textforschung in Münster/Westf., Sonderdruck aus: Jahrbuch des Ministerpräsidenten des Landes NRW — Landesamt für Forschung 1966, Köln und Opladen 1967, pp 11—47, tab I / *id*, Papyrus, pp 104. 111. 144—154 / *K. Treu*, Christliche Papyri 1940—1967, APF 19 (1969), p 184

NT 12 [Var 35]

New York, Pierpont Morgan Library, Pap G 3; früher P Amherst 3 b; ·b; α 1033; $\mathfrak{P}^{12}$; Brooke/McLean „U$_2$"; Rahlfs 912

III E   (Aland, Liste, p 29; Papyrus, p 104)
III E—IV (Grenfell/Hunt, p 30; Schofield, p 79)
III—IV   (Gregory, p 1091; Maldfeld, p 244)
IV   (Soden, p XIV; Rahlfs, p 48; Clark, p 170)

Hebr 1,1 (r); **christlicher Brief** (r); **Gen** 1,1—5 (v)

NT 13

London, British Museum, Inv Nr 1532 v, P Lit London 218, P Oxyrhynchus 657 (A); Kairo, PSI 1292 (B); T^{e paul}; α 1034 (H); 𝔓¹³

III E—IV	(Schofield, p 79)
III—IV o IV A	(Maldfeld, p 244)
III—IV	(Aland, Liste, p 29; Papyrus, p 104; Treu, p 185)
ca 300	(Hedley bei Schofield, p 79)
IV A	(Grenfell/Hunt, p 37)
IV	(Gregory, p 1091; Soden, p 2147; Schubart bei Schofield, p 79; Dobschütz, p 86; Bartoletti, p 209)
IV E	(Kenyon, p 32)

Hebr 2,14—3,9 (fr A col 1); 3,9—4,2 (fr A col 2); 4,2—4,12 (fr A col 3); 4,12—5,5 (fr A col 4); 10,8—22 (frr A u B col 5); 10,29—32 (fr A col 6); 10,33—11,5 (fr A col 7); 11,5—11,13 (fr col 8); 11,28—12,1 (fr A col 9); 12,1—11 (fr A col 10); 12,11—17 (fr A col 11); Text auf v; r bietet lateinische Livius-Epitome; restliche kleine Fetzen der frr noch unidentifiziert

Fundort: Oxyrhynchus; frr einer Rolle (opistograph); 11 coll erhalten; fr A: Höhe: 26,3 cm; Format der coll: 19—20 cm × 14—17,5 cm; Zeilenzahl: 23—27; Buchstabenzahl: 34—36; coll waren durchgehend gezählt, davon erhalten: 47—50, 61—65, 67—69; fr B: 7,5 × 25 cm; Zeilenzahl: 24; Buchstabenzahl: 4—12, meist 10—11; fr gehört zu col 62; fr enthält noch 9 Buchstaben in 3 linn von col 61; frr A u B: Unziale des ovalen Typs; in der Entwicklung zwischen römischer und byzantinischer Unziale; Korrekturen von gleicher Hand; bemerkenswerte Interpunktion (Grenfell/Hunt, p 37); Orthographica: ι: ει; ε: αι; υ: οι; Diärese über ι u υ; nomina sacra: θς, θυ, θω, θν, ις, ιυ, ιν, κ[ς], κυ, πνς, χ[υ]; der Zählung nach müßte(n) dem Text noch (eine) (neutestamentliche) Schrift(en) vorangegangen sein

E: *B. P. Grenfell/A. S. Hunt*, The Oxyrhynchus Papyri IV, London 1904, pp 36—48, Nr 657 / *E. M. Schofield*, The Papyrus Fragments of the Greek New Testament, Clinton (New Jersey) 1936, pp 155—167 / *V. Bartoletti/M. Norsa*, PSI XII, 2 (1951), pp 207—210, Nr 1291 sq

L: *F. Blass*, Der Brief an die Hebräer, Text mit Angabe der Rhythmen, Göttingen 1903 / *A. Harnack*, ThLZ 29 (1904), Nr 16, coll 455—457 / *J. H. Moulton*, Methodist Recorder 21 (1904) / *F. Blass*, Die Rhythmen der asianischen und römischen Kunstprosa, Leipzig 1905, pp 78 sqq / *A. Bludau*, Papyrusfragmente des neutestamentlichen Textes, BiZ 4 (1906), pp 35sqq / *C. R. Gregory*, Die griechischen Handschriften des Neuen Testaments, Leipzig 1908, pp 47. 273 / *id*, Textkritik des Neuen Testaments III, Leipzig 1909, pp 1091. 1092 / *H. von Soden*, Untersuchungen III, p 2147; Text, p 849 / *C. M. Cobern*, New Archaeological Discoveries, New York 1917, p 147 / *A. Nairne*, Epistle to the Hebrews, CGT (1917) / *E. von Dobschütz/E. Nestle*, Einführung in das griechische Neue Testament, Göttingen ⁴1923, p 86 / *G. Milligan*, Here and there among the Papyri, London 1923, pp 118sq / *J. Moffatt*, The Epistle to the Hebrews, ICC (1924), pp 1. XV / *E. von Dobschütz*, ZNW 25 (1926), p 30 / *H. J. M. Milne*, Catalogue of the Literary Papyri in the British Museum, London 1927, p 184, Nr 218 / *G. Milligan*, Greek Papyri and the New Testament, History of Christianity in the Light of Modern Knowledge — A Collective Work, London 1929, p 303 / *H. J. Vogels*, Codicum Novi Testamenti Specimina, Bonn 1929, tab II / *J. Merell*, Papyry, pp 47. 107sq / *G. Maldfeld*, Die griechischen Handschriftenbruchstücke des Neuen Testamentes auf Papyrus, ZNW 42 (1949), pp 244sq / *K. Aland*, Zur Liste der Neutestamentlichen Handschriften VI, ZNW 48 (1957), pp 148. 152. 158 / *id*, Liste, p 29 / *C. Cavallo*, Ricerche sulla maiuscola biblica, Florenz 1967, p 6 / *K. Aland*, Papyrus, pp 104. 111 / *K. Treu*, Christliche Papyri 1940—1967, APF 19 (1969), p 185

NT 14

Leningrad, Staatlich-Öffentliche Bibliothek, Gr 258 A; Sinai, Harris 14; ٦¹⁴ᵖᵃᵘˡ; α 1036 (H); 𝔓¹⁴

V	(Harris, p XIII; Gregory, p 1092; Soden, p 244; Schubart bei Schofield, p 79; Dobschütz, p 86; Aland, Liste, p 29; Tischendorf, p 1308)
V (?)	(Maldfeld, p 245)
V E—VI	(Schofield, p 79)
VII	(Treu, p 184)

1. Kor 1,25—27 (frr 1—3); 2,6—8 (frr 4—5); 3,8—10 (fr 6); 3,20 (fr 7)

Fundort: Sinai, Katharinenkloster; 7 frr von 4 foll aus einem cod mit je einer col; Zeilenzahl: 13 (frr 1—3); 10 (frr 4—5); 6 (fr 6); 3 (fr 7); Buchstabenzahl: 8—18, meist 14—16;

frr stammen aus einer Kartonage; deshalb u aufgrund des Inhalts u der auf frr 1—3 noch vollständigen Zeilenzahl und der Zeilenlänge vielleicht mit 𝔓¹¹ zusammengehörend; Sicherheit dafür und weitere Angaben erst nach Vorliegen von Fotos möglich

E: *J. R. Harris*, Biblical Fragments from Mount Sinai, London 1890, pp XIII. 54—56, Nr 14 / *E. M. Schofield*, The Papyrus Fragments of the Greek New Testament, Clinton (New Jersey) 1936, pp 168—170

L: *C. R. Gregory*, Prolegomena zu Tischendorfs Novum Testamentum Graece, Leipzig 1894, pp 1308—1309 / *id*, Die griechischen Handschriften des Neuen Testaments, Leipzig 1908, pp 47. 350 / *id*, Textkritik des Neuen Testaments III, Leipzig 1909, pp 1042. 1092 / *H. von Soden*, Untersuchungen I, pp 86. 244 / *A. Savary*, Les Papyrus grecs et la critique textuelle du Nouveau Testament, ROC 16 (1911), pp 396—415 / *F. G. Kenyon*, Textual Criticism of the New Testament, London ²1912, p 43 / *C. M. Cobern*, New Archaeological Discoveries, New York 1917, p 146 / *E. von Dobschütz/E. Nestle*, Einführung in das griechische Neue Testament, Göttingen ⁴1923, p 86 / *A. T. Robertson*, Introduction to the Textual Criticism of the New Testament, Nashville 1925, p 77 / *J. Merell*, Papyry, pp 48. 108 / *G. Maldfeld*, Die griechischen Handschriftenbruchstücke des Neuen Testamentes auf Papyrus, ZNW 42 (1949), p 245 / *K. Treu*, Zur Rekonstruktion eines neutestamentlichen Papyruskodex, FoFo 31,6 (1957), pp 185—189 / *K. Aland*, Zur Liste der Neutestamentlichen Handschriften VI, ZNW 48 (1957), pp 148. 152 / *id*, Liste, p 29 / *K. Treu*, Die griechischen Handschriften des Neuen Testaments in der UdSSR, TU 91 (1966), pp 107sqq / *K. Aland*, Papyrus, pp 104. 112 / *K. Treu*, Christliche Papyri 1940—1967, APF 19 (1969), p 184

NT 15

Kairo, Egyptian Museum, Midan-el-Tahrir, P Kairo JE 47423; P Oxyrhynchus 1008; α 1044 (H); 𝔓¹⁵

III (Aland, Liste, p 29; Papyrus, p 104)
IV (Soden, p 896; Dobschütz, p 86; Maldfeld, p 245)
IV E (Grenfell/Hunt, p 4; Schofield, p 79)

1. Kor 7,18—32 (v); 7,33—8,4 (r)

Fundort: Oxyrhynchus; 1 fr eines fol aus einem cod mit einer col; 26,5 × 14 cm; Zeilenzahl: 38 (v), 37 (r); Buchstabenzahl: 22—28; rekonstruiertes Blattformat: 27 × 16 cm;
klare, flüssige Unziale; Spiritus; Elisionszeichen; Apostroph zur Silbentrennung nach Endkonsonanten, außer ν u ς; Spatium; Koronis und Ausrücken der linn bei Sinnabschnitt; Diärese über ι u υ; nomina sacra: ανω, ανων, θω, θν, κμου (!), κυ, κω, πνα, χυ

E: *B. P. Grenfell/A. S. Hunt*, The Oxyrhynchus Papyri VII, London 1910, pp 4—8 / *E. M. Schofield*, The Papyrus Fragments of the Greek New Testament, Clinton (New Jersey) 1936, pp 171—174

L: *H. von Soden*, Text, p 896 / *C. R. Gregory*, ThLZ 37 (1912), col 477 / *C. M. Cobern*, New Archaeological Discoveries, New York 1917, p 146 / *E. von Dobschütz/E. Nestle*, Einführung in das griechische Neue Testament, Göttingen ⁴1923, p 86 / *E. von Dobschütz*, ZNW 23 (1924), pp 231. 250. 251 / *C. Wessely*, Les plus anciens monuments du Christianisme, PO 18, 3 (1924), pp 457—460 / *E. von Dobschütz*, ZNW 25 (1926), p 300 / *J. Merell*, Papyry, pp 48. 108sq / *G. Maldfeld*, Die griechischen Handschriftenbruchstücke des Neuen Testamentes auf Papyrus, ZNW 42 (1949), p 245 / *K. Aland*, Zur Liste der Neutestamentlichen Handschriften VI, ZNW 48 (1957), pp 148. 152 / *id*, Liste, p 29 / *id*, Papyrus, pp 104. 112

NT 16

Kairo, Egyptian Museum, Midan-el-Tahrir, P Kairo JE 47424; P Oxyrhynchus 1009; α 1045 (H); 𝔓¹⁶

III—IV (Aland, Liste, p 29; Papyrus, p 104)
IV   (Gregory, p 477; Soden, p 896; Dobschütz, p 86; Mald-
        feld, p 245)
IV E   (Grenfell/Hunt, p 8; Schofield, p 79)

Phil 3,10—17 (r); 4,2—8 (v)

Fundort: Oxyrhynchus; 1 fr eines fol aus einem cod mit einer col; 15,1 × 11,1 cm; Zeilenzahl: 20 (r), 19 (v); rekonstruiertes Blattformat: 29 × 16 cm; rekonstruierte Zeilenzahl: 38—39; rekonstruierte Buchstabenzahl: 23—28;
kleine Unziale; braune Tinte; Spiritus; Spatium; Zirkumflex; nomina sacra: θυ, ιυ, κω, [χ]υ, χω;
es fehlen: obere Blatthälfte einschließlich Ränder mit ca 19 linn; von erhaltenen linn ¹/₄—²/₃ mit innerem Rand;
in Duktus, Format, Zeilenzahl und Zeilenlänge ähnlich wie 𝔓¹⁵; Schrift aber kleiner und dicker im Strich, Tinte braun, statt schwarz

E: *B. P. Grenfell/A. S. Hunt*, The Oxyrhynchus Papyri VII, London 1910, pp 8—11 / *E. M. Schofield*, The Papyrus Fragments of the Greek New Testament, Clinton (New Jersey) 1936, pp 175—178

L: *H. von Soden*, Text, p 896 / *C. R. Gregory*, ThLZ 37 (1912), col 477 / *E. von Dobschütz/E. Nestle*, Einführung in das griechische Neue Testament, Göttingen ⁴1923, p 86 / *E. von Dobschütz*, ZNW 23 (1924), pp 250sq / *C. Wessely*, Les plus anciens monuments du Christianisme, PO 18, 3 (1924), pp 460sq / *E. von Dobschütz*, ZNW 25 (1926), p 301 / *J. Merell*, Papyry, pp 48. 109 / *G. Maldfeld*, Die griechischen Handschriftenbruchstücke des Neuen Testamentes auf Papyrus, ZNW 42 (1949), p 245 / *K. Aland*, Zur Liste der Neutestamentlichen Handschriften VI, ZNW 48 (1957), pp 148. 152 / *id*, Liste, p 29 / *id*, Papyrus, pp 104. 112

Cambridge, GB, University Library, Add 5893; P Oxyrhynchus 1078; α 1043; 𝔓¹⁷

IV (Grenfell/Hunt, p 11; Soden, p 896; Dobschütz, p 86; Schofield, p 79; Maldfeld, p 245; Aland, Liste, p 29; Papyrus, p 104)

Hebr 9,12—14 (r); 9,15—19 (v)

Fundort: Oxyrhynchus; 1 fr eines fol aus einem cod mit einer col; 14,2 × 8,4 cm; Zeilenzahl: 10 (r), 11 (v); rekonstruiertes Blattformat: 25 × 19 cm; rekonstruierte Zeilenzahl: 16; rekonstruierte Buchstabenzahl: 25—30;
große, ungleichmäßige Unziale; Elisionszeichen; gleiches Zeichen wird benutzt nach End -ξ; Spiritus asper; Doppelpunkte; nomina sacra: θω, πνς;
es fehlen: 5 linn zwischen r und v, alle Ränder und von erhaltenen linn 1/2—9/10

E: *B. P. Grenfell/A. S. Hunt*, The Oxyrhynchus Papyri VIII, London 1911, pp 11—13, Nr 1078 / *E. M. Schofield*, The Papyrus Fragments of the Greek New Testament, Clinton (New Jersey) 1936, pp 179—181

L: *H. von Soden*, Text, p 896 / *C. R. Gregory*, ThLZ 37 (1912), col 477 / *E. von Dobschütz/E. Nestle*, Einführung in das griechische Neue Testament, Göttingen ⁴1923, p 86 / *E. von Dobschütz*, ZNW 23 (1924), p 251 / *C. Wessely*, Les plus anciens monuments du Christianisme, PO 18, 3 (1924), pp 461sq / *E. von Dobschütz*, ZNW 25 (1926), p 300 / *J. Merell*, Papyry, pp 49. 109 / *G. Maldfeld*, Die griechischen Handschriftenbruchstücke des Neuen Testamentes auf Papyrus, ZNW 42 (1949), p 245 / *K. Aland*, Zur Liste der Neutestamentlichen Handschriften VI, ZNW 48 (1957), pp 148. 152 / *id*, Liste, p 29 / *id*, Papyrus, pp 104. 112

NT 18

London, British Museum, Inv Nr 2053 v; P Oxyrhynchus 1079;
P Lit London 219; α 1074 (H); 𝔓¹⁸

III E—IV (Grenfell/Hunt, p 13; Schofield, p 79)
etwa 300 (Hedley bei Schofield, p 79)
III—IV (Soden, p 896; Dobschütz, p 86; Maldfeld, p 245; Aland,
Liste, p 29; Papyrus, p 104)

Apk 1,4—7 (v)

Fundort: Oxyrhynchus; 1 fr vom Ende einer Rolle mit einer col;
15,1 × 9,8 cm; Zeilenzahl: 17, davon 3 vollständig; Buchstabenzahl:
21—29; rekonstruierte Höhe der Rolle: ca 25 cm; rekonstruiertes
Kolumnenformat: 22 × 9,3 cm; rekonstruierte Zeilenzahl: 29—30;
schwerfällige Majuskelkursive mittlerer Größe; aufrechte Buchstaben;
das Werk eines ungeübten Schreibers; Hoch- und Mittelpunkt; Diärese über ι u υ; Orthographicon: ει: ι; nomina sacra: θω, ιη, χρ;
es fehlen: 1—8 Buchstaben von Zeilenanfängen; wenn NT-Text mit
dieser col begonnen hat: (nach inscriptio?) obere 12 linn;
recto (AT 21) enthält Exodustext von anderer Hand

E: *B. P. Grenfell/A. S. Hunt*, The Oxyrhynchus Papyri VIII, London 1911, pp 13—14 / *E. M. Schofield*, The Papyrus Fragments of
the Greek New Testament, Clinton (New Jersey) 1936, pp 182—
185

L: *H. von Soden*, Text, p 896 / *C. R. Gregory*. ThLZ 37 (1912), col 477 /
R. H. Charles, Relevation of St John, ICC II (1920), pp 447—449 /
E. von Dobschütz/E. Nestle, Einführung in das griechische Neue
Testament, Göttingen ⁴1923, p 86 / *E. von Dobschütz*, ZNW 23
(1924), p 251 / *C. Wessely*, Les plus anciens monuments du Christianisme, PO 18, 3 (1924), pp 465 sq / *E. von Dobschütz*, ZNW
25 (1926), p 300 / *H. J. M. Milne*, Catalogue of the Literary Papyri
in the British Museum, London 1927, pp 184sq / *J. Merell*, Papyry,
pp 49. 109 / *G. Maldfeld*, Die griechischen Handschriftenbruchstücke des Neuen Testamentes auf Papyrus, ZNW 42 (1949),
p 245 / *K. Aland*, Zur Liste der Neutestamentlichen Handschriften
VI, ZNW 48 (1957), pp 148. 152 / *id*, Liste, p 29 / *id*, Papyrus,
pp 104. 112sq

NT 19

Oxford, Bodleian Library, Gr bibl d 6 (P); früher 14 (P); P Oxyrhynchus 1170; (S. C. 36943); ε 025 (H); 𝔓¹⁹

IV—V (Aland, Liste, p 30; Papyrus, p 104)
V   (Grenfell/Hunt, p 7; Soden, p 895; Dobschütz, p 86; Schofield, p 79; Maldfeld, p 245)

Matth 10,32—40 (r); 10,41—11,5 (v)

Fundort: Oxyrhynchus; 1 fr eines fol aus einem cod mit einer col; 22,9 × 9 cm; Zeilenzahl: 22 (r) = vollständig; 23 (v) = vollständig; rekonstruiertes Blattformat: 23 × 15 cm; rekonstruierte Buchstabenzahl: 21—31;
etwas schwerfällige Unziale mit aufrechten Buchstaben; Tinte stark verblaßt; Diärese über ι u υ; Homoioteleuton;
es fehlen: innerer und äußerer Rand, ca 1/3 der Außenseite der col, einige Stücke aus der Blattmitte

E: *B. P. Grenfell/A. S. Hunt*, The Oxyrhynchus Papyri IX, London 1912, pp 7—9, Nr 1170 / *E. M. Schofield*, The Papyrus Fragments of the Greek New Testament, Clinton (New Jersey) 1936, pp 186—189

L: *H. von Soden*, Untersuchungen III, p 2144; Text, p 895 / *C. R. Gregory*, ThLZ 37 (1912), col 477 / *C. M. Cobern*, New Archaeological Discoveries, New York 1917, p 144 / *E. von Dobschütz/E. Nestle*, Einführung in das griechische Neue Testament, Göttingen ⁴1923, p 86 / *E. von Dobschütz*, ZNW 23 (1924), p 257 / *id*, ZNW 25 (1926), p 300 / *P. L. Hedley*, The Egyptian Texts of the Gospels and Acts, ChQR 118 (1934), p 38 / *J. Merell*, Papyry, pp 49. 109sq / *G. Maldfeld*, Die griechischen Handschriftenbruchstücke des Neuen Testamentes auf Papyrus, ZNW 42 (1949), p 245 / *id*, ZNW 43 (1950/51), p 261 / *K. Aland*, Zur Liste der Neutestamentlichen Handschriften VI, ZNW 48 (1957), pp 148. 152 / *id*, Liste, p 30 / *id*, Papyrus, pp 104. 113

Princeton, University Library, P Princeton AM 4117; früher CC 0174.
6. 1171; P Oxyrhynchus 1171; α 1019 (H); Ropes/Milligan $\mathfrak{P}^{21}$; $\mathfrak{P}^{20}$

III (Soden, p 896; Dobschütz, p 86; Schubart bei Schofield, p 79;
   Maldfeld, p 245; Aland, Liste, p 30; Papyrus, p 104)
III E (Grenfell/Hunt, p 9; Schofield, p 79; Clark, p 181)

Jak 2,19—3,2 (r); 3,3—9 (v)

Fundort: Oxyrhynchus; 1 fr eines fol aus einem cod mit einer col;
11,5 × 4,3 cm Zeilenzahl: 20 (r u v); rekonstruiertes Blattformat:
16—17 cm × 12—13 cm; rekonstruierte Zeilenzahl: 24—25; rekonstruierte Buchstabenzahl: 27—38;
Semiunziale mit aufrechten, sorgfältig gesetzten litt; Apostroph;
Diärese über ι; Orthographicon ει: ι; nomina sacra: θυ, κν, πνς;
es fehlen: alle Ränder, bis zu ²/₃ der erhaltenen linn, 4—5 linn unten

E: *B. P. Grenfell/A. S. Hunt*, The Oxyrhynchus Papyri IX, London
 1912, pp 9—11, Nr 1171 u tab I / *E. M. Schofield*, The Papyrus
 Fragments of the Greek New Testament, Clinton (New Jersey)
 1936, pp 190—193

L: *G. Milligan*, The New Testament Documents, London 1913, p 254 /
 H. von Soden, Text, pp 895—896 / *B. P. Grenfell/A. S. Hunt*, The
 Oxyrhynchus Papyri XI, London 1915, p 251 / *J. H. Ropes*, The
 Epistle of St James, ICC (1916), p 74 / *C. M. Cobern*, New Archae-
 ological Discoveries, New York 1917, p 147 / *E. von Dobschütz/E.*
 Nestle, Einführung in das griechische Neue Testament, Göttingen
 ⁴1923, p 86 / *E. von Dobschütz*, ZNW 23 (1924), p 251 / *C. Wessely*,
 Les plus anciens monuments du Christianisme, PO 18, 3 (1924),
 pp 464—465 / *A. T. Robertson*, Introduction to the Textual Criti-
 cism of the New Testament, Nashville 1925, p 78 / *E. von Dobschütz*,
 ZNW 25 (1926), p 300 / *E. von Dobschütz*, ZNW 27 (1928), p 217 /
 K. W. Clark, Catalogue, pp 181sq / *W. H. P. Hatch*, Principal
 Uncial Manuscripts of the NT, Chicago 1939, tab VI / *J. Merell*,
 Papyry, pp 49sq. 110 / *G. Maldfeld*, Die griechischen Handschriften-
 bruchstücke des Neuen Testamentes auf Papyrus, ZNW 42 (1949),
 p 245 / *K. Aland*, Zur Liste der Neutestamentlichen Handschriften
 VI, ZNW 48 (1957), pp 149. 152 / *id*, Liste, p 30 / *id*, Papyrus, pp
 104. 113

NT 21

Allentown, Muhlenberg College, Theol Pap 3; P Oxyrhynchus 1227; $\mathfrak{P}^{21}$

IV—V (Aland, Liste, p 30; Papyrus, p 104)
V   (Grenfell/Hunt, p 12; Dobschütz, p 86; Schofield, p 79; Clark, p 139; Maldfeld, p 245)

Matth 12,24—26 (v); 12,32—33 (r)

Fundort: Oxyrhynchus; frr eines fol aus einem cod mit einer col; 6 × 11,8 cm; Zeilenzahl: 11 (v); 10 (r); rekonstruiertes Blattformat: 25 × 15 cm; rekonstruierte Zeilenzahl: 32—33; rekonstruierte Buchstabenzahl: 19—24;
etwas grobe, aufrechte Semiunziale einer ungeübten Hand; Diärese über ι u υ; Ähnlichkeit mit NT 5, NT 20, NT 27; nomen sacrum: ανου;
es fehlen: oberer, innerer und unterer Rand; zwischen Text auf v u r 22—23 linn, größere Teile der erhaltenen linn;
frr wurden durch Feuer beschädigt

E: *B. P. Grenfell/A. S. Hunt*, The Oxyrhynchus Papyri X, London 1914, pp 12—14, Nr 1227 / *E. M. Schofield*, The Papyrus Fragments of the Greek New Testament, Clinton (New Jersey) 1936, pp 194sq

L: *B. P. Grenfell/A. S. Hunt*, The Oxyrhynchus Papyri XI, London 1915, p 251 / *C. M. Cobern*, New Archaeological Discoveries, New York 1917, p 149 / *E. von Dobschütz/E. Nestle*, Einführung in das griechische Neue Testament, Göttingen ⁴1923, p 86 / *A. T. Robertson*, Introduction to the Textual Criticism of the New Testament, Nashville 1925, p 78 / *E. von Dobschütz*, ZNW 25 (1926), p 300 / *H. A. Sanders*, HThR 26 (1933), pp 77—98 / *P. L. Hedley*, The Egyptian Texts of the Gospels and Acts, ChQR 118 (1934), p 38 / *K. W. Clark*, Catalogue, p 139 / *J. Merell*, Papyry, pp 50.110 / *G. Maldfeld*, Die griechischen Handschriftenbruchstücke des Neuen Testamentes auf Papyrus, ZNW 42 (1949), pp 245—246 / *id*, ZNW 43 (1950/51), p 261 / *K. Aland*, Zur Liste der Neutestamentlichen Handschriften VI, ZNW 48 (1957), pp 149. 152 / *id*, Liste, p 30 / *id*, Papyrus, 104. 113

Glasgow, Special Collections Department, Glasgow University Library,
MS 2 — x. 1; P Oxyrhynchus 1228; $\mathfrak{P}^{22}$

III	(Schubart bei Schofield, p 79; Maldfeld, p 246; Aland, Liste, p 30; Papyrus, p 104)
III E	(Grenfell/Hunt, p 14; Schofield, p 79)
um 300	(Hedley, p 205)
III—IV	(Dobschütz, p 86)

Joh 15,25—16,2 (col 1); 16,21—32 (col 2) (v); r unbeschrieben

Fundort: Oxyrhynchus; 2 frr einer Rolle mit je einer col; 5 × 3,5 cm
(col 1); 18,5 × 5 cm (col 2); Zeilenzahl: 8 (col 1); 29 (col 2); rekonstruierte Höhe der Rolle: 30 cm; Kolumnenformat: 25—26 cm ×
10 cm; rekonstruierte Zeilenzahl: 47—48;
formlose Hand mit aufrechten Buchstaben von mittlerer Größe;
Diärese über υ; nomina sacra: ανος, ιη[ς], πη[ρ], πρς, πρα;
es fehlen: Seitenteile beider coll, Kolumnenzwischenräume und untere
Teile, zwischen beiden frr ca 39—40 linn; bei regelmäßiger Schrift
wären frr von 37. und 38. col, wenn Joh-Ev 50 coll umfaßt hätte;
unbeschriebenes recto könnte wie folgt erklärt werden: auf Rolle von
etwa 20 foll des Folio-Formates war mit mehreren Schutzblättern
vorn und/oder hinten ein anderes (klassisches?) Werk geschrieben;
später wurde auf dieser Rolle als Opistograph das Joh-Ev geschrieben,
das aber die vorhandene Rollenlänge übertraf; der Schreiber gelangte
in den Bereich der unbeschriebenen Schutzblätter, brach ab, um auf
anderer Rolle fortzufahren oder klebte Teile einer anderen Rolle an;
weitere Voraussetzung ist, daß etwa 2 coll des Joh-Ev sich ungefähr
mit der Blattbreite decken würden

E: *B. P. Grenfell/A. S. Hunt*, The Oxyrhynchus Papyri X, London
   1914, pp 14—16, Nr 1228 / *E. M. Schofield*, The Papyrus Fragments of the Greek New Testament, Clinton (New Jersey) 1936,
   pp 196—199

L: *C. M. Cobern*, New Archaeological Discoveries, New York 1917, p
   153 / *E. von Dobschütz/E. Nestle*, Einführung in das griechische
   Neue Testament, Göttingen ⁴1923, p 86 / *G. Milligan*, Here and
   there among the Papyri, London 1923, p 116 / *C. Wessely*, Les plus
   anciens monuments du Christianisme, PO 18, 3 (1924), pp 451—
   452 / *E. von Dobschütz*, ZNW 25 (1926), p 300 / *G. Milligan*, Greek
   Papyri and the New Testament, Christianity in the Light of Modern Knowledge — A Collective Work, New York 1929, p 303 / *id*, The
   New Testament and its Transmission, London 1932, tab I / *P. L.*

Hedley, The Egyptian Texts of the Gospels and Acts, ChQR 118 (1934), p 205 / *J. Merell*, Papyry, pp 50. 111 / *G. Maldfeld*, Die griechischen Handschriftenbruchstücke des Neuen Testamentes auf Papyrus, ZNW 42 (1949), p 246 / *id*, ZNW 43 (1950/51), p 261 / *K. Aland*, Zur Liste der Neutestamentlichen Handschriften VI, ZNW 48 (1957), pp 149. 152 / *J. H. Bernard*, St John, ICC (1962), p 14 / *K. Aland*, Liste, p 30 / *id,* Papyrus, pp 104. 114

NT 23

Urbana, Classical and European Culture Museum, University of Illinois, G P 1229; P Oxyrhynchus 1229; $\mathfrak{P}^{23}$

III A (Aland, Liste, p 30; Papyrus, p 104)
III E (Schofield, p 79)
IV   (Grenfell/Hunt, p 16; Dobschütz, p 86; Clark, p 274; Maldfeld, p 246)

Jak 1,10—12 (v); 1,15—18 (r)

Fundort: Oxyrhynchus; 1 fr eines fol aus einem cod mit einer col; 12,1 × 11,2 cm; Zeilenzahl: 15 (v), 16 (r); Buchstabenzahl: 14—21; rekonstruiertes Blattformat: 20 × 11,5 cm; rekonstruierte Zeilenzahl: 27;
breite Unziale mit einigen Unregelmäßigkeiten; ν-Strich; 1 Mittel-Punkt; Diärese über υ;
es fehlen: unterer Blatteil mit 11—12 linn, unterer Rand, 16. lin auf recto; Paginierung: β, γ;
dem fol ging ein weiteres voran, dessen Vorderseite leer war bzw die Inscriptio trug, weil Rückseite für vorangehenden Text ausreicht und als p 1 (α) gezählt war

E: *B. P. Grenfell/A. S. Hunt*, The Oxyrhynchus Papyri X, London 1914, pp 16—18, Nr 1229 / *E. M. Schofield*, The Papyrus Fragments of the Greek New Testament, Clinton (New Jersey) 1936, pp 200—202

L: *B. P. Grenfell/A. S. Hunt*, The Oxyrhynchus Papyri XI, London 1915, p 251, Nr 251 / *J. H. Ropes*, The Epistle of St. James, ICC (1916), p 75 / *C. M. Cobern*, New Archaeological Discoveries, New York 1917, p 156 / *E. von Dobschütz/E. Nestle*, Einführung in das griechische Neue Testament, Göttingen ⁴1923, p 86 / *C. Wessely*, Les plus anciens monuments du Christianisme, PO 18, 3 (1924), pp 463—464 / *A. T. Robertson*, Introduction to the Textual Criticism of the New Testament, Nashville 1925, p 78 / *E. von Dobschütz*, ZNW 25 (1926), p 300 / *K. W. Clark*, Catalogue, p 274 / *J. Merell*, Papyry, pp 50. 111 / *G. Maldfeld*, Die griechischen Handschriftenbruchstücke des Neuen Testamentes auf Papyrus, ZNW 42 (1949), p 246 / *K. Aland*, Zur Liste der Neutestamentlichen Handschriften VI, ZNW 48 (1957), pp 149. 152 / *id*, Liste, p 30 / *id*, Papyrus, pp 104. 114

NT 24

Newton Centre (Mass.), Andover Newton Theological School, Hill's Library, O P 1230; P Oxyrhynchus 1230; $\mathfrak{P}^{24}$

III E (Schofield, p 79)
IV A (Grenfell/Hunt, p 18; Clark, p 5)
IV   (Dobschütz, p 86; Maldfeld, p 246; Aland, Liste, p 30; Papyrus, p 104)

Apk 5,5—8 (r); 6,5—8 (v)

Fundort: Oxyrhynchus; 1 fr eines fol aus einem cod mit einer col; 4,1 × 7 cm; Zeilenzahl: 8 (r), 7 (v); rekonstruiertes Blattformat: 28—30 cm × 18 cm; rekonstruierte Zeilenzahl: 43—45; rekonstruierte Buchstabenzahl: 35—40;
mittelgroße, runde, leicht rechts geneigte Unziale mit Tendenz zur Kursive; ungeübte Hand; unregelmäßige litt; Verwendung von Zahlzeichen ζ für ἑπτά; Apostroph nach Eigennamen; nomina sacra: θυ, πνα;
es fehlen: alle Ränder; ¹/₂ der erhaltenen linn, zwischen Text 35—37 linn

E: *B. P. Grenfell/A. S. Hunt*, The Oxyrhynchus Papyri X, London 1914, pp 18—19, Nr 1230 / *E. M. Schofield*, The Papyrus Fragments of the Greek New Testament, Clinton (New Jersey) 1936, pp 203—205

L: *B. P. Grenfell/A. S. Hunt*, The Oxyrhynchus Papyri XI, London 1915, p 251 / *C. M. Cobern*, New Archaeological Discoveries, New York 1917, p 158 / *R. H. Charles*, Revelation of St. John, ICC II (1920), pp 448—450 / *E. von Dobschütz/E. Nestle*, Einführung in das griechische Neue Testament, Göttingen ⁴1923, p 86 / *C. Wessely*, Les plus anciens monuments du Christianisme, PO 18, 3 (1924), p 467 / *A. T. Robertson*, Introduction to the Textual Criticism of the New Testament, Nashville 1925, p 78 / *E. von Dobschütz*, ZNW 25 (1926), p 300 / *K. W. Clark*, Catalogue, p 5 / *J. Merell*, Papyry, pp 51. 111 / *G. Maldfeld*, Die griechischen Handschriftenbruchstücke des Neuen Testamentes auf Papyrus, ZNW 42 (1949), p 246 / *K. Aland*, Zur Liste der Neutestamentlichen Handschriften VI, ZNW 48 (1957), pp 149. 151 / *id*, Liste, p 30 / *id*, Papyrus, pp 104. 115

NT 25

Berlin, Staatliche Museen, P Berlin Inv Nr 16 388; $\mathfrak{P}^{25}$

IV E   (Aland, Liste, p 30; Papyrus, p 104)
V—VI (Stegmüller, p 229; Maldfeld, p 246)

Matth 18,32—34 (col a r); 19,1—3 (col b r); 19,5—7 (col a v); 19,9—10 (col b v)

Fundort: ?; 1 fr eines fol aus einem cod mit 2 coll; 10 × 22 cm; Zeilenzahl: 9 (v), 8—9 (r); Buchstabenzahl: 12—16; rekonstruiertes Blattformat: 24—25 × 23 cm; rekonstruierte Zeilenzahl: 23—25; rekonstruierter Schriftspiegel: 17,5—18,5 × 17 cm; 1 col = 8 cm; Kolumnenabstand: 1 cm;
fortentwickelte Form der Bibelunziale; Neigung zu Buchstabenverzierung; 1 Hochpunkt; Diärese über ι; nomen sacrum: θς;
es fehlen: ein Stück der äußeren col, untere Blatthälfte mit 15—16 linn, untere Ränder;
es handelt sich vielleicht um einen Text aus dem griechischen Diatessaron

E: *O. Stegmüller*, Ein Bruchstück aus dem griechischen Diatessaron (P 16388), ZNW 37 (1938), pp 223—229

L: *E. von Dobschütz*, ZNW 25 (1926), p 300 / *J. Merell*, Papyry, pp 51. 111 / *G. Maldfeld*, Die griechischen Handschriftenbruchstücke des Neuen Testamentes auf Papyrus, ZNW 42 (1949), pp 230sq. 246 / *K. Aland*, Zur Liste der Neutestamentlichen Handschriften VI, ZNW 48 (1957), pp 149. 152 / *id*, Liste, p 30 / *id*, Papyrus, pp 104. 115

NT 26

Dallas, Bridwell Library, Perkins School of Theology, Southern Methodist University; P Oxyrhynchus 1354; $\mathfrak{P}^{26}$

um 600   (Aland, Liste, p 30; Papyrus, p 104)
VI—VII (Grenfell/Hunt, p 6; Dobschütz, p 86; Clark, p 212; Mald-
         feld, p 246)
VII   (Schofield, p 79)

Röm 1,1—9 (r); 1,10—16 (v)

Fundort: Oxyrhynchus; 1 fr eines fol aus einem cod mit einer col; 23,2 × 10,3 cm; oberer Rand: 4,5 cm; Zeilenzahl: 21 (r), 20 (v); Buchstabenzahl: 21—33; rekonstruiertes Blattformat: 28 × 18—20 cm; rekonstruierte Zeilenzahl: 22;
große, schwerfällige Hand; aufrechte Buchstaben; Byzantinischer Stil; braune Tinte; 1 Hochpunkt; 1 Paragraphos; Anfangsbuchstaben des folgenden Verses größer geschrieben; ν-Strich; Diärese über ι υ υ; nomina sacra: δαδ, θυ, θω, ιυ, κυ, πνα, π[νι], υυ, χυ;
es fehlen: innerer, äußerer, unterer Rand; ¹/₃ vom Innenteil und kleinere Stücke aus der Mitte der col; zwischen Text eine lin

E: *B. P. Grenfell/A. S. Hunt*, The Oxyrhynchus Papyri XI, London 1915, pp 6—9, Nr 1354 / *E. M. Schofield*, The Papyrus Fragments of the Greek New Testament, Clinton (New Jersey) 1936, pp 215—218

L: *C. M. Cobern*, New Archaeological Discoveries, New York 1917, p 154 / *E. von Dobschütz/E. Nestle*, Einführung in das griechische Neue Testament, Göttingen ⁴1923, p 86 / *B. P. Grenfell/A. S. Hunt*, The Oxyrhynchus Papyri XVI, London 1924, p 277 / *A. T. Robertson*, Introduction to the Textual Criticism of the New Testament, Nashville 1925, p 78 / *E. von Dobschütz*, ZNW 25 (1926), p 300 / *K. W. Clark*, Catalogue, p 212 / *J. Merell*, Papyry, pp 51sq. 112 / *G. Maldfeld*, Die griechischen Handschriftenbruchstücke des Neuen Testamentes auf Papyrus, ZNW 42 (1949), p 246 / *K. Aland*, Zur Liste der Neutestamentlichen Handschriften VI, ZNW 48 (1957), pp 149. 153 / *id*, Liste, p 30 / *id*, Papyrus, pp 104. 115

NT 27

Cambridge, GB, University Library, Add 7211; P Oxyrhynchus 1355; $\mathfrak{P}^{27}$

III   (Grenfell/Hunt, p 9; Dobschütz, p 86; Maldfeld, p 246; Aland,
       Liste, p 30; Papyrus, p 104)
III E (Schofield, p 79)

Röm 8,12—22. 24—27 (v); 8,33—9,3. 5—9 (r)

Fundort: Oxyrhynchus; 2 frr eines fol aus einem cod mit einer col;
11 × 4,4 u 4,7 × 2,5 cm; Zeilenzahl: 20 + 7 (v), 19 + 8 (r); äußerer
Rand: 1,5 cm; rekonstruiertes Blattformat: 25 × 13 cm; rekonstruierte Zeilenzahl: 42; rekonstruierte Buchstabenzahl: 32—42;
formlose Hand; aufrechte, kleine Buchstaben; Paragraphos; Korrektur von zweiter Hand; Diärese über ι u υ; nomina sacra: του θυ
(sic!), κω, [π]νι, χ[υ];
es fehlen: ²/₃ der erhaltenen linn; zwischen frr 3 linn, vom Rest des
fol 12 linn mit oberem, innerem, unterem Rand

E: *B. P. Grenfell/A. S. Hunt*, The Oxyrhynchus Papyri XI, London
     1915, pp 9—12, tab I / *E. M. Schofield*, The Papyrus Fragments
     of the Greek New Testament, Clinton (New Jersey) 1936, pp
     219—222

L: *C. M. Cobern*, New Archaeological Discoveries, New York 1917,
     pp 154 sq / *E. von Dobschütz/E. Nestle*, Einführung in das grie-
     chische Neue Testament, Göttingen ⁴1923, p 86 / *C. Wessely*, Les
     plus anciens monuments du Christianisme, PO 18, 3 (1924),
     pp 455—457 / *E. von Dobschütz*, ZNW 25 (1926), p 300 / *J. Merell*,
     Papyry, pp 52. 112 / *G. Maldfeld*, Die griechischen Handschriften-
     bruchstücke des Neuen Testamentes auf Papyrus, ZNW 42 (1949),
     p 246 / *K. Aland*, Zur Liste der Neutestamentlichen Handschriften
     VI, ZNW 48 (1957), pp 149. 153 / *id*, Liste, p 30 / *id*, Papyrus, pp
     104. 115

NT 28

Berkeley, Palestine Institute Museum, Pacific School of Religion, Pap 2; P Oxyrhynchus 1596; $\mathfrak{P}^{28}$

III (Aland, Liste, p 30; Papyrus, p 104)
IV A (Grenfell/Hunt, p 8; Schofield, p 79)
IV (Dobschütz, p 86; Clark, p 148; Maldfeld, p 247)

Joh 6,8—12 (r); 6,17—22 (v)

Fundort: Oxyrhynchus; 1 fr eines fol aus einem cod mit einer col; 10,7 × 5,2 cm; unterer Rand: 2 cm; Zeilenzahl: 11 (r), 12 (v); rekonstruiertes Blattformat: 22—23 cm × 13 cm; rekonstruierte Zeilenzahl: 25—26; rekonstruierte Buchstabenzahl: 28—38;
Semi-Unziale; Buchstaben von mittlerer Höhe; 1 Hochpunkt; Spatien: Diärese über ι; nomina sacra: ιϲ, ιυ;
es fehlen: innere Hälfte der erhaltenen linn; Innenrand; obere Blatthälfte mit 13—14 linn; oberer Rand

E: *B. P. Grenfell/A. S. Hunt*, The Oxyrhynchus Papyri XIII, London 1919, pp 8—10, Nr 1596 / *E. M. Schofield*, The Papyrus Fragments of the Greek New Testament, Clinton (New Jersey) 1936, pp 223—225

L: *E. von Dobschütz/E. Nestle*, Einführung in das griechische Neue Testament, Göttingen ⁴1923, p 86 / *B. P. Grenfell/A. S. Hunt*, The Oxyrhynchus Papyri XVI, London 1924, p 278 / *A. T. Robertson*, Introduction to the Textual Criticism of the New Testament, Nashville 1925, p 78 / *H. A. Sanders*, HThR 26 (1933), pp 77—98 / *E. von Dobschütz*, ZNW 25 (1926), p 301 / *P. L. Hedley*, The Egyptian Texts of the Gospels and Acts, ChQR 118 (1934), p 206 / *K. W. Clark*, Catalogue, p 148 / *J. Merell*, Papyry, pp 52. 112 / *G. Maldfeld*, Die griechischen Handschriftenbruchstücke des Neuen Testamentes auf Papyrus, ZNW 42 (1949), p 247 / *id*, ZNW 43 (1950/51), p 261 / *K. Aland*, Zur Liste der Neutestamentlichen Handschriften VI, ZNw 48 (1957), pp 149. 153 / *id*, Liste, p 30 / *id*, Papyrus, pp 104. 116

NT 29

Oxford, Bodleian Library, Gr bibl g 4 (P); P Oxyrhynchus 1597; $\mathfrak{P}^{29}$

III   (Aland, Liste, p 30; Papyrus, p 104)
III E—IV (Grenfell/Hunt, p 10)
III—IV   (Dobschütz, p 86; Maldfeld, p 247)
IV A   (Schofield, p 79)

Apg 26,7—8 (v); 26,20 (r)

Fundort: Oxyrhynchus; 1 fr eines fol aus einem cod mit einer col; 5,7 × 2,8 cm; unterer Rand: 2,5 cm; Zeilenzahl: 5 (r u v); rekonstruiertes Blattformat: 27—29 × 16 cm; rekonstruierte Zeilenzahl: 38—41; rekonstruierte Buchstabenzahl: 23—33;
Unziale mit einigen Unregelmäßigkeiten; sehr kleines o; nomina sacra: θς, θν;
es fehlen: ³/₄ der erhaltenen linn des äußeren Teils der col; äußerer u innerer Rand; Blattoberteil mit 33—36 linn; oberer Rand

E: *B. P. Grenfell/A. S. Hunt*, The Oxyrhynchus Papyri XIII, London 1919, pp 10—12, Nr 1597, tab I / *E. M. Schofield*, The Papyrus Fragments of the Greek New Testament, Clinton (New Jersey) 1936, pp 226—228

L: *E. von Dobschütz/E. Nestle*, Einführung in das griechische Neue Testament, Göttingen ⁴1923, p 86 / *E. von Dobschütz*, ZNW 25 (1926), p 301 / *J. H. Ropes*, Beginnings of Christianity III, London 1926, pp XVII. CCX sqq. 235. 237 / *H. A. Sanders*, HThR 26 (1933), pp 90 sq / *P. L. Hedley*, The Egyptian Texts of the Gospels and Acts, ChQR 118 (1934), p 217 / *J. Merell*, Papyry, pp 52. 113 / *G. Maldfeld*, Die griechischen Handschriftenbruchstücke des Neuen Testamentes auf Papyrus, ZNW 42 (1949), p 247 / *id*, ZNW 43 (1950/51, p 261 / *K. Aland*, Zur Liste der Neutestamentlichen Handschriften VI, ZNW 48 (1957), pp 149. 153 / *id*, Liste, p 30 / *id*, Papyrus, pp 104. 116

NT 30 [0101]

Gent, Centrale Bibliotheek, Rijksuniversiteit, Inv 61; P Oxyrhynchus 1598; 𝔓³⁰

III   (Aland, Liste, p 30; Papyrus, p 104)
III E—IV (Grenfell/Hunt, p 12; Schofield, p 79)
III—IV   (Dobschütz, p 301; Maldfeld, p 247)

1. Thess 4,12—13. 16—17 (frr 1 u 2r); 5,3. 8—10 (frr 1 u 2v); 5,12—18 (frr 3 u 4v); 5,25—28 (frr 3 u 4r)

2. Thess 1, 1—2 (frr 3 u 4r); fr 5r u v unidentifiziert

Fundort: Oxyrhynchus; 4 frr von 2 foll eines cod mit je einer col; fr 1: 3 × 2,4 cm; Zeilenzahl: 8 (r), 10 (v); fr 2: 5,2 × 5,7 cm; Zeilenzahl: 8 (r), 10 (v); fr 3: 7,3 × 6 cm; Zeilenzahl: 10 (v), 8 (r); fr 4: 6,6 × 6,3 cm; Zeilenzahl: 10 (v), 8 (r); rekonstruiertes Blattformat: 26 × 15 cm; rekonstruierte Zeilenzahl: 34; rekonstruierte Buchstabenzahl: 18—24;
große, schwere, runde Unziale (früher Bibeltyp); ➤ als Zeilenfüllsel; Diärese über υ; Paginierung: 207—208; nomina sacra: θω, [ιη]υ, κυ, κυ, χω

E: *B. P. Grenfell/A. S. Hunt*, The Oxyrhynchus Papyri XIII, London 1919, pp 12—14 / *E. M. Schofield*, The Papyrus Fragments of the Greek New Testament, Clinton (New Jersey) 1936, pp 73. 78 sq. 84. 229—233

L: *E. von Dobschütz*, ZNW 25 (1926), p 301 / *J. Merell*, Papyry, pp 53. 113 sq / *G. Maldfeld*, Die griechischen Handschriftenbruchstücke des Neuen Testamentes auf Papyrus, ZNW 42 (1949), p 247 / *K. Aland*, Zur Liste der Neutestamentlichen Handschriften VI, ZNW 48 (1957), pp 149. 153 / *R. Schippers*, De Papyrusfragmenten van den 2. Thessalonicenzen, GTT 57 (1957), pp 121—127 / *K. Aland*, Liste, p 30 / *id*, Papyrus, pp 104. 116 sq / *M. Wittek*, Album de Paléographie grecque, spécimens d'écritures livresques du IIIᵉ siècle avant J. C. au XVIIIᵉ siècle, conservés dans des collections Belges, Story-Scientia 64, Gent 1967, p 29

NT 31

Manchester, John Rylands Library, P Rylands 4; $\mathfrak{P}^{31}$

VI E—VII (Hunt, p 9; Schofield, p 80)
VI—VII   (Dobschütz, p 86; Maldfeld, p 247)
VII   (Aland, Liste, p 30; Papyrus, p 104)

Röm 12,3—8 (r); v unbeschrieben

Fundort: ?; 1 fr eines fol (Einzelblatt?) mit einer col; 14,8 × 22,5 cm; linker Rand: 1,5 cm; unterer Rand: 2 cm; Zeilenzahl: 9; Buchstabenzahl: 45—53; Zeilenabstand: 0,8—1,2 cm; rekonstruiertes Blattformat: 23 × 24 cm oder 19 × 24 cm; rekonstruierte Zeilenzahl: 15 oder 11;
Unziale mit Tendenzen zur Kursive; litt von mittlerer Größe; Komma-ähnliche Zeichen über linn (als Lesehilfe? Neumen); nomina sacra: θς, χω;
es fehlen: geringe Teile vom rechten Rand; oberer Blatteil mit 6 oder 2 linn;
fr stammt vielleicht aus einem Lektionar

E: *A. S. Hunt*, Catalogue of the Greek Papyri in the John Rylands Library I, Literary texts, Nr 4, Manchester 1911, p 9 / *E. M. Schofield*, The Papyrus Fragments of the Greek New Testament, Clinton (New Jersey) 1936, pp 234—237

L: *F. G. Kenyon*, Textual Criticism of the New Testament, London ²1912, p 44 / *C. M. Cobern*, New Archaeological Discoveries, New York 1917, p 146 / *E. von Dobschütz/E. Nestle*, Einführung in das griechische Neue Testament, Göttingen ⁴1923, p 86 / *E. von Dobschütz*, ZNW 23 (1924), p 251 / *P. L. Hedley*, The Egyptian Texts of the Gospels and Acts, ChQR 118 (1934), p 227 / *J. Merell*, Papyry, pp 53. 114 / *G. Maldfeld*, Die griechischen Handschriftenbruchstücke des Neuen Testamentes auf Papyrus, ZNW 42 (1949), p 247 / *id*, ZNW 43 (1950/51), p 261 / *K. Aland*, Zur Liste der Neutestamentlichen Handschriften VI, ZNW 48 (1957), pp 149. 153 / *id*, Liste, p 30 / *id*, Papyrus, pp 104. 117

Manchester, John Rylands Library, P Rylands 5; P London Christ
P 6; 𝔓³²

II	(Roberts bei Aland, ZNW 48, p 149)
um 200	(Aland, Liste, p 30; Papyrus, p 105)
III A	(Hatch, p 149)
III M	(Schofield, p 80)
III	(Hunt, p 10; Schubart bei Schofield, p 80; Maldfeld, p 247)
III—IV	(Dobschütz, pp 86. 251)

Tit 1,11—15 (r); 2,3—8 (v)

Fundort: ?; 1 fr eines fol aus einem cod mit einer col; 10,6 × 4,9 cm;
innerer Rand: 1,5 cm; unterer Rand: 2,3 cm; Zeilenzahl: 13 (r), 14
(v); rekonstruiertes Blattformat: 21—22 × 15 cm; rekonstruierte
Zeilenzahl: 26—27; rekonstruierte Buchstabenzahl: 21—29;
Unziale; große, runde Buchstaben; leichte Tendenz zur Worttren-
nung; Diärese über ι; nomen sacrum: θυ;
es fehlen: ²/₃ der erhaltenen linn; äußerer Rand; obere Blatthälfte mit
12—13 linn

E: *A. S. Hunt*, Catalogue of the Greek Papyri in the John Rylands
Library I, Literary Texts, Manchester 1911, pp 10sq / *E. M. Schofield*, The Papyrus Fragments of the Greek New Testament, Clinton (New Jersey) 1936, pp 238—241

L: *C. M. Cobern*, New Archaeological Discoveries, New York 1917,
p 147 / *E. von Dobschütz/E. Nestle*, Einführung in das griechische
Neue Testament, Göttingen ⁴1923, p 86 / *E. von Dobschütz*, ZNW
23 (1924), p 251 / *G. Milligan*, Greek Papyri and the New Testa-
ment, History in the Light of Modern Knowledge — A Collective
Work, New York 1929, p 304 / *J. Merell*, Papyry, pp 53. 114 /
G. Maldfeld, Die griechischen Handschriftenbruchstücke des Neuen
Testamentes auf Papyrus, ZNW 42 (1949), p 247 / *id*, ZNW 43
(1950/51), p 261 / *K. Aland*, Zur Liste der Neutestamentlichen
Handschriften VI, ZNW 48 (1957), pp 149. 153 / *id*, Liste, p 30 / *id*,
Papyrus, pp 105. 117

NT 33 [NT 58]

Wien, Österreichische Nationalbibliothek, P Vindob G 17973, 26133, 35831, 39783 (früher: Expos Nr 190; Lit theol 25); $\mathfrak{P}^{33}$ (A) u $\mathfrak{P}^{58}$ (B)

V—VI   (Sanz, p 67; Maldfeld, p 252)
VI   (Aland, Liste, p 30; Papyrus, p 105; Treu, p 183)
VI—VII   (Wessely, p 245; Dobschütz, p 251; Maldfeld, p 247)
VII E?   (Schofield, p 80)

Apg 7,6—10 (fr Br); 7,13—18 (fr Bv); 15,21—24 (fr Ar); 15,26—32 (fr Av)

Fundort: Faijum; 4 frr von 2 foll aus einem cod mit je einer col; fr A: 15 × 24 cm; Zeilenzahl: 15, davon 7 vollständig (r), 16, davon 7 vollständig (v); unterer Rand: 5 cm; Innenrand: 3,7 cm; Außenrand: 4 cm; fr B: 18 × 22 cm; Zeilenzahl: 12, davon 3 vollständig (r u v); oberer Rand: 3 cm; rekonstruiertes Blattformat: 28—29 cm × 23 cm; rekonstruierte Zeilenzahl: 21; rekonstruierte Buchstabenzahl: 24—33;
sorgfältige Unziale mit krassem Unterschied zwischen den schmal u breit geschriebenen Buchstaben u zum Teil scharfer Vereckung der Buchstaben; Spatien vor Sinnabschnitten; nomina sacra: ιυ, πνι, χυ; für Apg würden nach dem erhaltenen Blattumfang ca 75—80 foll benötigt werden;
es fehlen: fr B: bis $^7/_8$ der erhaltenen linn; untere Blatthälfte mit 7 linn; fr A: Stücke der erhaltenen linn; oberer Blatteil mit 6 linn

E: *C. Wessely*, StudPal 12 (1912), p 245 / *E. M. Schofield*, The Papyrusfragments of the Greek New Testament, Clinton (New Jersey) 1936, pp 242—245

L: *C. M. Cobern*, New Archaeological Discoveries, New York 1917, p 154 / *E. von Dobschütz*, ZNW 23 (1924), p 251 / *J. H. Ropes*, Beginnings of Christianity III, London 1926, pp 19. 110sq / *J. Merell*, Papyry, pp 54. 114sq / *G. Maldfeld*, Die griechischen Handschriftenbruchstücke des Neuen Testamentes auf Papyrus, ZNW 42 (1949), p 247 / *id*, ZNW 43 (1950/51), p 261 / *K. Aland*, Zur Liste der Neutestamentlichen Handschriften VI, ZNW 48 (1957), pp 149. 153 / *id*, Liste, p 30 / *id*, Papyrus, pp 105. 117

($\mathfrak{P}^{33}$ [A] u $\mathfrak{P}^{58}$ [B]):

E: *P. Sanz*, Griechische literarische Papyri christlichen Inhaltes I, MPER IV (1946), pp 67—68, Nr 41

L: *E. von Dobschütz*, ZNW 23 (1924), p 251 / *G. Maldfeld*, Die griechischen Handschriftenbruchstücke des Neuen Testamentes auf Papyrus, ZNW 42 (1949), pp 247. 252 / *G. Maldfeld*, ZNW 43 (1950/51), p 261 / *K. Aland*, Zur Liste der Neutestamentlichen Handschriften VI, ZNW 48 (1957), pp 149 sq. 153. 155 / *id*, Liste, p 30 / *id*, Papyrus, pp 105. 117sq / *K. Treu*, Christliche Papyri 1940—1967, APF 19 (1969), pp 183sq

NT 34 [0102]

Wien, Österreichische Nationalbibliothek, P Vindob G 39784 (früher: Lit theol 26); $\mathfrak{P}^{34}$

VI—VII (Wessely, p 246; Dobschütz, p 251; Maldfeld, p 247)
VII ? (Schofield, p 80)
VII (Aland, Liste, p 30; Papyrus, p 105)

1. Kor 16,4—7 (col 3 r); 16,10 (col 4 r) [fol 1]

2. Kor 5,18—19 (col 1 v); 5,19—21 (col 2 v); 10,13—14 (col 3 v); 11,2 (col 4 v) [fol 2]; 11,4 (col 1 r); 11,6—7 (col 2 r) [fol 1]

Fundort: Faijum; 1 fr eines Doppelblattes aus einem cod mit 4 coll, außen r, innen v; 21,5 × 46 cm; erhalten sind auf fol 1 innere col über 21 bzw 20 linn, von äußerer col untere 7 bzw 8 linn, auf r zuzüglich 2 Überhangzeilen; innerer Rand: 3,5 cm; äußerer Rand: 3,5 cm; unterer Rand: 4,3 cm; auf fol 2 innere col über 18 linn u 2 linn Zierlinn nach 2. Kor 10,14 bzw 21 linn; von äußeren coll beidseitig unteren 7 linn, v u 1 Überhangzeile; rekonstruiertes Blattformat: 30 × 23 cm; rekonstruierte Zeilenzahl: 27; rekonstruierte Buchstabenzahl: 7—10; Schriftspiegel: 22—23 × 16 cm; Kolumnenabstand: 2 cm; aufrechte Unziale (koptische Hand); Hochpunkte, Akzente, Zierlinien; nomina sacra: θς, θυ, θω, κυ, [πν]α, χυ, χω; zwischen den erhaltenen foll fehlen — fortlaufender Text vorausgesetzt — 8 foll; erhaltenes Doppelblatt vielleicht Außenblatt eines Quinio; auffälliger Sprung fol 1 r u v; zwischen coll von fol 3 durch Homoioteleuton Auslassung von ca 140 litt

E: *C. Wessely*, Literarischer theologischer Text Nr 26, StudPal 12 (1912), p 246 / *E. M. Schofield*, The Papyrus Fragments of the Greek New Testament, Clinton (New Jersey) 1936, pp 3. 35. 78. 80. 84. 246—252

L: *C. M. Cobern*, New Archaeological Discoveries, New York ⁸1921, p 155 / *E. von Dobschütz*, ZNW 23 (1924), p 251 / *J. Merell*, Papyry, pp 54. 115 / *G. Maldfeld*, Die griechischen Handschriftenbruchstücke des Neuen Testaments auf Papyrus, ZNW 42 (1949), p 247 / *id*, ZNW 43 (1950/51), p 261 / *K. Aland*, Zur Liste der Neutestamentlichen Handschriften VI, ZNW 48 (1957), pp 149. 153 / *id*, Liste, p 30 / *id*, Papyrus, pp 105. 118

NT 35

Florenz, Biblioteca Laurenziana, PSI 1; ε 14 (H); $\mathfrak{P}^{35}$

III (?)   (Roberts/Skeat bei Aland, Papyrus, p 105, Anm 1)
IV (?)   (Aland, Liste, p 30)
VI   (Hunger bei Aland, Papyrus, p 105, Anm 1)
um 600   (Preisendanz bei Aland, Papyrus, p 105, Anm 1)
VII A (?)   (Schofield, p 80)
VII   (Pistelli, p 1; Soden, p 895; Dobschütz, p 251; Hedley, p 39;
             Schubart bei Schofield, p 80; Maldfeld, p 247)

Matth 25,12—15 (r); 25,20—23 (v)

Fundort: Oxyrhynchus; 1 fr eines fol aus einem cod mit einer col;
9 × 8,2 cm; oberer Rand: 2 cm; Zeilenzahl: 11 (r u v); rekonstruiertes Blattformat: 23—24 × 15 cm; rekonstruierte Zeilenzahl: 29—30;
rekonstruierte Buchstabenzahl: 16—21;
saubere, mittelgroße Unziale des frühen koptischen Typs, ähnlich wie
$\mathfrak{P}^{40}$; aufrechte Buchstaben mit gelegentlicher Tendenz zur kursiven
Form; nomina sacra: κϲ, κυ;
es fehlen: 1/4 der erhaltenen linn; innerer und äußerer Rand, unterer
Blatteil mit 18—19 linn

E: *E. Pistelli*, PSI I (1912), pp 1—2, Nr 1 / *E. M. Schofield*, The Papyrus Fragments of the Greek New Testament, Clinton (New Jersey)
1936, pp 253—255

L: *H. von Soden*, Text, p 895 / *E. von Dobschütz*, ZNW 23 (1924), p 251 /
E. von Dobschütz, ZNW 25 (1926), p 301 / *P. L. Hedley*, The Egyptian Texts of the Gospels and Acts, ChQR 118 (1934), p 39 / *J. Merell*, Papyry, pp 54. 115 / *G. Maldfeld*, Die griechischen Handschriftenbruchstücke des Neuen Testamentes auf Papyrus, ZNW 42
(1949), p 247 / *id*, ZNW 43 (1950/51), p 261 / *K. Aland*, Zur Liste
der Neutestamentlichen Handschriften VI, ZNW 48 (1957), pp
149. 153 / *id*, Liste, p 30 / *id*, Papyrus, pp 105. 118sq

NT 36

Florenz, Biblioteca Laurenziana, PSI 3; ε 9 (H); $\mathfrak{P}^{36}$

V A (Roberts/Skeat bei Aland, Papyrus, p 105, Anm 1)
VI (?) (Pistelli, p 5;· Soden, p 894; Milligan/Cobern, pp 119. 145; Maldfeld, p 247)
VI (Dobschütz, p 251; Hedley, p 209; Schubart bei Schofield, p 80; Aland, Liste, p 30; Papyrus, p 105)
VII A (Schofield, p 80)

Joh 3,14—17 (fr 1 r); 3,17—18 (fr 1 v); 3,31—32 (fr 2 v); 3,34—35 (fr 2 r)

Fundort: Oxyrhynchus; 2 frr zweier foll aus einem cod mit je einer col; 8,5 × 4,4 cm (fr 2); fr 1 r: oberer Rand: 1,5 cm; innerer Rand: 2 cm; Zeilenzahl: 10; fr 1 v: unterer Rand: 1,2 cm; Zeilenzahl: 8; fr 2 v: seitlicher Rand: 1,7 cm; Zeilenzahl: 5; rekonstruiertes Blattformat: 9—10 × 14 cm; rekonstruierte Zeilenzahl: 8—10; rekonstruierte Buchstabenzahl: 16—23;
mittelgroße, aufrechte Unziale des koptischen Typs; breite Strichführung, bei feineren Querlinien; nomen sacrum: θς;
Paginierung: λε (fr 1 r);
es fehlen: fr 1: $^2/_3$ der erhaltenen linn; fr 2: $^3/_4$ der erhaltenen linn und weitere 5 linn oben und unten;
vorangehende 34 foll reichen nach Textumfang von fr 1 genau für vorangehenden Text des Joh-Ev aus; zwischen frr fehlen 2 foll; Lücke legt nahe, daß Text von fr 2 auf Rückseite stand, fol also r/v lag und Rand den Außenrand darstellt; nach Textumfang von fr 1 würde ganzes Joh-Ev mehr als 360 pp = 180 foll = 90 Doppelblätter umfaßt haben

E: *E. Pistelli*, PSI I (1912), pp 5—6 / *E. M. Schofield*, The Papyrus Fragments of the Greek New Testament, Clinton (New Jersey) 1936, pp 256—258 / *A. Carlini*, Riesame di due frammenti fiorentini del vangelo di Giovanni (PSI 3), APF 22/23 (1974), pp 219—222

L: *H. von Soden*, Text, p 894 / *C. M. Cobern*, New Archaeological Discoveries, New York 1917, p 145 / *G. Milligan*, Here and there among the papyri, London 1923, pp 119 sq / *E. von Dobschütz*, ZNW 23 (1924), p 251 / *id*, ZNW 25 (1926), p 30 / *P. L. Hedley*, The Egyptian Texts of the Gospels and Acts, ChQR 110 (1934), pp 209 sq / *J. Merell*, Papyry, pp 54. 115 sq / *G. Maldfeld*, Die griechischen Handschriftenbruchstücke des Neuen Testamentes auf Papyrus, ZNW 42 (1949), p 247 / *id*, ZNW 43 (1950/51), p 261 / *K. Aland*, Zur Liste der Neutestamentlichen Handschriften VI, ZNW 48 (1957), pp 149. 153 / *id*, Liste, p 30 / *id*, Papyrus, pp 105. 119

NT 37

Ann Arbor, University of Michigan, P Michigan Inv Nr 1570; P Michigan 137; 𝔓³⁷

III   (Dobschütz, p 301; Hedley, p 37; Clark, p 334; Maldfeld, p 247; Sanders, p 215)
III E   (Schofield, p 80)
III—IV (Aland, Liste, p 30; Papyrus, p 105)
IV E   (Kenyon, p 32)

Matth 26,19—37 (v); 26,37—52 (r)

Fundort: ?; 1 fr eines fol aus einem cod mit einer col; 22,4 × 13,5 cm; Zeilenzahl: 32 (v u r); rekonstruiertes Blattformat: 25 × 15 cm; rekonstruierte Zeilenzahl: 33; rekonstruierte Buchstabenzahl: 35—48; Unziale, die öfter zur Kursive tendiert; Buchstaben nicht in einheitlicher Form; ähnlich Papiri Greco-Egizii, Nr 208 (P Flor), P Amherst Nr 72, British Museum Nr 122; Abschnitte; Interpunktion durch Spatien gekennzeichnet; Spiritus asper; Diärese über ι; unregelmäßig gesetzte Punkte; Korrekturen von gleicher Hand; nomina sacra: ιης, ιησυ, κε, πν[α];
es fehlen: alle Ränder; ⁵/₆ der obersten, ²/₃ der untersten linn; zwischen Texten eine lin

E: *H. A. Sanders*, An Early Papyrus Fragment of the Gospel of Matthew in the Michigan Collection, HThR 19 (1926), pp 215—226 / *H. A. Sanders*, Michigan Papyri, Nr 137, UMichSt Humanistic Series 11 (1936), pp 9—14, Nr 137 / *E. M. Schofield*, The Papyrus Fragments of the Greek New Testament, Clinton (New Jersey) 1936, pp 259—265

L: *E. von Dobschütz*, ZNW 25 (1926), p 301 / *H. A. Sanders*, AJA 30 (1926), pp 84—85 / *E. von Dobschütz*, ZNW 27 (1928), pp 217sq / *M. J. Lagrange*, Un Nouveau Papyrus Evangelique, RBi 38 (1929), pp 161—177 / *J. M. Bover*, Dos papiros egipcios del N.T. recientemente publicados, EE 9 (1930), pp 289—320 / *F. G. Kenyon*, Recent Developments in the Textual Critism of the Greek Bible, London 1933, p 32 / *H. A. Sanders*, HThR 26 (1933), pp 77—98 / *P. L. Hedley*, The Egyptian Texts of the Gospels and Acts, ChQR 118 (1934), pp 23—39 / *K. W. Clark*, Catalogue, pp 334sq / *J. Merell*, Papyry, pp 55. 116 / *G. Maldfeld*, Die griechischen Handschriftenbruchstücke des Neuen Testamentes auf Papyrus, ZNW 42 (1949), pp 247—248 / *id*, ZNW 43 (1950/51), p 261 / *K. Aland*, Zur Liste der Neutestamentlichen Handschriften VI, ZNW 48 (1957), pp 149. 153 / *id*, Liste, p 30 / *id*, Papyrus, pp 105. 119

NT 38

Ann Arbor, University of Michigan, P Michigan Inv Nr 1571; P Michigan 138; $\mathfrak{P}^{38}$

200—250	(Sanders, p 1; Kenyon, p 33: zu früh)
um 300	(Aland, Liste, p 31; Papyrus, p 105)
III E—IV	(Hedley, p 218; Schubart, p 26)
III—IV	(Vogels, p 5; Maldfeld, p 248; Roberts/Skeat bei Aland, p 105, Anm 3)
IV A	(Hunt bei Schofield, p 257; Schofield, p 80)
IV	(Dobschütz, p 218; Clark, p 335; Lagrange, p 549)
IV—V(?)	(Wilcken bei Schofield, pp 266 sq)

Apg 18,27—19,6 (r); 19,12—16 (v)

Fundort: ?; 3 frr eines fol aus einem cod mit einer col; zusammen: 14,7 × 11 cm; oberer Rand: 2,3 cm; äußerer Rand (v): 1 cm; Zeilenzahl: 21 (r u v); rekonstruiertes Blattformat: 25—26 cm × 15 cm; rekonstruierte Zeilenzahl: 35—36; rekonstruierte Buchstabenzahl: rekonstruierte Buchstabenzahl: 31—34 (r), 27—31 (v);
Unziale; Brücke zwischen „strengem Stil" und „Bibelstil"; breite, runde Buchstaben; Diärese über ι u υ; nomina sacra: θυ, ιηυ, ιην, κυ, πνα, πντα, χρν;
es fehlen: bis zu $^9/_{10}$ der erhaltenen linn, unterer Blatteil mit 14—15 linn;
Paginierung (v): νθ = 59;
vorangehender Apg—Text würde genau für die 57 fehlenden foll passen; gesamter Text: 90 pp = 45 foll = 22 Doppelblätter

E: *H. A. Sanders*, A Papyrus Fragment of Acts in the Michigan Collection, HThR 20,1 (1927), pp 1—19 / *S. New*, The Michigan Papyrus Fragment 1571, Beginnings of Christianity V, London 1933, pp 262—268 / *H. A. Sanders*, Michigan Papyri, UMichSt Humanistic Series 11 (1936), pp 14—19 / *E. M. Schofield*, The Papyrus Fragments of the Greek New Testament, Clinton (New Jersey) 1936, pp 266—272

L: *E. von Dobschütz*, ZNW 25 (1926), p 301 / *A. C. Clark*, The Michigan Fragment of Acts, JThS 29 (1927), pp 18—28 / *M. J. Lagrange*, Un Nouveau Papyrus contenant un Fragment des Actes, RBi 36 (1927), pp 549—560 / *H. A. Sanders*, AJA 31 (1927), p 84 / *E. von Dobschütz*, ZNW 27 (1928), p 218 / *W. Schubart/U. Wilcken*, Bulletin of the Bezan Club 5 (1928), pp 25 sqq / *H. J. Vogels*, Codicum Novi Testamenti Specimina, Bonn 1929, p 5, tab I / *A. C. Clark*, The Acts of the Apostles, Oxford 1933, pp XV—XVI. 220—

225 / *F. G. Kenyon*, Recent Developments in the Textual Criticism of the Greek Bible, London 1933, p 33 / *H. A. Sanders*, HThR 26 (1933), pp 77—98 / *P. L. Hedley*, The Egyptian Texts of the Gospels and Acts, ChQR 118 (1934), p 218 / *K. W. Clark*, Catalogue, pp 365 sq / *F. G. Kenyon*, The Text of the Greek Bible, London 1937, p 72 / *J. Merell*, Papyry, pp 55 sq. 117 / *G. Maldfeld*, Die griechischen Handschriftenbruchstücke des Neuen Testamentes auf Papyrus, ZNW 42 (1949), p 248 / *id*, ZNW 43 (1950/51), p 261 / *K. Aland*, Zur Liste der Neutestamentlichen Handschriften VI, ZNW 48 (1957), pp 149. 153 / *id*, Liste, p 31 / *id*, Papyrus, pp 105. 120

NT 39

Rochester (New York), Ambrose Swabey Library, Colgate Rochester Divinity School 8864; P Oxyrhynchus 1780; $\mathfrak{P}^{39}$

III (Aland, Liste, p 31; Papyrus, p 105; Roberts/Skeat bei Aland, Papyrus, p 105, Anm 4)
IV (Grenfell/Hunt, p 7; Dobschütz, p 218; Schofield, p 80; Clark, p 29; Maldfeld, p 248)

Joh 8,14—18 (v); 8,18—21 (r)

Fundort: Oxyrhynchus; 1 fr eines fol aus einem cod mit einer col; 25,6 × 8 cm; oberer Rand: 1,5 cm; äußerer und unterer Rand: 2 cm; Zeilenzahl: 25 (r u v); rekonstruiertes Blattformat: 26 × 16 cm; rekonstruierte Buchstabenzahl: 11—15;
Unziale, Bibel-Typ; große aufrechte litt; Spatien; ν-Strich; Diärese über ι; nomina sacra: ιης, πηρ, πρ[α];
Paginierung: οδ = 74;
es fehlt: innere Blatthälfte;
Handschrift hat mit Sicherheit mit Joh-Ev begonnen; ob der Text die Joh 7,53—8,11 hat, ist nicht mit Sicherheit zu entscheiden

E: *B. P. Grenfell/A. S. Hunt*, The Oxyrhynchus Papyri XV, London 1922, pp 7—8, Nr 1780 / *E. M. Schofield*, The Papyrus Fragments of the Greek New Testament, Clinton (New Jersey) 1936, pp 273—277

L: *B. P. Grenfell/A. S. Hunt*, The Oxyrhynchus Papyri XVI, London 1924, p 279 / *E. von Dobschütz*, ZNW 25 (1926), p 301 / *id*, ZNW 27 (1928), p 218 / *J. H. Bernard*, Gospel According to St John, ICC I (1929), p XIV / *H. A. Sanders*, HThR 26 (1933), pp 77—98/ *P. L. Hedley*, The Egyptian Texts of the Gospels and Acts, ChQR 118 (1934), p 206 / *C. M. Cherry*, A Study of the Oxyrhynchus Greek Papyri at Crozer Theological Seminary, 1934, pp 146—149 / *K. W. Clark*, Catalogue, p 29 / *J. Merell*, Papyry, pp 56. 117 / *G. Maldfeld*, Die griechischen Handschriftenbruchstücke des Neuen Testamentes auf Papyrus, ZNW 42 (1949), p 248 / *id*, ZNW 43 (1950/51), p 261 / *K. Aland*, Zur Liste der Neutestamentlichen Handschriften VI, ZNW 48 (1957), pp 149. 153. 154 / *id*, Liste, p 31 / *id*, Papyrus, pp 105. 120

NT 40

Heidelberg, Papyrussammlung der Universität, P Heidelberg Inv Nr 45; P Baden 57; $\mathfrak{P}^{40}$

III   (Aland, Liste, p 31; Papyrus, p 105)
V—VI (Bilabel, p 29; Dobschütz, p 218; Maldfeld, p 248)
VI   (Schofield, p 80)

Röm 1,24—27 (frr a u d r); 1,31—2,3 (frr a u d v); 3,21—26 (fr b v); 3,26—4,8 (fr b r); 6,4—5 (fr c v); 6,16 (fr c r); 9,17 (fr e v); 9,27 (fr e r); weitere Textreste auf 4 frr, die nicht zu entziffern sind

Fundort: Qarara; 5 frr von 4 foll aus einem cod mit je einer col; frr a u d: 11 × 6 cm; 1,8 × 3,9 cm; Zeilenzahl: 16 (r); 17 (v); fr b: 21,4 × 16,3 cm; Innenrand: 1,5 cm; Außenrand: 3 cm; Zeilenzahl: 17 (v); 33 (r); fr c: 2,9 × 4,2 cm; Zeilenzahl: 4 (r u v); fr e: 9,3 × 12 cm; unterer Rand: 4,5 cm; Zeilenzahl: 6 (v); 4 (u 2) (r); rekonstruiertes Blattformat: 30 × 18 cm; rekonstruierte Zeilenzahl: 35—36; rekonstruierte Buchstabenzahl: 18—25;
weiterentwickelte Bibelunziale, Ähnlichkeit mit $\mathfrak{P}^{35}$; einige Buchstaben, wie α, zeigen koptische Formen; nur kleinere Unregelmäßigkeiten; nomina sacra: θς, οθς, θυ, θω, θν, υι (sic : ιυ !), χυ, χω;
es fehlen: frr a u d: innerer Blatteil, 19 linn zwischen Zeilen; fr b: oberer Innenteil, 2 linn zwischen r u v; fr c: oberer Textteil mit ca 32 linn; fr e: oberer Blatteil mit ca 30 linn; zwischen fol 1 und 2 fehlen 2 foll, zwischen 2 und 3 fehlen 2 foll, zwischen fol 3 und 4 fehlen 4 foll; Handschrift war kein Ein-Lagenkodex; es muß zweimal eine Lagenmitte und ein Lagenwechsel oder umgekehrt vorhanden gewesen sein

E: *F. Bilabel*, Römerbrieffragmente, VBP IV (1924), pp 28—31, 124—127, Nr 57 / *E. M. Schofield*, The Papyrus Fragments of the Greek New Testament, Clinton (New Jersey) 1936, pp 278—284

L: *E. von Dobschütz*, ZNW 27 (1928), p 218 / *J. Merell*, Papyry, pp 56. 117 / *G. Maldfeld*, Die griechischen Handschriftenbruchstücke des Neuen Testamentes auf Papyrus, ZNW 42 (1949), p 248 / *K. Aland*, Zur Liste der Neutestamentlichen Handschriften VI, ZNW 48 (1957), pp 149. 154 / *id*, Liste, p 31 / *id*, Papyrus, pp 105. 120sq

NT 41

Wien, Österreichische Nationalbibliothek, P Vindob K 7541—48; $\mathfrak{P}^{41}$

V(?)   (Maldfeld, p 248)
VIII   (Aland, Liste, p 31; Papyrus, p 105)
VIII—IX   (Bell bei Schofield, p 286; Hedley, p 219; Schofield, p 80)
XI—XII   (Ropes, p XXI)
XII—XIII (Wessely, p 107; Ropes, p 271 sic!)

Apg griechischer Text, jeweils col 1: 17,28—31 (fr 1 r); 17,32—18,2 (fr 1 v); 18,24—25 (fr 2 r); 18,27 (fr 2 v); 19,1—4 (fr 3 v); 19,6—8 (fr 3 r); 19,13—16 (fr 4 v); 19,18—19 (fr 4 r); 20,9—13 (fr 5 v); 20,15—16 (fr 5 r); 20,22—24 (fr 6 r); 20,26—28 (fr 6 v); 20,35—38 (fr 7 r); 21,1—4 (fr 7 v); 22,11—14 (fr 8 r); 22,16—17 (fr 8 v)
koptischer Text, jeweils col 2: 17,30—31 (fr 1 r); 17,31—18,2 (fr 1 v); 18,25 (fr 2 r); 18,27—28 (fr 2 v); 19,2—4 (fr 3 v); 19,5—8 (fr 3 r); 19,15 (fr 4 v); 19,17—19 (fr 4 r); 20,11—13 (fr 5 v); 20,13—16 (fr 5 r); 20,24 (fr 6 r); 20,25—28 (fr 6 v); 20,36—38 (fr 7 r); 20,38—21,3 (fr 7 v); 22,12—14 (fr 8 r); 22,16—17 (fr 8 v)

Fundort: ?; frr von 18 foll aus einem cod mit 2 coll; fol 1: 24,4 × 22 cm; Zeilenzahl: 24 bzw 7 (r u v); fol 2: 10,5 × 16,5 cm; Zeilenzahl: 12 bzw 5 (r u v); fol 3: 20 × 14,5 cm; Zeilenzahl: 17 bzw 12 (v u r); fol 4: 19,2 × 13,5 cm; Zeilenzahl: 15—16 bzw 3 (v u r); fol 5: 28 × 23,5 cm; Zeilenzahl: 25 bzw 11 (v u r); fol 6: 27,2 × 17 cm; Zeilenzahl: 24 bzw 13 (r u v); fol 7: 26,5 × 16 cm; Zeilenzahl: 25 bzw 15 (r u v); fol 8: 19 × 16 cm; Zeilenzahl: 16 bzw 13 (r u v); rekonstruiertes Blattformat: 29 × 25 cm; rekonstruierte Zeilenzahl: 24—25; rekonstruierte Buchstabenzahl: 8—15; Schriftspiegel: 21—22 × 19 cm; 1 col = 8 cm; Kolumnenabstand: 3 cm;
weiterentwickelte, koptische Unziale, aufrecht stehende kalligraphische Buchstaben; ν-Strich; gute Orthographie; Orthographicon: υ:η; ausgerückte Buchstaben; Koronis; nomina sacra: ανος, ανου, ανοις, θς, ιλημ, [ι]υ, ιν, πνα, πν[ι];
es fehlen: von allen foll Zeilenreste, Blatteile und Ränder;
Handschrift bestand aus Einzellagen verschiedenen Umfanges, die in vorderer Hälfte r/v und hinterer Hälfte v/r aufwiesen; erhaltene foll stammen aus 2 Lagen zu 9 und 12 Doppelblättern; cod umfaßte für Apg ca 160 foll

E: *C. Wessely,* StudPal 15 (1914), pp 107—118 / *E. M. Schofield,* The Papyrus Fragments of the Greek New Testament, Clinton (New Jersey) 1936, pp 285—291

L: *J. H. Ropes,* The Text of Acts, Beginnings of Christianity III, London 1926, pp XXI. CCXI. 271—275 / *P. L. Hedley,* The Egyp-

tian Texts of the Gospels and Acts, ChQR 118 (1934), pp 219sq /
J. Merell, Papyry, pp 57. 118 / *G. Maldfeld*, Die griechischen Handschriftenbruchstücke des Neuen Testamentes auf Papyrus, ZNW
42 (1949), p 248 / *K. Aland*, Zur Liste der Neutestamentlichen
Handschriften VI, ZNW 48 (1957), pp 149. 154 / *id*, Liste, p 31 /
id, Papyrus, pp 105. 121sq / *P. Weigandt*, Zwei griechisch-sahidische
Acta-Handschriften: P[41] und 0236, ANTF III (1969), pp 54—95

NT 42 [0201, Od 9, Od 13]

Wien, Österreichische Nationalbibliothek, P Vindob K 8706; früher K 8706—8736; (früher P Vindob Lit theol 4); $\mathfrak{P}^{42}$

VI   (Till / Sanz, p 17; Maldfeld, p 248)
VII—VIII (Aland, Liste, p 31; Papyrus, p 105)

Luk 1,54—55; 2,29—32 (r); 1,46—51 kopt (v)

Fundort: ?; 1 fr eines fol aus einem griechisch-koptischen cod (Oden des AT und NT) mit einer col; 14 × 8 cm; Zeilenzahl: 16 (v); 16 (r); rekonstruiertes Blattformat: 27 × 18 cm; rekonstruierte Zeilenzahl: 23—31; rekonstruierte Buchstabenzahl: 18—21; Schriftspiegel: 19 bis 20 × 11,5 cm;
koptischer und griechischer Text von einer Hand in „koptischer Nationalschrift"; siehe auch cod Marchalianus; stichische Schreibweise; Überschriften der Oden: rechts-geneigte, kalligraphische Unziale; Orthographica: ε : αι; ε : υ; ει : ι; ν-Strich; Diärese über: ι υ υ; Schluß vieler Oden durch Querstrich mit Virgula gekennzeichnet; nomen sacrum: [ι]ηλ;
es fehlen: äußerer Blatteil, unteres Drittel mit 10—14 linn;
Lagenaufbau: 5 Quaternionen, vorne v/r, hinten r/v; NT wäre als fol 34 2. fol der 5. Lage

E: *P. Sanz/W. Till*, Eine griechisch-koptische Odenhandschrift, MBE 5 (1939), pp 9—112

L: *J. Merell*, Papyry, pp 57. 118 / *G. Maldfeld*, Die griechischen Handschriftenbruchstücke des Neuen Testamentes auf Papyrus, ZNW 42 (1949), pp 248sq / *id*, ZNW 43 (1950/51), p 261 / *K. Aland*, Zur Liste der Neutestamentlichen Handschriften VI, ZNW 48 (1957), pp 149. 154 / *K. Aland*, Liste, p 31 / *id*, Papyrus, pp 105. 122 / *S. Jellicoe*, p 236

NT 43

London, British Museum, Inv Nr 2241; P Lit London 220; $\mathfrak{P}^{43}$

VI—VII (Bell, p 43; Aland, Liste, p 31; Papyrus, p 105)
VII   (Hedley, p 227; Schofield, p 80; Maldfeld, p 249)

Apk 2,12—13 (v); 15,8—16,2 (r)

Fundort: Wadi Sarga; 1 fr eines fol mit einer col; 3,7 × 7,3 cm; Zeilenzahl: 5 (r), 4 (v); rekonstruierte Buchstabenzahl: 75—85 (r); 50—59 (v); Zeilenbreite: ca 22—24 cm;
auf r und v verschiedene Hände; auf r mittelgroße Semiunziale des ovalen Typs mit Neigung der Buchstaben nach rechts, öftere Anwendung kursiver Buchstabenformen; die Hand auf v ist schwerer, etwas grober mit noch stärkerer Tendenz zur Kursive; in beiden Fällen handelt es sich nicht um ganz ungeübte Hände, aber auch nicht um Berufsschreiber; einmal Spatium für Sinnabschnitt; nomen sacrum: θυ; fr stammt eher aus cod, weniger wahrscheinlich aus Rolle; es handelt sich vielleicht um eine Exzerptenhandschrift, nicht um ein liturgisches Buch

E: *W. E. Crum/H. I. Bell*, Wadi Sarga: Coptic and Greek Texts, Hauniae 1922, pp 43—45 / *E. M. Schofield*, The Papyrus Fragments of the Greek New Testament, Clinton (New Jersey) 1936, pp 292—295

L: *H. J. M. Milne*, Catalogue of the Literary Papyri in the British Museum, London 1927, p 185 / *E. von Dobschütz*, ZNW 32 (1933), p 188 / *P. L. Hedley*, The Egyptian Texts of the Gospels and Acts, ChQR 118 (1934), p 227 / *J. Merell*, Papyry, pp 57. 118 / *G. Maldfeld*, Die griechischen Handschriftenbruchstücke des Neuen Testamentes auf Papyrus, ZNW 42 (1949), p 249 / *B. M. Metzger*, p 43 / *K. Aland*, Zur Liste der Neutestamentlichen Handschriften VI, ZNW 48 (1957), pp 149. 154 / *id*, Liste, p 31 / *id*, Papyrus, pp 105. 123

NT 44 [0103]

New York, Metropolitan Museum of Art, Inv Nr 14. 1. 527; $\mathfrak{P}^{44}$

VI—VII   (Aland, Liste, p 31; Papyrus, p 105; Maldfeld, p 249)
VI E—VII A (Evelyn-White, p 120; Hedley, p 39; Schofield, pp 80sq)

Matth 17,1—3. 6—7; 18,15—17. 19 (fol Av); 25,8—10 (fol Ar)

Joh 10,8—14 (fol Ar); 9,3—4 (fol Br); 12,16—18 (fol Bv); unidentifizierter Text (fol C r u v); O'Callaghan: fol C r b: Mk 4,22—24 oder Joh 13,13—24

Fundort: Kloster des Cyriacus in Theben, Grab 65,66; 13 frr von wenigstens 2 foll eines Lektionarkodex mit je einer col; durchschnittliches Format: 6,7 × 4,8 cm; 5 frr von fol A: Zeilenzahl: 8 bzw 7 (fr 1), 3 bzw 2 (fr 2), 7 bzw 5 (fr 3), 5 (frr 4 u 5); Buchstabenzahl: 9—10 (fr 1), 2 (fr 2), 6—7 (fr 3), 7—8 (frr 4 u 5); fol B: Zeilenzahl: 5 (r u v); Buchstabenzahl: 6; 7 frr von fol C: durchschnittliche Zeilenzahl: 2—4; durchschnittliche Buchstabenzahl: 2—3; rekonstruierte Zeilenzahl: 50; rekonstruierte Buchstabenzahl: 26—31;
mittelgroße Unziale, deutlich (manchmal etwas schwer und rustikal), gerundet, mit im allgemeinen aufrechten Buchstaben; foll A, B, C von gleicher Hand; fol B ist die Schrift größer, Worte sauber getrennt; Akut; Gravis; Zirkumflex; Hochpunkt; Tiefpunkt; Diärese über ι u υ; Trennungen durch Paragraphoi;
da es sich nicht um einen fortlaufenden Text handelt, sind die Angaben zu Zeilen- und Buchstabenzahl sehr unsicher

E: *W. E. Crum/H. G. Evelyn White*, The Metropolitan Museum of Art Egyptian Expedition, The Monastery of Epiphanius at Thebes II, New York 1926 / *E. M. Schofield*, The Papyrus Fragments of the Greek New Testament, Clinton (New Jersey) 1936, pp 296—301

L: *H. A. Sanders*, HThR 26 (1933), pp 77—98 / *E. v. Dobschütz*, ZNW 32 (1933), p 188 / *P. L. Hedley*, The Egyptian Texts of the Gospels and Acts, ChQR 118 (1934), pp 23—39. 210sq / *E. M. Schofield*, The Papyrus Fragments of the Greek New Testament, Clinton (New Jersey) 1936, pp 25. 80 / *K. W. Clark*, Catalogue, pp 135sq / *J. Merell*, Papyry, pp 58. 118 / *G. Maldfeld*, ZNW 42 (1949), p 249 / *id*, ZNW 43 (1950/51), p 261 / *B. M. Metzger*, p 68 / *K. Aland*, Zur Liste der Neutestamentlichen Handschriften VI, ZNW 48 (1957), pp 149. 154 / *id*, Liste, p 31 / *id*, Papyrus, pp 105. 123 / *J. O'Callaghan*, Posible identificatión de $\mathfrak{P}^{44}$ C recto b como Mc 4,22—24, Bibl 52 (1971), pp 398—400

NT 45 [0104]

Dublin, P Chester Beatty I (A); Wien, Österreichische Nationalbibliothek, P Vindob G 31974 (B); 𝔓⁴⁵

um 250 (Sanders, pp 77 sqq)
III A   (Kenyon, p X; Schofield, p 80)
III   (Bell bei Schofield, p 80; Dobschütz, p 188; Schubart bei Schofield, p 80; Maldfeld, p 249; Aland, Liste, p 31; Papyrus, p 105)
III E   (Grenfell/Hunt bei Schofield, p 80)

Matth 20,24—32 (fr 1v A); 21,13—19 (fr 1r A); 25,41—26,3. 6—10 (fr 2r A); 25,41—26,18 (Ergänzung zu fr 2r B); 26,19—33 (fr 2v A); 26,19—39 (Ergänzung zu fr 2v B)

Mark 4,36—40 (fr 3r A); 5,15—26 (fr 3v A); 5,38—6,3 (fr 4v A); 6,16—25 (fr 4r A); 6,36—50 (fr 5r A); 7,3—15 (fr 5v A); 7,25—8,1 (fr 6v A); 8,10—26 (fr 6r A); 8,34—9,9 (fr 7r A); 9,18—31 (fr 7v A); 11,27—12,1. 5—8 (fr 8v A); 12,13—19. 24—28 (fr 8r A)

Luk 6,31—41 (fr 9v A); 6,45—7,7 (fr 9r A); 9,26—41 (fr 10r A); 9,45—10,1 (fr 10v A); 10,6—22 (fr 11v A); 10,26—11,1 (fr 11r A); 11,6—25 (fr 12r A); 11,28—46 (fr 12v A); 11,50—12,12 (fr 13v A); 12,18—37 (fr 13r A); 12,42—13,1 (fr 14r A); 13,6—24 (fr 14v A); 13,29—14,10 (fr 15v A); 14,17—33 (fr 15r A)

Joh 10,7—25 (fr 16v A); 10,31—11,10 (fr 16r A); 11,18—36 (fr 17r A); 11,42—57 (fr 17v A)

Apg 4,27—36 (fr 18v A); 5,10—21 (fr 18r A); 5,30—39 (fr 19r A); 6,7—7,2 (fr 19v A); 7,10—21 (fr 20v A); 7,32—41 (fr 20r A); 7, 52—8,1 (fr 21r A); 8,14—25 (fr 21v A); 8,34—9,6 (fr 22v A); 9, 16—27 (fr 22r A); 9,35—10,2 (fr 23r A); 10,10—23 (fr 23v A); 10, 31—41 (fr 24v A); 11,2—14 (fr 24r A); 11,24—12,5 (fr 25r A); 12, 13—22 (fr 25v A); 13,6—16 (fr 26v A); 13,25—36 (fr 26r A); 13, 46—14,3 (fr 27r A); 14,15—23 (fr 27v A); 15,2—7 (fr 28v A); 15, 19—27 (fr 28r A); 15,38—16,4 (fr 29r A); 16,15—21 (fr 29v A); 16, 32—40 (fr 30v A); 17,9—17 (fr 30r A)

Fundort: Aphroditopolis, Faijum?; frr von 30 foll eines cod mit je 1 col; größtes Format: 21,5 × 19 cm; auf foll 25—30 Reste des oberen Randes (bis zu 3 cm) erhalten; aus foll 11. 14 ergibt sich als Maß für den Innenrand 2 cm und die Kolumnenbreite 15,5—16 cm; rekonstruierte Zeilenzahl: ca 39; rekonstruierte Buchstabenzahl: 50; rekonstruiertes Blattformat: 25 × 20 cm; rekonstruierter Schriftspiegel: 19 × 16 cm;

kleine, aber sehr saubere Schrift; mit Ausnahmen entspricht sie einer guten römischen Hand; ν-Strich; Zeilenfüllsel; Hochpunkte von zweiter Hand; Diärese über ι υ υ; Jota adscriptum nomina sacra: θϛ, θυ, θω, θν, ιη, ιηϛ, κϛ, κυ, κω, κν, κε, πρ, πϛ, πρϛ, πρι, πρα, πνα, πνϛ, πνι, σ⳨ν, σ⳨να[ι], υϛ, υω, υν, υιε (sic!), χρ, χϛ, [χρα]νουϛ;

foll 11/12 u 13/14 hängen noch als Doppelblätter zusammen; auf Rückseite von foll 27 u 29 sind lesbare Seitenzahlen 193 u 199;

cod bestand ursprünglich aus 55 Doppelblättern = 110 foll = 220 pp, die von der Rückseite des 1. fol an durchgezählt waren; wahrscheinlich war die Vorderseite des 1. fol leer, ebenso das letzte fol; cod war v/r, r/v gefaltet, so daß stets Seiten gleicher Faserrichtung gegenüber standen

E: *F. G. Kenyon*, The Chester Beatty Biblical Papyri II, 1: The Gospels and Acts (Text), London 1933; II, 2: The Gospels and Acts (Plates), London 1934 / *H. Gerstinger*, Ein Fragment des Chester Beatty-Evangelienkodex in der Papyrussammlung der Nationalbibliothek in Wien (P Gr Vindob 31974), Aeg 13 (1933), pp 67—72 /*A. Merk,* Codex Evangeliorum et Actuum ex collectione P Chester Beatty, Miscellanea Biblica 2, Rom 1934, pp 375—406 / *G. Zuntz*, Reconstruction of one leaf of the Chester Beatty Papyrus of the Gospels and Acts (Mt 25,41—26,39), ChronEg 26 (1951) pp 191—211

L: *F. G. Kenyon*, The Text of the Bible, A New Discovery, More Papyri from Egypt, London Times 19. 11. 1931, pp 13sq / *C. Schmidt*, Die neuesten Bibelfunde aus Ägypten, ZNW 30 (1931), pp 285—293 /*F. G. Kenyon*, The Chester Beatty Biblical Papyri, Gn 8 (1932), pp 46—49 /*J. de Zwaan*, De in Egypte gevonden papyri van den bijbel, StT 21 (1932), pp 306—321 / *(anon)*, The Chester Beatty Biblical Papyri BRL 17 (1933), pp 196sq / *F. C. Burkitt*, The Chester Beatty Papyri, JThS 34 (1933), pp 363—368 / *E. von Dobschütz*, ThLZ 58 (1933), coll 409—412 / *id*, Zur Liste der Neutestamentlichen Handschriften, ZNW 32 (1933), p 188 / *F. G. Kenyon*, New Light on the Text of the Bible, Discovery 14 (1933), pp 331—334 / *id*, Nomina Sacra in the Chester Beatty Papyri, Aeg 13 (1933), pp 5—10 / *id*, Recent Developments in Textual Criticism of the Greek Bible, London 1933, pp 51—63 / *M. J. Lagrange*, Un nouveau Papyrus évangélique, RBi 42 (1933), pp 402—404 / *C. Schmidt*, Die Evangelienhandschrift der Chester Beatty-Sammlung, ZNW 32 (1933), pp 225—232 / *T. Ayuso*, El texto Cesariense del Papiro Beatty en el Evangelio de San Marcos, EB 6 (1934), pp 268—281 / *P. Collomp*, Les Papyri Chester Beatty, RHPhR 14 (1934), pp 130—143 / *J. Héring*, Observations critiques sur le texte des Evangiles et des Actes de P⁴⁵, RHPhR 14 (1934), pp 144—154 / *P.-L. Couchoud*, La plus ancienne bible chrétienne: les papyrus Chester Beatty, RHR 109 (1934), pp 207—219 / *id*, Notes sur le texte de St. Marc dans le codex Chester Beatty, JThS 35 (1934), pp 3—22 / *P. L. Hedley*, ChQR 118 (1934), pp 29. 31—34. 37. 191. 193. 204 sq. 222, Nr 33 / *M. J. Lagrange*, Les Papyrus Beatty des Actes des Apôtres, RBi 43 (1934), pp 161—171 / *id*, Les Papyrus Chester Beatty pour les Evangiles, RBi 43 (1934), pp 5—41 / *L. G. Da Fonseca*, De antiquissimo Evangeliorum manuscripto, VD 14 (1934), pp 20—22 / *E. R. Smothers*, RSR 24 (1934), pp 12—14. 467—472 / *L. Vaganay*, Initiation à la critique textuelle néotestamentaire, Lyon 1934, pp 18 sq. 100 sq / *H. Lietzmann*, Die Chester Beatty Papyri des Neuen Testaments, Die Antike 11 (1935), pp 139—148 = Kleine Schriften 2, TU 68, pp 160—169 / *U. Wilcken*, The Chester Beatty Biblical Papyri, APF 11 (1935), pp 112—114 / *R. V. G. Tasker*, The Readings of the Chester Beatty Papyrus in the Gospel of John, JThS 36 (1935), pp 387—391 / *E. M. Schofield*, The papyrus fragments of the Greek New Testament, Clinton (New Jersey) 1936, pp VI Anm. 1. 16. 27. 32. 54 sqq. 61. 69. 73. 78 sq. 80. 85. 302—310. 341 sq / *F. W. Beare*, Chester Beatty Biblical Papyri (I—IV u III Suppl.), ChronEg 12 (1937), pp 81—91 / *H. Kanter*, Studien zu den Acta Apostolorum der Chester Beatty Papyri, Breslau 1937 / *F. G. Kenyon*, Some Notes on the Chester Beatty Gospels and Acts, Quantulacumque, London 1937, pp 145—172 / *G. Lindeskog*, De senaste Textfynden till N.T., Domprosten och förste teologie, SEÅ 2 (1937), pp 169—173 / *R. V. G. Tasker*, The Chester Beatty Papyrus and the Caesarean Text of John, HThR 30 (1937), pp 157—164 / *W. H. P. Hatch*, The Principal Uncial Manuscripts of the NT, Chicago 1939, tab IV / *C. C. Tarelli*, The Chester Beatty Papyrus and the Caesarean Text, JThS 40 (1939), pp 46—55 / *J. Merell*, Papyry, pp 58. 118—123 / *C. C. Tarelli*, Some further linguistic aspects of the Chester Beatty Papyrus of the Gospels, JThS 43 (1942), pp 19—25 / *A. Debrunner*, Über einige Lesarten der Chester Beatty Papyri des Neuen Testamentes, CN 11 (1947), pp 33—49 / *G. Maldfeld*, Die griechischen Handschriftenbruchstücke des Neuen Testamentes auf Papyrus, ZNW 42 (1949), p 249 / *G. Maldfeld/B. M. Metzger*, Detailed List of the Greek Papyri of the New Testament, JBL 68 (1949), pp 359—370 / *K. Aland*, Zur Liste der Neutestamentlichen Handschriften VI, ZNW 48 (1957), pp 141—154 / *W. D. Bray*, The

Weekday Lessons from Luke in the Greek Gospel Lectionary Text II, 5, Chicago 1959, p 19 / *P. Benoit*, RBi 67 (1960), pp 434—435 / *H. W. Teeple*, Greek NT Mss. Sources of New Translations, Chicago 1961 / *K. Aland*, Liste, p 31 / *E. C. Colwell/E. W. Tune*, Variant readings: classification and use, JBL 83, 3 (1964), pp 253—261 / *K. Aland*, Papyrus, pp 105. 123sq / *S. Jellicoe*, pp 229sq

NT 46 [0105]

Dublin, P Chester Beatty sn (A); Ann Arbor, University of Michigan, P Michigan Inv Nr 6238 (B); $\mathfrak{P}^{46}$

etwa II   (Wilcken, p 113)
II—III A (Schofield, p 80)
um 200   (Aland, Liste, p 31; Papyrus, p 105; Wilcken bei Kenyon, Pl, Preface)
III A   (Kenyon, p IX)
III   (Dobschütz, p 188; Clark, p 336; Maldfeld, p 250)
III E   (Sanders, p 15)

Röm 5,17—6,3 (fol 8v A); 6,5—14 (fol 8r A); 8,15—25 (fol 11v A); 8,27—35 (fol 11r A); 8,37—9,9 (fol 12v A); 9,10—22 (fol 12r A); 9,22—32 (fol 13v A); 10,1—11 (fol 13r A); 10,12—11,2 (fol 14v A); 11,3—12 (fol 14r A); 11,13—22 (fol 15v A); 11,24—33 (fol 15r A); 11,35—12,9 (fol 16v B); 12,10—13,1 (fol 16r B); 13,2—11 (fol 17v B); 13,12—14,8 (fol 17r B); 14,9—21 (fol 18v A); 14,22—15,9 (fol 18r A); 15,11—19 (fol 19v B); 15,20—29 (fol 19r B); 15,29—33; 16,25—27; 16,1—3 (fol 20v B); 16,4—13 (fol 20r B); 16,14—23 (fol 21v B); 16,23 (fol 21r B)

Hebr 1,1—7 (fol 21r B); 1,7—2,3 (fol 22v B); 2,3—11 (fol 22r B); 2,11—3,3 (fol 23v B); 3,4—13 (fol 23r B); 3,14—4,4 (fol 24v B); 4,4—14 (fol 24r B); 4,15—5,7 (fol 25v B); 5,8—6,4 (fol 25r B); 6,5—13 (fol 26v B); 6,13—7,1 (fol 26r B); 7,2—11 (fol 27v B); 7,11—20 (fol 27r B); 7,20—28 (fol 28v B); 7,28—8,8 (fol 28r B); 8,9—9,2 (fol 29v A); 9,2—9 (fol 29r A); 9,10—16 (fol 30v B); 9,18—26 (fol 30r B); 9,26—10,8 (fol 31v A); 10,8—20 (fol 31r A); 10,22—30 (fol 32v A); 10,32—11,3 (fol 32r A); 11,4—9 (fol 33v A); 11,9—17 (fol 33r A); 11,18—26 (fol 34v A); 11,26—34 (fol 34r A); 11,35—12,1 (fol 35v A); 12,2—11 (fol 35r A); 12,11—21 (fol 36v A); 12,21—13,2 (fol 36r A); 13,3—11 (fol 37v A); 13,12—20 (fol 37r A); 13,20—25 (fol 38v A)

1. Kor 1,1—3 (fol 38v A); 1,4—13 (fol 38r A); 1,14—23 (fol 39v A); 1,24—2,2 (fol 39r A); 2,3—11 (fol 40v B); 2,11—3,5 (fol 40r B); 3,6—15 (fol 41v A); 3,16—4,3 (fol 41r A); 4,4—10 (fol 42v A); 4,11—19 (fol 42r A); 4,20—5,7 (fol 43v A); 5,8—6,3 (fol 43r A); 6,4—12 (fol 44v A); 6,13—7,3 (fol 44r A); 7,4—12 (fol 45v A); 7,12—19 (fol 45r A); 7,20—29 (fol 46v A); 7,30—37 (fol 46r A); 7,37—8,7 (fol 47v A); 8,7—9,2 (fol 47r A); 9,4—12 (fol 48v A); 9,12—20 (fol 48r A); 9,20—10,1 (fol 49v A); 10,1—10 (fol 49r A); 10,11—20 (fol 50v A); 10,21—30 (fol 50r A); 10,31—11,6 (fol 51v A); 11,7—17 (fol 51r A); 11,18—25 (fol 52v A); 11,26—12,2 (fol 52r A);

12,3—12 (fol 53r A); 12,13—24 (fol 53v A); 12,24—13,1 (fol 54r A); 13,2—11 (fol 54v A); 13,11—14,6 (fol 55r A); 14,6—14 (fol 55v A); 14,16—24 (fol 56r A); 14,24—34 (fol 56v A); 14,34—15,5 (fol 57r A); 15,6—15 (fol 57v A); 15,17—28 (fol 58r A); 15,28—39 (fol 58v A); 15,39—50 (fol 59r A); 15,51—16,2 (fol 59v A); 16,2—12 (fol 60r A); 16,12—22 (fol 60v A)

2. Kor 1,1—8 (fol 61r A); 1,8—15 (fol 61v A); 1,16—2,2 (fol 62r A); 2,3—12 (fol 62v A); 2,13—3,4 (fol 63r A); 3,5—13 (fol 63v A); 3,14—4,3 (fol 64r A); 4,4—12 (fol 64v A); 4,13—5,4 (fol 65r A); 5,5—13 (fol 65v A); 5,14—6,2 (fol 66r A); 6,3—13 (fol 66v A); 6, 14—7,4 (fol 67r A); 7,5—11 (fol 67v A); 7,12—8,3 (fol 68r A); 8,4—12 (fol 68v A); 8,13—24 (fol 69r A); 9,1—7 (fol 69v A); 9,8—10,1 (fol 70r B); 10,2—11 (fol 70v B); 10,12—11,2 (fol 71r B); 11,3—10 (fol 71v B); 11,12—21 (fol 72r B); 11,23—32 (fol 72v B); 11,33—12,9 (fol 73r B); 12,10—18 (fol 73v B); 12,18—13,4 (fol 74r B); 13,5—13 (fol 74v B)

Eph 1,1—11 (fol 75r B); 1,12—20 (fol 75v B); 1,21—2,7 (fol 76r B); 2,10—20 (fol 76v B); 2,21—3,10 (fol 77r B); 3,11—4,1 (fol 77v B); 4,2—14 (fol 78r B); 4,15—25 (fol 78v B); 4,26—5,6 (fol 79r B); 5,8—25 (fol 79v B); 5,26—6,6 (fol 80r B); 6,8—18 (fol 80v B); 6, 20—24 (fol 81r B)

Gal 1,1—8 (fol 81r B); 1,10—22 (fol 81v B); 1,23—2,9 (fol 82r B); 2,12—21 (fol 82v B); 3,2—15 (fol 83r B); 3,16—29 (fol 83v B); 4,2—18 (fol 84r B); 4,20—5,1 (fol 84v B); 5,2—17 (fol 85r B); 5,20—6, 8 (fol 85v B); 6,10—18 (fol 86r A)

Phil 1,1 (fol 86r A); 1,5—15 (fol 86v A); 1,17—28 (fol 87r A); 1,30—2, 12 (fol 87v A); 2,14—27 (fol 88r A); 2,29—3,8 (fol 88v A); 3,10—21 (fol 89r A); 4,2—12 (fol 89v A); 4,14—23 (fol 90r A)

Kol 1,1—2 (fol 90r A); 1,5—13 (fol 90v A); 1,16—24 (fol 91r A); 1,27—2,7 (fol 91v A); 2,8—19 (fol 92r A); 2,23—3,11 (fol 92v A); 3,13—24 (fol 93r A); 4,3—12 (fol 93v A); 4,16—18 (fol 94r A)

1. Thess 1,1 (fol 94r A); 1,9—2,3 (fol 94v A); 5,5—9 (fol 97r A); 5,23—28 (fol 97v A)

Fundort: Faijum?; 86 foll (56 Dublin, 30 Michigan) eines cod mit je einer col; rekonstruiertes Blattformat: 27 × 16—17 cm; rekonstruierte Zeilenzahl: 26—28 (vordere Hälfte), 29—32 (hintere Hälfte); rekonstruierte Buchstabenzahl: ca 28 (vordere Hälfte), ca 38 (hintere Hälfte); Schriftspiegel: 20 × 12 cm;
sorgfältige Schrift (Buchschrift); kalligraphischer Charakter; flüssig geschriebene, große, aufrechte Buchstaben; dunkelbraune Tinte;

274

Hochpunkte; Spatien vor Sinnabschnitten; Lesezeichen von 2. Hand; ν-Strich; Diärese über ι u υ; Orthographica: αι : ε, ε : αι; ε : η; ει : ι, ι : ει; ο : ω; ου : ω; nomina sacra: αιμα (sic!), ανος, ανου, ανον, ανων, ανοις, θς, θυ, θω, θν, ιης, ιην, ιν, κς, κυ, κω, κν, κε, πνα, πνς, πνι, πνων, πνκος, πνικον, πνκον, πρ, πηρ, πρς, πρι, παρι, πρα, στρος, στρου, στου, στρω, στρν, αναστρες, συνεστραι, εστραι, εσταν, εστραν, εστν, εστρ]θη, υις, υς, υιυ, υω, υιν, υν, χρς, χς, χρυ, χυ, χρω, χω, χρν, χν; cod war in einer Lage (v/r; r/r; r/v) aufgebaut; durchlaufende Paginierung bis auf 2 übersprungene pp; cod bestand ursprünglich aus 52 Doppelblättern = 104 foll = 208 pp; es fehlen 7 foll vorn und hinten sowie 2 foll nach dem ersten und 2 foll vor dem letzten erhaltenen fol

E: *G. Milligan*, The New Testament and its Transmission, London 1932, pp 191sqq / *F. G. Kenyon*, The Chester Beatty Biblical Papyri III, 1: Pauline Epistles and Revelation, Text, London 1934; III, 2: Revelation, Plates, London 1936; III, 3: Pauline Epistles, Text, London 1936; III, 4: Pauline Epistles, Plates, London 1937 / *H. A. Sanders*, A Third Century Papyrus Codex of the Epistles of Paul, UMichSt HumSer 38 (1935)

L: *(anon)*, Illustrated London News 179, Nr 4833, p 884 (5. 12. 1931) / *F. G. Kenyon*, A New Discovery: More Papyri from Egypt, London Times 19. Nov. 1931, pp 13—14 / *C. Schmidt*, Die neuesten Bibelfunde aus Ägypten, ZNW 30 (1931), pp 285—293 / *C. Bonner*, New Biblical Papyri at the University of Michigan, HThR 25 (1932), pp 205—206 / *F. G. Kenyon*, Books and Readers in Ancient Greece and Rome, London 1932, pp 97sqq / *id*, The Chester Beatty Papyri, Gn 8 (1932), pp 46—49 / *M. J. Lagrange*, Bulletin, RBi 41 (1932), pp 453—454 / *(anon)*, Three Manuscripts from the Chester Beatty Collection, BMQ 8 (1933), pp 17—18 / *E. von Dobschütz*, ZNW 32 (1933), p 188 / *F. G. Kenyon*, New Light on the Text of the Bible, Discovery 14 (1933), pp 331—334 / *id*, Recent Developments in the Textual Criticism of the Greek Bible, London 1933, pp 51—63 / *id*, The Chester Beatty Biblical Papyri I, London 1933, pp 6—7, tab II / *id*, Nomina Sacra in the Chester Beatty Papyri, Aeg 13 (1933), pp 5—10 / *P. Collomp*, Les Papyri Chester Beatty, RHPhR 14 (1934), pp 130—143 (mit Bibliographie!) / *M. J. Lagrange*, Les Papyrus Chester Beatty pour les Epîtres de S. Paul et l'Apocalypse, RBi 43 (1934), pp 481—493 / *H. Lietzmann*, Zur Würdigung des Chester Beatty Papyrus der Paulusbriefe, SBA 25 (1934), pp 774—782 / *I. M. Price*, The Ancestry of our English Bible, New York ⁹1934, p 157b / *E. R. Smothers*, Les Papyrus Beatty de la Bible grecque, RSR 24 (1934), pp 12—14. 467—472 / *U. Wilcken*, The Chester Beatty Biblical Papyri, APF 11 (1935),

pp 112—114 / *M. J. Lagrange*, Bulletin, RBi 44 (1935), pp 625—629 /
F. G. Kenyon, New Biblical Texts; Discovery 16 (1935), pp 157—
161 / *id*, AJPh 57 (1936), pp 91—95 / *E. M. Schofield*, Papyrus
Fragments of the Greek New Testament, Clinton (New Jersey),
1936, pp VI. 68. 80. 311—323. 338. 342 / *K. W. Clark*, Note on the
Beatty-Michigan Pauline Papyrus, JBL 55 (1936), pp 83—84 /
W. H. P. Hatch, The Position of Hebrews in the Canon of the New
Testament, HThR 29 (1936), pp 133—151 / *K. Lake*, Some Recent
Discoveries, RelLife 5 (1936), pp 89—102 / *K. W. Clark*, Catalogue,
pp 336 sqq / *E. C. Colwell*, ClPh 32, 4 (1937), pp 385—387 / *H. C.
Hoskier*, A Study on the Chester Beatty Codex of the Pauline
Epistles, JThS 38 (1937), pp 148—163 / *P. Benoit*, Le Codex
Paulinien Chester Beatty, RBi 46 (1937), pp 58—82 / *F. G. Ken-
yon*, $\mathfrak{P}^{46}$. Addenda et Corrigenda, Oxford 1937 / *id*, The Story of the
Bible, New York 1937, pp 112—117. 122. 149 / *id*, The Text of the
Greek Bible, London 1937, pp 39. 73—74. 188—191 / *H. C. Hoskier*,
A Commentary on the Various Readings in the Text of the Epistle
to the Hebrews in the Chester Beatty Papyrus $\mathfrak{P}^{46}$, London 1938 /
W. H. P. Hatch, Principal Uncial Manuscripts of the NT, Chicago
1939, tab II / *J. Merell*, Papyry, pp 58. 118—123, tab IV / *G. D.
Kilpatrick*, The Chester Beatty Papyrus $\mathfrak{P}^{46}$ and Hebrews 11, 4,
JThS 42 (1941), pp 68 sq / *H. F. D. Sparks*, The Order of the
Epistles in $\mathfrak{P}^{46}$, JThS 42 (1941), pp 180 sq / *F. W. Beare*, The Text
of the Epistle to the Hebrews in $\mathfrak{P}^{46}$, JBL 63 (1944), pp 379—396 /
A. Debrunner, Über einige Lesarten der Chester Beatty Papyri
des Neuen Testamentes, CN 11 (1949), pp 33—49 / *C. S. C. Wil-
liams*, $\mathfrak{P}^{46}$ and the Textual Tradition of the Epistle to the Romans,
ExpT 61 (1949/50), pp 125—126 / *E. Brady*, The Position of Ro-
mans in $\mathfrak{P}^{46}$, ExpT 59 (1947—1948), pp 249—250 / *G. Maldfeld*,
Die griechischen Handschriftenbruchstücke des Neuen Testamentes auf Papyrus, ZNW 42 (1949), pp 249—250 / *G. Zuntz*, Réflexions
sur l'histoire du texte paulinien, RBi 59 (1952), pp 5—22 / *id*, The
Text of the Epistles: A Disquisition upon the Corpus Paulinum,
Oxford 1953, pp 14—57. 252—262 / *R. V. G. Tasker*, The Text
of the Corpus Paulinum, NTS 1 (1954/55), pp 180—191 / *K. Aland*,
Zur Liste der Neutestamentlichen Handschriften VI, ZNW 48
(1957), pp 149. 154 / *R. Schippers*, De Papyrusfragmenten van I
en II Thessalonicenzen, GTT 57 (1957), pp 121—127 / *K. Aland*,
Liste, pp 31 sq / *R. Cantalamessa*, Il papiro Chester Beatty III
($\mathfrak{P}^{46}$) e la tradizione indiretta di Hebr. 10, 1, Aeg 45 (1965), pp
194—215 / *K. Aland*, Papyrus, pp 105. 124 / *S. Jellicoe*, pp 229 sq

NT 47

Dublin, P Chester Beatty sn; P Chester Beatty III; $\mathfrak{P}^{47}$

III   (Dobschütz, p 188; Maldfeld, p 250)
III E   (Schofield, p 80; Aland, Liste, p 32; Papyrus, p 105)
III E—IV (Kenyon, p XII)

Apk 9,10—17 (fol 1v); 9,17—10,1 (fol 1r); 10,2—8 (fol 2v); 10,8—11,3 (fol 2r); 11,5—9 (fol 3v); 11,10—13 (fol 3r); 11,13—19 (fol 4v); 11,19—12,6 (fol 4r); 12,6—12 (fol 5v); 12,12—13,1 (fol 5r); 13,2—8 (fol 6r); 13,9—15 (fol 6v); 13,16—14,4 (fol 7r); 14,4—10 (fol 7v); 14,10—15 (fol 8v); 14,16—15,2 (fol 8v); 15,2—16,1 (fol 9r); 16,2—9 (fol 9v); 16,10—15 (fol 10r); 16,17—17,2 (fol 10v)

Fundort: ?; 10 frr von 10 foll aus einem cod mit einer col; 19,3 × 11 cm; Zeilenzahl: 25—30; rekonstruiertes Blattformat: 24 × 13 cm; rekonstruierte Zeilenzahl: 23—30; rekonstruierte Buchstabenzahl: 25—30; Schriftspiegel: 19 × 10 cm;
Unziale des runden Typs; etwas plumpe litt, aufrecht und von mittlerer Größe; breite Strichführung; beim E Tendenz zur Kursive; Apostroph zwischen aufeinanderfolgenden Konsonanten; Diärese über ι u υ; Orthographicon: ει : ι; nomina sacra: αθν, θς, θυ, θω, θν, ιυ, κς, κυ, κω, κε, πνα, πρς, εστρω, χυ;
erhaltene frr bilden (nicht abgeschlossene?) Lage mit v/r in vorderer und r/v in hinterer Hälfte;
cod könnte aus einer Lage von 32 foll = 16 Doppelblättern bestanden haben, wenn hintere foll breiter beschrieben oder leer waren; oder cod bestand aus 3 Lagen, die erste zu 12, die zweite zu 10 und die dritte zu maximal 10 foll

E: *F. G. Kenyon*, The Chester Beatty Biblical Papyri III, London 1934 / *E. M. Schofield*, The Papyrus Fragments of the Greek New Testament, Clinton (New Jersey) 1936, pp 324—325

L: *E. von Dobschütz*, ZNW 32 (1933), p 186 / *F. G. Kenyon*, Nomina Sacra in the Chester Beatty Papyri, Aeg 13 (1933), p 5—10 / *W. H. P. Hatch*, Principal Uncial Manuscripts of the NT, Chicago 1939, tab XI / *H. A. Sanders*, The Chester Beatty Papyrus of Revelation and Hoskier's Edition, JBL 53,4 (1934), pp 371—380 / *J. Merell*, Papyry, pp 58. 118—123 / *G. Maldfeld*, Die griechischen Handschriftenbruchstücke des Neuen Testamentes auf Papyrus, ZNW 42 (1949), p 250 / *R. V. G. Tasker*, The Chester Beatty Papyrus of the Apocalypse of St. John, JThS 50 (1949), pp 60—68 / *B. M. Metzger*, pp 129. 152. 155 / *K. Aland*, Zur Liste der Neutestamentlichen Handschriften VI, ZNW 48 (1957), pp 149. 153 / Liste, p 32 / *id*, Papyrus, 105. 124sq / *S. Jellicoe*, pp 229sq

NT 48

Florenz, Biblioteca Laurenziana, PSI 1165; 𝔓⁴⁸

III   (Dobschütz, p 188; Maldfeld, p 250)
III E   (Aland, Liste, p 32; Papyrus, p 105)
III E—IV (Vitelli, p 112; Kenyon, p 33; Hedley, p 218; Schofield,
          p 80)

Apg 23,11—17 (v); 23,23—29 (r)

Fundort: Oxyrhynchus; 1 fr eines fol aus einem cod mit einer col;
11,4 × 13,4 cm; äußerer Rand: 2 cm; innerer Rand: 1 cm; unterer
Rand: 4,5 cm; Zeilenzahl: 20, davon 6 vollständig (v); 14 (r); Buchstabenzahl: 31—38; rekonstruiertes Blattformat: 24—26 × 14 cm;
rekonstruierte Zeilenzahl: 42—47;
nicht sehr sorgfältige Unziale des ovalen Typs mit einigen Unregelmäßigkeiten; litt nach rechts geneigt, geschrieben mit gut erhaltener
schwarzer Tinte; einmal Apostroph als Worttrenner; Hochpunkte;
einmal Paragraphos zur Bezeichnung eines Sinnabschnittes; ν-Strich;
gute Orthographie; griechisches Zahlwort durch Zahlzeichen μ wieder-
gegeben; nomen sacrum: υς;
es fehlen: Teile der untersten linn (v) bzw unterste linn ganz, oberer
Blatteil mit 22—27 linn

E: *G. Vitelli | G. Mercati*, PSI X (1932), pp 112—118, tab II | *E. M.
Schofield*, The Papyrus Fragments of the Greek New Testament,
Clinton (New Jersey) 1936, pp 326—329

L: *A. C. Clark*, The Acts of the Apostles, Oxford 1933, pp 409—413 |
E. von Dobschütz, ZNW 32 (1933), pp 187sq | *F. G. Kenyon*, Recent
Developments in the Textual Criticism of the Greek Bible, London
1933, p 33 | *H. A. Sanders*, HThR 26 (1933), pp 91sqq | *P. L.
Hedley*, The Egyptian Texts of the Gospels and Acts, ChQR 118
(1934), p 218 | *W. H. P. Hatch*, Principal Uncial Manuscripts of
the NT, Chicago 1939, tab XII | *J. Merell*, Papyri, pp 64. 124 |
G. Maldfeld, Die griechischen Handschriftenbruchstücke des Neuen
Testaments auf Papyrus, ZNW 42 (1949), p 250 | *id*, ZNW 43
(1950/51), p 261 | *B. M. Metzger*, p 48 | *K. Aland*, Zur Liste der
Neutestamentlichen Handschriften VI, ZNW 48 (1957), pp 149.
154 | *id*, Liste, p 32 | *id*, Papyrus, pp 105. 125

NT 49

New Haven (Conn.), Yale University Library, P Yale 415; 𝔓⁴⁹

III   (Maldfeld, p 250)
III E   (Clark, p 374; Aland, Liste, p 32; Papyrus, p 105; Hatch/Welles,
          p 35; Treu, p 185)

Eph 4,16—29 (r); 4,32—5,13 (v)

Fundort: ?; frr eines fol aus einem cod mit einer col; zusammen:
20,3 × 13,3 cm; unterer Rand: 3 cm; äußerer Rand: 2,5—3 cm;
Zeilenzahl: 24 (r u v); rekonstruiertes Blattformat 26—27 × 17 cm;
rekonstruierte Zeilenzahl: 29—30; rekonstruierte Buchstabenzahl:
31—45;
gut lesbare Buchschrift mit Tendenz zur Kursive; litt leicht nach
rechts geneigt, etwa 3 mm hoch; dünne Strichführung; Hochpunkte;
Doppelpunkte; 1 Apostroph über Endkonsonant χ (4,20); Diärese
über υ; nomina sacra: θ[ς], θ[υ], θω, κυ, κω, π[νι], χς;
es fehlen: Teile der erhaltenen linn; Innenrand, oberer Rand mit
5—6 linn

E: *W. H. P. Hatch / C. B. Welles*, A Hitherto Unpublished Fragment
of the Epistle to the Ephesians, HThR 51 (1958), pp 33—37

L: *A. C. Clark*, The Acts of the Apostles, Oxford 1933, p 374 / *K. W.
Clark*, Catalogue, p 374 / *J. Merell*, Papyry, pp 64. 124 / *G. Maldfeld*, Die griechischen Handschriftenbruchstücke des Neuen Testamentes auf Papyrus, ZNW 42 (1949), p 250 / *K. Aland*, Zur Liste
der Neutestamentlichen Handschriften VI, ZNW 48 (1957), pp 149.
154 / *id*, Liste, p 32 / *id*, Papyrus, pp 105. 125 / *K. Treu*, Christliche
Papyri 1940—1967, APF 19 (1969), p 185

NT 50

New Haven (Conn.), Yale University Library, P Yale 1543; $\mathfrak{P}^{50}$

III—IV (Treu, p 184)
IV   (Kräling, pp 168 sq; Clark, p 374; Maldfeld, p 250; Hunger bei Aland, Papyrus, p 105, Anm 5)
IV—V   (Aland, Liste, p 32; Papyrus, p 105)
V   (Roberts/Skeat bei Aland, Papyrus, p 105, Anm 5)

Apg 8,26—30 (col 1r); 8,30—32; 10,26—27 (col 2v); 10,27—30 (col 3 v;) 10,31 (col 4r)

Fundort: ?; 1 fr eines fol mit 2 coll; 13,8 × 17,6 cm; Zeilenzahl: 22 (col 1); 21 (col 2); 21 (col 3); 6 (col 4); Buchstabenzahl: 14—23; etwas unregelmäßige Unziale mit Tendenz zur Kursive (vgl BKT V 1, pp 82 sqq); Diärese über ι u υ; Hochpunkt; Tiefpunkt; Semikolon; Korrekturen von gleicher Hand; Orthographica: αι : ε; ε : ει; nomina sacra: ανος, ανον, θς, θυ, ιλημ, πνα;
Text nicht fortlaufend, umfaßt aber auch keine vollen Perikopen; da zudem 4 Falzungen des fol zu Päckchen 3,5 × 9 cm, liegt Vermutung nahe, daß der Papyrus als Amulett gedient hat

E: *C. H. Kräling*, P⁵⁰, Two Selections from Acts, Quantulacumque, Studies presented to K. Lake, ed. R. P. Casey, S. Lake u. A. K. Lake, London 1937, pp 163—172

L: *A. C. Clark*, The Acts of the Apostles, Oxford 1933, p 374 / *K. W. Clark*, Catalogue, p 374 / *J. Merell*, Papyry, pp 67 sq. 126 / *G. Maldfeld*, Die griechischen Handschriftenbruchstücke des Neuen Testamentes auf Papyrus, ZNW 42 (1949), p 250 / *K. Aland*, Zur Liste der Neutestamentlichen Handschriften VI, ZNW 48 (1957), pp 149. 154 / *id*, Liste, p 32 / *id*, Papyrus, pp 105. 125 sq / *K. Treu*, Christliche Papyri 1940—1967, APF 19 (1969), p 184

NT 51

Oxford, Ashmolean Museum, P Oxyrhynchus 2157; $\mathfrak{P}^{51}$

IV   (Lobel/Roberts, p 1; Maldfeld, p 250)
um 400 (Aland, Liste, p 32; Papyrus, p 105; Treu, p 185)

Gal 1,2—10 (v); 1,13. 16—20 (r)

Fundort: Oxyrhynchus; 1 fr eines fol aus einem cod mit einer col; 13,9 × 8,2 cm; Zeilenzahl: 25 (v), 15 (r); rekonstruiertes Blattformat: 25—26 × 13—14 cm; rekonstruierte Zeilenzahl: 37—38; rekonstruierte Buchstabenzahl: 17—25;
etwas schwerfällige Unziale mit breiter Strichführung (wie Chester Beatty Ecclesiasticus); Hochpunkte; ν-Strich; Diärese über ι υ υ: nomina sacra: [θ]υ, ιυ, κυ, πρς, χρυ;
es fehlen: zwischen Text 12—13 linn, davon 5 oben und 7—8 unten

E: *E. Lobel/C. H. Roberts/E. P. Wegener*, The Oxyrhynchus Papyri XVIII, London 1941, pp 1—3, Nr 2157

L: *G. Maldfeld*, Die griechischen Handschriftenbruchstücke des Neuen Testamentes auf Papyrus, ZNW 42 (1949), pp 250—251 / *G. Maldfeld*, ZNW 43 (1950/1951), p 261 / *K. Aland*, Zur Liste der Neutestamentlichen Handschriften VI, ZNW 48 (1957), pp 149. 154 / *id*, Liste, p 32 / *id*, Papyrus, pp 105. 126 / *K. Treu*, Christliche Papyri 1940—1967, APF 19 (1969), p 185

NT 52

Manchester, John Rylands Library, P Rylands 457; 𝔓⁵²

II A (Roberts, p 28; Kenyon bei Schofield, p 81; Schubart bei Schofield, p 81; Bell, p 7; Schofield, p 80; Maldfeld, p 251; Aland,
Liste, p 32; Papyrus, p 105)

Joh 18,31—33 (r); 18,37—38 (v)

Fundort: ?; 1 fr eines fol aus einem cod mit einer col; 8,9 × 5,8 cm;
oberer Rand: 2,5 cm; Zeilenzahl: 7 (r u v); rekonstruiertes Blattformat: 22 × 18 cm; rekonstruierte Zeilenzahl: 18; rekonstruierte Buchstabenzahl: 30—35;
sorgfältige, mit dunkler Tinte geschriebene Unziale mit runden Formen; nicht kalligraphisch, wohl aber Werk eines Berufsschreibers;
Ähnlichkeit mit P Egerton II; manche litt sind in kursiver Weise mit-
einander verbunden; Diärese; trotz des hohen Alters kein Jota adscriptum; gute Orthographie;
es fehlen: ²/₃ der erhaltenen linn; untere Blatthälfte mit ca 11 linn

E: *C. H. Roberts,* An Unpublished Fragment of the Fourth Gospel in
the John Rylands Library, Manchester 1935 / *E. M. Schofield,* The
Papyrus Fragments of the Greek New Testament, Clinton (New
Jersey) 1936, pp 330—334

L: *C. H. Roberts,* A New Testament Manuscript — The Earliest
Known Fragment, The Manchester Guardian Weekly, (22. 11.
1935), p 417 / *W. H. P. Hatch,* Principal Uncial Manuscripts of
the NT, Chicago 1939, tab I / *J. Merell,* Papyry, tab I / *B. M.
Metzger,* Recently Published Greek Papyri of the NT, BibArch 10
(1947), pp 25—44 u 8 tab / *G. Maldfeld,* Die griechischen Handschriftenbruchstücke des Neuen Testamentes auf Papyrus, ZNW
42 (1949), p 251 / *id,* ZNW 43 (1950/51), p 261 / *B. M. Metzger,*
pp 76—78. 102. 107a. 115. 140. 169. I 22 / *K. Aland,* Zur Liste der
Neutestamentlichen Handschriften VI, ZNW 48 (1957), pp 149.
154 / *id,* Liste, p 32 / *id,* Papyrus, pp 105. 126

NT 53 [0106]

Ann Arbor, University of Michigan, P Michigan Inv Nr 6652; 𝔓⁵³

ca 250 (Sanders, p 153; Clark, p 340; Maldfeld, p 251)
III   (Aland, Liste, p 32; Papyrus, p 105)

Matth 26,29—35 (fr 1v); 26,36—40 (fr 1r)

Apg 9,33—38 (fr 2v); 9,40—10,1 (fr 2r)

Fundort: Faijum; 3 frr von 2 foll aus einem cod mit je einer col (wahrscheinlich desselben Ms, sicher derselben Hand); fr 1: 11,5 × 10,3cm;
Zeilenzahl: 20 (v), 19 (r); Buchstabenzahl: ca 20 (v), ca 18 (r); fr 2:
9,5 × 11 cm u 1,3 × 1,5 cm; Zeilenzahl: 19, davon 12 fast vollständig
(v), 17, davon 11 fast vollständig (r); Buchstabenzahl: ca 16 (v), ca
18 (r); rekonstruiertes Blattformat: 20—21 × 12 cm; rekonstruierte
Zeilenzahl: ca 25—26; rekonstruierte Buchstabenzahl: 21—29;
Semiunziale; aufrecht stehende, und ganz gleichmäßige Buchstaben;
nomina sacra: ιης, κυ, πρς, περ;
bei fr 1 fehlen zwischen den Texten ca 6 linn, bei fr 2 ca 8 linn;
Mt umfaßte ursprünglich etwa 70—75 pp, Apg 75—80 pp; die 4 Evv
zusammen mit Apg müßten 300—350 pp umfaßt haben; es ist also
nicht möglich, nähere Aussagen über den ursprünglichen Inhalt zu
machen; daß cod neben Apg das Tetraev enthalten hat, ist als unwahrscheinlich zu bezeichnen

E: *H. A. Sanders*, A Third Century Papyrus of Matthews and Acts,
Quantulacumque, Studies presented to Kirsopp Lake by pupils,
colleagues and friends, ed R. P. Casey, S. Lake et A. K. Lake,
London 1937, pp 151—161

L: *K. W. Clark*, Catalogue, p 340 / *J. Merell*, Papyry, pp 66sq. 125sq /
G. Maldfeld, Die griechischen Handschriftenbruchstücke des Neuen
Testamentes auf Papyrus, ZNW 42 (1949), p 251 / *K. Aland*, Zur
Liste der Neutestamentlichen Handschriften VI, ZNW 48 (1957),
pp 149. 154 / *id*, Liste, p 32 / *id*, Papyrus, pp 105. 126sq

NT 54

Princeton, University Library, P Princeton 15; Garrett Depots 7742; $\mathfrak{P}^{54}$

IV   (Hunger bei Aland, Papyrus, p 105, Anm 6)
V   (Kase, p 1; Clark, p 79; Maldfeld, p 251)
V—VI   (Schofield, p 79; Aland, Liste, p 32; Papyrus, p 105)
post 400 (Roberts bei Aland, Papyrus, p 105, Anm 6)
VI (?)   (Bell bei Schofield, pp 79sq)

Jak 2,16—18. 22—23 (r); 2,24—26; 3,2—4 (v)

Fundort: ?; 2 frr eines fol aus einem cod mit einer col; 8,7 × 6,5 cm u 6,5 × 6,5 cm; Zeilenzahl: 8 (r u v), bzw 7—8 (r u v); rekonstruiertes Blattformat: 24 × 16 cm; rekonstruierte Zeilenzahl: 23; rekonstruierte Buchstabenzahl: 21—23;
Unziale mit breiter Strichführung, dicker Stil (feinere Haarstriche); Hochpunkte; Apostroph bei Eigennamen; Diärese über ι; nomen sacrum: θυ;
es fehlen: Teile der erhaltenen linn; zwischen frr 9 bzw 7—8 linn; Paginierung: κθ, λ = 29, 30;
wegen Paginierung könnte cod vor Jak vielleicht 3 Johannes-Briefe enthalten haben; alle Katholischen Briefe würden etwa 35 foll = 70 pp benötigen

E: *E. H. Kase jun.*, Papyri in the Princeton University Collections, II, Princeton 1936, pp 1—3, Nr 15 / *E. M. Schofield*, The Papyrus Fragments of the Greek New Testament, Clinton (New Jersey) 1936, pp 206—214

L: *A. C. Clark*, The Acts of the Apostles, Oxford 1933, p 79 / *K. W. Clark*, Catalogue, p 79 / *G. Maldfeld*, Die griechischen Handschriften des Neuen Testamentes auf Papyrus, ZNW 42 (1949), p 251 / *B. M. Metzger*, p 71 / *K. Aland*, Zur Liste der Neutestamentlichen Handschriften VI, ZNW 48 (1957), pp 150. 155 / *id*, Liste, p 32 / *id*, Papyrus, pp 105. 127

NT 55

Wien, Österreichische Nationalbibliothek, P Vindob G 26214; $\mathfrak{P}^{55}$

VI   (Sanz, p 58; Maldfeld, p 251)
VI—VII   (Aland, Liste, p 32; Papyrus, p 105; Treu, p 182)

Joh 1,31—33 (r); 1,35—38 (v)

Fundort: Faijum; 1 fr eines fol aus einem cod mit einer col; 12 ×
6,5 cm; äußerer Rand: 1,5 cm; Zeilenzahl: 14 (r), 10 (v); rekonstruiertes Blattformat: 20 × 14 cm, bzw 25 × 14 cm; rekonstruierte
Zeilenzahl: 19, bzw 21—22; rekonstruierte Buchstabenzahl: 17—23;
Unziale koptischen Charakters; Diärese über ι; Paragraphos; nomina
sacra: ιηλ, ιϛ, ιυ, πνα, πτι;
es fehlen: innere Hälfte der col, 4 linn zwischen r u v; wenn auf verso
nur einzeilige Hermenia stand, eine lin unten, 3 linn oben; eher zu vermuten: 4 linn recto unten, Überschrift „Hermeneia", 1 lin Text

E: *P. Sanz*, Griechische literarische Papyri christlichen Inhaltes I,
    MPER IV (1946), pp 58—59, Nr 35

L: *G. Maldfeld*, Die griechischen Handschriftenbruchstücke des Neuen
    Testamentes auf Papyrus, ZNW 42 (1949), p 251 / *K. Aland*, Zur
    Liste der Neutestamentlichen Handschriften VI, ZNW 48 (1957),
    pp 150. 155 / *id*, Liste, p 32 / *id*, Papyrus, pp 105. 127 / *K. Treu*,
    Christliche Papyri 1940—1967, APF 10 (1969), p 182

NT 56

Wien, Österreichische Nationalbibliothek, P Vindob G 19918; 𝔓⁵⁶

V—VI   (Aland, Liste, p 32; Papyrus, p 105; Treu, p 183)
post 400 (Roberts bei Aland, Papyrus, p 105, Anm 7)
VI   (Sanz, p 65; Maldfeld, p 251; Hunger bei Aland, Papyrus,
          p 105, Anm 7)

Apg 1,1 (fr 1 r); 1,4—5 (fr 2 r); 1,7 (fr 1 v); 1,10—11 (fr 2 v)

Fundort: Faijum; 2 frr eines fol aus einem cod mit einer col; fr 1:
5 × 10,5 cm; oberer Rand: 3,7 cm; Zeilenzahl: 2 (r u v); fr 2: 5,5 ×
7,5 cm; Zeilenzahl: 6 (r), 7 (v); rekonstruiertes Blattformat: 29 bis
30 × 18 cm; rekonstruierte Zeilenzahl: 28 bzw 29; rekonstruierte
Buchstabenzahl: 17—22;
schöne, runde Unziale mit koptischem Einschlag; Hochpunkte; Diärese über ι; Korrektur von zweiter Hand; zwei kleine Striche zwischen
Apg 1,4 und 1,5 (fr 2 r); nomina sacra: πρς, ουνον;
es fehlen: Reste der erhaltenen linn; zwischen fr 1 u 2: 12—13 linn;
zwischen fr 2r und 1v: 8 linn

E: *P. Sanz*, Griechische literarische Papyri christlichen Inhaltes I,
    MPER, Nr 39 (1946), pp 65—66, Nr 39

L: *G. Maldfeld*, Die griechischen Handschriftenbruchstücke des Neuen
    Testamentes auf Papyrus, ZNW 42 (1949), p 251 / *K. Aland*, Zur
    Liste der Neutestamentlichen Handschriften VI, ZNW 48 (1957),
    pp 150. 155 / *id*, Liste, p 32 / *id*, Papyrus, pp 105. 127sq / *K. Treu*,
    Christliche Papyri 1940—1967, APF 19 (1969), p 183

NT 57

Wien, Österreichische Nationalbibliothek, P Vindob G 26020; $\mathfrak{P}^{57}$

IV—V (Aland, Liste, p 32; Papyrus, p 105; Treu, p 183)
V   (Sanz, p 66; Maldfeld, p 251)

Apg 4,36—5,2 (r); 5,8—10 (v)

Fundort: Faijum; 1 fr eines fol aus einem cod mit einer col; 8,5 × 3,5 cm; äußerer Rand: 1,7 cm; Zeilenzahl: 9 (r), 10 (v); rekonstruiertes Blattformat: 26—27 × 15 cm; rekonstruierte Zeilenzahl: 31; rekonstruierte Buchstabenzahl: 23—27;
ungelenke Unziale mit aufrechten litt; 1 Spatium zur Kennzeichnung des Sinnabschnittes; nomen sacrum: π[να];
es fehlen: Teile der erhaltenen linn; Blattoberteil mit ca 21 linn

E: *P. Sanz*, Griechische literarische Papyri christlichen Inhaltes I, MPER IV (1946), pp 66—67, Nr 40

L: *G. Maldfeld*, Die griechischen Handschriftenbruchstücke des Neuen Testamentes auf Papyrus, ZNW 42 (1949), p 251 / *K. Aland*, Zur Liste der Neutestamentlichen Handschriften VI, ZNW 48 (1957), pp 150. 155 / *id*, Liste, p 32 / *id*, Papyrus, pp 105. 128 / *K. Treu*, Christliche Papyri 1940—1967, APF 19 (1969), p 183

[NT 58]

$\mathfrak{P}^{58}$ siehe bei $\mathfrak{P}^{33}$

NT 59

New York, Pierpont Morgan Library, P Colt 3; 𝔓⁵⁹

VII   (Aland, Liste, p 32; Papyrus, p 105; Treu, p 182)
VII E   (Maldfeld, p 252)
VII—VIII (Casson/Hettich, p 79)

Joh 1,26 (fr 1r); 1,28 (fr 1v); 1,48 (fr 2v); 1,51 (fr 2r); 2,15—16 (fr 3v); nicht sicher zu identifizierende Buchstabenreste (fr 3r); 11, 40—43 (fr 4v col 2); 11,44—46 (fr 4r col 1); 11,47—48 (fr 4r col 2); 11,49—52 (fr 4v col 1); 12,25 (fr 5v); 12,29 (fr 5r); 12,31 (fr 6r); 12,35 (fr 6v); 17,24—26 (fr 7v); 18,1—2 (fr 7r); 18,16—17 (fr 8r); 18, 22 (fr 9v); 21,7 (fr 10r col 2); 21,19—20 (fr 10v col 2); 21,23 (fr 10r col 1); 21,12—13 (fr 11v); 21,15 (fr 11r); 21,17 (fr 12r); 21,18 (fr 12 v); 17 nicht identifizierte frr

Fundort: Auja el Hafir; 14 frr von 14 foll aus einem cod mit einer col; sehr unterschiedliche Größe; aus fr 4 rekonstruiertes Blattformat: 20 × 14 cm; rekonstruierte Zeilenzahl: 7—19; rekonstruierte Buchstabenzahl: 14—22;
sorgfältige Unziale des koptischen Typs; aufrechte Buchstaben; (siehe P Berlin 50 von Schubart und P Grenfell II, 112); Paragraphos; Zirkumflex; ν-Strich; Orthographica: αι : ε, ε : αι; ει : ι, ι : ει; nomina sacra: αν[ου], θϲ, ιϲ, ιυ, κε, περ;
unsicherer Lagenaufbau: mehrere Mehrblattlagen; erste und letzte p r, in Mitte des cod r/r;
Aufbau des cod: Text — Freiraum — Hermenie — Freiraum — Text; cod dürfte für Joh-Ev 120—140 foll umfaßt haben

E: *L. Casson/E. L. Hettich*, Excavations at Nessana II, Literary Papyri, Princeton 1950, pp 79—93

L: *G. Maldfeld*, Die griechischen Handschriftenbruchstücke des Neuen Testamentes auf Papyrus, ZNW 42 (1949), pp 252 sq / *G. Maldfeld*, ZNW 43 (1950/51), p 261 / *F. V. Fildson*, Nessana, Bib Arch 15 (1952), pp 47—48 / *K. Aland*, Zur Liste der Neutestamentlichen Handschriften VI, ZNW 48 (1957), pp 150. 155 / *id*, Liste, p 32 / *id*, Papyrus, pp 105. 128 / *K. Treu*, Christliche Papyri 1940—1967, APF 19 (1969), pp 182 sq

NT 60

New York, Pierpont Morgan Library, P Colt 4; $\mathfrak{P}^{60}$

VII   (Aland, Liste, p 32; Papyrus, p 105; Treu, p 183)
VII E   (Maldfeld, p 252)
VII—VIII (Casson/Hettich, p 94)

Joh 16,30 (fr 1v); 16,32 (fr 1r); 16,33 (fr 2r); 17,1—2 (fr 2v); 17,3—4 (fr 3v); 17,5—6 (fr 3r); 17,8—9 (fr 4r); 17,11 (fr 4v); 17,12—13 (fr 5v); 17,14—15 (fr 5r); 17,18—20 (fr 6r); 17,21—23 (fr 6v); 17,24—25 (fr 7v); 18,1—2 (fr 7r); 18,4—5 (fr 8r); 18,7—9 (fr 8v); 18,10—11 (fr 9v); 18,12—14 (fr 9r); 18,15—16 (fr 10r); 18,18 (fr 10v); 18,19—20 (fr 11v); 18,23—25 (fr 11r); 18,26—27 (fr 12r); 18,28—29 (fr 12v); 18,31—32 (fr 13v); 18,32—33 (fr 13r); 18,34—35 (fr 14r); 18,36 (fr 14v); 18,37 (fr 15v); 18,39—40 (fr 15r); 19,2—3 (fr 16r); 19,5—6 (fr 16v); 19,7—8 (fr 17v); 19,10—11 (fr 17r); 19,12—13 (fr 18r); 19, 14—15 (fr 18v); 19,16—18 (fr 19v); 19,20 (fr 19r); 19,23 (fr 20r); 19, 24—26 (fr 20v)

Fundort: Auja el Hafir; 20 frr von 20 foll aus einem cod mit einer col; durchschnittlich: 9 × 8 cm o kleiner; Zeilenzahl: 8—18; Buchstabenzahl: 14—23; rekonstruiertes Blattformat: 24 × 14 cm;
sorgfältige Unziale des koptischen Typs; aufrecht litt; Großschreibung des 1. lit einer p; Zirkumflex; v-Strich; nomina sacra: ανος, ανοις, ις, ιυ, ιν, [μρ]α, υυ;
Lagenaufbau: gegenüberliegende foll mit gleicher Faserrichtung;
es liegt cod mit „Hermenien" vor; auf jedem fol nur ein Sinnabschnitt u Freiraum; cod dürfte für Joh-Ev 150—170 foll umfaßt haben

E: *L. Casson/E. L. Hettich*, Excavations at Nessana II, Literary Papyri, Princeton 1950, pp 94—111

L: *G. Maldfeld*, Die griechischen Handschriftenbruchstücke des Neuen Testamentes auf Papyrus, ZNW 42 (1949), p 252 / *G. Maldfeld*, ZNW 43 (1950/51), p 261 / *K. Aland*, Zur Liste der Neutestamentlichen Handschriften VI, ZNW 48 (1957), pp 150. 155 / *id*, Liste, p 32 / *id*, Papyrus, pp 105. 129 / *K. Treu*, Christliche Papyri 1940—1967, APF 19 (1969), p 183

NT 61 [0107]

New York, Pierpont Morgan Library, P Colt 5; $\mathfrak{P}^{61}$

VII   (Treu, p 184)
VII E   (Maldfeld, p 252)
um 700   (Aland, Liste, p 32; Papyrus, p 105)
VII—VIII (Casson/Hettich, pp 82. 112)

Röm 16,23. 25—27 (fol 1r)

1. Kor 1,1—2. 4—6 (fol 1v); 5,1—3. 5—6 (fol 2v); 5,9—13 (fol 2r)

Phil 3,5—9 (fol 3a r); 3,12—16 (fol 3b v)

Kol 1,3—7 (fol 3c v); 1,9—13 (fol 3d r); 4,15 (fol 4r)

1. Thess 1,2—3 (fol 4v)

Tit 3,1—5 (fol 5a r); 3,8—11 (fol 5b v); 3,14—15 (fol 5c v)

Philem 4—7 (fol 5d r)
10 unidentifizierte frr

Fundort: Auja el Hafir; 7 frr von 5 foll aus einem cod mit je einer col;
Zeilenzahl: 5—6 (fol 1); 6—7 (fol 2); 18—19 (fol 3); 3—4 (fol 4); 15
(fol 5); rekonstruiertes Blattformat: 25 × 14 cm; rekonstruierte Zeilenzahl: 25—27; rekonstruierte Buchstabenzahl: 18—24;
sorgfältige, aufrechte Unziale (koptische Hand); schwarze Tinte;
Spiritus; Apostroph; ν-Strich; Hoch- und Tiefpunkte; Sinnabschnitte durch ausgerückte Buchstaben mit Paragraphos; nomina
sacra: αν]οις, θς, θυ, θω, ιυ, κυ, κω, πρ[ι, πνα, υυ, χυ, χω, χν;
dem Umfang der erhaltenen foll nach würden die Paulusbriefe ohne
Hebr ca 130—150 foll, mit Hebr 150—170 foll umfaßt haben; jeder
Brief beginnt auf einer neuen p

E: *L. Casson/E. L. Hettich*, Excavations at Nessana II, Literary Papyri, Princeton 1950, pp 112—122

L: *G. Maldfeld*, Die griechischen Handschriftenbruchstücke des Neuen
Testamentes auf Papyrus, ZNW 42 (1949), p 252 / *G. Maldfeld*,
ZNW 43 (1950/51), p 261 / *K. Aland*, Zur Liste der neutestamentlichen Handschriften VI, ZNW 48 (1957), pp 150. 155 / *id*, Liste,
p 32 / *id*, Papyrus, pp 105. 129sq / *K. Treu*, Christliche Papyri
1940—1967, APF 19 (1969), p 184

NT 62 [0202]

Oslo, Universitätsbibliothek, P Osloensis 1661; 𝔓⁶²

IV (Amundsen, p 121; Maldfeld, p 253; Aland, Liste, p 32; Papyrus, p 105)

Matth 11,25 (fr 2r); 11,25 (fr 2v); 11,25—26 (fr 3r); 11,27 (fr 3v); 11,27 (fr 4r); 11,27—28 (fr 4v); 11,28—29 (fr 5r); 11,29—30 (fr 5v); 11,30 (fr 6r)

Fundort: ?; 5 frr eines griechisch-koptischen Miniaturkodex; 6,6 × 5,6 cm (fr 2); 3,9 × 5,6 cm (fr 3); 3,9 × 5,7 cm (fr 4); 3,6 × 5,2 cm (fr 5); 3,6 × 5,4 cm (fr 6); Zeilenzahl: 1—4; rekonstruiertes Blattformat: 6,6 × 5,6 cm; rekonstruierte Zeilenzahl: 7; rekonstruierte Buchstabenzahl: 7—11;
Unziale mit mittelgroßen, aufrechten litt; Einfluß koptischer Unziale; Diärese über υ; nomina sacra: κ[ε], πηρ;
eine Lage: vorne r/v, Mitte v/v, hinten v/r;
koptischer Text folgt dem griechischen; cod umfaßte wahrscheinlich 15 Doppelblätter und wurde vielleicht als privates Andachtsbuch benutzt

E: *L. Amundsen*, Christian Papyri from the Oslo-Collection, SO 24 (1945), pp 121—147

L: *G. Maldfeld*, Die griechischen Handschriftenbruchstücke des Neuen Testamentes auf Papyrus, ZNW 42 (1949), p 253 / *G. Maldfeld*, ZNW 43 (1950/51), p 261 / *K. Aland*, Zur Liste der Neutestamentlichen Handschriften VI, ZNW 48 (1957), pp 150. 155 / *id*, Liste, p 32 / *id*, Papyrus, pp 105. 130

NT 63

Berlin, Staatliche Museen, P Berlin Inv Nr 11914; 𝔓⁶³

um 500 (Aland, Liste, p 32; Papyrus, p 105; Treu, p 182)
VI   (Stegmüller, p 15)

Joh 3,14—15 (r col 2); 3,16—18 (v col 1); 4,9 (v col 2); 4,10 (r col 1)

Fundort: ?; 1 fr eines Doppelblattes aus einem cod mit 2 coll; 18,5 ×
15 cm; oberer Rand: 3,3—2,5 cm; äußerer Rand: 3,5—4 cm; innerer
Rand: 1,5 cm; Kolumnenbreite: 10 cm; Zeilenzahl: 8,14, 7,6; fr nahezu vollständig erhalten; daher keine weitere Rekonstruktion;
fast gleichmäßige, im ganzen noch gute Buchschrift mit Neigung zur
Geschäftsschrift; kaum Unterschied zwischen Griechisch und Koptisch; Diärese über ι u υ; nomina sacra: θυ, ιϛ; Zahlenangaben: ριβ,
ριγ, ρκ[β], ρκγ;
Interpretation der Zahlenangaben umstritten; Seitenzahlen oder
Orakelzahlen?; daher auch Umfangsbestimmung unmöglich;
cod hat griechisch-koptische Hermenien

E: *O. Stegmüller*, Zu den Bibelorakeln im Codex Bezae, Bibl 34 (1953),
pp 13—22

L: *J. R. Harris*, The „Sortes Sanctorum" in the St. Germain Codex
(g¹), AJPh 9 (1888), pp 58—63 / *K. Aland*, ThLZ 78 (1953), col
468 / *G. Maldfeld*, ZNW 45 (1954), p 187 / *K. Aland*, Liste, p 32 /
K. Treu, Neue Neutestamentliche Fragmente der Berliner Papyrussammlung, APF 18 (1966), p 24 / *K. Aland*, Papyrus, pp 105. 130sq
K. Treu, Christliche Papyri 1940—1967, APF 19 (1969), p 182

NT 64 [NT 67]

Barcelona, Fundación San Lucas Evangelista, P Barc Inv Nr 1 (A); Oxford, Magdalen College Gr 18 (B); 𝔓⁶⁴ (B) u 𝔓⁶⁷ (A)

II E   (Roberts, p 237)
um 200   (Aland, Liste, p 32; Papyrus, p 105; Treu, p 180)
III   (Roca-Puig, p 14; Huleatt bei Roberts, p 233)

Matth 3,9 (fr 1 v A); 3,15 (fr 1 r A); 5,20—22 (fr 2 r A); 5,25—28 (fr 2 v A); 26,7. 10 (v col 1 B); 26,14—15 (v col 2 B); 26,22—23 (r col 1 B); 26,31. 32—33 (r col 2 B)

Fundort: ?; 5 frr von 3 foll aus einem cod mit 2 col; fr 1 A: 1,9 × 1,2 cm; Zeilenzahl: 5; fr 2 A: 5,5 × 5 cm; Zeilenzahl: 14; fr B besteht aus 3 (a—c) Fetzen: fr Ba: 1,2 × 4,1 cm; Zeilenzahl: 4; fr Bb: 1,3 × 4,1 cm; Zeilenzahl: 3; fr Bc: 1,6 × 1,6 cm; Zeilenzahl: 5; rekonstruiertes Blattformat: 20 × 14 cm; rekonstruierte Zeilenzahl: 38 bis 39 bzw 36; rekonstruierte Buchstabenzahl: 13—20; Schriftspiegel: 15 × 10,5 cm; Kolumnenabstand: 1,5 cm;
früher Vorläufer der „Bibelunziale"; klare, aufrechte Buchstaben; Akzente und Spiritus; ν-Strich; Paragraphos; nomina sacra: ιη, κε;
es fehlen: 33—34 linn (fr 1 A); 22 linn (fr 2 A); 5 linn (Ba—Bb); 15 linn (Bb—Bc); 31 linn (Bc r u v); zwischen fol 1 u 2: 2 foll; zwischen foll 2 u 3: 29—30 foll; Lagenaufbau: wahrscheinlich mehrere Mehrblattlagen;
cod würde für Matth-Ev ca 40—45 foll, für alle Evv ca 140—160 foll umfassen; vgl dazu 𝔓⁴ der eventuell mit 𝔓⁶⁴ u 𝔓⁶⁷ zusammengehört

E: *R. Roca-Puig*, P Barc Inv Nr 1 (Mt III, 9, 15; V, 20—22, 25—28), Studi in onore di Aristide Calderini e Roberto Paribeni II, Mailand-Varese 1957, pp 87—96 / *R. Roca-Puig*, Nueva publicación del papiro número uno de Barcelona, Helmantica 37 (1961), pp 5—20 / *C. H. Roberts*, An early papyrus of the first gospel, HThR 46 (1953), pp 233—237

L: *R. Roca-Puig*, Un Papiro Griego del Evangelio de San Mateo, Barcelona 1956, pp 5—45 / *K. Aland*, NTS 4 (1957), pp 279sqq /*K. Aland*, Zur Liste der Neutestamentlichen Handschriften VI, ZNW 48 (1957), pp 157sqq / *S. Bartina*, Another New Testament Papyrus, CBQ 20 (1958), pp 290sqq / *C. H. Roberts*, Complementary note to the article of Prof. Roca-Puig, Helmantica 37 (1961), pp 21, 22 / *R. Roca-Puig*, Un Papiro Griego del Evangelio de San Mateo, Barcelona 1961, pp 9—58 / *R. Roca-Puig*, Nueva publicación del papiro número uno de Barcelona, Helmantica 37 (1961), pp 5—20 / *R. Roca-Puig*, Un Papir Grec de L'Evangeli de Sant

Mateu, Barcelona 1962, pp 9—62 / *K. Aland*, NTS 9 (1962/63), p 309 / *id*, Liste, p 32 / (*anon*), REG 78 (1965), p 228 / *K. Aland*, Papyrus, pp 105. 131 / *K. Treu*, Christliche Papyri 1940—1967, APF 19 (1969), pp 180 sq / *E. Bammel*, P[64] ([67]) and the last supper, JThS 24 (1973), pp 190—193

NT 65

Florenz, Istituto di Papirologia G. Vitelli, PSI 1373; 𝔓⁶⁵

III (Bartoletti, p 5; Aland, Liste, p 33; Papyrus, p 105; Treu, p 185)

1. Thess 1,3—2,1 (r); 2,6—13 (v)

Fundort: ?; 1 fr eines fol aus einem cod mit einer col; 16 × 4,7 cm; oberer Rand: 2,7 cm; äußerer Rand: 2,8 cm; Zeilenzahl: 19 (r), 18 (v); rekonstruiertes Blattformat: 26 × 16 cm; rekonstruierte Zeilenzahl: 28—29; rekonstruierte Buchstabenzahl: 38—53;
Buchschrift mit leichter Rechtsneigung und gelegentlicher Tendenz zur Kursive; Diärese über ι u υ; ν-Strich; nomina sacra: θς, κυ; es fehlen: ⁵/₆ der erhaltenen linn; 9—10 linn zwischen den Texten; Ähnlichkeiten in Schrift, Format und Zeilenzahl mit 𝔓⁴⁹

E: *V. Bartoletti*, PSI XIV (1957), pp 5—7, Nr 1373

L: *K. Aland*, Zur Liste der Neutestamentlichen Handschriften VI, ZNW 48 (1957), pp 156. 157 / *id*, Liste, p 33 / *id*, Papyrus, pp 105. 131sq / *K. Treu*, Christliche Papyri 1940—1967, APF 19 (1969), p 185

NT 66

Cologny/Genf, Bibliotheca Bodmeriana, P Bodmer II; Dublin, P Chester Beatty sn; 𝔓⁶⁶

II   (Hunger bei Aland, Papyrus, p 106, Anm 1)

um 200   (Martin, p 17; Aland, Liste, p 33; Papyrus, p 106; Treu, p 182)

Joh 1,1—14 (fol 1); 1,14—21 (fol 2); 1,21—30 (fol 3); 1,30—37 (fol 4); 1,37—42 (fol 5); 1,42—48 (fol 6); 1,48—2,3 (fol 7); 2,3—10 (fol 8); 2,10—15 (fol 9); 2,15—20 (fol 10); 2,20—3,1 (fol 11); 3,2—7 (fol 12); 3,7—14 (fol 13); 3,14—20 (fol 14); 3,20—26 (fol 15); 3,26—33 (fol 16); 3,33—4,6 (fol 17); 4,6—12 (fol 18); 4,12—18 (fol 19); 4,18—24 (fol 20); 4,25—33 (fol 21); 4,33—38 (fol 22); 4,38—45 (fol 23); 4,45—50 (fol 24); 4,50—5,2 (fol 25); 5,2—9 (fol 26); 5,9—16 (fol 27); 5,16—21 (fol 28); 5,21—26 (fol 29); 5,26—32 (fol 30); 5,32—38 (fol 31); 5,38—45 (fol 32); 5,45—6,5 (fol 33); 6,5—11 (fol 34); 6,35—42 (fol 35); 6,42—51 (fol 36); 6,51—58 (fol 37); 6,58—64 (fol 38); 6,64—71 (fol 39); 6,71—7,6 (fol 40); 7,6—13 (fol 41); 7,13—20 (fol 42); 7,20—26 (fol 43); 7,26—32 (fol 44); 7,32—38 (fol 45); 7,38—45 (fol 46); 7,45—52 (fol 47); 7,52—8, 16 (fol 48); 8,16—22 (fol 49); 8,22—28 (fol 50); 8,28—33 (fol 51); 8,33—40 (fol 52); 8,40—44 (fol 53); 8,44—52 (fol 54); 8,52—57 (fol 55); 8,57—9,6 (fol 56); 9,6—11 (fol 57); 9,11—17 (fol 58); 9,17—22 (fol 59); 9,22—28 (fol 60); 9,28—35 (fol 61); 9,35—10,1 (fol 62); 10,1—6 (fol 63); 10,6—13 (fol 64); 10,13—17 (fol 65); 10,17—23 (fol 66); 10,23—29 (fol 67); 10,29—36 (fol 68); 10,36—42 (fol 69); 10,42—11,6 (fol 70); 11,6—12 (fol 71); 11,12—19 (fol 72); 11,19—27 (fol 73); 11,27—31 (fol 74); 11,31—37 (fol 75); 11,37—43 (fol 76); 11,43—47 (fol 77); 11,47—52 (fol 78); 11,52—56 (fol 79); 11,56—12,3 (fol 80); 12,3—7 (fol 81); 12,7—12 (fol 82); 12,12—16 (fol 83); 12,16—21 (fol 84); 12,21—25 (fol 85); 12,25—29 (fol 86); 12,29—34 (fol 87); 12, 34—38 (fol 88); 12,38—42 (fol 89); 12,42—48 (fol 90); 12,48—13,1 (fol 91); 13,1—5 (fol 92); 13,6—10 (fol 93); 13,10—15 (fol 94); 13, 15—20 (fol 95); 13,20—26 (fol 96); 13,26—31 (fol 97); 13,32—36 (fol 98); 13,36—14,3 (fol 99); 14,3—9 (fol 100); 14,9—12 (fol 101); 14, 12—17 (fol 102); 14,18—22 (fol 103); 14,22—26 (fol 104); 14,29—30 (fol 105); 15,2—4 (fol 106); 15,4—7 (fol 107); 15,7—13 (fol 108); 15,13—19 (fol 109); 15,19—25 (fol 110); 15,25—26; 16,2—4 (fol 111); 16,6—7. 11—13 (fol 112); 16,13—19 (fol 113); 16,20—23 (fol 114); 16,23—28 (fol 115); 16,29—17,1 (fol 116); 17,1—7 (fol 117); 17,8—12 (fol 118); 17,13—19 (fol 119); 17,20—24 (fol 120); 17,25—18,3 (fol 121); 18,3—9 (fol 122); 18,9—14 (fol 123); 18,14—18 (fol 124); 18,18—23 (fol 125); 18,23—29 (fol 126); 18,29—33 (fol 127); 18,34—37 (fol 128); 18,37—19,1 (fol 129); 19,2—6 (fol 130); 19,6—12 (fol 131); 19,12—15 (fol 132); 19,15—20 (fol 133); 19,21—24 (fol 134); 19,24—29 (fol 135 u Chester Beatty r); 19,29—33 (fol 136 u Chester Beatty v); 19,33—38 (fol 137); 19,38—42 (fol 138); 19,42—20,4 (fol 139); 20,4—11 (fol 140);

20,12—17 (fol 141); 20,17—19 (fol 142); 20,20—22 (fol 143); 20,25—26 (fol 144); 20,27—31 (fol 145); 21,1—3 (fol 146); 21,4—6 (fol 147); 21,7—9 (fol 148); 40 unidentifizierte frr

Fundort: ?; 75 foll eines cod mit einer col; vordere 52 foll fast vollständig erhalten; Blattformat: 16,2 × 14,2 cm; Zeilenzahl: 14—25; Buchstabenzahl: 18—28;

fast gleichmäßige, aufrechte Unziale des quadratischen Typs; Hand eines Berufsschreibers; Hochpunkt; Apostroph zwischen Doppelkonsonanten und nach Eigennamen; Häkchen als Zeilenfüllsel; Orthographica: ε : αι; ι : ει; Diärese über ι u υ; Sinnabschnitte werden durch Doppelpunkt und a linea deutlich gemacht; neue Zeile beginnt meist mit ausgerückten litt; ν-Strich; häufige Korrekturen; nomina sacra: ανος, ανου, ανω, ανον, ανων, ανοις, ανους, θς, θυ, θω, θν, ις, ιυ, ιν, κς, κυ, κν, κε, πνα, πνς, πνι, πηρ, πρς, πρι, πρα, πρ, περ, πρες, σϙου, [σ]ϙω, σϙον, σϙω[σω], σϙατε, [σ]ϙθη, εσϙαν, εσϙθη, υς, υω, υν, χς, χυ, χν; es fehlen: pp 35—38 und das Schlußblatt (pp 155/156); wahrscheinlichster Lagenaufbau: Lage 1: Quaternio; Lage 2: Quinio; Lage 3 u 6: Doppelblätter; Lage 4: Quaternio; Lage 5: 9 Doppelblätter; cod war durchgehend paginiert; cod bestand ursprünglich wohl aus 39 Doppelblättern = 78 foll = 156 pp

E: *V. Martin*, Papyrus Bodmer II, Evangile de Jean, 1—14, Bibliotheca Bodmeriana V, Cologny/Genève 1956 / *id*, Papyrus Bodmer II, Supplément, Evangile de Jean, 14—21, Bibliotheca Bodmeriana, Cologny/Genf 1958 / *V. Martin/J. W. B. Barns*, Papyrus Bodmer II, Supplément, Evangile de Jean, 14—21, Bibliotheca Bodmeriana, Cologny/Genève ²1962

L: *G. Maldfeld*, Papyrus Bodmer II = Johannes, 1—14, NT 1 (1956), pp 153—155 / *id*, NTS 3 (1956—57), pp 79—81 / *V. K. Barrett*, Papyrus Bodmer II: A Preliminary Report, ExpT 68 (1956—57), pp 174—177 / *A. F. J. Klijn*, Papyrus Bodmer II (John I—XIV) and the Text of Egypt, NTS 3 (1956—57), pp 327—334 / *K. Aland*, Das Johannes-Evangelium auf Papyrus, FoFo 31 (1957), pp 50 — 57 / *id*, Das Neue Testament auf Papyrus, Zur Entdeckung der ältesten größeren Handschrift, Universitas 12 (1957), pp 585—590 / *id*, Papyrus Bodmer II, Ein erster Bericht, ThLZ 82 (1957), coll 161—184 / *id*, Zur Liste der Neutestamentlichen Handschriften VI, ZNW 48 (1957), p 157 / *M. E. Boismard*, Le Papyrus Bodmer II, RBi 64 (1957), pp 363—398 / *F. M. Braun*, Un nouveau papyrus johannique: Le Papyrus Bodmer II, RevThom 57 (1957), pp 79—84 / *F. V. Filson*, A new papyrus manuscript of the gospel of John, BA 20, 3 (1957), pp 54—63 / *I. de la Potterie*, Een nieuwe papyrus van het vierde evangelie, Pap. Bodmer II (P⁶⁶), BijPhTh 18 (1957), pp 117—127 / *J. de Savignac*, Le papyrus Bodmer II de l'évangile selon St. Jean, Sc 11 (1957), pp 281—285 / *R. Schippers*, De Papyruscodex van Johannes (P⁶⁶), GTT 57 (1957), pp 33—45 / *E. R. Smothers*, Papyrus Bodmer II: An early codex of St. John, ThSt 18 (1957), pp 434—441 / *K. Treu*, DLZ 78 (1957), coll 290—294 / *E. Vogt*, Papyrus Bodmer P⁶⁶: Joh 1—14, Bibl 38 (1957), pp 108 sq / *W. A. Wordsworth*, The Bodmer Papyrus and the Prologue of St. John's Gospel, NT 2 (1958), pp 1—7 / *M. E. Boismard*, De son ventre couleront des fleuves d'eau (Jo., VII, 38), RBi 65 (1958), p 525, Anm 3 / *J. J. Collins*, Biblical and Archeological News, A Newly Discovered Papyrus of St. John's Gospel, CBQ 20 (1958), pp 57—58 / *id*, Papyrus Bodmer II, CBQ 20 (1958), pp 281—289 / *G. Danesi*, Il più antico codice del vangelo di Giovanni, Il Papiro Bodmer II recentemente scoperto, RiBi 6 (1958), pp 295—322 / *R. W. Funk*, Papyrus Bodmer II (P⁶⁶) and John 8, 25, HThR 51 (1958), pp 95—100 / *W. Hartke*, APh 29 (1958/59), p 207 / *id*, Anmerkungen zu P. Bodmer II, FoFo 32 (1958), pp 122—126 / *O. Montevecchi*, Il IV. vangelo e le scoperte papirologiche più recenti, ScCat 86 (1958), pp 264—275 / *E. R. Smothers*, Two Readings in Papyrus Bodmer II, HThR 51 (1958), pp 109—122 / *H. Zimmermann*, P Bodmer II und seine Bedeutung für die Textgeschichte des Johannes-Evangeliums, BiZ 2 (1958), pp 214—243 / *V. Martins*, Bibliographie der Besprechungen, Bibl 40 (1959), pp 10. 55 / *F. V. Filson*, The Bodmer Papyri, BA 22 (1959), pp 48—51 / *E. Massaux*, Le Papyrus Bodmer II (P⁶⁶) et la critique néotestamentaire, Sacra Pagina 1 (1959), pp 194—207 / *R. Schippers*, De Rest van P⁶⁶, GTT 59 (1959), pp 81—85 / *H. M. Teeple/F. A. Walker*, Notes on the Plates in Papyrus Bodmer II, JBL 78 (1959), pp 148—152 / *H. Greeven*, Erwägungen zur synoptischen Textkritik, NTS 6 (1959—60), pp 281—296 / *S. de Ansejo*, El Papiro Bodmer II y la exégesis del IV Evangelio, EE 34 (1960), pp 907—928 / *M. A. King/R. Peterson*, Textual Studies in the Bodmer Manuscript of John, BiblSacr 117 (1960), pp 164—171 / *J. de Savignac*, Fragments dans Papyrus Bodmer II de l'Evangile Johannique, Sc 14 (1960), pp 333—338 / *C. L. Porter*, A Textual Analysis of the Earliest Greek Manuscript of the Gospel of John, Durham 1961 / *J. W. B. Barns*, Papyrus Bodmer II, Some Corrections and Remarks, Le Muséon 75 (1962), pp 327—329 / *M. E. Boismard*, RBi 70 (1963), pp 120—133 / *K. Aland*, Liste, p 33 / *id*, Neue Neutestamentliche Papyri II, NTS 10 (1963/64), pp 62—79 / *G. D. Fee*, Corrections of Papyrus Bodmer II and the Nestle Greek Testament, JBL 84 (1965), pp 66—72 / *K. Aland*, Papyrus, pp 106. 132 sq. 173—179 / *K. Treu*, Christliche Papyri 1940—1967, APF 19 (1969), p 182 / *K. Aland*, Neue Neutestamentliche Papyri III, NTS 20 (1974), pp 376—381

[NT 67]

𝔓⁶⁷ siehe bei 𝔓⁶⁴

NT 68

Leningrad, Staatlich-Öffentliche Bibliothek, Gr 258 B; 𝔓⁶⁸

post 400 (Roberts/Skeat bei Aland, Papyrus, p 106, Anm 2; Treu, p 184)
VII?   (Aland, Liste, p 33; Papyrus, p 106; Treu, p 184)
VIII?   (Hunger bei Aland, Papyrus, p 106, Anm 2; Treu, p 184)

1. Kor 4,12—17 (r); 4,19—5,3 (v)

Fundort: Sinai; 1 fr eines fol aus einem cod mit einer col; 20 × 12,3 cm; unterer Rand: 3 cm; Zeilenzahl: 21 (r), 20 (v); rekonstruiertes Blattformat: 25 × 15 cm; rekonstruierte Zeilenzahl: 25; rekonstruierte Buchstabenzahl: 17—24;

schmale, nach rechts geneigte Unziale des ovalen Typs, große kräftige litt mit feinen Haarstrichen; Ähnlichkeit mit W, aber weniger sorgfältig und etwas größer; schwarze Tinte; Sinnabschnitte kenntlich durch Doppelpunkte und a linea; Orthographicon: ε: αι; nomina sacra: θυ, ιυ, κω, πνι, πρς, χω;

es fehlen: Teile der erhaltenen linn; oberer Blatteil mit ca 4 bzw 5 linn; fr klebte beim Fund mit 𝔓¹¹ zusammen

E: *K. Aland*, Neue neutestamentliche Papyri, NTS 3 (1957), pp 261—286

L: (*anon*), ViVrem 16 (1959), pp 221sq / *E. S. Granström*, Katalog greceskich rukopisej Leningradskich Chronilisc Vipusk IV o Rukopisci XII veka, Moskau 1963 / *K. Aland*, Liste, p 33 / *K. Treu*, Die griechischen Handschriften des Neuen Testaments in der UdSSR, TU 91 (1966), p 109 / *K. Aland*, Papyrus, pp 106. 133. 140—144 / *K. Treu*, Christliche Papyri 1940—1967, APF 19 (1969), p 184

NT 69

Oxford, Ashmolean Museum, P Oxyrhynchus 2383; $\mathfrak{P}^{69}$

III (Lobel/Roberts/Turner/Barns, p 1; Aland, Liste, p 33; Papyrus, p 106; Treu, p 182)

Luk 22,41. 45—48 (r); 22,58—61 (v)

Fundort: Oxyrhynchus; 1 fr eines fol aus einem cod mit einer col; 8,5 × 5 cm; äußerer Rand: 1,8 cm; Zeilenzahl: 14 (r u v); rekonstruiertes Blattformat: 25 × 15 cm o 30—31 × 15 cm; rekonstruierte Zeilenzahl: 35 o 45; rekonstruierte Buchstabenzahl: 22—26; Schriftspiegel: 21—27 × 10—11 cm;
grobe Unziale mit mäßig großen, gerundeten Buchstaben; eher gute Urkunden- als Buchschrift; (Schrift siehe $\mathfrak{P}^1$) nomina sacra: α[υ]ε, ιην; Auslassungen durch Homoioteleuta;
es fehlen: zwischen Texten ca 30—33 linn

E: *E. Lobel/C. H. Roberts/E. G. Turner/J. W. B. Barns*, The Oxyrhynchus Papyri XXIV, London 1957, pp 1—4

L: (*anon*), Biblos 40 (1959), pp 1. 10 / (*anon*), REG 78 (1965), p 249 / *K. Aland*, Liste, p 33 / *id*, Papyrus, pp 106. 133 / *K. Treu*, Christliche Papyri 1940—1967, APF 19 (1969), p 192

NT 70

Oxford, Ashmolean Museum, P Oxyrhynchus 2384; $\mathfrak{P}^{70}$

III   (Aland, Liste, p 33; Papyrus, p 106; Treu, p 181)
III—IV (Lobel/Roberts/Turner/Barns, p 4)

Matth 11,26—27 (v); 12,4—5 (r)

Fundort: Oxyrhynchus; 1 fr eines fol aus einem cod mit einer col; 3,5 × 3,7 cm; äußerer Rand: 1 cm; Zeilenzahl: 5 (v), 6 (r); rekonstruiertes Blattformat: 25 × 15 cm; rekonstruierte Zeilenzahl: 28—29; rekonstruierte Buchstabenzahl: 21—25;
ziemlich eckige Unziale; mittlere bis große, aufrechte litt (vgl P Oxyrhynchus 847 u 1224); schwarze Rußtinte; Diärese über ι; nomen sacrum: πηρ;
es fehlen: Teile der erhaltenen linn; zwischen Texten ca 23 linn

E: *E. Lobel/C. H. Roberts/E. G. Turner/J. W. B. Barns*, The Oxyrhynchus Papyri XXIV, London 1957, pp 4—5

L: (*anon*), Biblos 40 (1959), pp 1. 10 / (*anon*), REG 78 (1965), p 249 / *K. Aland*, Liste, p 33 / *id*, Papyrus, pp 106. 133 / *K. Treu*, Christliche Papyri 1940—1967, APF 19 (1969), p 181

NT 71

Oxford, Ashmolean Museum, P Oxyrhynchus 2385; $\mathfrak{P}^{71}$

IV (Lobel/Roberts/Turner/Barns, p 5; Aland, Liste, p 33; Papyrus, p 106; Treu, p 181)

Matth 19,10—11 (r); 19,17—18 (v)

Fundort: Oxyrhynchus; 1 fr eines fol aus einem cod mit einer col; 5 × 9,5 cm; äußerer Rand: 1,5 cm; Zeilenzahl: 5 (r u v); rekonstruiertes Blattformat: 27 × 15 cm; rekonstruierte Zeilenzahl: 30—32; rekonstruierte Buchstabenzahl: 19—22 (r), 16—19 (v);
ziemlich sorgfältige Unziale, ähnlich der Bibelunziale; recht große, aber in Maßen schwankende Buchstaben (vgl P Oxyrhynchus 1600); es fehlen: Teile der erhaltenen linn; zwischen den Texten 25—27 linn

E: *E. Lobel/C. H. Roberts/E. G. Turner/J. W. B. Barns*, The Oxyrhynchus Papyri XXIV, London 1957, pp 5—6

L: *(anon)*, Biblos 40 (1959), p 10 / *(anon)*, REG 78 (1965), p 249 / *K. Aland*, Liste, p 33 / *id*, Papyrus, pp 106. 134 / *K. Treu*, Christliche Papyri 1940—1967, APF 19 (1969), p 181

NT 72 [0205]

Cologny/Genf, Bibliotheca Bodmeriana, P Bodmer VII. VIII; $\mathfrak{P}^{72}$ (1. u 2. Petr heute in Bibliotheca Vaticana)

III   (Testuz, pp 13. 27)
III—IV (Aland, Liste, p 33; Papyrus, p 106; Treu, pp 185sq)

Jd 1—4 (fol 1); 4—6 (fol 2); 7—10 (fol 3); 10—13 (fol 4); 13—18 (fol 5); 18—24 (fol 6); 24—25 (fol 7)

1. Petr 1,1—4 (fol 1); 1,5—9 (fol 2); 1,10—13 (fol 3); 1,13—18 (fol 4); 1,18—22 (fol 5); 1,22—2,2 (fol 6); 2,2—7 (fol 7); 2,7—12 (fol 8); 2,12—17 (fol 9); 2,17—21 (fol 10); 2,22—3,1 (fol 11); 3,1—6 (fol 12); 3,6—10 (fol 13); 3,11—16 (fol 14); 3,16—22 (fol 15); 3,22—4,4 (fol 16); 4,4—11 (fol 17); 4,11—16 (fol 18); 4,16—5,2 (fol 19); 5,2—6 (fol 20); 5,7—11 (fol 21); 5,12—14 (fol 22)

2. Petr 1,1—5 (fol 23); 1,5—10 (fol 24); 1,10—15 (fol 25); 1,15—19 (fol 26); 1,19—2,2 (fol 27); 2,2—7 (fol 28); 2,8—12 (fol 29); 2,12—16 (fol 30); 2,16—21 (fol 31); 2,21—3,3 (fol 32); 3,3—8 (fol 33); 3,8—11 (fol 34); 3,11—16 (fol 35); 3,16—18 (fol 36)

Fundort: Theben ?; 43 foll eines cod mit je einer col; 15,5 × 14,2 cm; rekonstruiertes Blattformat: 16 × 14,5 cm; Zeilenzahl: 14—20; Buchstabenzahl: 18—33;
unliterarische Hand mit Unregelmäßigkeiten in den Abständen der litt und auch der Zeilenführung; Tendenz zur Kursive; gegen Ende der Briefe größere Nachlässigkeit der Schrift; Subscriptio und Zierlinien; Orthographica: αι : ε, ε : αι; ει : ι, ι : ει; η : ι, ι : η; οι : υ, υ : οι; ο : ω; Apostroph trennt zwei aufeinander folgende γ, oder γ von einem anderen Guttural, in manchen Fällen steht Apostroph auch hinter nicht-griechischen Eigennamen; nomina sacra: ανοι, δυμι, θς, θυ, θω, θεω (sic!), θν, ιυ, ιηυ, ιην, κς, κυ, κυριου (sic!), κω, κν, κε, πνα, πνς, πνι, πντι, πναι, πνατικος, πνατικας, παρ, πρς, πρι, πτρα, χρς, χρυ, χρω, χρν; Überstreichung findet sich auch über nicht-griechischen Eigennamen, dieses Zeichen wird auch als Spirituszeichen verwandt;
getrennt paginierter Kodex (aus verschiedenen Bestandteilen zusammengefügt) mit mindestens 188 pp; Sammlung apokrypher, kanonischer und theologischer Schriften von 4 verschiedenen Händen (Protevangelium Jacobi; apokrypher Korintherbrief; 11. Ode Salomos; Melito, Passa-Homilie; liturgische Hymne; Apologie des Phileas; Psalm 33 u 34); foll mit Jd heute getrennt, bildeten ursprünglich aber (den Mittelteil?) eine(r) Lage, Lagenmitte bei 65—66; foll mit 1. u 2. Petr bilden 2 Quaternionen und nachfolgend 2 Einblatt-Lagen (=40 pp); der Text beginnt nach Inscriptio auf dem 2. fol der 1. Lage, fol 1 ist verloren, das letzte fol der 4. Lage ist leer;

Editor vermutet anhand des Einbandes der Gesamthandschrift, daß
Teile des Buches einzeln geschrieben und nachträglich zu einem Buch
vereinigt wurden

E: *M. Testuz*, Papyrus Bodmer VII — IX. L'Epître de Jude, Les
deux Epîtres de Pierre, Les Psaumes 33 et 34, Bibliotheca Bodmeriana, Cologny/Genève 1959 / *C. M. Martini*, Beati Petri Apostoli
Epistulae, Ex Papyro Bodmeriana VIII (P[72]), Mailand 1968

L: *K. W. Clark*, An American Textual Criticism Seminary 30. 12.
1959, JBL 79 (1960), p XXIV / *F. W. Beare*, The Text of I Peter
in Papyrus 72, JBL 80, 3 (1961), pp 253—260 / *J. N. Birdsall*,
The Text of Jude in P[72], JThS 14 (1963), pp 394—399 / *E. Massaux*, Le texte de la première épître Petri du papyrus Bodmer VIII
(P[72]), EThL 39 (1963), pp 616—671 / *K. Aland*, Liste, p 33 /
F. W. Beare, Some Remarks on the Text of 1 Peter in the Bodmer
Papyrus (P[72]), StudEv 3, 2 (1964), pp 263—265 / *M. A. King*,
Jude and 1 and 2 Peter, Notes at the Bodmer Manuscript, BiblSacr
121 (1964), pp 54—59 / *S. Kubo*, P[72] and the Codex Vaticanus, SaD
27 (1965) / *J. D. Quinn*, Notes on the Text of the P[72], CBQ 27
(1965), pp 241—249 / *M. Hombert*, REG 78 (1965), p 230 / *K. Aland*,
Papyrus, pp 106. 134 / *K. Treu*, Christliche Papyri 1940—1967,
APF 19 (1969), pp 185sq / *C. D. Osburn*, The Text of Jude
22—23, ZNW 63 (1972), pp 139—144

NT 73

Cologny/Genf, Bibliotheca Bodmeriana sn; $\mathfrak{P}^{73}$

?

Matth 25,43; 26,2—3

Fundort: ?; 1 fr eines fol aus einem cod; gefunden in $\mathfrak{P}^{74}$ zwischen foll 39 u 40; sehr ähnlich $\mathfrak{P}^{74}$; Editor von $\mathfrak{P}^{74}$: es könnte sich um eine Bruderhandschrift von $\mathfrak{P}^{74}$ handeln, oder $\mathfrak{P}^{73}$ könnte von gleicher Hand stammen wie $\mathfrak{P}^{74}$; noch unediert

L: *K. Aland*, Neue neutestamentliche Papyri II, NTS 9 (1962/63), pp 303. 308 / *id*, Liste, p 33 / *id*, Papyrus, pp 106. 134 / *K. Treu*, Christliche Papyri, 1940—1967, APF 19 (1969), p 181

NT 74 [0108]

Cologny/Genf, Bibliotheca Bodmeriana, P Bodmer XVII; $\mathfrak{P}^{74}$

VI—VII (Kasser, p 11)
VII (Aland, Liste, p 33; Papyrus, p 106; Treu, p 183)

Apg 1,2—5 (fol 1r); 1,7—11 (fol 1v); 1,13—15 (fol 2v); 1,18—19 (fol 2r); 1,22—25 (fol 3r); 2,2—4 (fol 3v); 2,6—10 (fol 4v); 2,11—16 (fol 4r); 2,17—22 (fol 5r); 2,22—27 (fol 5v); 2,27—33 (fol 6v); 2,33—38 (fol 6r); 2,38—43 (fol 7r); 2,43—3,2 (fol 7v); 3,2—8 (fol 8v); 3,8—12 (fol 8r); 3,12—17 (fol 9r); 3,17—22 (fol 9v); 3,23—26 (fol 10v); 4, 2—6 (fol 10r); 4,8—12 (fol 11r); 4,13—17 (fol 11v); 4,17—22 (fol 12v); 4,23—27 (fol 12r); 4,29—33 (fol 13r); 4,33—5,2 (fol 13v); 5,2—7 (fol 14v); 5,7—12 (fol 14r); 5,12—17 (fol 15r); 5,18—23 (fol 15v); 5, 23—28 (fol 16v); 5,28—34 (fol 16r); 5,34—38 (fol 17r); 5,38—6,1 (fol 17v); 6,1—5 (fol 18v); 6,5—11 (fol 18r); 6,11—7,1 (fol 19r); 7,2—6 (fol 19v); 7,6—10 (fol 20v); 7,10—16 (fol 20r); 7,16—22 (fol 21r); 7, 22—27 (fol 21v); 7,27—33 (fol 22v); 7,33—37 (fol 22r); 7,38—42 (fol 23r); 7,42—45 (fol 23v); 7,46—52 (fol 24v); 7,52—59 (fol 24r); 7, 59—8,3 (fol 25r); 8,3—9 (fol 25v); 8,10—15 (fol 26v); 8,16—21 (fol 26r); 8,22—27 (fol 27r); 8,27—32 (fol 27v); 8,33—39 (fol 28v); 8, 39—9,4 (fol 28r); 9,5—11 (fol 29r); 9,11—17 (fol 29v); 9,17—22 (fol 30v); 9,22—27 (fol 30r); 9,27—33 (fol 31r); 9,33—38 (fol 31v); 9, 39—43 (fol 32v); 10,1—5 (fol 32r); 10,6—11 (fol 33r); 10,12—18 (fol 33v); 10,19—23 (fol 34v); 10,23—29 (fol 34r); 10,29—33 (fol 35r); 10,34—39 (fol 35v); 10,39—44 (fol 36v); 10,45—11,3 (fol 36r); 11, 3—10 (fol 37r); 11,11—16 (fol 37v); 11,16—21 (fol 38v); 11,21—27 (fol 38r); 11,27—12,3 (fol 39r); 12,4—8 (fol 39v); 12,8—11 (fol 40v); 12,12—17 (fol 40r); 12,17—21 (fol 41r); 12,21—13,2 (fol 41v); 13, 2—7 (fol 42v); 13,7—13 (fol 42r); 13,13—17 (fol 43r); 13,17—24 (fol 43v); 13,24—30 (fol 44v); 13,30—36 (fol 44r); 13,36—43 (fol 45r); 13,43—47 (fol 45v); 13,47—14,1 (fol 46v); 14,1—8 (fol 46r); 14,8—14 (fol 47r); 14,14—19 (fol 47v); 14,19—23 (fol 48v); 14,23—15,2 (fol 48r); 15,2—5 (fol 49r); 15,5—11 (fol 49v); 15,11—17 (fol 50v); 15, 17—22 (fol 50r); 15,22—28 (fol 51r); 15,28—35 (fol 51v); 15,35—41 (fol 52v); 15,41—16,5 (fol 52r); 16,6—12 (fol 53r); 16,12—16 (fol 53v); 16,16—20 (fol 54v); 16,20—26 (fol 54r); 16,26—32 (fol 55r); 16,32—37 (fol 55v); 16,37—17,2 (fol 56v); 17,3—6 (fol 56r); 17,7—12 (fol 57r); 17,12—16 (fol 57v); 17,16—21 (fol 58v); 17,21—26 (fol 58r); 17,26—31 (fol 59r); 17,31—18,2 (fol 59v); 18,2—8 (fol 60v); 18,8—14 (fol 60r); 18,14—19 (fol 61r); 18,19—25 (fol 61v); 18,25—19,1 (fol 62v); 19,1—8 (fol 62r); 19,8—13 (fol 63r); 19,13—17 (fol 63v); 19, 18—23 (fol 64v); 19,23—27 (fol 64r); 19,28—33 (fol 65r); 19,33—38 (fol 65v); 19,38—20,3 (fol 66v); 20,3—8 (fol 66r); 20,9—13 (fol 67r);

20,14—18 (fol 67v); 20,19—24 (fol 68v); 20,24—30 (fol 68r); 20,
30—35 (fol 69r); 20,36—21,3 (fol 69v); 21,4—8 (fol 70v); 21,8—13
(fol 70r); 21,13—19 (fol 71r); 21,19—24 (fol 71v); 21,24—28 (fol 72v);
21,28—32 (fol 72r); 21,33—38 (fol 73r); 21,38—22,3 (fol 73v); 22,
3—8 (fol 74v); 22,8—14 (fol 74r); 22,14—20 (fol 75r); 22,20—26 (fol
75v); 22,26—23,1 (fol 76v); 23,1—6 (fol 76r); 23,6—11 (fol 77r); 23,
11—15 (fol 77v); 23,15—20 (fol 78v); 23,20—24 (fol 78r); 23,24—30
(fol 79r); 23,31—24,1 (fol 79v); 24,2—9 (fol 80v); 24,10—14 (fol 80r);
24,15—21 (fol 81r); 24,22—26 (fol 81v); 24,26—25,5 (fol 82v); 25,
6—10 (fol 82r); 25,10—15 (fol 83r); 25,15—20 (fol 83v); 25,20—24
(fol 84v); 25,24—26,2 (fol 84r); 26,2—7 (fol 85r); 26,8—13 (fol 85v);
26,14—18 (fol 86v); 26,20—23 (fol 86r); 26,24—29 (fol 87r); 26,
30—27,3 (fol 87v); 27,4—8 (fol 88v); 27,9—13 (fol 88r); 27,14—20
(fol 89r); 27,21—25 (fol 89v) 27,27—32 (fol 90v); 27,33—39 (fol 90r);
27,40—44 (fol 91r); 28,1—5 (fol 91v); 28,6—9 (fol 92v); 28,10—15
(fol 92r); 28,16—19 (fol 93r); 28,20—24 (fol 93v); 28,25—28 (fol 94v);
28,30—31 (fol 94r)

Jak 1,1—6 (fol 95r); 1,8—13 (fol 95v); 1,14—19 (fol 96v); 1,21—23.
25 (fol 96r); 1,27—2,4 (fol 97r); 2,5—10 (fol 97v); 2,11—15 (fol 98v);
2,18—22 (fol 98r); 2,25—3,1 (fol 99r); 3,5—6 (fol 99v); 3,10—12. 14
(fol 100v); 3,17—4,3 (fol 100r); 4,4—8 (fol 101r); 4,11—14 (fol 101v);
5,1—3 (fol 102v); 5,7—9 (fol 102r); 5,12—14 (fol 103r); 5,19—20 (fol
103v)

1. Petr 1,1—2 (fol 104v); 1,7—8 (fol 104r); 1,13 (fol 105r); 1,19—20
(fol 105v); 1,25 (fol 106v); 2,6—7 (fol 106r); 2,11—12 (fol 107r); 2,18
(fol 107v); 2,24 (fol 108v); 3,4—5 (fol 108r)

2. Petr 2,21(fol 117r); 3,4 (fol 117v); 3,11 (fol 118v); 3,16 (fol 118r)

1. Joh 1,1 (fol 119r); 1,6 (fol 119v); 2,1—2 (fol 120v); 2,7 (fol 120r);
2,13—14 (fol 121r); 2,18—19 (fol 121v); 2,25—26 (fol 122v); 3,1—2
(fol 122r); 3,8 (fol 123r); 3,14 (fol 123v); 3,19—20 (fol 124v); 4,1 (fol
124r); 4,6—7 (fol 125r); 4,12 (fol 125v); 4,16—17 (fol 126v); 5,3—4
(fol 126r); 5,9—10 (fol 127r); 5,17 (fol 127v)

2. Joh 1 (fol 128v); 6—7 (fol 128r); 13 (fol 129r)

3. Joh 6 (fol 129v); 12 (fol 130v)

Jd 3 (fol 130r); 7 (fol 131r); 12 (fol 131v); 18 (fol 132v); 24 (fol 132r)

Fundort: ?; frr von 124 foll aus einem cod mit je einer col, davon
62 foll fast ohne Textverlust; rekonstruiertes Blattformat: 32 ×
20 cm; Schriftspiegel: 25—26 × 13—14 cm; rekonstruierte Zeilenzahl: 30—35; rekonstruierte Buchstabenzahl: 18, auf fol 66v: 21—25;

regelmäßige, aber etwas plumpe Unziale koptischen Typs; rotbraune,
ziemlich verwässerte Tinte; zahlreiche Textabgrenzungen: ausgerückte Buchstaben, meist Hochpunkte; Eigennamen durch apostrophähnliche Zeichen gekennzeichnet; gelegentlich akzent- u spiritusähnliche Zeichen auf Monosyllaba; wenige Korrekturen; Orthographi-
ca: αι : ε, ε : αι; ε : α; ε : ι, ι : ε; ει : η, η : ει; ει : ι, ι : ει; η : α; η : ε;
η : ι; οι : υ, υ : οι; α : ο, ο : α; εου : ευ; ο : ω; auch Konsonanten-
verwechselung; Dittographien; Haplographien; eine Omission: Apg
13,23; nomina sacra: ανος, ανου, ανον, ανε, ανοι, ανων, δαδ, θς, θυ, θω,
θν, ιηλ, ιλημ, ις, ιυ, ιν, κς, κυ, κω, κν, κε, ουν, πνα, πνς, πνι, πηρ, πρς,
πρι, πρα, σρα, υν, χς, χυ, χν

E: *R. Kasser*, Papyrus Bodmer XVII: Actes des Apôtres, Epîtres
de Jacques, Pierre, Jean et Jude, Bibliotheca Bodmeriana,
Cologny/Genève 1961

L: *P. Prigent*, Un nouveau texte des actes: le papyrus Bodmer XVII,
RHPhR 42 (1962), pp 169—174 / *A. Bataille*, REG 76 (1963),
pp 277 sq / *G. D. Kilpatrick*, The Bodmer and Mississippi Collection of Biblical and Christian Manuscripts, GrRoBySt 46 (1963),
pp 33—47 / *J. de Savignac*, Le Papyrus Bodmer XVII, Sc 17
(1963), pp 55—56 / *K. Aland*, Liste, p 33 / *id*, Papyrus, pp 106.
135 / *K. Treu*, Christliche Papyri 1940—1967, APF 19 (1969),
p 183

NT 75 [0109]

Cologny/Genf, Bibliotheca Bodmeriana, P Bodmer XIV—XV; $\mathfrak{P}^{75}$

175—225 (Martin/Kasser, p 13)
III A   (Aland, Liste, p 33; Papyrus, p 106; Treu, p 181)

Luk 3,18—22 (fol 7*v); 3,33—4,2 (fol 7*r); 4,34—42 (fol 9v); 4,
43—5,10 (fol 9r); 5,37—6,4 (fol 11v); 6,10—15 (fol 11r); 6,16—28 (fol
12v); 6,28—40 (fol 12r); 6,40—49 (fol 13v); 6,49—7,9 (fol 13r); 7,
9—21 (fol 14v); 7,21—32 (fol 14r); 7,35—39. 41—43 (fol 15v); 7,
45—8,5 (fol 15r); 8,5—16 (fol 16v); 8,16—28 (fol 16r); 8,28—39 (fol
17v); 8,39—52 (fol 17r); 8,52—9,2. 4—10 (fol 18v); 9,10—22 (fol
18r); 9,22—33 (fol 19v); 9,33—44 (fol 19r); 9,44—57 (fol 20v); 9,
57—10,8 (fol 20r); 10,8—20 (fol 21v); 10,20—32 (fol 21r); 10,32—11,1
(fol 22v); 11,1—13 (fol 22r); 11,13—24 (fol 23v); 11,24—34 (fol 23r);
11,34—46 (fol 24v); 11,46—12,3 (fol 24r); 12,3—13 (fol 25v); 12,
13—27 (fol 25r); 12,27—39 (fol 26v); 12,39—53 (fol 26r); 12,53—13,4
(fol 27v); 13,4—16 (fol 27r); 13,16—27 (fol 28v); 13,28—14,3 (fol
28r); 14,3—14 (fol 29v); 14,14—26 (fol 29r); 14,26—15,3 (fol 30v);
15,3—16 (fol 30r); 15,16—29 (fol 31v); 15,29—16,9 (fol 31r); 16,9—21
(fol 32v); 16,21—17,2 (fol 32r); 17,3—15 (fol 33v); 17,19—29 (fol
33r); 17,29—18,6 (fol 34v); 18,6—18 (fol 34r); 22,4—21 (fol 39r); 22,
21—37 (fol 39v); 22,37—56 (fol 40r); 22,56—23,2 (fol 40v); 23,2—18
(fol 41r); 23,18—35 (fol 41v); 23,35—53 (fol 42r); 23,53—24,15 (fol
42v); 24,15—31 (fol 43r); 24,31—50 (fol 43v); 24,51—53 (fol 44r)

Joh 1,1—16 (fol 44r); 1,16—33 (fol 44v); 1,33—48 (fol 45r); 1,48—2,
12 (fol 45v); 2,12—3,3 (fol 46r); 3,3—19 (fol 46v); 3,19—34 (fol 47r);
3,34—4,14 (fol 47v); 4,14—30 (fol 48r); 4,31—46 (fol 48v); 4,46—5,9
(fol 49r); 5,9—23 (fol 49v); 5,23—37 (fol 50r); 5,37—6,7 (fol 50v); 6,
7—22 (fol 51r); 6,22—38 (fol 51v); 6,38—54 (fol 52r); 6,54—71 (fol
52v); 6,71—7,17 (fol 53r); 7,17—32 (fol 53v); 7,32—49 (fol 54r); 7,
49—8,22 (fol 54v); 8,22—38 (fol 55r); 8,38—52 (fol 55v); 8,52—9,8
(fol 56r); 9,8—22 (fol 56v); 9,22—40 (fol 57r); 9,40—10,14 (fol 57v);
10,14—29 (fol 58r); 10,29—11,2 (fol 58v); 11,2—19 (fol 59r); 11,
19—33 (fol 59v); 11,33—45 (fol 60r); 11,48—57 (fol 60v); 12,3—19
(fol 61r); 12,19—33 (fol 61v); 12,33—47 (fol 62*r); 12,47—13,1. 8—9
(fol 62*v); 14,8—26 (fol 64*r); 14,26—30; 15,7—8 (fol 64*v)

* siehe Martin / Kasser, p 12

Fundort: ?; 51 foll aus einem cod mit je einer col, davon 27 fast vollständig und ohne Textverlust; 19, davon die meisten in frr mit Textverlusten, 5 in sehr kleinen Resten; rekonstruiertes Blattformat:
26 × 13 cm; Schriftspiegel: 20—21 × 8,5—9,5 cm; rekonstruierte
Zeilenzahl: 38—45; rekonstruierte Buchstabenzahl: 25—36;

schöne, aufrechte Unziale; Textabschnitte gekennzeichnet; Diärese über ι u υ; semit. Eigennamen durch Apostrophe gekennzeichnet; Akzente und Spiritus; Orthographica: ει : ι, ι : ει; (bei bemerkenswert korrekter Orthographie); nomina sacra: ανος, ανου, ανω, ανον, ανε, ανοι, ανων, ανοις, ανους, θς, θυ, θω, θν, ιηλ, ιλημ, ις, ιης, ιυ, ιηυ, ιν, ιην, κς, κυ, κω, κν, κε, πνα, πνς, πνι, πνατων, πνασι, πντα, πρ, πρς, προς, πρι, πρα, στρον, σϞον, σϞωθηναι, εστρωσαν (sic!), υς, υυ, υν, χς, χυ, χν;

nach Rekonstruktion bestand cod aus 72 foll, aufgebaut aus 36 Doppelblättern in einer Großlage; vordere Hälfte v/r, hintere Hälfte r/v; beschädigter, unpaginierter Papyruscodex mit Resten der Einbanddecken; die ersten und letzten erhaltenen foll (das 9. u 11. Doppelblatt u 1. Hälfte des 7. Doppelblattes) waren nachträglich auf die Leder-Einbanddecken zur Verstärkung aufgeklebt und bildeten eine Art Kartonage

E: *R. Kasser/V. Martin*, Papyrus Bodmer XIV—XV, Cologny/Genève 1961, I Lucas, chap. 3—24, II Johannes, chap. 1—15

L: *M. Brändle*, Lukasevangelium aus dem 2. Jahrhundert, Orientierung 25 (1961), pp 174sqq / *A. Calderini*, Aeg 41 (1961), pp 101sq / *A. F. J. Klijn*, NedThT 16 (1961/62), p 57 / *K. W. Clark*, The Text of the Gospel of John, NT 5 (1962), pp 17—24 / *J. Duplacy*, RechSR 50 (1962), pp 255—260 / *F. V. Filson*, More Bodmer Papyri, BibArch 25 (1962), pp 50—57 / *H. J. Cadbury*, A Proper Name for Dives, JBL 81 (1962), pp 399—402 / *A. Fitzmyer*, Papyrus Bodmer XIV: Some features of our oldest text of Luke, CBQ 24 (1962), pp 170—179 / *A. Klawek*, Nowy rekopis Ew. sw. Lukasza, RBibLit 15 (1962), pp 308—309 / *P. Menoud*, Papyrus Bodmer XIV— XV et XVII, RThPh 12 (1962), pp 107—116 / *B. M. Metzger*, The Bodmer Papyrus of Luke and John, ExpT 73, 7 (1962), pp 201— 203 / *J. T. Müller*, Papyrus XIV, Some features of our oldest text of Luke, Concord 33 (1962), p 497 / *C. L. Porter*, Papyrus Bodmer XV (P⁷⁵) and the Text of Codex |Vaticanus, JBL 81 (1962), pp 363—376 / *E. C. Colwell/E. W. Tune*, The Quantitative Relationship between Ms Text-Types, Biblical and Patristic Studies in Memory of R. P. Casey, ed. J. N. Birdsall et R. W. Thomson, Freiburg 1963, pp 25—32 / *G. D. Kilpatrick*, The Bodmer and Mississippi Collection of Biblical and Christian Manuscripts, GrRoByST 4 (1963), pp 33—47 / *J. de Savignac*, Les Papyrus Bodmer XIV et XV, Sc 17 (1963), pp 50—55 / *K. Aland*, Liste, p 33 / *id*, Neue neutestamentliche Papyri II, NTS 11 (1964/65), pp 1—21 / *H. J. Cadbury*, The Name for Dives, JBL 84 (1965), p 73 / *M. A. King*, Notes on the Bodmer Ms of Luke, BiblSacr 122 (1965), pp 234—240 / *C. M. Martini*, Il problema della recensionalità del codice B alla luce del papiro Bodmer XIV (P[75]), AnBi 26, Rom 1966 / *id*, VD 44 (1966), pp 192—196 / *K. Aland*, Papyrus, pp 106. 135. 155—172. 176 / *K. Treu*, Christliche Papyri 1940—1967, APF 19 (1969), pp 181sq / *C. Schedl*, Zur Schreibung von Joh I 10 A in Papyrus Bodmer XV, NT 14, 3 (1972), pp 238—240

NT 76

Wien, Österreichische Nationalbibliothek, P Vindob G 36102; $\mathfrak{P}^{76}$

post 400 (Roberts bei Aland, Papyrus, p 106, Anm 3)
VI   (Hunger, p 8; Aland, Liste, p 33; Papyrus, p 106; Treu, p 182)

Joh 4,9 (v); 4,12 (r)

Fundort: ?; 1 fr eines fol aus einem cod mit einer col; 13,8 × 11 cm; Zeilenzahl: 3 (v), 6 (r); rekonstruiertes Blattformat: 21 × 14 cm; rekonstruierte Zeilenzahl: 8 bzw. 11; rekonstruierte Buchstabenzahl: ca. 15;
breite Unziale koptischen Typs; dunkelbraune Tinte; nomen sacrum: [πρ]ς
fr enthält deutlich vom Text abgesetzte Hermenie auf 2—3 linn; Rekonstruktion ging in Anlehnung an $\mathfrak{P}^{63}$ davon aus, daß auf Vorderseite allein 4,9 stand und Schreiber auf Orakel zu 4,10 übersprang, ohne dessen Text zu schreiben; Rückseite hätte dann nur 4,11—12 umfaßt

E: *H. Hunger*, Zwei unbekannte neutestamentliche Papyrusfragmente der Österreichischen Nationalbibliothek, Biblos 8 (1959), pp 7—12/ (*anon*), REG 78 (1965), p 258 / *H. Hunger*, Ergänzungen zu zwei neutestamentlichen Papyrusfragmenten der Österreichischen Nationalbibliothek, Biblos 19, 2 (1970), pp 71—75

L: *K. Aland*, Liste, p 33 / *id*, Papyrus, pp 106. 136 / *K. Treu*, Christliche Papyri 1940—1967, APF 19 (1969), pp 182sq

NT 77

Oxford, Ashmolean Museum, P Oxyrhynchus 2683; $\mathfrak{P}^{77}$

II E   (Ingrams/Kingston/Parson/Rea, p 1)
II—III (Treu, p 372; Aland, Materialien, p 22)

Matth 23,30—34 (v); 23,35—39 (r)

Fundort: Oxyhrynchus; 1 fr eines fol aus einem cod mit einer col; 4,6 × 7 cm; Zeilenzahl: 13 (v), 13 (r); rekonstruierte Buchstabenzahl: 24—27;

aufrechte, feine Unziale; ε, θ, ο, σ sind immer hoch, schmal und eckig, υ erscheint viermal als senkrechter Strich mit aufgesetztem leichtem Bogen, so daß fast Ähnlichkeit mit τ besteht; siehe P Antinoopolis 26; Punkt in mittlerer Höhe; zweimal Paragraphos; einmal Sinnabschnitt durch a linea; Diärese über ι u υ; einmal Spiritus asper; Korrekturen von gleicher Hand;
zwischen Texten fehlen ca 7—8 linn

E: *L. Ingrams/P. Kingston/P. Parson/J. Rea,* The Oxyrhynchus Papyri XXXIV, London 1968, pp 1—3

L: *K. Aland,* NTS 9 (1962/63), p 308 / *id,* Materialien, p 22 / *M. Mees,* Der älteste Textzeuge für Matth 23,30—39, Orient Press 1, Rom 1970, pp 79—84 / *K. Treu,* Christliche Papyri IV, APF 22/23 (1974), p 372

NT 78

Oxford, Ashmolean Museum, P Oxyrhynchus 2684; $\mathfrak{P}^{78}$

III—IV (Ingrams/Kingston/Parson/Rea, p 4; Treu, p 373; Aland, Materialien, p 22)

Jd 4 (fol 1r); 4. 5 (fol 1v); 7. 8 (fol 2v); 8 (fol 2r)

Fundort: Oxyrhynchus; 1 fr eines Doppelblattes aus einem Miniaturcodex mit 2 coll; 10,6 × 2,9 cm; Zeilenzahl: 3 (r u v); 4 bzw 5 (r u v); Buchstabenzahl: 10—15;
halbliterarische Hand mit starkem Einschlag der Kursive; Punkt mittlerer Höhe; Diärese über ι u υ; Orthographica: ει : ι; ε : αι; nomina sacra; ιην, κν, χρν;
vermutlich Einlagenkodex; zwischen Texten fehlen zwei Doppelblätter;
cod diente vermutlich als Amulett, umfaßte aber wohl den ganzen Judasbrief

E: *L. Ingrams, P. Kingston, P. Parson, J. Rea*, The Oxyrhynchus Papyri XXXIV, London 1968, pp 4—6

L: *K. Aland*, Materialien, p 22 / *K. Treu*, Christliche Papyri IV, APF 22/23 (1974), p 373

NT 79

Berlin, Staatliche Museen, P Berlin Inv Nr 6774; 𝔓⁷⁹

VII (Treu, p 37; Aland, Materialien, p 22)

Hebr 10,10—12 (v); 10,28—30 (r)

Fundort: Faijum; 1 fr eines fol aus einem cod mit einer col; 11,2 × 5,3 cm; innerer Rand: 1,5 cm; rekonstruiertes Blattformat: 26—30 × 21 cm; Zeilenzahl: 15 (v), 17 (r); cod hatte ursprünglich 2 coll; durchschnittliche Buchstabenzahl: 11—15; rekonstruierte Zeilenzahl: ca 32;
ziemlich breite, aufrechte Unziale koptischen Typs; Buchstabenhöhe: 4—5 mm; braune Tinte; Doppelstriche am Wortende; Spatien; Diärese (Strich) über υ; nomina sacra: υν, [π]να

E: *K. Treu*, Neue neutestamentliche Fragmente der Berliner Papyrussammlung, APF 18 (1966), pp 37—48, tab IV

L: *K. Aland*, Materialien, p 22 / *K. Treu*, Christliche Papyri 1940 bis 1967, APF 19 (1969), p 185

NT 80

Barcelona, Fundación San Lucas Evangelista, P Barc Inv Nr 83; $\mathfrak{P}^{80}$

III E   (Roca-Puig, pp 226 sq; Aland, Materialien, p 22)
III?—IV (Treu, p 182)

Joh 3,34 mit Hermenie (v); Hermenie (r)

Fundort: ?; 1 fr eines fol aus einem cod mit einer col; 10,4 × 9,6 cm;
Zeilenzahl: 3 (v); außer Text: 5 (v), 2 (r): Hermenie; durchschnittliche
Buchstabenzahl: ca 23; rekonstruiertes Blattformat: ? × 20 cm;
keine Buchschrift, Tendenz zur Kursive; litt nach rechts geneigt;
Form des υ sonst nur in älteren Papyri; gewisse Ähnlichkeit mit P
Flor II 148 (Schubart, Paläographische Abb 50); nach Joh-Text Para-
graphos, dann Hermenie mit abschließendem ϡ

E: *R. Roca-Puig*, Papiro del Evangelio de San Juan con „Hermeneia" (P Barc Inv Nr 83 — Joh 3,34), Atti dell XI Congresso In-
ternazionale di Papirologia, 1966, pp 225—236

L: *K. Aland*, Materialien, p 22 / *K. Treu*, Christliche Papyri 1940 bis
1967, APF 19 (1969), p 182

NT 81

Barcelona, Seminario de Papirologia, Inv Nr 20; 𝔓⁸¹

IV (Daris, pp 13sqq; Treu, p 186; Aland, Materialien, p 22)

1. Petr 2,20—3,1 (v); 3,4—12 (r)

Fundort: ?; 1 fr eines fol aus einem cod mit einer col; 22 × 12,5 cm; Zeilenzahl: 28 (v u r); Buchstabenzahl: 4—5 (linn 5—24), sonst 20—27, r meist 25; seitlicher Rand: 2,5 cm; oberer Rand: 3,5 cm; rekonstruiertes Blattformat: 31 × 17,5 cm; rekonstruierte Zeilenzahl: 37; kalligraphische Bibelunziale mit einigen Individualitäten; etwas breit geschriebene litt; Querstriche sind feiner gezogen bei γ, ζ, η, π, τ, θ; nach rechts verlängert bei τ u υ; Material von minderer Qualität; fr weist zahlreiche Lücken auf und ist aus 2 Teilen zusammengesetzt; rotbraune Tinte; Papyrusfarbe: braun; ν-Strich; Diärese über ι u υ; Mittelpunkt; gute Orthographie; nomina sacra: θω, [θ]ν, [Χ]ς; eine Korrektur (lin 24); zwischen v und r fehlen 9 linn; am Ende von lin 14 (r) senkrechter Pfeil, der wahrscheinlich Sinnabschnitt kennzeichnet

E: *S. Daris*, Un nuovo frammento della prima lettera di Pietro (1. Petr 2,20—3,12), Papyrologica Castroctaviana, Studia et textus 2, Barcelona 1967, pp 11—37

L: *K. Aland*, Materialien, p 22 / *K. Treu*, Christliche Papyri 1940 bis 1967, APF 19 (1969), p 186

NT 82

Straßburg, Bibliothèque Nationale et Universitaire, P Gr 2677 (früher mit anderen frr 1400); $\mathfrak{P}^{82}$

IV—V (Schwartz, p 157; Treu, p 372)

Luk 7,32—34 (r); 7,37—38 (v)

Fundort: ?; 1 fr eines fol aus einem cod mit einer col; 6,6 × 3,2 cm; Zeilenzahl: 9 (r u v); rekonstruiertes Blattformat: 20 × 14 cm; rekonstruierte Zeilenzahl: 23; rekonstruierte Buchstabenzahl: 17 (r), ca 19 (v); Schriftspiegel: 15 × 10 cm;
aufrechte, etwas unregelmäßige Unziale; die Form des τ ähnelt dem koptischen Typ; entgegen den sonst mittelgroßen litt ist o winzig, die übrigen litt wenig charakteristisch; Diärese über ι, sonst keine diakritischen Zeichen; ἄ[νθρωπον] scheint ausgeschrieben zu sein, da Überstreichung fehlt; Schrift unterscheidet sich von allen bisher bekannten Papyri des NT;
zwischen Texten fehlen ca 23—24 linn; cod mit gesamtem Luk-Ev würde 250 pp umfaßt haben

E: *J. Schwartz*, Fragment d' Evangile sur papyrus, ZPE 3,2 (1968), pp 157—158

L: Bericht der Stiftung zur Förderung der Neutestamentlichen Textforschung für das Jahr 1969, Münster 1970, pp 6sq / Bericht der Stiftung zur Förderung der Neutestamentlichen Textforschung für die Jahre 1972—1974, Münster 1974, pp 9sqq / *K. Treu*, Christliche Papyri IV, APF 22/23 (1974), p 372

[NT 83, NT 84]

$\mathfrak{P}^{83}$, $\mathfrak{P}^{84}$

beim Institut für Neutestamentliche Textforschung bekannt, mit Rücksicht auf die noch nicht völlig abgeschlossene Bearbeitung erfolgt eine Beschreibung hier erst nach Vorliegen der Publikationen

NT 85

Straßburg, Bibliothèque Nationale et Universitaire, P Gr 1028; $\mathfrak{P}^{85}$

IV—V (briefliche Mitteilung des Editors vom 28. 9. 1974)

Apk 9,19—10,1 (r); 10,5—9 (v)

Fundort: ?; 3 frr eines fol aus einem cod mit einer col; Formate unterschiedlich; Zeilenzahl: 20 (r u v); Buchstabenzahl: 2—6; rekonstruierter Schriftspiegel: 23 × 11 cm; rekonstruierte Zeilenzahl: 37; rekonstruierte Buchstabenzahl: 18—27, meist 21—22;
Bibelunziale; aufrecht und regelmäßig gesetzte litt des quadratischen Typs; Diärese über υ; Orthographica: ω : o; ι : ει;
cod würde für gesamte Apk 50 pp umfaßt haben

E: *J. Schwartz*, Papyrus et tradition manuscrite, ZPE 4,3 (1969), pp 178—182, Nr 4

L: Bericht der Stiftung zur Förderung der Neutestamentlichen Textforschung für das Jahr 1969, Münster 1970, pp 6sq / Bericht der Stiftung zur Förderung der Neutestamentlichen Textforschung für die Jahre 1972—1974, Münster 1974, pp 9sqq / *K. Treu*, Christliche Papyri IV, APF 22/23 (1974), p 373

NT 86

Köln, Universität, Institut für Altertumskunde, P Colon theol 5516; 𝔓⁸⁶

IV A (Hagedorn, p 37)

Matth 5,13—16 (r); 5,22—25 (v)

Fundort: ?; 1 fr eines fol aus einem cod mit einer col; 9,5 × 8 cm; Zeilenzahl: 10 (r), 11 (v); Buchstabenzahl: 27—31; Schriftspiegel: Höhe: 22—23 cm; rekonstruiertes Blattformat: 28 × 14 cm; rekonstruierte Zeilenzahl: 31;
der Urkundenschrift nahestehende Hand; Hochpunkte; Diärese über υ; Spiritus; Zusatz zu lin 3 (r);
gesamtes Matth-Ev dürfte ca 100 pp umfaßt haben

E: *C. Charalambakis/D. Hagedorn/D. Kaimakis/L. Thüngen*, Vier literarische Papyri der Kölner Sammlung, ZPE 14 (1974), pp 37—40, tab II c

L: Bericht der Stiftung zur Förderung der Neutestamentlichen Textforschung für die Jahre 1972—1974, Münster 1974, p 11

NT 87

Köln, Universität, Institut für Altertumskunde, P Colon theol 12; $\mathfrak{P}^{87}$

III (Hagedorn nach brieflicher Mitteilung)

Philem 13—15 (r); 24—25 (v)

Fundort: ?; 1 fr eines fol aus einem cod mit einer col; 3,5 × 4,5 cm; Zeilenzahl: 8 (r); Buchstabenzahl: 3—10, meist 9—10 (r); rekonstruierte Buchstabenzahl: 19—24 (r); Zeilenabstand: 2,5 mm; Unziale mit breiter Strichführung; gleichmäßig und aufrecht gesetzte litt des quadratischen Typs; Buchstabenhöhe: 2,5 mm; weitere Angaben noch nicht möglich

NT 88

Mailand, Università Cattolica di Milano, P Med Inv 69. 24; 𝔓⁸⁸

IV (Daris, p 80)

Mark 2,1—8 (fr av); 2,8—15 (fr br); 2,15—19 (fr cr); 2,20—26 (fr dv)

Fundort: ?; mittleres Doppelblatt einer Lage aus einem cod mit einer col pro p; 15 × 24 cm; Zeilenzahl: 22 (fr a), 23 (frr b, c, d); Buchstabenzahl: 25—27; oberer, rechter u linker Rand: 1,5 cm; unterer Rand: 2 cm (frr b, c, d);

Schrift ähnlich der Bibelunziale; rotbraune Tinte; Material von minderer Qualität, stark mutiliert; ν-Strich; Orthographica: ε: αι; ει: ι; ι: ει; nomina sacra: ανου; θς; θυ; θν; ις; ιω; πνι;

relativ viele kleine Sinnabschnitte (fast mit moderner Verseinteilung identisch), gekennzeichnet durch Spatium in der Zeile u/o ausgerückte litt in der Folgezeile u/o Auslaufen der lin;

Einfügung ausgelassener litt (lin 83; lin 28 von zweiter Hand; lin 68 von dritter Hand); es handelt sich um das mittlere Doppelblatt wohl des ersten Quaternio

E: *S. Daris*, Papiri letterari dell'Università Cattolica di Milano, 6. Marco, Vangelo 2,1—26, Aeg 52 (1972), pp 80—88

IV.
VARIA

Amulette wurden in diese Abteilung nur aufgenommen, sofern sie zusammenhängende biblische Texte bringen; christliche Amulette mit biblischen Anspielungen bzw kurzen Zitaten werden in einem besonderen Band zusammengefaßt. Scheinbare Verstöße gegen diese Regel erklären sich daraus, daß diese Amulette in der Vergangenheit durch Rahlfs bzw. Gregory und Dobschütz in die Handschriftenlisten des AT bzw NT aufgenommen wurden. Mit Rücksicht darauf, daß die Abteilung voraussichtlich rasch anwachsen wird, ist für Nachträge mehr freier Raum als sonst gelassen.

Var 1

Berlin, Staatliche Museen, P Berlin Inv Nr 16158; Rahlfs 2132

VI—VII (Treu, p 50)

Ex 15,1—2 (r); 6 linn mit Liste o Rechnung (v)

Fundort: ?; 1 fr eines Einzelblattes mit einer col; 9 × 13,3 cm; Zeilenzahl: 8; Buchstabenzahl: 15—21;
r u v von verschiedenen Händen; v: ungelenke Kursive; unten grobes Zierband; r: grobe u ungeübte Hand; litt von schwankender Größe; Spiritus; Punkte in mittlerer Höhe; Spatium; Doppelpunkt u Strich am Versende; nomina sacra: θς, κυ; nomina sacra ungleich behandelt: lin 2 übliche Kürzung, lin 7 ohne Strich, lin 6 θεος ausgeschrieben; fr diente wahrscheinlich als Amulett, worauf auch senkrechte Faltspuren hinweisen

E: *K. Treu*, Neue Berliner Septuagintafragmente, APF 20 (1970), pp 43—45. 50

L: *K. Treu*, Christliche Papyri IV, APF 22/23 (1974), p 370

Var 2

Wien, Österreichische Nationalbibliothek, P Vindob Expos Nr 26; Rahlfs 2041

V (Rahlfs, p 314)

Ps 1, Einzelwörter

Fundort: ?; Papyrusbüchlein; 10 × 7 cm;
das Büchlein enthält Schreibübungen, darunter auf p 5 die ersten Worte von Psalm 1

E: *A. Hölder*, Papyrus Erzherzog Rainer, Führer durch die Ausstellung, Wien 1894, Nr 26

L: *A. Rahlfs*, Verzeichnis, p 314 / *S. Jellicoe*, p 236

Var 3

Turin, Museo Egizio e di Antichità Greco-Romane, T Gr 1, P Taur 27;
Rahlfs 2144

II   (Traversa, p 236)
IV—V (Bartoletti, p 177; Treu, p 176)

Ps 1,1 (r); v unbeschrieben

Fundort: ?; 11,3 × 10,5 cm; fol vollständig erhalten; nur geringe
Lücken u ausgefranster Rand; Schriftspiegel: 8,5 × 8,5 cm; Zeilenzahl: 8, davon 7 vollständig; durchschnittliche Buchstabenzahl: 13;
schöne Unziale mit ornamentalen Apices; Doppelpunkt; Christogramm;
fr diente vermutlich als Amulett

E: *A. Traversa*, Notizie di papiri Greci inediti del Museo Egiziano
   di Torino, In Memoriam Achillis Beltrami, Miscellanea philologica,
   Genua 1954, pp 227—237

L: *V. Bartoletti*, Papiri inediti della Raccolta Fiorentina, ASNSP II,
   26 (1957), p 177, Anm 4 / *K. Treu*, Christliche Papyri 1940—1967,
   APF 19 (1969), p 176 / *M. Hombert*, ChronEg 45 (1970), Nr 90,
   pp 410—415

Var 4

Florenz, Biblioteca Laurenziana sn; Rahlfs 2133

V—VI (Bartoletti, p 176; Treu, p 176)

Ps 1,1—2 (r); v nicht identifiziert

Fundort: ?; 1 fr eines fol mit 2 (ursprünglich wohl 3) coll; 15 × 14 cm;
Zeilenzahl: je 6; Buchstabenzahl: 6—12;
Unziale; leicht nach rechts geneigte litt;
es handelt sich um ein Amulett

E: *V. Bartoletti*, Papiri inediti della Raccolta Fiorentina, ASNSP
II, 26 (1957), pp 176—178, Nr 1

L: *K. Treu*, Christliche Papyri 1940—1967, APF 19 (1969), p 176

Var 5

Wien, Österreichische Nationalbibliothek, P Vindob G 27290 A; Rahlfs 2085

VI (Sanz, p 40; Treu, p 178)

Ps 2,7; 109,3; 86,2. 5; 64,2; ein Satz mit Anklängen an Psalmen (v); Umformung von 86,2 (r)

Fundort: Hermopolis Magna; 1 fr eines fol mit einer col; 9,5 × 4,5 cm; Zeilenzahl: 12 (v), 2 (r); durchschnittliche Buchstabenzahl: 13; ungelenke Unziale; Orthographica: η : ι; ι : ει; ι : υ, υ : ι; υ : η; υ : οι; κ : γ; nomina sacra: ανος, κς, μηρ, υς; vor der ersten lin Christusmonogramm; am Zeilenanfang oder -ende sind oft noch litt übergesetzt;
es handelt sich um ein Amulett

E: *P. Sanz*, Griechische literarische Papyri christlichen Inhalts I, MPER IV (1946), pp 40—42, Nr 23

L: *K. Treu*, Christliche Papyri 1940—1967, APF 19 (1969), p 178

Var 6

Wien, Österreichische Nationalbibliothek, P Vindob G 29525 u 30465; Rahlfs 2086

V (Sanz, p 19; Treu, p 176)

Ps 9,22—25 (r); v nicht identifiziert

Fundort: Hermopolis Magna; 3 frr eines Amuletts mit einer col, von denen zwei unmittelbar aneinander schließen; Format der zusammenhängenden frr: 6,7 × 6,7 cm; Format des dritten fr: 3,5× 1,5 cm; 7 unvollständige linn erhalten; unter der letzten lin Zierleiste; rekonstruiertes Format: 15 × 8 cm; rekonstruierte Zeilenzahl: 8; rekonstruierte Buchstabenzahl: 34;
schöne Unziale; nach αὐτοῦ in lin 6 schräger Strich; am Ende von lin 8 zwei parallele schräge Striche; nomen sacrum: κυ

E: *P. Sanz*, Griechische literarische Papyri christlichen Inhalts I, MPER IV (1946), pp 19—20, Nr 5

L: *K. Treu*, Christliche Papyri 1940—1967, APF 19 (1969), p 176

Var 7

Wien, Österreichische Nationalbibliothek, P Vindob G 29418; Rahlfs 2121

VI (Niederwimmer, p 9; Treu, p 176)

Ps 21,19 = **Matth** 27,35 = **Joh** 19,24 (r); v unbeschrieben

Fundort: ?; 1 fr vom linken Rand einer Rolle mit einer col; 9 × 1,5 bis 2 cm; Zeilenzahl: 1 (Buchstabenreihe von linn oberhalb u unterhalb erhalten); Buchstabenzahl: 17 o 20; Zeilenabstand: ca 1 cm;
flüssige Buchschrift; leicht nach rechts geneigte litt; 1. u 3. ι: kräftiger, schräger Strich, der weit über und unter lin reicht; ρ: kräftiger Abstrich; τ: Abstrich nach links gebogen und wenig unter lin; δ: kräftiger unterer Strich u Verzierung durch Häkchen; bei δ u μ breite Strichführung;
es handelt sich um das Fragment eines Amuletts

E: *K. Niederwimmer*, Bisher unedierte Fragmente biblischen Inhalts aus der Sammlung Erzherzog Rainer, JOBG 14 (1965), pp 9—10, Nr 2

L: *K. Treu*, Christliche Papyri 1940—1967, APF 19 (1969), p 176

Var 8

Wien, Österreichische Nationalbibliothek, P Vindob G 29274; Rahlfs 2090

IV—V (Sanz, p 42; Treu, p 177)
V—VI (Wessely bei Sanz, p 44)

Ps 32,9—10 (fol 1r); 32,10—11 (fol 1v); 32,11—12 (fol 2r); 32,12—13 (fol 2v); 32,13. 9 (fol 3r); 32,13 (fol 3v); 32,14 (fol 4r); 32,14—15 (fol 4v); 32,9—10 (fol 5v);
p 16 koptischer Text von zweiter Hand (B); pp 15—11 (sic!) Schreibübungen und auf p 10 Zeichnung von dritter Hand, von der auch die Stellen aus Ps 32,9 (fol 3r) und Ps 32,9—10 (fol 5v) stammen

Fundort: Faijum; vollständiges Schulheft aus vier Doppelblättern; 9,5 × 5 cm; durchschnittliche Zeilenzahl: 6 (Hand A); durchschnittliche Buchstabenzahl: 11 (Hand A);
Hand A: ausgesprochene Schülerschrift mit ungefügen und ungleich gestalteten litt; am Anfang jeder p Christogramm; nomina sacra: θς, κς, κυ; eine Korrektur; zwei Verschreibungen; Hand C: etwas ungefüger als A, in mancher Hinsicht kursiver; Christusmonogramm o einfaches Kreuzzeichen am Beginn jeder p;

Heft bildet einen Quaternio, v auf r gelegt; pp 1—5 paginiert; pp 10—16 von hinten nach vorne geschrieben

E: *P. Sanz*, Griechische literarische Papyri christlichen Inhalts I, MPER IV (1946), pp 42—47, Nr 24

L: *K. Treu*, Christliche Papyri 1940—1967, APF 19 (1969), p 177

Var 9

Berlin, Staatliche Museen, P Berlin Inv Nr 17098; Rahlfs 2146

Byzantinische Zeit (Treu, p 53)

Ps 39,3—6 (r); v unbeschrieben

Fundort: Hermopolis Magna; 1 fr eines fol mit einer col; 8,8 × 7,2 cm;
Rand oben: 0,8 cm; unten: 1,8 cm; Zeilenzahl: 11 (ungleichmäßige
Abstände); Buchstabenzahl: 13—32;
Papyrus dunkelbraun; schwarze Tinte; grobe und ungeübte, kräftige
Halbunziale; Verse durchlaufend; Trennungszeichen vor Vers 5 u 6;
Orthographica: ε : αι; ε : η; η : ι; ι : ει; ο : ει; nomina sacra: θω, κς, κν;
Papyrus diente als Amulett

E: *K. Treu,* Neue Berliner Septuagintafragmente, APF 20 (1970),
pp 43—45. 53—54, tab 5

L: *K. Treu,* Christliche Papyri IV, APF 22/23 (1974), p 369

Var 10

Tiflis, Kekelidze Institut für Handschriften der Akademie der Wissenschaften der georgischen SSR, G. Zereteli Fonds, Inv Nr 220; P Russ Georg 1; Rahlfs 2069

VI (Zereteli, p 1)

Ps 49,1—7 (v); r unbeschrieben

Fundort: ?; 1 fr eines Einzelblatts mit einer col; 13 × 8,5 cm; Zeilenzahl: 6, alle unvollständig; Buchstabenzahl: 50 pro Langzeile;
stark nach rechts geneigte Unziale mit kursiven Elementen; unregelmäßiger Duktus, koptischer Schrifttyp; Orthographica: αι : ε; η : ε; ω : ο; nomen sacrum: θς;
fr war ursprünglich gefaltet, diente vermutlich als Amulett

E: *G. Zereteli/O. Krueger*, Papyri russischer und georgischer Sammlungen 1, Tiflis 1925, pp 1—2

L: *E. Kießling*, Gn 17 (1941), pp 333—335

Var 11

Wien, Österreichische Nationalbibliothek, P Vindob G 26166; Rahlfs 2093

V—VI (Sanz, p 26; Treu, p 177)

Ps 62,2—3 (Vorderseite); 3,5—6 (Rückseite)

Fundort: Faijum; 1 fr eines Einzelblatts mit einer col; 9 × 8 cm; Zeilenzahl: 10 (Vorderseite), davon 5 vollständig; 6 (Rückseite); rekonstruierte Buchstabenzahl: 15;
etwas geneigte, kalligraphische Kursive; 2 Diagonalstriche am Textende; Orthographica: ε : οι; η : οι; η : υ; ι : ε; nomina sacra: θς, κς, κν; außerdem Kürzel: χμγ; eine Korrektur von erster Hand;
beide Seiten des Papyrus sind senkrecht zur Faser beschrieben, so daß man nicht von r u v sprechen kann;
fr ist mehrmals diagonal gefaltet und diente vermutlich als Amulett; auf Vorderseite, lin 6 eine Klebung

E: *P. Sanz*, Griechische literarische Papyri christlichen Inhalts I, MPER IV (1946), pp 26—27, Nr 11

L: *M. Marien*, Catalogus, p 42, Nr 92 / *K. Treu*, Christliche Papyri 1940—1967, APF 19 (1969), p 177

Var 12

Wien, Österreichische Nationalbibliothek, P Vindob G 19920; Rahlfs 2096

VII (Sanz, p 30; Treu, p 177)

Ps 77,1—8 (v); Buchstabenreste (r)

Fundort: Hermopolis Magna; 1 fr eines Einzelblattes mit einer col; 8 × 4,5 cm; Zeilenzahl: 9 (v), 2 (r); Buchstabenzahl: 9—11; rekonstruierte Buchstabenzahl: 65—80; durchschnittlich 71; oberer Rand: 9 mm;
kalligraphische Unziale; rechts geneigte, spitze litt; Diärese über υ; kleines auf lin gesetztes Häkchen als Interpunktionszeichen (lin 4); nomina sacra: θυ, πρες;
vermutlich enthielt fol ganzen Ps 77, der auf r fortgesetzt, infolge des Abbröckelns der Schrift nicht vollständig erhalten blieb

E: *P. Sanz*, Griechische literarische Papyri christlichen Inhalts I, MPER IV (1946), pp 30 sq, Nr 14

L: *K. Treu*, Christliche Papyri 1940—1967, APF 19 (1969), p 177

Var 13

Wien, Österreichische Nationalbibliothek, P Vindob G 2312 (früher P Vindob Rainer Inv Nr 8032; Expos Nr 528); Rahlfs 2031

IV   (Rahlfs, p 314; Heinrici, p 31)
VI—VII (Wessely, p 141)

Ps 90,1—2; **Röm** 12,1—2; **Joh** 2,1—2; mystische Anrufung in letzter lin (v); r unbeschrieben

Fundort: Faijum; 1 fr eines fol mit einer col; 6 × 14,9 cm; Zeilenzahl: 9; Buchstabenzahl: 38;
nomina sacra: θς, θυ, θω, ις, κς, ουνου;
fr war in 5 Streifen der Länge und 7 der Breite nach gefaltet; fr diente vermutlich als Amulett;
Text bricht regelmäßig mitten in einem Wort ab; mystische Anrufung teilweise mit koptischen litt geschrieben

E: *C. F. G. Heinrici*, Die Leipziger Papyrusfragmente der Psalmen, Beiträge zur Geschichte und Erklärung des NT 4, Leipzig 1903, pp 31sq / *C. Wessely*, StudPal 20 (1921), p 141, Nr 294

L: *E. Bormann*, Papyrus Erzherzog Rainer — Führer durch die Ausstellung (Griechische Abteilung), Wien 1894, pp 124sq / *A. Rahlfs*, Septuaginta-Studien 2, Göttingen 1907, pp 17. 104 / *id*, Verzeichnis, p 314 / *M. Marien*, Catalogus, p 43, Nr 101 / *S. Jellicoe*, p 236

Var 14

Oxford, Ashmolean Museum, P Oxyrhynchus 1928; Rahlfs 2106

V—VI (Grenfell/Hunt, p 208)

Ps 90,1—16, dem Text folgt ein Zusatz (v); byzantinisches Protokoll (r)

Fundort: Oxyrhynchus; 1 fr einer Rolle mit einer col; 21,5 × 30 cm; Zeilenzahl: 16, davon 13 vollständig; Buchstabenzahl: 62—77; unterer Teil des fr etwas zerfranst;
rohe Unziale; aufrechte litt; ungeübte Hand; ein Apostroph; 3 Akzente; Orthographica: αι : ε, ε : αι; αι : η; ε : υ; η : ι; η : υ; ι : ει; ι : η; ο : ω, ω : ο; nomina sacra: θς, θυ, κω, ουνου;
fr wurde als Amulett benutzt

E: *B. P. Grenfell/A. S. Hunt*, The Oxyrhynchus Papyri XVI, London 1924, pp 208—211

L: *P. Collart*, Psaumes et Amulettes, Aeg 14 (1934), p 465 / *M. Marien*, Catalogus, p 43, Nr 99

Var 15

Manchester, John Rylands Library, P Rylands 3; Rahlfs 2020

V—VI (Johnson/Martin, p 7; Rahlfs, p 133)

Ps 90,5—16 (r); v unbeschrieben

Fundort: Oxyrhynchus; 1 fr vermutlich eines Einzelblattes mit einer col; 10,4 × 10 cm, Zeilenzahl: 24, davon 5 vollständig; rekonstruierte Zeilenzahl: ca 34; rekonstruierte Buchstabenzahl: 29;
mittelgroße, unregelmäßige Semikursive; Diärese über ι; Orthographica: ει : ι, ι : ει; nomina sacra: θς, θυ, κς, κε;
wahrscheinlich ist nur der untere Teil des Papyrus erhalten; fr diente als Amulett

E: *J. de M. Johnson/V. Martin/A. S. Hunt/C. H. Roberts/E. G. Turner*, Catalogue of the Greek and Latin Papyri in the John Rylands Library I, Manchester 1911, pp 7—8

L: *A. Deissmann*, Rezension zu ‚Catalogue of the Greek Papyri', ThLZ 38 (1913), coll 652—653 / *A. Rahlfs*, Verzeichnis, p 133 / *M. Marien*, Catalogus, p 44, Nr 105

Var 16

Oxford, Bodleian Library, Gr bibl e 6 (P); Rahlfs 2081

V—VI (Hedley, p 26)

Ps 90,13—16 (v); r unbeschrieben

Fundort: ?; 1 fr einer Rolle (?) mit einer col; 19 × 12,5 cm (?); Zeilenzahl: 9; Buchstabenzahl: 8—10, meist 10; rekonstruierte Buchstabenzahl: ca 30 für Langzeile, da vermutlich stichisch geschrieben;
Unziale mit Tendenz zur Kursive; aufrechte, große litt; Orthographicon: o : ω

E: *F. Madan/H. H. Craster*, A Summary Catalogue of Western Manuscripts in the Bodleian Library at Oxford 6, Oxford 1924

L: *P. C. Hedley*, An Index to Greek and Latin Biblical Texts from Egypt, London 1949, p 26

Var 17

Wien, Österreichische Nationalbibliothek, P Vindob G 26228 B; Rahlfs 2098

VII (Sanz, p 32; Treu, p 178)

Ps 92,1—4 (v), r unbeschrieben

Fundort: Faijum; 1 fr eines Einzelblattes mit einer col; 14,5 × 18,5 cm; oberer Rand: 2,1 cm; linker Rand: 1 cm; rekonstruiertes Format: 30 × 12 cm; Zeilenzahl: 5; rekonstruierte Buchstabenzahl: 61; byzantinische Kursive; willkürlich gesetzte Doppelpunkte; die erste lin beginnt mit einem Kreuzzeichen; Orthographica: ε : α; ε : υ; η : ει; ι : ε; ο : ω; ω : ου; η : οι; υ : οι; κ : γ; δ : τ; fr diente wegen symmetrischer Faltstellen vermutlich als Amulett

E: *P. Sanz*, Griechische literarische Papyri christlichen Inhalts I, MPER IV (1946), pp 32—33, Nr 16

L: *M. Hombert*, ChronEg 23 (1948), Nr 45—46, pp 191—194 / *K. Treu*, Christliche Papyri 1940—1967, APF 19 (1969), p 178

Var 18

Paris, Sorbonne, Inv Nr 2136; P Reinach 61; Rahlfs 2083

VII   (Collart, p 208)
VIII (Treu, p 178)

Ps 140,1—6. 8. 10 (v); r unbeschrieben

Fundort: ?; 1 fr eines Einzelblattes mit einer col; 12 × 10 cm (Collart, Aeg 13, pp 208 sqq) 12 × 9 cm (Collart, BIFAO, p 4); fr oben und links angefranst, unten u rechts glatt abgeschnitten; unterer Rand: ca 1 cm; oberer Rand: ca 2 cm; ursprüngliche Zeilenzahl: 6 (vollständig erhalten); durchschnittliche Buchstabenzahl: 24;
große, starke Unziale; Akzente u Spiritus; Orthographica: ε : αι; ει : αι; η : αι; η : οι; η : υ; ι : ει; αυ : ω; β : φ; δ : τ; nomen sacrum: κε; sehr schlechtes Griechisch, äußerst mangelhafte Orthographie; hintereinander geschriebene Zeilenanfänge einer Vorlage des Psalms; fr diente vermutlich als Amulett

E: *P. Collart*, Un papyrus Reinach inédit, Aeg 13 (1933), pp 208—212 / *P. Collart*, Psaumes et amulettes, Aeg 14 (1934), pp 463—467 / *P. Collart*, Les papyrus Théodore Reinach 2, BIFAO 39 (1940), pp 4—5

L: *U. Wilcken*, APF 14 (1941), pp 162—164 / *C. Préaux*, ChronEg 22 (1947), Nr 43, pp 135—139 / *C. B. Welles*, AJPh 68 (1947), pp 93—98 / *C. Picard*, RA 6° s 37 (1951), pp 151—160 / *K. Treu*, Christliche Papyri 1940—1967, APF 19 (1969), p 178

Var 19

Florenz, Istituto di Papirologia G. Vitelli, PSI 1372; Rahlfs 2065

VII (Vitelli, p 4; Treu, p 178)

Ps 141,2—6 (r); arabische Schrift (v)

Fundort: Antinoopolis; 1 fr eines Einzelblattes mit einer col; 17 ×
12,5 cm; oberer Rand: 7,5 cm; ursprüngliche Zeilenzahl: 10 (u eine
lin Überschrift, u eine Zierzeile); 4 vollständige, 6 unvollständige
linn erhalten; durchschnittliche Buchstabenzahl: 30;
leicht nach rechts geneigte Unziale; nicht kalligraphische Buchschrift;
Kreuzzeichen am Textbeginn; Apostroph zwischen γ′γ; Orthographica: ε : ει; ο : ου; nomen sacrum: κυ;
fr diente vermutlich privatem liturgischen Gebrauch

E: *G. Vitelli/M. Norsa/V. Bartoletti ua*, PSI 14 (1957), p 4

L: *M. Amelotti*, StDJH 24 (1958), pp 379—380 / *A. Biscardi*, StSe 70
(1958), pp 420—423 / *A. Calderini*, Aeg 38 (1958), pp 235—236 /
E. Volterra, Iura 9 (1958), pp 307—315 / *H. Lloyd-Jones*, Gn 31
(1959), pp 109—114 / *id*, CR NS 9 (1959), pp 109—114 / *P. Mer-
tens*, RBPh 37 (1959), pp 1067—1072 / *H. J. Wolff*, ZSavR 76
(1959), pp 571—573 / *C. Préaux*, ChronEg 35 (1960), Nr 69—70,
pp 297—304 / *K. Treu*, Christliche Papyri 1940—1967, APF 19
(1969), p 178

Var 20

Wien, Österreichische Nationalbibliothek, P Vindob G 19887; Rahlfs 982

V—VI (Wessely, p 437)

Is 6,3 b (v); r unbeschrieben

Fundort: ?; 1 fr eines Einzelblattes mit einer col; 8,5 × 8 cm; Zeilenzahl: 10, davon 5 vollständig; rekonstruierte Buchstabenzahl: 14; Unziale; am Zeilenanfang vor ἅγιος und am Ende nach δόξης sind Kreuzzeichen gesetzt; nomen sacrum: κυ

E: *C. Wessely*, Les plus anciens monuments du Christianisme IV, PO 18,3 (1924), p 437

Var 21 [Od 5]

Ann Arbor, University of Michigan, P Michigan Inv Nr 1572; Rahlfs
2155

VII—VIII (Winters, p 9)

Is 26,9 (v); arabische Buchstaben (r)

Fundort: ?; 1 fr eines Einzelblattes mit einer col; 11 × 9 cm; Zeilenzahl: 6; rekonstruierte Buchstabenzahl: 22;
rohe Unziale; Orthographica: ε : αι; ε : υ; υ : ου; δ : τ; σ : φ; nomina
sacra: θς, πνα;
fr diente vermutlich als Amulett

E: *J. G. Winters ua*, Papyri in the University of Michigan, Collection
„Miscellaneous Papyri", UMichSt HumSer 40 (1936), p 9, Nr 136

L: *K. K. Zelin*, Vestnik Drevnej Istorii 1, 10, Moskau 1940, pp
122—126 / *G. Sarton*, Isis 34, Cambridge 1942—43, pp 222sq

Var 22 [Od 8]

New York, Metropolitan Museum of Art 12. 180. 334; Rahlfs 2125

VI—VII (Hedley, p 38)

Dan 3,52 o 57(?) sqq

Fundort: Theben; 1 fr; Anfangsworte von 6 Versen;
kleine Unziale, aufrechte u leicht verzierte litt

E: *H. G. Evelyn-White*, The Metropolitan Museum of Art Expedition, The Monastery of Epiphanius at Thebes II, New York 1926, p 300, Ergänzung zu Nr 582

L: *P. L. Hedley*, An index to greek and latin biblical texts from Egypt including all non-egyptian biblical ostraca and papyri, London 1949, p 38

Var 23 [Od 8]

Ann Arbor, University of Michigan, P Michigan Inv Nr 6427; Rahlfs 2154

IVA—IVM (r), Hand A (Gronewald, pp 198sq)
IVM—IVE (v), Hand B (Gronewald, pp 198sq)

Dan 3,52—53. 58—68. 77—84 (v); **Gebet** (r)

Fundort: ?; 5 frr eines Einzelblatts, die sich zu zwei frr zusammen-fügen lassen: fr 1: 13,5 × 12 cm; fr 2: 9,5 × 4,5 cm; Hand A: eine col; Zeilenzahl: 15 (fr 1), 5 (fr 2), dazwischen fehlen etwa 10—12 linn; Buchstabenzahl: 18—32 (fr 1), 20 (fr 2); Hand B: 2 coll; Zeilenzahl: 5 (col 1, fr 1), 8 (col 1, fr 2), dazwischen fehlen 10 linn; 5 (col 2, fr 1), 10 (col 2, fr 2), dazwischen fehlen 8 linn; Buchstabenzahl: 2—9 (col 1, fr 1), 5—14 (col 1, fr 2), 5—8 (col 2, fr 1), 4—9 (col 2, fr 2);
Diärese über υ; Reste von Supraskription; Orthographicon: ι : ει; nomen sacrum: κυ

E: *M. Gronewald*, Ein liturgischer Papyrus: Gebet und Ode 8, ZPE 14,3 (1974), pp 193—200

Var 24 [Od 8]

Rom, P Lais; Rahlfs 2153

VIII—IX (Benigni, p 514)

Dan 3,57. 86—87 (r), r enthält weiterhin Auszüge aus Lk 4 in koptisch; arabischer Text von späterer Hand (v)

Fundort: ?; 4 (?) frr eines fol (wahrscheinlich Einzelblatt, vielleicht von Rolle) mit einer col; 28 × 16 cm; Zeilenzahl: 25, davon 15 vollständig, koptisch; 8, davon 5 vollständig, griechisch; durchschnittliche Buchstabenzahl: 27 (Langzeile), 11 (Kurzzeile);
Unziale von guter Hand; Akzente; Diärese über ι; Punkte über litt; Orthographica: ε : αι; η : αι; η : ει; ι : ει; ο : ω, ω : ο; ω : ου; γ : κ; δ : τ, τ : δ; και mit einer Ausnahme abgekürzt; nomina sacra: θν, κυ, κν, κε, πνευτα;
starke Textabweichungen

E: *U. Benigni*, Un papiro copto-greco inedito con frammenti biblici, Bessarione 6, Rom 1899, pp 514—521

L: *P. L. Hedley*, An index to greek and latin biblical texts from Egypt including all non-egyptian biblical ostraca and papyri, London 1949, p 38

Var 25

Oxford, Bodleian Library, Gr bibl c 2 (P); Rahlfs 853

VI—VII (nach brieflicher Mitteilung von Roberts)

Dan 6,20

Fundort: Faijum; 3 frr eines fol (cod?, Einzelblatt?) mit einer col;
Kolumnenhöhe: 31 cm; Zeilenzahl (stichisch): 6; Buchstabenzahl
(Langzeile): 30—35;
späte Unziale; nomina sacra: θϛ, θυ;
linn stichisch abgesetzt;
fr stammt vielleicht aus einer Homilie

E: *W. M. Lindsay*, The fayoum papyri in the Bodleian Library, The
Athenaeum Nr 3019, London 5. 9. 1885, p 304

Var 26

Kairo, Egyptian Museum, Midan-el-Tahrir, P Kairo JE 10696

V—VI (Grenfell/Hunt, p 85)

Matth 1,1; **Luk** 1,1; **Joh** 1,1; **Ps** 21,20—23; **Gebet** (v); r unbeschrieben

Fundort: ?; 1 fr eines fol mit einer col; 6,4 × 26,4 cm; Zeilenzahl: 6; Buchstabenzahl: 65—100;
Semi-Kursive; litt von mittlerer Stärke; nomina sacra: θς, θυ, θν, ιυ, κυ, χυ;
Zeilenanfänge verloren; Papyrus diente als Amulett

E: *B. P. Grenfell/A. S. Hunt*, Catalogue général des antiquités égyptiennes du Musée du Caire 10, Oxford 1903, pp 89, Nr 10696 / *K. Preisendanz*, PGM II (1931), pp 193—194, Nr 5c

Var 27

Oslo, Universitätsbibliothek, P Osloensis Inv Nr 1644; Rahlfs 2115

IV E (Amundsen, p 141; Treu, p 195)

Matth 6,9—13; **Ps** 90,1—4 (r); v unbeschrieben

Fundort: Oxyrhynchus?; 2 frr eines fol mit einer col; fr a: 3,9 ×
11,7 cm; Zeilenzahl: 4; Buchstabenzahl: 40—52; fr b: 7,7 × 13 cm;
Zeilenzahl: 8; Buchstabenzahl: 45—52; lacuna: 1,5 cm; rekonstruierte
Breite: ca 30 cm;
ungeübte Hand des frühen byzantinischen Typs (vgl Schubart,
Paläographie, Nr 56 u 57); Mischung literarischer u kursiver litt;
litt aufrecht und relativ groß; Ligaturen; Orthographicon: υ:ι;
nomen sacrum: κω;
Ornament trennt Matth von Ps, ‚Vater unser' schließt mit ‚aposto-
lischer Grußformel' (vgl 2. Kor 13,13);
Papyrus weist keine Knickspuren auf; es handelt sich trotzdem wahrscheinlich um ein Amulett

E: *L. Amundsen*, Christian Papyri from the Oslo Collection, SO 24
(1945), pp 141—147

L: *M. Hombert*, ChronEg 23 (1948), Nr 45—46, pp 195—196 / *K. Treu*,
Christliche Papyri 1940—1967, APF 19 (1969), p 195

Var 28

Berlin, BGU 954 (Original verbrannt); T³

VI (Wilcken, p 278)

Matth 6,9—13 (mit Doxologie); Anspielung auf Matth 1,1 (?); 4,23; Joh 1,1(?)

Fundort: Herakleopolis Magna; frr eines fol mit einer col; Format des zusammengefalteten Konvoluts: 2 × 1 cm; Zeilenzahl: 30; Buchstabenzahl: 20—30;
sorgfältige Unziale; etwas nach rechts geneigte litt des ὀξύρυγχος τύπος; ε, θ, ο, σ zeigen Oval; nomen sacrum: κε;
fr war ursprünglich zusammengepreßtes Konvolut, mit braunem Faden umwickelt und diente als Amulett

E: *U. Wilcken*, APF 1 (1901), pp 431—436 / *U. Wilcken*, BGU III (1903), pp 278—279, Nr 954 / *C. Wessely*, Les plus anciens monuments du Christianisme, PO 18,3 (1924), pp 420—422 / *K. Preisendanz*, PGM II (1931), p 197, Nr 9

L: *G. Milligan*, Selections from the Greek papyri, Cambridge 1910, pp 132—134, Nr 55 / *H. Lietzmann*, Kleine Texte 14², Berlin 1910, pp 28 sq, Nr 25 / *T. Schermann*, Ägyptische Abendmahlliturgien des ersten Jahrtausends, Studien zur Geschichte und Kultur des Altertums VI, Paderborn 1912, p 206 / *F. Cabrol/H. Leclerq*, MEL 1,2 (1913), pp CLsq / *E. v. Dobschütz*, Zur Liste der neutestamentlichen Handschriften II, ZNW 25 (1926), p 300

Var 29

Oxford, Ashmolean Museum, P Antinoopolis 54

III (Barns/Zilliacus, p 6; Treu, p 180)

Matth 6,10—11 (r); 6,11—12 (v)

Fundort: Antinoopolis; 1 fr eines fol mit einer col; 5,2 × 4 cm; Innen-
doppelseite eines Miniaturkodex; eine recto-p leer, eine verso-p nicht
voll beschrieben; Zeilenzahl: 16; Buchstabenzahl: 5—7;
rohe, schräge Unziale literarischen Typs;
Papyrus diente vielleicht als Amulett oder ‚Spielbuch' für ein Kind

E: *J. W. B. Barns/H. Zilliacus*, The Antinoopolis Papyri II, London 1960, pp 6—7, pl IV, Nr 54

L: *E. Bammel*, Ein neuer Vater-Unser-Text, ZNW 52 (1961), pp
280—281 / *A. Calderini*, Aeg 41 (1961), p 101 / *C. Préaux*, ChronEg
36 (1961), Nr 71, pp 209—214 / *K. Latte*, Gn 34 (1962), pp 152—155
/ *B. R. Rees*, CR NS 12 (1962), pp 143—144 / *J. D. Thomas*, JHS
82 (1962), p 179 / *H. J. Wolff*, ZSavR 79 (1962), pp 376—378 /
W. M. Calder II, ClPh 68 (1963), pp 271—272 / *K. Treu*, Christliche Papyri 1940—1967, APF 19 (1969), p 180

Var 30

Gießen, P Jand 14; T⁶

V—VI (Schäfer, p 19; Preisendanz, p 206; Wessely, p 415)

Matth 6,9—13 (mit Doxologie); 8,1; **Luk** 11,1—2; **Ps** 90,13(r); v unbeschrieben

Fundort: Hermopolis Magna; 1 fr eines fol mit einer col; 15,3 ×
30 cm; Zeilenzahl: 18; Buchstabenzahl: 28—53;
2 Hochpunkte; Spiritus; nomen sacrum: πνα;
Texte durcheinandergeschrieben; Papyrus durch 5- bzw. 7-maliges
Falten beschädigt; Faltung von unten nach oben, dann von links nach
rechts; Kreuzzeichen vor lin 1
Papyrus diente als Amulett

E: *E. Schäfer*, Papyri Jandanae 1, Leipzig 1912, pp 18— 32, Nr 6 /
  C. Wessely, PO 18,3 (1924), pp 415—417 / *K. Preisendanz*, PGM II
  (1931), pp 206—207, Nr 17

L: *E. v. Dobschütz*, Zur Liste der neutestamentlichen Handschriften
  III, ZNW 27 (1928), pp 218sq

Var 31

Florenz, Biblioteca Laurenziana, PSI 719; T⁴

IV—V? (Vitelli, p 151)

Joh 1,1; **Matth** 1,1; **Mark** 1,1 (?); **Luk** 1,1; **Ps** 90,1; **Matth** 6,9; Doxologie (r); v unbeschrieben

Fundort: Oxyrhynchus?; 1 fr eines fol mit einer col; $25 \times 5{,}5$ cm; Zeilenzahl: 6; Buchstabenzahl: ca 69; Diärese über ι υ υ; Spiritus asper; Orthographicon: ει : ι; es handelt sich um ein Amulett

E: *G. Vitelli*, PSI 6 (1920), pp 151—152, Nr 719 / *K. Preisendanz*, PGM II (1931), pp 207—208, Nr 19

L: *U. Wilcken*, APF 1 (1901), p 429 / *C. Schmidt/W. Schubart*, BKT 6 (1910), pp 129 sq / *E. v. Dobschütz*, Zur Liste der neutestamentlichen Handschriften II, ZNW 25 (1926), p 300

Var 32

Glasgow, Special Collections Department, Glasgow University Library; P Oxyrhynchus 1151; T⁹

V? (Hunt, p 251)

Joh 1,1—3; **Matth** 4,23; (Anspielung auf Joh 5,2) (r); v unbeschrieben

Fundort: Oxyrhynchus; 1 fr einer Rolle? mit einer col; 23,4 × 4,4 cm; Zeilenzahl: 56; Buchstabenzahl: 9—22;
klare, aufrechte Hand; beinahe literarischer Typ; Kreuzzeichen im Text; nomina sacra: θϛ, θυ, θν, κε, πνα, χϛ, χε;
Papyrus war ursprünglich gefaltet und mit einem Faden gebunden; er diente als Amulett

E: *A. S. Hunt*, The Oxyrhynchus Papyri VIII, London 1911, pp 314—316, Nr 1151 / *C. Wessely*, Les plus anciens monuments du Christianisme, PO 18,3 (1924), pp 417—420 / *K. Preisendanz*, PGM II (1931), pp 192—193

L: *E. v. Dobschütz*, Zur Liste der neutestamentlichen Handschriften IV, ZNW 32 (1933), p 188

Var 33 [NT 10]

Cambridge (Mass.), Houghton Library, Harvard University, SM Inv 2218; P Oxyrhynchus 209; T^{d Paul}; α 1032; 𝔓10

IV A (Grenfell/Hunt, p 8; Schofield, p 79; Clark, p 115)
IV (Gregory, p 1091; Soden, p XIV; Dobschütz, p 86; Maldfeld, p 244; Aland, Liste, p 29; Papyrus, p 104)

Röm 1,1—7 (r); kursive Notiz in 2 linn; 2 Worte (v)

Fundort: Oxyrhynchus; fast vollständig erhaltenes Einzelblatt; 25,2 × 19,9 cm; Zeilenzahl: 11; Buchstabenzahl: 36—44; Text auf oberem Drittel des r, nach Leerraum Notiz etwas über der Mitte; Rest des fol leer;
große, ungelenke Unziale; nomina sacra: θυ, ιηυ, κυ, πνα, προς, υυ, χρυ; es handelt sich bei diesem fol mit größter Wahrscheinlichkeit um eine Schreibübung

E: *B. P. Grenfell/A. S. Hunt*, The Oxyrhynchus Papyri II, London 1899, pp 8—9, tab II / *E. M. Schofield*, The Papyrus Fragments of the Greek New Testament, Clinton (New Jersey) 1936, pp 137—140

L: *C. Tischendorf*, Artikel: „Text of the Bible", RE (1865), pp 192 sq / *id*, Philologen-Versammlung zu Halle vom 1.—4. October 1867, Verhandlungen des Vereins deutscher Philologen und Schulmänner 25 (1868), pp 44 sqq / (*anon*), Imperial Public Library, Report for 1883, Sankt Petersburg 1885, p 119 / *C. R. Gregory*, Prolegomena zu Tischendorfs Novum Testamentum Graece, Leipzig 1894, pp 434 sq / *F. H. A. Scrivener*, A Plain Introduction of the Criticism of the New Testament, London ⁴1894, p 186 / *A. Deissmann*, Review of foregoing, ThLZ 26 (1901), coll 71—72 / *W. C. Winslow*, The Papyrus of St. Paul, Bibl 14 (1901), p 21 / *F. Mayence*, RHE 4 (1903), p 235 / *B. P. Grenfell/A. S. Hunt*, The Oxyrhynchus Papyri IV, London 1904, p 267 / *A. Bludau*, Papyrusfragmente des neutestamentlichen Textes, BiZ 4 (1906), p 34 / *C. Wessely*, Les plus anciens monuments du Christianisme, PO IV, 2 (1907), pp 148—150, tab II, 8 / (*anon*), RGG 1 (1909), tab VI / *C. R. Gregory*, Textkritik des Neuen Testaments, Leipzig 1900—1909, I, p 119; III, p 1091 / *H. von Soden*, Untersuchungen I, p XIV; III, p 2146 / *A. Savary*, Les Papyrus grecs et la critique textuelle du Nouveau Testament, ROC 16 (1911), pp 396—415 / *F. G. Kenyon*, Textual Criticism of the New Testament, London ²1912, p 43 / *G. Milligan*, The New Testament Documents, London 1913, p 259 / *E. von Dobschütz*, The Influence of the Bible on Civilization, New York 1914, p 14, tab I / *C. M. Cobern*, New Archaeological Discoveries, New

York 1917, p 146 / *H. P. Smith*, JBL 42 (1923), p 243 / *A. T. Robertson*, Introduction to the Textual Criticism of the New Testament, Nashville 1925, p 77 / *A. Deissmann*, Light from the Ancient East, New York ⁴1927, p 240, Nr 1 u tab XLVI / *G. D. Lyon*, HAB 28 (1927) / *J. Merell*, Papyry, pp 45sq. 107 / *G. Maldfeld*, Die griechischen Handschriftenbruchstücke des Neuen Testamentes auf Papyrus, ZNW 42 (1949), p 244 / *K. Aland*, Zur Liste der Neutestamentlichen Handschriften VI, ZNW 48 (1957), pp 148. 152 / *id*, Liste, p 29 / *id*, Papyrus, pp 104. 111

Var 34

Wien, Österreichische Nationalbibliothek, P Vindob G 30453

VI (Hunger, p 11; Treu, p 185)

2. Kor 10,4; **1. Thess** 5,8 (v); r unbeschrieben

Fundort: ?; 1 fr eines fol mit einer col; 8,5 × 7,3 cm; Zeilenzahl: 5; Buchstabenzahl: 30—31;
Unziale; leicht rechts geneigte, schmale litt; schmales ε, schmales, oben spitzes σ; Tinte braun; keine Punkte oder diakritische Zeichen; r weist am linken Rand Tintenspuren auf;
es handelt sich sehr wahrscheinlich um ein Amulett

E: *H. Hunger*, Zwei unbekannte neutestamentliche Papyrusfragmente der Österreichischen Nationalbibliothek, Biblos 8 (1959), pp 7—12

L: *K. Treu*, Christliche Papyri 1940—1967, APF 19 (1969), p 185

Var 35 [NT 12]

New York, Pierpont Morgan Library, Pap G 3; früher P Amherst 3 b;
' b; α 1033; $\mathfrak{P}^{12}$; Brooke/McLean „U₂"; Rahlfs 912

III E   (Aland, Liste, p 29; Papyrus, p 104)
III E—IV   (Grenfell/Hunt, p 30; Schofield, p 79)
III—IV   (Gregory, p 1091; Maldfeld, p 244)
IV   (Soden, p XIV; Rahlfs, p 48; Clark, p 170)

Hebr 1,1 (r); **christlicher Brief** (r); **Gen** 1,1—5 (v)

Fundort: Faijum; 1 fr einer Rolle mit 3 (r) und einer (v) coll; 20,8 ×
23 cm; r: am oberen Rand von r, col 2 steht Text in 3 linn zu 21—23
litt von anderer Hand; nomen sacrum: θϛ; v: Zeilenzahl 16, davon
4 vollständig; rekonstruierte Buchstabenzahl: 30—31; Schriftspiegel:
7,7 × 7,7 cm; nomina sacra: θϛ, θυ, πνα; Orthographicon: ει : ι;
kleine Unziale; kursive Elemente; fr enthält auf r zwei verschiedene
Hände;
es handelt sich vielleicht um eine Schreibübung; Gen-Text erscheint
in der LXX- und anschließend in der Aquila-Version

E: *B. P. Grenfell/A. S. Hunt*, The Amherst Papyri I, London 1900,
pp 28—31, tab I; II, London 1901, tab XXV / *E. M. Schofield*,
The Papyrus Fragments of the Greek New Testament, Clinton
(New Jersey) 1936, pp 152—154

L: *H. von Soden*, Untersuchungen I, pp IX. XIV / *A. E. Brooke/
N. McLean*, The Old Testament in Greek I, Cambridge 1906 /
C. Wessely, Les plus anciens monuments du Christianisme, PO
IV, 2 (1907), p 138 / *C. R. Gregory*, Die griechischen Handschriften
des Neuen Testaments, Leipzig 1908, pp 47. 266 / *id*, Textkritik
des Neuen Testaments III, Leipzig 1909, pp 1091. 1434 / *A. Savary*, Les Papyrus grecs et la critique textuelle du Nouveau Testament, ROC 16 (1911), pp 396—415 / *F. G. Kenyon*, Textual Criticism of the New Testament, London ²1912, p 43 / *A. Rahlfs*, Verzeichnis, p 48 / *C. M. Cobern*, New Archaeological Discoveries,
New York 1917, p 147 / *A. Deissmann*, Licht vom Osten, Tübingen
⁴1923, pp 32sqq / *E. v. Dobschütz/E. Nestle*, Einführung in das
griechische Neue Testament, Göttingen ⁴1923, p 86 / *G. Milligan*,
Here and there among the Papyri, London 1923, pp 118. 145sqq /
H. A. Sanders, A Third Century Papyrus Codex of the Epistles
of Paul, Ann Arbor 1935, p 33 / *J. Merell*, Papyry, pp 47. 107 /
G. Maldfeld, Die griechischen Handschriftenbruchstücke des Neuen
Testamentes auf Papyrus, ZNW 42 (1949), p 244 / *K. Aland*, Zur
Liste der Neutestamentlichen Handschriften VI, ZNW 48 (1957),
pp 148. 152 / *id*, Liste, p 29 / *id*, Papyrus, pp 104. 111 / *S. Jellicoe*,
p 225

V.
APOKRYPHEN

Ap 1

New York, Pierpont and Morgan Library; früher Didlington Hall, Norfolk; P Amherst 1

V—VI (Grenfell/Hunt, p 3)

Ascensio Isaiae 2,4—4,4

fol 1v (= p [VII] = col I): 2,4—7
fol 1r (= p [VIII] = col II): 2,7—12
fol 2r (= p IX = θ = col III): 2,12—14
fol 2v (= p X = ι = col IV): 2,14—3,1
fol 3v (= p XI = ια = V); 3,1—3
fol 3r (= p XII = ιβ = col VI): 3,3—6
Lagenmitte
fol 4r (= p XIII = ιγ = col VII): 3,7—10
fol 4v (= p XIV = ιδ = col VIII): 3,10—13
fol 5v (= p XV = ιε = col IX): 3,13—15
fol 5r (= p XVI = ιϛ = col X): 3,15—20
fol 6r (= p XVII = ιζ = col XI): 3,10—25
fol 6v (= p XVIII = ιη = col XII): 3,25—28
fol 7v (= p XIX = ιθ = col XIII): 3,30—4,1
fol 7r (= p XX = κ = col XIV): 4,2—4
fol 1v + fol 6v = Doppelblatt 1v; fol 1r + fol 6r = Doppelblatt 1r;
fol 2r + fol 5r = Doppelblatt 2r; fol 2v + fol 5v = Doppelblatt 2v;
fol 3v + fol 4v = Doppelblatt 3v; fol 3r + fol 4r = Doppelblatt 3r;
Lagenmitte
fol 7v = ¹/₂ Doppelblatt 4v; fol 7r = ¹/₂ Doppelblatt 4r

Fundort: ?; 3 (noch zusammenhängende) Doppelblätter + 1 Einzelblatt = 7 foll = 14 pp bzw coll (die Herausgeber zählen nach coll, da jede Kodexseite mit je einer col beschrieben ist) eines cod aus dem Innenteil einer Kodexlage; Doppelblattformat: 23 × 26,5 cm; Schriftspiegel: 9 × 18 cm; äußerer Rand: ca 3 cm; oberer Rand: ca 3 cm; Zeilenzahl: 26—29 (mit Ausnahme der sehr eng beschriebenen p [VIII] = col II, wo 32 linn auftreten); Buchstabenzahl: 13—17 (p [VIII]: 15 [im oberen Teil]— 25 [im unteren Teil]); Heftspuren; Pergamentstreifen als Einlage in der Lagenmitte; Beschädigungen, hauptsächlich am unteren Rand, zum Teil mit Textverlust; fol 7 besteht aus 2 frr (fr 1: 9 × 15 cm; Format von fr 2 bisher nicht ermittelt, siehe Grenfell/Hunt, p 13[1]), die andere Hälfte dieses Doppelblatts (p [IV]/[V]) ist verloren;
die Herausgeber unterscheiden zwei Hände; der ersten Hand, die sich durch eine quadratische regelmäßige, an den Codex Alexandrinus erinnernde Unziale auszeichnet, werden die pp [VII] sowie IX—XX

(= col I + col III—XIV) zugeschrieben, während p [VIII] (= col II),
die in einer etwas unregelmäßigeren, leicht rechts geneigten Unziale,
aber auch enger, länger und weniger sorgfältig beschrieben ist, einer
zweiten, zeitgenössischen Hand zugewiesen wird (?, da die typischen
Buchstabenformen der sogenannten ersten Hand aber auch auf p
[VIII] auftreten, wäre denkbar, daß die Unterschiede auf die engere
Beschriftung zurückzuführen sind); Text-Nachträge von jüngerer
Hand (ca VI E) in kleiner, schlanker, rechtsgeneigter Unziale am
oberen Rand von p IX, p X und p XVII und textkritische Zeichen an
entsprechender Textstelle; kurze Schrägstriche unter der Zeile (Lesezeichen?); Apostrophe zwischen 2 Konsonanten und nach nicht-
griechischen Eigennamen; kleine Keile zur Füllung der Zeilen; Diärese
über ι u υ; ν-Striche, z.T. vom Schreiber selbst nachträglich durch aus-
geschriebenes ν ersetzt; Orthographica: αι : ε, ε : αι; ει : ι, ι : ει; ο : ω, ω :
ο; häufige Omissionen, Haplographien, Dittographien; gelegentlich
Korrekturen (dagegen keine Korrekturen, Punktation, Lesezeichen etc
auf p [VIII]); Eigennamen häufig verballhornt; nomina sacra: θυ, θν,
[ι]ημ, κν, πνα, πνς, π[νι];
fortlaufende Paginierung von 1. Hand [?], z.T. nur noch in Spuren,
auf pp [VII] u [VIII] überhaupt nicht mehr (?) erkennbar;
die erhaltene Paginierung (s. o.) macht wahrscheinlich, daß es sich
dabei ursprünglich um eine Sechser-Lage gehandelt hat, die ihren
Platz am Anfang des cod hatte; da Ascensio Isaiae 1,1—2,4a nicht
mehr als 2½ foll der offenbar vorn fehlenden 3 foll beansprucht haben
kann, war p I vermutlich leer (Titelblatt?); die Blattfolge ist nicht
ungewöhnlich und ahmt offensichtlich die der Pergamentcodd nach

E: *B. P. Grenfell/A. S. Hunt*, The Amherst Papyri I, London 1900,
pp 1—22 u pl II—IX / *A.-M. Denis*, Fragmenta Pseudepigraphorum quae supersunt Graeca, PVTG III (1970), pp 108—113

L: *C. Schmidt*, APF 1 (1901), p 541, Nr 11 *A.-M. Denis*, Introduction
aux Pseudépigraphes Grecs d'Ancien Testament, SVTG I (1970),
pp 170—176 (hier auch weitere Literatur, vor allem zum Inhalt)

Ap 2 [0204]

Dublin, Inv Nr 185, P Chester Beatty XII

IV (Bonner, p 9; Kenyon, p 12; Treu, p 186)

Ezechiel-Apokryphon, 3 nicht genauer einzuordnende frr

Fundort: ? (Aphroditopolis, C. Schmidt, ZNW 30 (1931), p 293; Paap, pp 36sq, Nr 171); 3 frr vermutlich aus dem Schlußteil des unter 0204 beschriebenen cod, jeweils aus der col-Mitte; Formate bisher nicht ermittelt; für die rekonstruierten Formate siehe Beschreibung bei 0204; Zeilenzahl: 18 (fr 1r), 19 (fr 1v), 12 (fr 2), 3 (fr 3); Buchstabenzahl: 26—33 (fr 1), 11—21 (fr 2), 6—11 (fr 3);
klare Unziale von ungeübter Hand; Diärese über υ; Apostroph; Orthographica: ε: α; ε: αι; ει: ι; οι: υ, υ: οι; ο: ω; nomina sacra: θν, ιημ (sic!), κυ;
fr 3v endet mit einer Zierzeile (Fischgrätenmuster)

E: *C. Bonner,* The Homily on the Passion by Melito Bishop of Sardis, with some Fragments of the Apokryphal Ezekiel, SaD 12 (1940), pp 183—190 / *A.-M. Denis,* PVTG III (1970), pp 125—128

L: *F. G. Kenyon,* The Chester Beatty Biblical Papyri 8, London 1941, p 5 / *K. Treu,* Christliche Papyri 1940—1967, APF 19 (1969), p 186 / *A.-M. Denis,* Introduction aux Pseudépigraphes Grecs d'Ancien Testament, SVTG I (1970), pp 187—191 (hier auch weitere Literatur)

[Ap 29] s. dort

Henoch-Apokalypse 77,7—78,1. 8; 85,10—86,2; 87,1—3

Ap 3 [0204]

Dublin, P Chester Beatty XII = Inv Nr 100, 167—173, 185 (A); Ann Arbor, University of Michigan, P Michigan 5552[a-b] u 5553[a-d] (B)

IV (Bonner, p 9; Kenyon, p 12; Treu, p 186)

Henoch-Apokalypse (επιστολη Ενωχ lautet der Titel im cod) 97,6—107, 3 (ohne 105 u 108)

fol 1v (= VIIIv = 100vA): 97,6—10; 98,1—3 (4 linn verloren)

fol 1r (= VIIIr = 100rA): 98,4—11 (4 linn verloren)

fol 2v (= IXv = ιζ = 170vA): 98,12—16; 99,1—5 (3 linn verloren)

fol 2r (= IXr = ιη = 170rA): 99,7—16; 100,1 (2 linn verloren)

fol 3v (= Xv = 5552[a]vB): 100,1—9 (4 linn verloren)

fol 3r (= Xr = 5552[b]rB): 100,11—13; 101,1—7 (3 linn verloren)

fol 4v (= XIv = κα = 169vA): 101,8—9; 102,1—11; 103,1 (3 linn verloren)

fol 4r (= XIr = κβ = 169rA): 103,2—13 (3 linn verloren)

fol 5v (= XIIv = κγ = 5552[b]vB): 103,14—15; 104,1—9 (2 linn verloren)

fol 5r (= XIIr = κδ = 5552[b]rB): 104,10—13; 106,1—7 (2 linn verloren)

fol 6v (= XIIIv = κε = 167vA): 106,8—14. 17a. 15—16. 17b. 18 (4 linn verloren)

fol 6r, obere Hälfte (= XIIIr = κϛ = 167rA): 106,19; 107,1—3;

Subscriptio: επιστολη Ενωχ; Fischgrätenmuster und andere Ornamente zur Trennung von der folgenden Schrift;
cod hat ursprünglich wohl nur Kapitel 91 bis Schluß enthalten; die Lückenangaben beruhen auf Bonners Edition; für die Zuverlässigkeit vgl jedoch die Angaben für den Melito-Teil

Ap 4

New York, St. Mark's Library, General Theological Seminary, P Oxyrhynchus 403

IV—V (Grenfell/Hunt, p 4)

Syrische Baruch-Apokalypse (2. Baruch) 12,1—13,2 (v); 13,11—14,3 (r)

Fundort: Oxyrhynchus; 1 fr eines fol aus einem cod mit einer col; 14 × 11 cm [seit der Erstedition hat der Papyrus anscheinend noch Einbußen erlitten (Bogaert, p 40)]; Zeilenzahl: 16 (v), 17 (r); durchschnittliche Buchstabenzahl: 12;
große, leicht rechtsgeneigte Unziale eines verhältnismäßig frühen byzantinischen Typs; Korrektur von 2. Hand lin 28; häufig Hochpunkte; Diärese über ι u υ; Zahlzeichen (φ); Tendenz zur Kennzeichnung der Zeilenanfänge durch Vergrößerung der Anfangsbuchstaben; Orthographicon: ε : η;
Lücke zwischen v u r-Text beträgt 24 linn; bislang der einzige griechische Textzeuge

E: *B. P. Grenfell/A. S. Hunt*, The Oxyrhynchus Papyri III, London 1903, pp 3—7 / *R. H. Charles*, Apocrypha and Pseudepigrapha of the Old Testament, II Pseudepigrapha, Oxford 1913, pp 472. 487—490 / *P. Bogaert*, Apocalypse de Baruch, Sources Chrétiennes 144, Paris 1969, pp 40—43 / *A.-M. Denis*, PVTG III (1970), pp 118—120

L: *A.-M. Denis*, Introduction aux Pseudépigraphes Grecs d'Ancien Testament, SVTG I (1970), pp 182—186 (hier auch weitere Literatur)

Ap 5

Florenz, Biblioteca Laurenziana, PSI 7

IV (Pistelli, p 16)

(Koptische) Elias-Apokalypse 42,6—13 (v)[1]; unidentifizierter griechischer Text (r)

Fundort: Hermopolis Magna; 1 fr eines fol aus einem cod; 6,5 × 6,5 cm; Seitenrand: ca 1,5 cm, oberer Rand: ca 3 cm; Zeilenzahl: 6;
leicht rechts geneigte Unziale, ungleichmäßiges Schriftbild; gleiche Zeit und gleiche Hand wie PSI 6 (Ap 18); Orthographicon: ει : ι;
r ist bisher nicht identifiziert, eine Zuordnung zur koptisch-erhaltenen Eliasapokalypse scheint nicht möglich (Pistelli, p 16, Apparat zu lin 1r; Wessely, p 488); die blind auslaufende lin 5r gibt Anlaß zu der Vermutung, daß lin 6 eine neue Schrift beginnt, was dadurch bestärkt wird, daß der Verso-Text aus dem Schlußteil der Eliasapokalypse stammt; falls das zutrifft, müßte r auf v gefolgt sein;
bislang einziger griechischer Textzeuge

E: *E. Pistelli*, PSI I (1912), pp 16sq / *C. Wessely*, Les plus anciens monuments du Christianisme, PO 18,3 (1924), pp 487sq

L: *A.-M. Denis*, Introduction aux Pseudépigraphes Grecs d'Ancien Testament, SVTG I (1970), p 168, Anm 15 / *J. M. Rosenstiehl*, L'Apocalypse d'Elie, Textes et Études pour servir à l'histoire du Judaisme intertestamentaire I, Paris 1972, pp 21. 24. 115

Ap 6 [0205]

Cologny/Genf, Bibliotheca Bodmeriana, P Bodmer XI

III (Testuz, p 9; Treu, p 186)

11. Ode Salomonis 1—5 (p 60); 6—12 (p 62); 13—17 (p 64); 18—23 (p 66); 24 (p 68)
(Seitenangaben bei Testuz, P Bodmer X—XII)

---

[1] Textangabe bezieht sich auf die Zählung von Steindorff, TU 17,3 (1899), pp 104sq; nach Rosenstiehl: 3,90b—92a

Ap 7

Wien, Österreichische Nationalbibliothek, P Vindob G 330

V—VI (Klos bei Preisendanz, p 162; Treu, p 196)

Testamentum Salomonis 18,34—40[1] (v); r unbeschrieben

Fundort: ?; fr einer von oben nach unten durchgeschriebenen Rolle (?) von ca 1 m Länge (rekonstruiert) (Hunger bei Preisendanz, Anm 12); durch Bruchschaden (längs durch die Mitte) ist dieses fr in 2frr zerfallen (fr 1: 31 × 15 cm; fr 2: 33,8 × 14,5 cm); Zeilenzahl: 26; rekonstruierte Zeilenzahl: 80; Buchstabenzahl: bis zu 50 und mehr; Schrift zeigt starken koptischen Einschlag und neigt besonders gegen Zeilenende zur Kursive; Ornamentzeile (Halbkreise) am Schluß, ähnliche Verzierungen in linn 12 u 22;

es fehlen Randteile oben links und rechts; Buchstabenreste einer Kurzzeile am oberen Rand links; deutliche Bruchstellen ehemaliger Faltung im Abstand von 5—5,5 cm (nach oben größer werdend); Freirand unten;

der Papyrus hat wahrscheinlich nur das Kapitel 18 (ohne 18,1—3) enthalten und diente wegen des iatromagischen Inhalts dieses Kapitels als Zauberpapyrus

E: *K. Preisendanz*, Ein Wiener Papyrusfragment zum Testamentum Salomonis, Eos 48,3, Breslau 1956, pp 16—167 (jedoch keine diplomatische Wiedergabe)

L: *K. Treu*, Christliche Papyri 1940—1967, APF 19 (1969), p 196

---

[1] Textangabe bezieht sich auf die Zählung von C. Charlton McCown, The Testament of Salomon, Untersuchungen zum NT 9, Leipzig 1922, jedoch Vers 35 u Vers 34 vertauscht.

Ap 8

London, British Museum, Inv Nr 1531; P Lit London 222; P Oxyrhynchus 654

III (Grenfell/Hunt, pp VIII. 1)

Logia Jesu = Thomas-Evangelium, Prolog u Logia 1—7 (v); Vermessungsliste (r)

Fundort: Oxyrhynchus; 1 fr einer Rolle mit einer col; 24,4 × 7,8 cm; Zeilenzahl: 42; durchschnittliche Buchstabenzahl: 28—33; Paragraphos; Gabelparagraphos (διπλῆ ὀβελισμένη); Diärese über υ; Korrekturen von derselben Hand; Orthographica: αι : ε; ει : η; υ : η; τ : θ; nomen sacrum: ιης

E: *B. P. Grenfell/A. S. Hunt*, The Oxyrhynchus Papyri IV, London 1904, pp 1—22 / *B. P. Grenfell/A. S. Hunt*, New Sayings of Jesus and Fragments of a Lost Gospel, London 1904 / *C. Wessely*, PO 4, 2 (1906), pp 158—172, Nr 13 / *H. G. Evelyn-White*, The sayings of Jesus from Oxyrhynchus, Cambridge 1920 / *J. M. Lagrange*, Une des paroles attribuées à Jésus, RBi 30 (1921), pp 233—237 / *P. G. Bonaccorsi*, Vangeli Apocrifi, Florenz 1948, pp 48—53 / *J. A. Fitzmyer*, The Oxyrhynchus Logia of Jesus and the Coptic Gospel according to Thomas, ThSt 20 (1959), pp 505—560 / *A. de Santos Otero*, Los Evangelios Apócrifos, BAC (²1963), pp 91—95

L: *J. M. Milne*, Catalogue of the Literary Papyri in the British Museum, London 1927, pp 185sq / *J. A. Fitzmyer*, ThSt 20 (1959), pp 556—560 (hier auch weitere Literatur) / *Hennecke-Schneemelcher I*, pp 61sqq. 77. 108. 115. 205. 212—214. 216sq. 222. 225; *II*, p 608, Anm 2 / *W. Schrage*, Evangelienzitate in den Oxyrhynchus-Logien, Apophoreta, Berlin 1964, pp 251—268

Ap 9

Oxford, Bodleian Library, Gr th e 7 (P); P Oxyrhynchus 1

II o III (Grenfell/Hunt, p 1)

Logia Jesu = Thomas-Evangelium, Logia 27—29 (v), 30—34 (r) (u E von Logion 77)

Fundort: Oxyrhynchus; 1 fol eines cod mit einer col; 15 × 9,7 cm; Zeilenzahl: 21; rekonstruierte Zeilenzahl: 37; durchschnittliche Buchstabenzahl: 16—19;
Zeilenfüller in linn 3, 9, 17, 18 (v); v-Strich am Zeilenende; Diärese über υ; Orthographica: αι : ε; ει : ι; οι : ω; nomina sacra: ανων, θυ, ις, πρα, πριδι;
Paginierung von 2. Hand: ια (11)

E: *B. P. Grenfell/A. S. Hunt*, ΛΟΓΙΑ ΙΗΣΟΥ, Sayings of our Lord, London 1897 / *P. Batiffol*, Les logia du Papyrus de Behnesa, RBi 6 (1897), pp 501—505 / *B. P. Grenfell/A. S. Hunt*, The Oxyrhynchus Papyri 1, London 1898, pp 1—3 / *C. Wessely*, PO 4, 2 (1906), pp 151—158, Nr 12 / *P. G. Bonaccorsi*, Vangeli Apocrifi, Florenz 1948, pp 52—57 / *J. A. Fitzmyer*, The Oxyrhynchus Logoi of Jesus and the Coptic Gospel according to Thomas, ThSt 20 (1959), pp 505—560 / *A. de Santos Otero*, Los Evangelios Apócrifos, BAC (²1963), pp 87—91 / *C. H. Roberts*, The Gospel of Thomas: Logion 30A, JThS NS 21 (1970), pp 91—92

L: siehe bei *J. A. Fitzmyer*, ThSt 20 (1959), pp 556—560 / *Hennecke-Schneemelcher I*, pp 66sqq. 114sq. 212sq. 217. 222 / *W. Schrage*, Evangelienzitate in the Oxyrhynchus-Logien, Apophoreta, Berlin 1964, pp 251—268

Ap 10

Cambridge (Mass.), Houghton Library, Harvard University, SM Inv 4367; P Oxyrhynchus 655

III (Grenfell/Hunt, pp VIII. 23)

Logia Jesu = Thomas-Evangelium, Logia 36—40

Fundort: Oxyrhynchus; 8 frr einer Rolle mit 2 coll; fr b: 8,2 × 8,3 cm; rekonstruierte Zeilenzahl: 30 (Kraft, p 262); Buchstabenzahl: 12—16; kleine, schräge Unziale; Orthographica: ει : η; ει : ι;

E: *B. P. Grenfell/A. S. Hunt*, The Oxyrhynchus Papyri IV, London 1904, pp 22—28 / *C. Wessely*, PO 4, 2 (1906), pp 177—182, Nr 15 / *P. G. Bonaccorsi*, Vangeli Apocrifi, Florenz 1948, pp 34—36 / *A. de Santos Otero*, Los Evangelios Apócrifos, BAC (²1963), pp 87—91

L: *J. A. Fitzmyer*, ThSt 20 (1959), pp 505—560 (dort auch Literatur) / *R. A. Kraft*, Oxyrhynchus Papyrus 655 Reconsidered, HThR 54 (1961), pp 254sq / *Hennecke-Schneemelcher I*, pp 70sqq. 115. 212—215 / *W. Schrage*, Evangelienzitate in den Oxyrhynchus-logien, Apophoreta, Berlin 1964, pp 251—268

Ap 11

Cambridge (GB), University Library, Add 5894, P Oxyrhynchus 1081

III E—IV A (Grenfell/Hunt, p 16)

apokryphes Evangelium (Sophia Jesu, Hennecke-Schneemelcher I, pp 56. 170)

Fundort: Oxyrhynchus; 3 frr eines fol aus einem cod mit einer col; 20,3 × 10,7 cm; Zeilenzahl: 24 (r), 26 (v); Buchstabenzahl: 18; leicht geneigte Schrift, breite Strichführung; Orthographicon: ει : ι; nomina sacra: θϛ, κε, πρ, πηρ, πρϛ

E: *B. P. Grenfell/A. S. Hunt,* The Oxyrhynchus Papyri VIII, London 1911, pp 16—19 / *C. Wessely,* Les plus anciens monuments du Christianisme, PO 18,3 (1924), pp 493—495 / *P. G. Bonaccorsi,* Vangeli Apocrifi, Florenz 1948, pp 40—43 / *A. de Santos Otero,* Los Evangelios Apócrifos, BAC (²1963), pp 82sq

L: *E. Klostermann,* bei *Lietzmann,* Kleine Texte 8, Berlin 1929, p 25 / *Hennecke-Schneemelcher I,* pp 56. 170

Ap 12

Oxford, Bodleian Library, Gr th e 8 (P); P Oxyrhynchus 1224

III o IV (Grenfell/Hunt, p 1)

apokryphes Evangelium

Fundort: Oxyrhynchus; 2 frr eines fol (fr 1) und eines Doppelblattes (fr 2) aus einem cod (Paginierung); rekonstruierte Zeilenzahl: 20; sorgfältige, mittlere, aufrechte Unziale; ν-Strich; Diärese über υ; Zeilenfüller in Form eines Winkels; nomen sacrum: ιη (Nominativ u Genitiv)
Paginierung: ρλθ (fr 1r), ροδ (fr 2v), ρ]ος (fr 2r)

E: *B. P. Grenfell/A. S. Hunt*, The Oxyrhynchus Papyri X, London 1914, pp 1—9 / *C. Wessely*, Les plus anciens monuments du Christianisme, PO 18,3 (1924), pp 490—493 / *P. G. Bonaccorsi*, Vangeli Apocrifi, Florenz 1948, pp 40sq

L: *Hennecke-Schneemelcher I*, pp 55. 72sq

Ap 13

Wien, Österreichische Nationalbibliothek, P Vindob G 2325; früher Expos Nr 541

III (Wessely, p 173)

apokryphes Evangelium (Anklänge an Matth 26,30—34 u Mk 14, 26—30) (r); v unbeschrieben

Fundort: Faijum; 1 fr einer Rolle; 4,3 × 3,5 cm; Zeilenzahl: 7; Buchstabenzahl: (4) 16—20; rekonstruierte Buchstabenzahl: ca 29; Unziale; Abkürzung ΠΕΤ: Πέτρος, Punkte zur Kennzeichnung

E: *G. Bickell*, ZKTh 9 (1885), pp 498—504 / *G. Bickell*, MPER 1 (1887), pp 53—61 / *P. Savi*, Le fragment évangélique du Fayoum, RBi 1 (1892), pp 321—344 / *C. Wessely*, PO 4,2 (1906), Nr 14, pp 173—177 / *P. G. Bonaccorsi*, Vangeli Apocrifi, Florenz 1948, pp 30—32

L: siehe bei *A. de Santos Otero*, Los Evangelios, Apócrifos, BAC 148, Madrid ²1963, pp 84sq

Ap 14

London, British Museum, P Egerton 2

II M (Bell/Skeat, p 1)

apokryphes Evangelium

Fundort: ?; 3 frr dreier foll eines cod mit je einer col; fr 1: 11,5 ×
9,2 cm; Zeilenzahl: 21 (r), 20 (v); fr 2: 11,8 × 9,7 cm; Zeilenzahl: 17
(r), 16 (v); fr 3: 6 × 2,3 cm; Zeilenzahl: 6 (r u v); Buchstabenzahl: 22;
Unziale mit einzelnen Affinitäten zur Kursive; Diärese über ι u υ;
Hochpunkte, Kolon (?); Orthographicon: ει : ι; nomina sacra: βαλευσιν, θς, η[σας], ιη, ιοανου, κς, μω, πρα, προφας;
Lagenaufbau u Textreihenfolge nicht gesichert

E: *H. I. Bell/T. C. Skeat*, Fragments of an Unknown Gospel and other
early Christian Papyri, London 1935, pp 1—41 / *J. M. Lagrange*,
Deux nouveaux textes relatifs à l'Evangile, RBi 44 (1935), pp
321—343 / *C. Schmidt/H. I. Bell*, Theologische Blätter 15, Leipzig
1936, coll 34—38. 72—74 / *H. Lietzmann*, Neue Evangelien-
papyri, ZNW 34 (1935), pp 285—293

Ap 15

Berlin, Staatliche Museen, P Berlin Inv Nr 11710

VI (Lietzmann, p 153)

apokryphes Evangelium

Fundort: ?; 2 frr aus je einem fol; 7,5 × 6,5 cm; Zeilenzahl: fr 1 u
fr 2r: 7; fr 2v: 3; Buchstabenzahl: fr 1: 9—10, fr 2: 7—8;
große Schrift; fr 2v linn 1sq: ein koptisches Wort, Staurogramm u Ρ͞;
Diärese über ι u υ; Orthographica: ε : αι; ι : η; ο : ω; ο : ου; nomina
sacra: θυ, ιϲ, κε, χϲ;
fr diente vielleicht als Amulett

E: *H. Lietzmann*, ZNW 22 (1923), pp 153sq

Ap 16

Kairo, Museum of Antiquities, P Kairo JE 10735

VI o VII (Grenfell/Hunt, p 90; Deissmann, p 368)

apokryphes Evangelium (r u v)

Fundort: ?; 1 fr eines fol aus einem cod mit einer col; Zeilenzahl: 10 (v), 9 (r); durchschnittliche Buchstabenzahl: 30;
kleine Unziale; nomina sacra: ⲕⲥ, ⲕⲩ;
fr diente vielleicht als Amulett

E: *B. P. Grenfell/A. S. Hunt*, Catalogue général des antiquités égyptiennes du Musée du Caire 10, Oxford 1903, p 90 / *A. Deissmann*, Licht vom Osten, Tübingen ⁴1923, pp 368—370 / *P. G. Bonaccorsi*, Vangeli Apocrifi, Florenz 1948, pp 32—34

Ap 17 [0205]

Cologny/Genf, Bibliotheca Bodmeriana, P Bodmer V

III (Testuz, p 9; Treu, p 186)

Protevangelium Jacobi 1,1sq (p 30); 1,3sq (p 32); 1,4—2,2 (p 34); 2,2—4 (p 36); 2,4—3,1 (p 38); 3,1sq (p 40); 3,2—4,1 (p 42); 4,1—3 (p 44); 4,3sq (p 46); 4,4—5,2 (p 48); 5,2—6,1 (p 50); 6,1sq (p 52); 6,2sq (p 54); 6,3—7,1 (p 56); 7,1sq (p 58); 7,2—8,1 (p 60); 8,1—3 (p 62); 8,3—9,1 (p 64); 9,1sq (p 66); 9,2—10,1 (p 68); 10,1 (p 70); 10,1—11,1 (p 72); 11,1—3 (p 74); 11,3—12,1 (p 76); 12,1sq (p 78); 12,2—13,1 (p 80); 13,1 (p 82); 13,2sq (p 84); 14,1sq (p 86); 14,2—15,1 (p 88); 15,1sq (p 90); 15,2sq (p 92); 15,3—16,1 (p 94); 16,1—3 (p 96); 16,3—17,2 (p 98); 17,2 (p 100); 17,3—18,1 (p 102); 18,1—19,2 (p 104); 19,2sq (p 106); 19,3—20,3 (p 108); 20,3—21,2 (p 110); 21,2—22,1 (p 112); 22,1—3 (p 114); 22,3—23,1 (p 116); 23,1—3 (p 118); 23,3—24,2 (p 120); 24,2sq (p 122); 24,3sq (p 124); 25,1sq (p 126)

(Seiten- und Kapitelangaben bei Testuz, P Bodmer V)

Ap 18

Florenz, Biblioteca Laurenziana, PSI 6

IV (Pistelli, p 9; de Strycker, p 12)

Protevangelium Jacobi 13,1 (fr 1r); 14,1 (fr 1v); 15,2 (fr 2v); 16,1 (fr 2r); 17,2 u 18,2 (fr 3r); 18,2 u 19,2 (fr 3v); 19,2sq (fr 4v); 20,3sq (fr 4r); 21,2 u 22,1—3 (fr 5r); 22,3 u 23,2sq (fr 5v)

Fundort: Hermopolis Magna; 5 frr von 5 foll aus einem cod mit einer col; fr 1: 5,5 × 3,5cm; Zeilenzahl: 4 (r u v); Buchstabenzahl: 4—7 (r), 2—5 (v); fr 2: 8,5 × 6 cm; Zeilenzahl: 8 (v u r); Buchstabenzahl: 2—9, meist 5—7 (v), 1—9, meist 4—6 (r); fr 3: 8 × 2,9 cm u 7 × 5 cm; Zeilenzahl: 16 (r), 17 (v); Buchstabenzahl: 3—7, meist 5—7 (r), 4—7, meist 5—6 (v); fr 4: 8,5 × 6 cm; Zeilenzahl: 9 (v), 8 (r); Buchstabenzahl: 7—11, meist 8 (v), 3—11, meist 7—11 (r); fr 5: 8,5 × 6 cm u 7 × 4 cm; Zeilenzahl: 16 (r u v); Buchstabenzahl: 4—10, meist 6—9 (r), 2—9, meist 6—9 (v); rekonstruiertes Blattformat: 20 × 18 cm; rekonstruierte Zeilenzahl: 23—24; rekonstruierte Buchstabenzahl: 34—35;

ungleichmäßiges Schriftbild; gleiche Zeit und gleiche Hand wie PSI 7 = Ap 5; nomen sacrum: ισλ

E: *E. Pistelli*, Papiri evangelici, StR 6 (1906), pp 129—140 / *G. Vitelli*, PSI I (1912), pp 9—15, Nr 6 / *C. Wessely*, Les plus anciens monuments du Christianisme, PO 18,3 (1924), pp 485—487

L: *E. de Strycker*, La Forme la plus ancienne du Protévangile de Jaques, Subsidia Hagiographica 33, Brüssel 1961, pp 12. 34. 49. 61

Ap 19

Manchester, John Rylands Library, P Rylands 463

III A (Roberts, p 18)

Marien-Evangelium (= Pap Berol 8502, p 17, linn 5—21 u p 18, lin 5—p 19, lin 5)

Fundort: Oxyrhynchus; 1 fr eines fol aus einem cod mit einer col; 8,9 × 9,9 cm; rekonstruierter Schriftspiegel: 7,5 × 12 cm; Zeilenzahl: 14; Buchstabenzahl: 21—26;
aufrechte Unziale, zur Kursive neigend; Hochpunkte; Diärese; Orthographicon: ει : ι; nomen sacrum: ανον;
Paginierung: κα = 21 (r), κβ = 22 (v)

E: *C. H. Roberts*, Catalogue of the Greek Papyri in the John Rylands Library 3, Manchester 1938, pp 18—23 / *C. H. Roberts*, Greek Literary Hands, Oxford 1956, p 20, Nr 20c

L: *Hennecke-Schneemelcher I*, p 251

Ap 20

Wien, Österreichische Nationalbibliothek, P Vindob G 26227

VI—VII (Bauer, p 3; Treu, p 187)

Acta Andreae et Matthiae apud antropophagos

Fundort: ?; 2 Doppelblätter eines cod; durchschnittliche Buchstabenzahl: 20—24; rekonstruierte Zeilenzahl: 23—24;
koptische Unziale; vereinzelt Interpunktion; Paragraphos; Orthographicon: ɛι: ι;
Lagenaufbau: zwei Doppelblätter eines Papyrusbuchs, die sich als das Mittelstück und das erste Doppelblatt wahrscheinlich eines Quaternio erweisen

E: *J. B. Bauer*, Ein Papyrusfragment der Acta Andreae et Matthiae JOBG XVI (1967), pp 35—38

L: *K. Treu*, Christliche Papyri 1940—1967, APF 19 (1969), p 187

Ap 21

Oxford, Bodleian Library, Gr th f 13 (P); P Oxyrhynchus 850

IV (Grenfell/Hunt, p 12)

Johannesakten (siehe bei Hennecke-Schneemelcher II, p 150)

Fundort: Oxyrhynchus; 1 fr eines fol aus einem cod mit einer col; 12,1 × 10,7 cm; Zeilenzahl: 19 (v), 17 (r); Buchstabenzahl: 41; unregelmäßige Unziale; Punkte u Hochpunkte; Pausenzeichen; Diärese über ι u υ; Orthographicon: ει : ι; nomina sacra: θς, ιηυ, κς, κυ

E: *B. P. Grenfell/A. S. Hunt*, The Oxyrhynchus Papyri VI, London 1908, pp 12—18 / *C. Wessely*, PO 18,3 (1924), pp 483—485

L: *Hennecke-Schneemelcher II*, pp 138sq. 150

Ap 22 [0203]

Hamburg, Staats- und Universitätsbibliothek, Pap bil(inguis) 1; Rahlfs 998

um 300 (Schmidt/Schubart, p 10)

Acta Pauli
fol 1 v [III v] = Schmidt pp 22—26
fol 1 r [III r] =   „   pp 26—30
fol 2 v [IV v] =   „   pp 30—34
fol 2 r [IV r] =   „   pp 34—39
fol 3 r [V r] =   „   pp 40—44
fol 3 v [V v] =   „   pp 44—48
fol 4 r [VI r] =   „   pp 48—54
fol 4 v [VI v] =   „   pp 54—60
linn   3—26 entsprechen P Michigan 1317 u P Berlin 13893 r
linn 23—29 entsprechen P Michigan 3788 r
linn 30—33 entsprechen P Michigan 1317 u P Berlin 13893 v linn
    1—10
foll VII sq entsprechen(?) P Michigan 3788 v, P Michigan 1317 u P
    Berlin 13893 v linn 11—35
fol 5 v [IX v] = Martyrium Pauli, Lipsius p 110, lin 9—p 114, lin 4
fol 5 r [IX r] = Martyrium Pauli, Lipsius p 114, lin 10—p 116, lin 1
fol 6 v [X v] = Martyrium Pauli, Lipsius p 116, lin 2—p 117, lin 6

Ap 23

Berlin, Staatliche Museen, P Berlin Inv Nr 13893 (A); Ann Arbor, University of Michigan, P Michigan Inv Nr 1317 (B)

III o IV (Sanders, p 78)
IV   (Schmidt/Schubart, p 15; Schmidt, p 37)

Acta Pauli

Fundort: ?; 2 frr eines fol aus einem cod mit einer col; fr A: 9 × 8 cm; Zeilenzahl 14; fr B: 19,8 × 6,3 cm; Zeilenzahl: 20; rekonstruierte Zeilenzahl: 37; durchschnittliche Buchstabenzahl: 29—36; elegante Unziale, fast stichisch geschrieben; Apostroph zwischen γγ, zur Kennzeichnung der Elision, nach fremdsprachigen Namen mit konsonantischem Auslaut; Diärese über ι am Wortanfang; Orthographica: ει : ι; ω : ο; nomina sacra: ιηυ, ιην, κυ, κν, πνα, χρυ, χρν; Paginierung: πϛ = 86 (v);

das Blatt, dem A u B ursprünglich zugehörten, scheint in der Mitte gerissen zu sein; demzufolge ergänzen sich die Zeilenteile auf A u B jeweils zu einer Vollzeile; dann entspricht P Berlin 13893 r u P Michigan 1317 r den linn 3—26 auf fol 4 v (VI v) von P Hamburg bilinguis 1; ebenso sind linn 1—10 von P Berlin 13893 v u P Michigan 1317 v = linn 30—36 desselben fol von P Hamburg; linn 11—35 auf A u B v füllten dann zumindest einen Teil der Lücke zwischen fol 4 v u 5 v (IX v); P Michigan 3788 r deckt sich mit linn 30—33 von A u B r, während P Michigan 3788 v weder im P Hamburg bilinguis 1 noch in A u B eine Entsprechung hat (siehe Rekonstruktionsversuch von Kilpatrick/ Roberts, JThS 47, pp 198 sq)

E: *C. Schmidt*, Ein Berliner Fragment der alten ΠΡΑΞΕΙΣ ΠΑΥΛΟΥ, SBA (1931), pp 37—40 / *H. A. Sanders*, A Fragment of the Acta Pauli in the Michigan Collection, Actes du Ve congrès international de papyrologie, Oxford 30. 8.—3. 9. 1937, Brüssel 1938, pp 367 sqq = HThR 31 (1938), pp 73—90

L: *C. Schmidt/W. Schubart*, ΠΡΑΞΕΙΣ ΠΑΥΛΟΥ, Acta Pauli, Veröffentlichungen aus der Hamburger Staats- und Universitäts-Bibliothek II, Glückstadt u Hamburg 1936, pp 15 sq / *G. D. Kilpatrick/C. H. Roberts*, JThS 47 (1946), pp 196—199

Ap 24

Ann Arbor, University of Michigan, P Michigan Inv Nr 3788

III o IV (Sanders, p 166)
III—IV (Treu, p 187)

Acta Pauli

Fundort: ?; 1 fr eines fol aus einem cod mit einer col; 6 × 3 cm; Zeilenzahl: 9; rekonstruierte Zeilenzahl: näher an 40 als an 30 (Kilpatrick/Roberts, p 197); durchschnittliche Buchstabenzahl: 7—8; rekonstruierte Buchstabenzahl: 32—34;
nomina sacra: θ[ς], [ιη]ν, χρν;
P Michigan 3788 r entspricht linn 23—29 auf fol 4 v [VI v] von Hamburg Pap bil(inguis) 1; ebenso linn 30—33 auf P Berlin 13893 r u P Michigan 1317 r; P Michigan 3788 v füllte dann einen Teil der Lakune zwischen fol 4 v [VI v] und 5 v [IX v] von P Hamburg bilinguis 1 (siehe Rekonstruktionsversuch Kilpatrick/Roberts, JThS 47, pp 198 sq)

E: *H. A. Sanders*, Three Theological Fragments, HThR 36 (1943), pp 165—167

L: *C. H. Roberts*, A Fragment of an Uncanonical Gospel, JThS 47 (1946), pp 57 sq / *G. D. Kilpatrick/C. H. Roberts*, The Acta Pauli, A New Fragment, JThS 47 (1946), pp 196—199 / *K. Treu*, Christliche Papyri 1940—1967, APF 19 (1969), p 187

Ap 25 [0205]

Cologny/Genf, Bibliotheca Bodmeriana, P Bodmer X

III (Testuz, p 9; Treu, p 187)

3. Kor 1,1—8 (p 30); 1,9—16; 3,1 (p 32); 3,1—6 (p 34); 3,6—12 (p 36); 3,12—24 (p 38); 3,24—30 (p 40); 3,31—37 (p 42); 3,37—40 (p 44) (Kapitelangaben siehe bei Hennecke-Schneemelcher II, pp 258 sqq; Seitenangaben bei Testuz, P Bodmer X—XII)

Ap 26

New York, Pierpont Morgan Library, P Colt 7; Nessana II, 7, tab 7
VI—VII (Casson/Hettich, p 143; Treu, p 187)

Briefwechsel zwischen Abgar und Christus

„Its [= P Ness. II 7] text of the letter of Abgar to Christ reproduces
almost exactly the words of Eusebius [h. e. I 13, 6-8], while the answe-
ring letter of Christ is clearly related to the Edessa inscription (M. Op-
penheim/Hiller von Gaertingen, SBA 2 (1914), pp 817—828) and the
Epistula Abgari [eine Textrezension ed. E. v. Dobschütz, Der Briefwechsel zwischen Abgar und Jesus, ZWTh 43 (1900), pp 440—442]
(Casson/Hettich, p 144)"

v (= linn 1—18) entspricht Text von Euseb h. e. I 13, 6-8 „Epistula
Abgari", Dobschütz, ZWTh 43, p 440, linn 21—23
r (= linn 19—29, Edition zählt fortlaufend) entspricht Text von
„Epistula Abgari", Dobschütz, ZWTh 43, p 440,
lin 23—p 441, lin 30 u p 442, linn 46—48

Fundort: Auja el Hafir; Einzelblatt: 30,5 × 29,9 cm; Zeilenzahl: 18
(v), 11 (r); durchschnittliche Buchstabenzahl: ca 50; („The writer
started on one side of the Papyrus, writing across the fibres, and continued until he was 9,5 cm from the bottom. Leaving the rest of the
page blank, he turned the sheet end over end to the other side and
continued 10 cm down from the top, this time writing with the fibres",
Casson/Hettich, p 146);
klare Semi-Unziale, an einigen Stellen, besonders gegen Ende, völlig
in Kursive übergehend; Hochpunkte; Apostrophe; („used to indicate
pauses", Casson/Hettich, p 176); Spiritus; Akzente; Diärese über ι;
και stets gekürzt; Korrekturen (von gleicher Hand?); zwei Kreuze
als Trenner zwischen dem Abgar- und dem Jesusbrief; gelegentlich
Spatium mitten im Wort; Orthographicon: ο : ω; nomina sacra:
θς, θυ, ιυ, πρς, πρα, υς, υυ, χ[υ]; „In three places a curved bar is used
to indicate words consisting of but one or two letters" (Casson/Hettich,
p 146); am Schluß das Sigel χ+ ν μ γ („χν deutet auf Abkürzung,
wichtig für vielleicht neue Deutung der Formel", Treu)

E: *L. Casson/E. L. Hettich*, Excavations at Nessana II: Literary Papyri, Princeton 1950, pp 143—147 u tab 7

L: *E. Des Places*, VD 33 (1955), p 53 / *A. de Santos Otero*, Los Evangelios Apócrifos, BAC (²1963), pp 664 u 666sq (hier auch weitere
Literatur zum Abgar Briefwechsel) / *K. Treu*, Christliche Papyri
1940—1967, APF 19 (1969), p 187 / *R. Peppermüller*, Griechische
Papyrusfragmente der Doctrina Addai, VigChr 25 (1971), pp
289—301

25*

Ap 27

Göteborg, Universitätsbibliothek, P Gothenburg 21

?

Brief an Abgar

Fundort: ?; 1 fr eines fol (Einzelblatt?) mit einer col; Zeilenzahl: 6;

durchschnittliche Buchstabenzahl: 47—49;
Orthographica: αι : ε; ει : ι; υ : ι; nomina sacra: θυ, ιϲ, υϲ, χϲ

E: *H. Frisk*, Papyrus grecs de la Bibliothèque Municipale de la Gotenbourg, Göteborg 1929 / *H. C. Youtie*, A Gothenburg Papyrus and the letter to Abgar, HThR 23 (1930), pp 299 sqq / *H. C. Youtie*, Gothenburg Papyrus 21 and the Coptic Version of the Letter to Abgar, HThR 24 (1931), pp 61 sqq

Ap 28

Kairo, Museum of Antiquities, P Kairo JE 10736 (r); Oxford, Bodleian Library, Gr th b 1 (P) (r) (fol 2 = frr 2—5)

VI—VII (Grenfell/Hunt, p 90) (fol 1)
VI—VII (Peppermüller, p 292) (fol 2)

Abgar-Korrespondenz (r); v byzantinische Kursive, VII

Fundort: ?; 1 u 4 frr von 2 foll aus einem cod mit je einer col; 13,8 × 16,6 cm (fr 1); 10 × 10 cm (fr 2); 10 × 26 cm (fr 3); 13 × 10 cm (fr 4); 13 × 22 cm (fr 5); Zeilenzahl: 11 (fr 1), 19 (fol 2); Breite der coll: 32 cm; Buchstabenzahl: 34—46;
lange, schräge Unziale; nomen sacrum: χυ

E: *W. M. Lindsay*, The Fayoum Papyri in the Bodleian Library, The Athenaeum Nr 3019, London 5. 9. 1885 / *B. P. Grenfell/A. S. Hunt*, Catalogue Général des Antiquités Egyptiennes au Musée du Caire 10, Greek Papyri, Oxford 1903, p 90, Nr 10736 / *E. v. Dobschütz*, Der Briefwechsel zwischen Abgar und Jesus, ZWTh 49 (1906), pp 426—486 / *R. Peppermüller*, Griechische Papyrusfragmente der Doctrina Addai, VigChr 25 (1971), pp 289—301

L: siehe bei *R. Peppermüller*, p 290

Ap 29

Oxford, Ashmolean Museum, P Oxyrhynchus 2069

IV E   (Grenfell/Hunt, p 6)

apokalyptische Fragmente (Grenfell/Hunt; Denis, PVGT)
jetzt von Milik z. T. identifiziert als
Henoch–Apokalypse 77,7—78,1.8; 85,10—86,2; 87,1—3

fr 1r:	85,10—86,2
fr 1v:	87,1—87,2
fr 2r:	86,2
fr 2v:	87,3
fr 3r:	78,8
fr 3v:	77,7—78,1
fr 4r u v:	Textbestand für Einordnung zu gering (aus Kap 75—78; Milik, p 341)
fr 5r u v:	Textbestand für Einordnung zu gering (79,3 o 4; Milik, p 341)

Fundort: Oxyrhynchus; 5 frr, repräsentierend 5 foll (Denis PVGT p 233) derselben Hand von einem (Grenfell/Hunt, p 6) oder zwei codd (Milik, p 341); 4,6 × 6,2 cm (fr 1) [das Original ist nicht mehr auffindbar (Milik, p 321)]; Zeilenzahl fr 1r: 9, fr 1v: 8; fr 2: 4; fr 3r: 6, fr 3v: 7; fr 4r: 2, fr 4v: 3; fr 5r: 2, fr 5v: 1; rekonstruierte Buchstabenzahl: 29—31 (frr 1v, 2v), 27—31 (frr 1r, 2r), 45—46 (fr 3); aus der divergierenden Zeilenlänge und der Tatsache, daß frr 3 u 5 heller in der Farbe und besser erhalten als die übrigen frr sind (Grenfell/Hunt, p 7), schließt Milik „que les fragments 1, 2, 4, d'une part, et les fragments 3 et 5, d'autre part, appartiennent à deux codex séparés" (p 343).
leicht schräg geneigte Unziale; Textgliederung durch Spatium in fr 1v lin 5 u fr 3 lin 2; *v*-Strich; Diärese über ι u υ

E: *B. P. Grenfell/A. S. Hunt*, The Oxyrhynchus Papyri XVII, London 1927, pp 6—8 / *A.-M. Denis*, PVTG III (1970), pp 233sq / *J. T. Milik*, Fragments grecs du livre d'Henoch (P Oxy XVII 2069) ChronEg 46 (1971), pp 321—343

L: *A.-M. Denis*, SVTG I (1970), pp 303sq

Ap 30

London, British Museum, Inv Nr 113 (13a); P Lit London 226

VI o VII (Milne, p 187)

Joseph-Erzählung(?); Homilie(?)

Fundort: Faijum; 1 fr eines fol mit einer col (aus einem cod?, Einzel-blatt?); 19,9 × 10 cm; Zeilenzahl: 28 (r), 31 (v); Buchstabenzahl: 17—22;

große, aufrechte Unziale, ziemlich grob; gewöhnlich diakritischer Punkt über υ, manchmal auch über ι im Wortanfang; gelegentlich Hochpunkt; nomina sacra: θ[ς, θυ

E: *F. G. Kenyon*, Greek Papyri in the British Museum, London 1893, p 225 / *H. J. M. Milne*, Catalogue of the Literary Papyri in the British Museum, London 1927, pp 187. 189 / *A.-M. Denis*, PVTG III (1970), pp 235 sq

L: *A.-M. Denis*, SVTG I (1970), pp 47 sq. 304

Ap 31

London, British Museum, Inv Nr 113 (12b); P Lit London 227

VI o VII (Milne, p 189)

Joseph-Erzählung(?) ; Homilie(?)

Fundort: Faijum; 1 fr vom oberen Teil eines fol (aus einem cod?, Einzelblatt?); 13 × 7,7 cm; Zeilenzahl: 17; Buchstabenzahl: 5—18; durchschnittliche Buchstabenzahl: 14;
geneigte Unziale koptischen Typs; diakritischer Punkt über υ; Hochpunkt; Orthographicon: ει : ι; nomen sacrum: θϛ;
wahrscheinlich handelt es sich um dasselbe Werk wie Ap 30; da dieselben Eigenheiten der Schreibung auftauchen, läßt sich vermuten, daß entweder zwei Schreiber mit derselben Vorlage gearbeitet haben, oder daß beide frr aus demselben Skriptorium stammen; auf jeden Fall liegen in Ap 30 und Ap 31 zwei verschiedene Hände vor

E: *F. G. Kenyon*, Greek Papyri in the British Museum, London 1893, p 225 / *H. J. M. Milne*, Catalogue of the Literary Papyri in the British Museum, London 1927, pp 189 sq / *A.-M. Denis*, PVTG III (1970), pp 235 sq

L: *A.-M. Denis*, SVTG I (1970), pp 47 sq. 304

VI.

REGISTER

1. SIGELKONKORDANZ RAHLFS

U	AT 50	924	AT 95
W	08, AT 108, AT 110, AT	928	06, AT 90, AT 102, AT
	113, AT 114, AT 115, AT		107
	116, AT 118, AT 119, AT	934	AT 36
	120, AT 121, AT 122, AT	938	AT 106
	125	942	01, AT 3
802	AT 22	944	AT 9
804	AT 144	945	AT 12
805	AT 18	947	AT 23
813	AT 149	948	AT 133
814	AT 6	950	AT 101
815	AT 13	952	AT 96
817	AT 141	953	AT 14
828	AT 104	955	AT 98
829	07, AT 109, AT 112	957	AT 28
834	AT 99	958	02, AT 11, AT 29, AT 37,
837	AT 138		AT 134
842	AT 35	961	AT 5
844	AT 130	962	AT 4
[847	01, AT 26a][1]	963	05, AT 24, AT 25
848	01, AT 27	964	AT 105
850	AT 135	965	AT 129
851	AT 140	966	AT 139
852	AT 127	967	010, AT 40, AT 146, AT
853	Var 25		147, AT 148, AT 153
901	AT 2	968	AT 33
902	AT 132	970	03, AT 15, AT 30
904	AT 136	971	AT 38
905	AT 8	974	AT 100
906	AT 111	981	AT 91
908	AT 19	982	Var 20
909	AT 21	983	AT 39
911	AT 1	984	AT 142
912	Var 35, NT 12	985	AT 128
913	AT 97	986	AT 143
914	04, AT 17	987	AT 89
915	04, AT 137	989	AT 93
916	04, AT 31	991	AT 103
919	09, AT 124, AT 126	992	AT 94
920	AT 26	994	0202, AT 151, Od 8
922	AT 145	995	AT 10

[1] Vgl p 16, Anm 1

998	0203, AT 92, Ap 22	2074	AT 80
1000	AT 20	2077	AT 78
1220	AT 44	2081	Var 16
2003	AT 66	2082	AT 68
2007	AT 58	2083	Var 18
2008	AT 45	2085	Var 5
2009	AT 84	2086	Var 6
2013	AT 59	2090	Var 8
2014	AT 86	2091	AT 62
2019	AT 51	2092	AT 69
2020	Var 15	2093	Var 11
2025	AT 47	2094	AT 72
2031	Var 13	2095	AT 73
2036	0201, AT 16, Od 1, AT 32,	2096	Var 12
	Od 2, AT 34, Od 3, AT	2098	Var 17
	117, Od 6, AT 131, Od 5,	2099	AT 82
	Od 11, AT 88a, Od 12,	2103	AT 87
	AT 150, Od 7, Od 8,	2106	Var 14
	NT 42, Od 9, Od 13	2108	AT 67
2037	AT 55	2110	AT 53
2038	AT 61	2113	0205, AT 60, NT 72
2041	Var 2	2115	Var 27
2042	AT 74	2120	AT 152, Od 8
2046	AT 63	2121	Var 7
2047	AT 71	2125	Var 22, Od 8
2050	AT 65	2126	AT 75
2051	AT 43	2128	AT 83
2053	AT 49	2129	AT 52
2054	AT 77	2130	AT 41
2055	AT 88	2132	Var 1
2056	AT 76	2133	Var 4
2059	AT 54	2134	AT 85
2063	AT 70	2142	AT 56
2064	AT 64	2144	Var 3
2065	Var 19	2146	Var 9
2067	AT 48	2152	AT 46
2069	Var 10	2153	Var 24, Od 8
2070	AT 79	2154	Var 23, Od 8
2073	AT 42	2155	Var 21, Od 5

Matth

25,20–23	NT 35
25,41–42	NT 45 (0104)
25,43	NT 45 (0104), NT 73
25,44–46	NT 45 (0104)
26,1	NT 45 (0104)
26,2–3	NT 45 (0104), NT 73
26,4–6	NT 45 (0104)
26,7	NT 45 (0104), NT 64 [NT 67]
26,8–9	NT 45 (0104)
26,10	NT 45 (0104), NT 64 [NT 67]
26,11–13	NT 45 (0104)
26,14–15	NT 45 (0104), NT 64 [NT 67]
26,16–18	NT 45 (0104)
26,19–21	NT 37, NT 45 (0104)
26,22–23	NT 37, NT 45 (0104), NT 64 [NT 67]
26,24–28	NT 37, NT 45 (0104)
26,29–30	NT 37 ,NT 45 (0104), NT 53 (0106)
26,31–33	NT 37, NT 45 (0104), NT 53 (0106), NT 64 [NT 67]
26,34–39	NT 37, NT 45 (0104), NT 53 (0106)
26,40	NT 37, NT 53 (0106)
26,41–52	NT 37
27,35	Var 7

Mark

1,1	Var 31
2,1–26	NT 88
4,22–24	NT 44 (0103) ?
4,36–40	NT 45 (0104)
5,15–26	NT 45 (0104)
5,38–43	NT 45 (0104)
6,1–3	NT 45 (0104)
6,16–25	NT 45 (0104)
6,36–50	NT 45 (0104)
7,3–15	NT 45 (0104)
7,25–37	NT 45 (0104)
8,1	NT 45 (0104)
8,10–26	NT 45 (0104)
8,34–38	NT 45 (0104)
9,1–9	NT 45 (0104)
9,18–31	NT 45 (0104)
11,27–33	NT 45 (0104)
12,1	NT 45 (0104)
12,5–8	NT 45 (0104)

12,13–19	NT 45 (0104)
12,24–28	NT 45 (0104)

Luk

1,1	Var 26, Var 31
1,54–55	NT 42 (0201)
1,58–59	NT 4
1,62–80	NT 4
2,1	NT 4
2,6–7	NT 4
2,29–32	NT 42 (0201)
3,8–17	NT 4
3,18–22	NT 4, NT 75 (0109)
3,23–32	NT 4
3,33–38	NT 4, NT 75 (0109)
4,1–2	NT 4, NT 7, NT 75 (0109)
4,29–32	NT 4
4,34–35	NT 4, NT 75 (0109)
4,36–44	NT 75 (0109)
5,1–2	NT 75 (0109)
5,3–8	NT 4, NT 75 (0109)
5,9–10	NT 75 (0109)
5,30–36	NT 4
5,37–39	NT 4,NT 75 (0109)
6,1–4	NT 4, NT 75 (0109)
6,5–9	NT 4
6,10–16	NT 4, NT 75 (0109)
6,17–30	NT 75 (0109)
6,31–41	NT 45 (0104), NT 75 (0109)
6,42–44	NT 75 (0109)
6,45–49	NT 45 (0104), NT 75 (0109)
7,1–7	NT 45 (0104), NT 75 (0109)
7,8–31	NT 75 (0109)
7,32	NT 75 (0109), NT 82
7,33–34	NT 82
7,35	NT 75 (0109)
7,36	NT 3, NT 75 (0109)
7,37–38	NT 3, NT 75 (0109), NT 82
7,39	NT 3, NT 75 (0109)
7,40	NT 3
7,41–43	NT 3, NT 75 (0109)
7,44	NT 3
7,45	NT 3, NT 75 (0109)
7,46–50	NT 75 (0109)

8,1–56	NT 75 (0109)
9,1–2. 4–25	NT 75 (0109)
9,26–41	NT 45 (0104), NT 75 (0109)
9,42–44	NT 75 (0109)
9,45–62	NT 45 (0104), NT 75 (0109)
10,1	NT 45 (0104), NT 75 (0109)
10,2–5	NT 75 (0109)
10,6–22	NT 45 (0104), NT 75 (0109)
10,23–25	NT 75 (0109)
10,26–37	NT 45 (0104), NT 75 (0109)
10,38–42	NT 3, NT 45 (0104), NT 75 (0109)
11,1	NT 45 (0104), NT 75 (0109), Var 30
11,2	NT 75 (0109), Var 30
11,3–5	NT 75 (0109)
11,6–25	NT 45 (0104), NT 75 (0109)
11,26–27	NT 75 (0109)
11,28–46	NT 45 (0104), NT 75 (0109)
11,47–49	NT 75 (0109)
11,50–54	NT 45 (0104), NT 75 (0109)
12,1–12	NT 45 (0104), NT 75 (0109)
12,13–17	NT 75 (0109)
12,18–37	NT 45 (0104), NT 75 (0109)
12,38–41	NT 75 (0109)
12,42–59	NT 45 (0104), NT 75 (0109)
13,1	NT 45 (0104), NT 75 (0109)
13,2–5	NT 75 (0109)
13,6–24	NT 45 (0104), NT 75 (0109)
13,25–28	NT 75 (0109)
13,29–35	NT 45 (0104), NT 75 (0109)
14,1–10	NT 45 (0104), NT 75 (0109)
14,11–16	NT 75 (0109)
14,17–33	NT 45 (0104), NT 75 (0109)
14,34–35	NT 75 (0109)
15,1–32	NT 75 (0109)
16,1–31	NT 75 (0109)
17,1–15	NT 75 (0109)
17,19–37	NT 75 (0109)
18,1–18	NT 75 (0109)
22,4–40	NT 75 (0109)
22,41	NT 69, NT 75 (0109)
22,42–44	NT 75 (0109)
22,45–48	NT 69, NT 75 (0109)
22,49–57	NT 75 (0109)
22,58–61	NT 69, NT 75 (0109)

22,62–71	NT 75 (0109)
23,1–56	NT 75 (0109)
24,1–53	NT 75 (0109)

Joh

1,1	NT 66, NT 75 (0109), Var 26, Var 28, Var 31, Var 32
1,2–3	NT 66, NT 75 (0109), Var 32
1,4–22	NT 66, NT 75 (0109)
1,23–25	NT 5, NT 66, NT 75 (0109)
1,26	NT 5, NT 59, NT 66, NT 75 (0109)
1,27	NT 5, NT 66, NT 75 (0109)
1,28	NT 5, NT 59, NT 66, NT 75 (0109)
1,29–30	NT 5, NT 66, NT 75 (0109)
1,31	NT 5, NT 55, NT 66, NT 75 (0109)
1,32	NT 55, NT 66, NT 75 (0109)
1,33	NT 5, NT 55, NT 66, NT 75 (0109)
1,34	NT 5, NT 66, NT 75 (0109)
1,35–38	NT 5, NT 55, NT 66, NT 75 (0109)
1,39–40	NT 5, NT 66, NT 75 (0109)
1,41–47	NT 66, NT 75 (0109)
1,48	NT 59, NT 66, NT 75 (0109)
1,49–50	NT 66, NT 75 (0109)
1,51	NT 59, NT 66, NT 75 (0109)
2,1–2	NT 66, NT 75 (0109), Var 13
2,3–14	NT 66, NT 75 (0109)
2,15–16	NT 59, NT 66, NT 75 (0109)
2,17–25	NT 66, NT 75 (0109)
3,1–13	NT 66, NT 75 (0109)
3,14–18	NT 36, NT 63, NT 66, NT 75 (0109)
3,19–30	NT 66, NT 75 (0109)
3,31–32	NT 36, NT 66, NT 75 (0109)
3,33	NT 66, NT 75 (0109)
3,34	NT 36, NT 66, NT 75 (0109), NT 80
3,35	NT 36, NT 66, NT 75 (0109)
3,36	NT 66, NT 75 (0109)
4,1–8	NT 66, NT 75 (0109)
4,9	NT 63, NT 66, NT 75 (0109), NT 76
4,10	NT 63, NT 66, NT 75 (0109)
4,11	NT 66, NT 75 (0109)
4,12	NT 66, NT 75 (0109), NT 76
4,13–54	NT 66, NT 75 (0109)
5,1	NT 66, NT 75 (0109)
5,2	NT 66, NT 75 (0109), Var 32

5,3–47	NT 66, NT 75 (0109)
6,1–7	NT 66, NT 75 (0109)
6,8–11	NT 28, NT 66, NT 75 (0109)
6,12	NT 28, NT 75 (0109)
6,13–16	NT 75 (0109)
6,17–22	NT 28, NT 75 (0109)
6,23–34	NT 75 (0109)
6,35–71	NT 66, NT 75 (0109)
7,1–52	NT 66, NT 75 (0109)
8,1–13	NT 66, NT 75 (0109)
8,14–21	NT 39, NT 66, NT 75 (0109)
8,22–59	NT 66, NT 75 (0109)
9,1–2	NT 66, NT 75 (0109)
9,3–4	NT 44 (0103), NT 66, NT 75 (0109)
9,5–41	NT 66, NT 75 (0109)
10,1–2	NT 6, NT 66, NT 75 (0109)
10,3	NT 66, NT 75 (0109)
10,4–6	NT 6, NT 66, NT 75 (0109)
10,7	NT 6, NT 45 (0104), NT 66, NT 75 (0109)
10,8	NT 44 (0103), NT 45 (0104), NT 66, NT 75 (0109)
10,9–10	NT 6, NT 44 (0103), NT 45 (0104), NT 66, NT 75 (0109)
10,11–14	NT 44 (0103), NT 45 (0104), NT 66, NT 75 (0109)
10,15–25	NT 45 (0104), NT 66, NT 75 (0109)
10,26–30	NT 66, NT 75 (0109)
10,31–42	NT 45 (0104), NT 66, NT 75 (0109)
11,1–8	NT 6, NT 45 (0104), NT 66, NT 75 (0109)
11,9–10	NT 45 (0104), NT 66, NT 75 (0109)
11,11–17	NT 66, NT 75 (0109)
11,18–36	NT 45 (0104), NT 66, NT 75 (0109)
11,37–39	NT 66, NT 75 (0109)
11,40–41	NT 59, NT 66, NT 75 (0109)
11,42–44	NT 45 (0104), NT 59, NT 66, NT 75 (0109)
11,45	NT 6, NT 45 (0104), NT 59, NT 66, NT 75 (0109)
11,46–47	NT 6, NT 45 (0104), NT 59, NT 66
11,48–52	NT 6, NT 45 (0104), NT 59, NT 66, NT 75 (0109)
11,53–57	NT 45 (0104), NT 66, NT 75 (0109))
12,1–2	NT 66
12,3–11	NT 66, NT 75 (0109)
12,12–15	NT 2, NT 66, NT 75 (0109)
12,16–18	NT 44 (0103), NT 66, NT 75 (0109)

12,19–24	NT 66, NT 75 (0109)
12,25	NT 59, NT 66, NT 75 (0109)
12,26–28	NT 66, NT 75 (0109)
12,29	NT 59, NT 66, NT 75 (0109)
12,30	NT 66, NT 75 (0109)
12,31	NT 59, NT 66, NT 75 (0109)
12,32–34	NT 66, NT 75 (0109)
12,35	NT 59, NT 66, NT 75 (0109)
12,36–50	NT 66, NT 75 (0109)
13,1	NT 66, NT 75 (0109)
13,2–7	NT 66
13,8–9	NT 66, NT 75 (0109)
13,10–12	NT 66
13,13–24	NT 44 (0103) ?, NT 66
13,25–38	NT 66
14,1–7	NT 66
14,8–26	NT 66, NT 75 (0109)
14,27–28	NT 75 (0109)
14,29–30	NT 66, NT 75 (0109)
15,2–6	NT 66
15,7–8	NT 66, NT 75 (0109)
15,9–24	NT 66
15,25–26	NT 22, NT 66
15,27	NT 22
16,1	NT 22
16,2	NT 22, NT 66
16,3–4. 6–7	NT 66
16,11–13	NT 66
16,14–20	NT 5, NT 66
16,21–29	NT 5, NT 22, NT 66
16,30	NT 5, NT 22, NT 60, NT 66,
16,31	NT 22, NT 66
16,32	NT 22, NT 60, NT 66
16,33	NT 60, NT 66
17,1–6	NT 60, NT 66
17,7	NT 66
17,8–9	NT 60, NT 66
17,10	NT 66
17,11–15	NT 60, NT 66
17,16–17	NT 66
17,18–23	NT 60, NT 66
17,24–25	NT 59, NT 60, NT 66
17,26	NT 59, NT 66
18,1–2	NT 59, NT 60, NT 66

18,3	NT 66
18,4–5	NT 60, NT 66
18,6	NT 66
18,7–15	NT 60, NT 66
18,16	NT 59, NT 60, NT 66
18,17	NT 59, NT 66
18,18–20	NT 60, NT 66
18,21	NT 66
18,22	NT 59, NT 66
18,23–29	NT 60, NT 66
18,30	NT 66
18,31–33	NT 52, NT 60, NT 66
18,34–36	NT 60, NT 66
18,37	NT 52, NT 60, NT 66
18,38	NT 52, NT 66
18,39–40	NT 60, NT 66
19,1	NT 66
19,2–3	NT 60, NT 66
19,4	NT 66
19,5–8	NT 60, NT 66
19,9	NT 66
19,10–18	NT 60, NT 66
19,19	NT 66
19,20	NT 60, NT 66
19,21–22	NT 66
19,23	NT 60, NT 66
19,24	NT 60, NT 66, Var 7
19,25–26	NT 60, NT 66
19,27–42	NT 66
20,1–10	NT 66
20,11–17	NT 5, NT 66
20,18	NT 66
20,19–20	NT 5, NT 66
20,21	NT 66
20,22	NT 5, NT 66
20,23–24	NT 5
20,25	NT 5, NT 66
20,26–31	NT 66
21,1–6	NT 66
21,7	NT 59, NT 66
21,8–9	NT 66
21,12–13	NT 59
21,15	NT 59

7,22–31	NT 74 (0108)
7,32–41	NT 45 (0104), NT 74 (0108)
7,42–51	NT 74 (0108)
7,52–60	NT 45 (0104), NT 74 (0108)
8,1	NT 45 (0104), NT 74 (0108)
8,2–13	NT 74 (0108)
8,14–25	NT 45 (0104), NT 74 (0108)
8,26–32	NT 50, NT 74 (0108)
8,33	NT 74 (0108)
8,34–40	NT 45 (0104), NT 74 (0108)
9,1–6	NT 45 (0104), NT 74 (0108)
9,7–15	NT 74 (0108)
9,16–27	NT 45 (0104), NT 74 (0108)
9,28–32	NT 74 (0108)
9,33–34	NT 53 (0106), NT 74 (0108)
9,35–38	NT 45 (0104), NT 53 (0106), NT 74 (0108)
9,39	NT 45 (0104), NT 74 (0108)
9,40–43	NT 45 (0104), NT 53 (0106), NT 74 (0108)
10,1	NT 45 (0104), NT 53 (0106), NT 74 (0108)
10,2	NT 45 (0104), NT 74 (0108)
10,3–9	NT 74 (0108)
10,10–23	NT 45 (0104), NT 74 (0108)
10,24–25	NT 74 (0108)
10,26–30	NT 50, NT 74 (0108)
10,31	NT 45 (0104), NT 50, NT 74 (0108)
10,32–41	NT 45 (0104), NT 74 (0108)
10,42–48	NT 74 (0108)
11,1	NT 74 (0108)
11,2–14	NT 45 (0104), NT 74 (0108)
11,15–23	NT 74 (0108)
11,24–30	NT 45 (0104), NT 74 (0108)
12,1–5	NT 45 (0104), NT 74 (0108)
12,6–12	NT 74 (0108)
12,13–22	NT 45 (0104), NT 74 (0108)
12,23–25	NT 74 (0108)
13,1–5	NT 74 (0108)
13,6–16	NT 45 (0104), NT 74 (0108)
13,17–24	NT 74 (0108)
13,25–36	NT 45 (0104), NT 74 (0108)
13,37–45	NT 74 (0108)
13,46–52	NT 45 (0104), NT 74 (0108)
14,1–3	NT 45 (0104), NT 74 (0108)
14,4–14	NT 74 (0108)
14,15–23	NT 45 (0104), NT 74 (0108)

14,24–28	NT 74 (0108)
15,1	NT 74 (0108)
15,2–7	NT 45 (0104), NT 74 (0108)
15,8–18	NT 74 (0108)
15,19–20	NT 45 (0104), NT 74 (0108)
15,21–24	NT 33 [NT 58], NT 45 (0104), NT 74 (0108)
15,25	NT 45 (0104), NT 74 (0108)
15,26–27	NT 33 [NT 58], NT 45 (0104), NT 74 (0108)
15,28–32	NT 33 [NT 58], NT 74 (0108)
15,33–37	NT 74 (0108)
15,38–41	NT 45 (0104), NT 74 (0108)
16,1–4	NT 45 (0104), NT 74 (0108)
16,5–14	NT 74 (0108)
16,15–21	NT 45 (0104), NT 74 (0108)
16,22–31	NT 74 (0108)
16,32–40	NT 45 (0104), NT 74 (0108)
17,1–8	NT 74 (0108)
17,9–17	NT 45 (0104), NT 74 (0108)
17,18–27	NT 74 (0108)
17,28–34	NT 41, NT 74 (0108)
18,1–2	NT 41, NT 74 (0108)
18,3–23	NT 74 (0108)
18,24–25	NT 41, NT 74 (0108)
18,26	NT 74 (0108)
18,27	NT 38, NT 41, NT 74 (0108)
18,28	NT 38, NT 74 (0108)
19,1–4	NT 38, NT 41, NT 74 (0108)
19,5	NT 38, NT 74 (0108)
19,6	NT 38, NT 41, NT 74 (0108)
19,7–8	NT 41, NT 74 (0108)
19,9–11	NT 74 (0108)
19,12	NT 38, NT 74 (0108)
19,13–16	NT 38, NT 41, NT 74 (0108)
19,17	NT 74 (0108)
19,18–19	NT 41, NT 74 (0108)
19,20–40	NT 74 (0108)
20,1–8	NT 74 (0108)
20,9–13	NT 41, NT 74 (0108)
20,14	NT 74 (0108)
20,15–16	NT 41, NT 74 (0108)
20,17–21	NT 74 (0108)
20,22–24	NT 41, NT 74 (0108)
20,25	NT 74 (0108)
20,26–28	NT 41, NT 74 (0108)

20,29–34	NT 74 (0108)
20,35–38	NT 41, NT 74 (0108)
21,1–4	NT 41, NT 74 (0108)
21,5–40	NT 74 (0108)
22,1–10	NT 74 (0108)
22,11–14	NT 41, NT 74 (0108)
22,15	NT 74 (0108)
22,16–17	NT 41, NT 74 (0108)
22,18–30	NT 74 (0108)
23,1–10	NT 74 (0108)
23,11–17	NT 48, NT 74 (0108)
23,18–22	NT 74 (0108)
23,23–29	NT 48, NT 74 (0108)
23,30–35	NT 74 (0108)
24,1–27	NT 74 (0108)
25,1–27	NT 74 (0108)
26,1–6	NT 74 (0108)
26,7–8	NT 29, NT 74 (0104)
26,9–18	NT 74 (0108)
26,20	NT 29, NT 74 (0108)
26,21-32	NT 74 (0108)
27,1–25	NT 74 (0108)
27,27–44	NT 74 (0108)
28,1–28	NT 74 (0108)
28,30–31	NT 74 (0108)

Röm

1,1–7	NT 10, NT 26, Var 33
1,8–16	NT 26
1,24–27	NT 40
1,31–32	NT 40
2,1–3	NT 40
3,21–31	NT 40
4,1–8	NT 40
5,17–21	NT 46 (0105)
6,1–3	NT 46 (0105)
6,4	NT 40
6,5	NT 40, NT 46 (0105)
6,6–14	NT 46 (0105)
6,16	NT 40
8,12–14	NT 27
8,15–22	NT 27, NT 46 (0105)
8,23	NT 46 (0105)
8,24–25	NT 27, NT 46 (0105)

8,26	NT 27
8,27	NT 27, NT 46 (0105)
8,28–32	NT 46 (0105)
8,33–35	NT 27, NT 46 (0105)
8,36	NT 27
8,37–39	NT 27, NT 46 (0105)
9,1–3	NT 27, NT 46 (0105)
9,4	NT 46 (0105)
9,5–9	NT 27, NT 46 (0105)
9,10–16	NT 46 (0105)
9,17	NT 40, NT 46 (0105)
9,18–26	NT 46 (0105)
9,27	NT 40, NT 46 (0105)
9,28–32	NT 46 (0105)
10,1–21	NT 46 (0105)
11,1–22	NT 46 (0105)
11,24–33	NT 46 (0105)
11,35–36	NT 46 (0105)
12,1–2	NT 46 (0105), Var 13
12,3–8	NT 31, NT 46 (0105)
12,9–21	NT 46 (0105)
13,1–14	NT 46 (0105)
14,1–23	NT 46 (0105)
15,1–9	NT 46 (0105)
15,11–33	NT 46 (0105)
16,1–22	NT 46 (0105)
16,23	NT 46 (0105), NT 61 (0107)
16,25–27	NT 46 (0105), NT 61 (0107)

1. Kor

1,1–2	NT 46 (0105), NT 61 (0107)
1,3	NT 46 (0105)
1,4–6	NT 46 (0105), NT 61 (0107)
1,7–16	NT 46 (0105)
1,17–22	NT 11, NT 46 (0105)
1,23–24	NT 46 (0105)
1,25–27	NT 14, NT 46 (0105)
1,28–31	NT 46 (0105)
2,1–5	NT 46 (0105)
2,6–8	NT 14, NT 46 (0105)
2,9–12	NT 11, NT 46 (0105)
2,13	NT 46 (0105)
2,14	NT 11, NT 46 (0105)
2,15–16	NT 46 (0105)

3,1–3	NT 11, NT 46 (0105)
3,4	NT 46 (0105)
3,5–6	NT 11, NT 46 (0105)
3,7	NT 46 (0105)
3,8–10	NT 14, NT 46 (0105)
3,11–19	NT 46 (0105)
3,20	NT 14, NT 46 (0105)
3,21–23	NT 46 (0105)
4,1–2	NT 46 (0105)
4,3–11	NT 11, NT 46 (0105)
4,12–17	NT 11, NT 46 (0105), NT 68
4,18	NT 11, NT 46 (0105)
4,19–21	NT 11, NT 46 (0105), NT 68
5,1–3	NT 11, NT 46 (0105), NT 61 (0107), NT 68
5,4	NT 11, NT 46 (0105)
5,5	NT 11, NT 46 (0105), NT 61 (0107)
5,6	NT 46 (0105), NT 61 (0107)
5,7–8	NT 11, NT 46 (0105)
5,9–13	NT 46 (0105), NT 61 (0107)
6,1–4	NT 46 (0105)
6,5–9	NT 11, NT 46 (0105)
6,10	NT 46 (0105)
6,11–18	NT 11, NT 46 (1005)
6,19–20	NT 46 (0105)
7,1–2	NT 46 (0105)
7,3–6	NT 11, NT 46 (0105)
7,7–9	NT 46 (0105)
7,10–14	NT 11, NT 46 (0105)
7,15–17	NT 46 (0105)
7,18–40	NT 15, NT 46 (0105)
8,1–4	NT 15, NT 46 (0105)
8,5–13	NT 46 (0105)
9,1–2	NT 46 (0105)
9,4–27	NT 46 (0105)
10,1–33	NT 46 (0105)
11,1–34	NT 46 (0105)
12,1–31	NT 46 (0105)
13,1–13	NT 46 (0105)
14,1–14	NT 46 (0105)
14,16–40	NT 46 (0105)
15,1–15	NT 46 (0105)
15,17–58	NT 46 (0105)
16,1–3	NT 46 (0105)
16,4–7	NT 34 (0102), NT 46 (0105)

16,8–9	NT 46 (0105)
16,10	NT 34 (0102), NT 46 (0105)
16,11–22	NT 46 (0105)

2. Kor

1,1–24	NT 46 (0105)
2,1–17	NT 46 (0105)
3,1–18	NT 46 (0105)
4,1–18	NT 46 (0105)
5,1–17	NT 46 (0105)
5,18–21	NT 34 (0102), NT 46 (0105)
6,1–18	NT 46 (0105)
7,1–16	NT 46 (0105)
8,1–24	NT 46 (0105)
9,1–15	NT 46 (0105)
10,1–3	NT 46 (0105)
10,4	NT 46 (0105), Var 34
10,5–12	NT 46 (0105)
10,13–14	NT 34 (0102), NT 46 (0105)
10,15–18	NT 46 (0105)
11,1	NT 46 (0105)
11,2	NT 34 (0102), NT 46 (0105)
11,3	NT 46 (0105)
11,4	NT 34 (0102), NT 46 (0105)
11,5	NT 46 (0105)
11,6–7	NT 34 (0102), NT 46 (0105)
11,8–10	NT 46 (0105)
11,12–21	NT 46 (0105)
11,23–33	NT 46 (0105)
12,1–21	NT 46 (0105)
13,1–13	NT 46 (0105)

Gal

1,1	NT 46 (0105)
1,2–8	NT 46 (0105), NT 51
1,9	NT 51
1,10	NT 46 (0105), NT 51
1,11–12	NT 46 (0105)
1,13	NT 46 (0105), NT 51
1,14–15	NT 46 (0105)
1,16–20	NT 46 (0105), NT 51
1,21–24	NT 46 (0105)
2,1–9	NT 46 (0105)

2,12–21	NT 46 (0105)
3,2–29	NT 46 (0105)
4,2–18	NT 46 (0105)
4,20–31	NT 46 (0105)
5,1–17	NT 46 (0105)
5,20–26	NT 46 (0105)
6,1–8	NT 46 (0105)
6,10–18	NT 46 (0105)

Eph

1,1–23	NT 46 (0105)
2,1–7	NT 46 (0105)
2,10–22	NT 46 (0105)
3,1–21	NT 46 (0105)
4,1–15	NT 46 (0105)
4,16–29	NT 46 (0105), NT 49
4,30–31	NT 46 (0105)
4,32	NT 46 (0105), NT 49
5,1–6	NT 46 (0105), NT 49
5,7	NT 49
5,8–13	NT 46 (0105), NT 49
5,14–33	NT 46 (0105)
6,1–6	NT 46 (0105)
6,8–18	NT 46 (0105)
6,20–24	NT 46 (0105)

Phil

1,1	NT 46 (0105)
1,5–15	NT 46 (0105)
1,17–28	NT 46 (0105)
1,30	NT 46 (0105)
2,1–12	NT 46 (0105)
2,14–27	NT 46 (0105)
2,29–30	NT 46 (0105)
3,1–4	NT 46 (0105)
3,5–8	NT 46 (0105), NT 61 (0107)
3,9	NT 61 (0107)
3,10–11	NT 16, NT 46 (0105)
3,12–16	NT 16, NT 46 (0105), NT 61 (0107)
3,17	NT 16, NT 46 (0105)
3,18–21	NT 46 (0105)
4,2–8	NT 16, NT 46 (0105)

412

| 4,9–12 | NT 46 (0105) |
| 4,14–23 | NT 46 (0105) |

Kol

1,1–2	NT 46 (0105)
1,3–4	NT 61 (0107)
1,5–7	NT 46 (0105), NT 61 (0107)
1,8	NT 46 (0105)
1,9–13	NT 46 (0105), NT 61 (0107)
1,16–24	NT 46 (0105)
1,27–29	NT 46 (0105)
2,1–19	NT 46 (0105)
2,23	NT 46 (0105)
3,1–11	NT 46 (0105)
3,13–24	NT 46 (0105)
4,3–12	NT 46 (0105)
4,15	NT 61 (0107)
4,16–18	NT 46 (0105)

1. Thess

1,1	NT 46 (0105)
1,2	NT 61 (0107)
1,3	NT 61 (0107), NT 65
1,4–8	NT 65
1,9–10	NT 46 (0105), NT 65
2,1	NT 46 (0105), NT 65
2,2–3	NT 46 (0105)
2,6–13	NT 65
4,12–13	NT 30 (0101)
4,16–17	NT 30 (0101)
5,3	NT 30 (0101)
5,5–7	NT 46 (0105)
5,8	NT 30 (0101), NT 46 (0105), Var 34
5,9	NT 30 (0101), NT 46 (0105)
5,10	NT 30 (0101)
5,12–18	NT 30 (0101)
5,23–24	NT 46 (0105)
5,25–28	NT 30 (0101), NT 46 (0105)

2. Thess

| 1,1–2 | NT 30 (0101) |

1.2. Tim

Tit

1,11–15	NT 32
2,3–8	NT 32
3,1–5	NT 61 (0107)
3,8–11	NT 61 (0107)
3,14–15	NT 61 (0107)

Philem

4–7	NT 61 (0107)
13–15	NT 87
24–25	NT 87

Hebr

1,1	NT 12, NT 46 (0105), Var 35
1,2–14	NT 46 (0105)
2,1–13	NT 46 (0105)
2,14–18	NT 13, NT 46 (0105)
3,1–19	NT 13, NT 46 (0105)
4,1–16	NT 13, NT 46 (0105)
5,1–5	NT 13, NT 46 (0105)
5,6–14	NT 46 (0105)
6,1–20	NT 46 (0105)
7,1–28	NT 46 (0105)
8,1–13	NT 46 (0105)
9,1–11	NT 46 (0105)
9,12–16	NT 17, NT 46 (0105)
9,17	NT 17
9,18–19	NT 17, NT 46 (0105)
9,20–28	NT 46 (0105)
10,1–7	NT 46 (0105)
10,8–9	NT 13, NT 46 (0105)
10,10–12	NT 13, NT 46 (0105), NT 79
10,13–20	NT 13, NT 46 (0105)
10,21	NT 13
10,22	NT 13, NT 46 (0105)
10,23–27	NT 46 (0105)
10,28	NT 46 (0105), NT 79
10,29–30	NT 13, NT 46 (0105), NT 79
10,31	NT 13
10,32–39	NT 13, NT 46 (0105)
11,1–13	NT 13, NT 46 (0105)
11,14–27	NT 46 (0105)

11,28–40	NT 13, NT 46 (0105)
12,1–17	NT 13, NT 46 (0105)
12,18–29	NT 46 (0105)
13,1–25	NT 46 (0105)

Jak

1,1–6	NT 74 (0108)
1,8–9	NT 74 (0108)
1,10–12	NT 23, NT 74 (0108)
1,13–14	NT 74 (0108)
1,15–18	NT 23, NT 74 (0108)
1,19	NT 74 (0108)
1,21–23	NT 74 (0108)
1,25	NT 74 (0108)
1,27	NT 74 (0108)
2,1–15	NT 74 (0108)
2,16–17	NT 54
2,18	NT 54, NT 74 (0108)
2,19–21	NT 20, NT 74 (0108)
2,22	NT 20, NT 54, NT 74 (0108)
2,23–24	NT 20, NT 54
2,25–26	NT 20, NT 54, NT 74 (0108)
3,1	NT 20, NT 74 (0108)
3,2–4	NT 20, NT 54
3,5–6	NT 20, NT 74 (0108)
3,7–9	NT 20
3,10–12	NT 74 (0108)
3,14	NT 74 (0108)
3,17–18	NT 74 (0108)
4,1–8	NT 74 (0108)
4,11–14	NT 74 (0108)
5,1–3	NT 74 (0108)
5,7–9	NT 74 (0108)
5,12–14	NT 74 (0108)
5,19–20	NT 74 (0108)

1. Petr

1,1–2	NT 72 (0205), NT 74 (0108)
1,3–6	NT 72 (0205)
1,7–8	NT 72 (0205), NT 74 (0108)
1,9–12	NT 72 (0205)
1,13	NT 72 (0205), NT 74 (0108)
1,14–18	NT 72 (0205)

1,19–20	NT 72 (0205), NT 74 (0108)
1,21–24	NT 72 (0205)
1,25	NT 72 (0205), NT 74 (0108)
2,1–5	NT 72 (0205)
2,6–7	NT 72 (0205), NT 74 (0108)
2,8–10	NT 72 (0205)
2,11–12	NT 72 (0205), NT 74 (0108)
2,13–17	NT 72 (0205)
2,18	NT 72 (0205), NT 74 (0108)
2,19	NT 72 (0205)
2,20–23	NT 72 (0205), NT 81
2,24	NT 72 (0205), NT 74 (0108), NT 81
2,25	NT 72 (0205), NT 81
3,1	NT 72 (0205), NT 81
3,2–3	NT 72 (0205)
3,4–5	NT 72 (0205), NT 74 (0108), NT 71
3,6–12	NT 72 (0205), NT 81
3,13–22	NT 72 (0205)
4,1–19	NT 72 (0205)
5,1–14	NT 72 (0205)

2. Petr

1,1–21	NT 72 (0205)
2,1–20	NT 72 (0205)
2,21	NT 72 (0205), NT 74 (0108)
2,22	NT 72 (0205)
3,1–3	NT 72 (0205)
3,4	NT 72 (0205), NT 74 (0108)
3,5–10	NT 72 (0205)
3,11	NT 72 (0205), NT 74 (0108)
3,12–15	NT 72 (0205)
3,16	NT 72 (0205), NT 74 (0108)
3,17–18	NT 72 (0205)

1. Joh

1,1	NT 74 (0108)
1,6	NT 74 (0108)
2,1–2	NT 74 (0108)
2,7	NT 74 (0108)
2,13–14	NT 74 (0108)
2,18–19	NT 74 (0108)
2,25–26	NT 74 (0108)
3,1–2	NT 74 (0108)

3,8	NT 74 (0108)
3,14	NT 74 (0108)
3,19–20	NT 74 (0108)
4,1	NT 74 (0108)
4,6–7	NT 74 (0108)
4,11	NT 9
4,12	NT 9, NT 74 (0108)
4,14–15	NT 9
4,16–17	NT 9, NT 74 (0108)
5,3–4	NT 74 (0108)
5,9–10	NT 74 (0108)
5,17	NT 74 (0108)

2. Joh

1	NT 74 (0108)
6–7	NT 74 (0108)
13	NT 74 (0108)

3. Joh

6	NT 74 (0108)
12	NT 74 (0108)

Jd

1–2	NT 72 (0205)
3	NT 72 (0205), NT 74 (0108)
4–5	NT 72 (0205), NT 78
6	NT 72 (0105)
7	NT 72 (0205), NT 74 (0108), NT 78
8	NT 72 (0205), NT 78
9–11	NT 72 (0205)
12	NT 72 (0205), NT 74 (0108)
13–17	NT 72 (0205)
18	NT 72 (0205), NT 74 (0108)
19–23	NT 72 (0105)
24	NT 72 (0205), NT 74 (0108)
25	NT 72 (0205)

Apk

1,4–7	NT 18
2,12–13	NT 43
5,5–8	NT 24
6,5–8	NT 24

9,10–18	NT 47
9,19–21	NT 47, NT 85
10,1	NT 47, NT 85
10,2–4	NT 47
10,5–9	NT 47, NT 85
10,10–11	NT 47
11,1–3	NT 47
11,5–19	NT 47
12,1–18	NT 47
13,1–18	NT 47
14,1–20	NT 47
15,1–7	NT 47
15,8	NT 43, NT 47
16,1–2	NT 43, NT 47
16,3–15	NT 47
16,17–21	NT 47
17,1–2	NT 47

3. COPTICA

07	(AT 109):	Os 6,8—11
	(AT 112):	Am 2,13—15(?)
0201	(AT 16, Od 1):	Reste aus Ex
	(AT 32, Od 2):	Deut 32,2—43
	(AT 34, Od 3):	Regn I 2,1. 3—4. 8—10
	(AT 117, Od 6):	Jon 2,3—10
	(AT 131, Od 5):	Is 25,1—7. 10; 26,1—4. 11—20
	(AT 131, Od 11):	Is 38,9—15. 18—20
	(AT 88a, Od 12):	1—15
	(AT 150, Od 7):	Dan 3,26—41
	(AT 150, Od 8):	Dan 3,41—45. 52—54
	(NT 42, Od 9):	Luk 1,46—52
0202	(NT 62):	Matth 11,25—30
0203:		Cant, Threni, Eccl

AT 44:   Ps 3,1—8; 4,1—2; 6,6. 9—10; 9,21—24. 31—
34; 24,7—9. 15—20; 25,1—10.12; 27,1—4; 28,1
—4. 4—10; 29,1—10; 30,1—8.10—24; 31,1—4;
36,12—21. 23—32; 37,12—22; 39,15—17; 47,
4—13; 48,2—10; 50,1—11; 52,2—7; 53,1—3.
5—9; 54,21—23; 55,2—13; 67,2—7

AT 80
AT 81
AT 127:   Is 1,22—2,1(?)
AT 129

NT 2:   Luk 7,50; 7,22—26
NT 6:   Joh 10,1—42; 11,1—12,20; 13,1—2. 11—12
NT 41:   Apg 17,30—18,2. 25. 27—28; 19,2—8. 15.
17—19; 20,11—16. 24—28. 36—21,3; 22,12—
14. 16—17

Var 8
Var 24:   aus Luk 4

27*

4. NOMINA SACRA[1]

αἷμα

αιμα   0105, NT 46

ἀλληλουϊά

αλλ   AT 70

ἄνθρωπος

ανος   05, 08, 09, 0105, 0108, 0109, 0203, AT 44, AT 49, AT 50, AT 53,
  AT 59, AT 61, AT 70, AT 93, AT 123, NT 22, NT 41, NT 46, NT 50,
  NT 60, NT 66, NT 74, NT 75, Var 5
ανς   06, 0204, 0205
ανθς   0205
ανπς   0205
ανπος   0203
ανως = ανος   0203
ανθρωπος   0203
ανου   08, 09, 0105, 0108, 0109, 0203, AT 53, AT 59, AT 63, AT 64, AT 123,
  AT 145, NT 21, NT 41, NT 46, NT 59, NT 66, NT 74, NT 75, NT 88
αθυ   0205
ανπυ   0203
ανπου   0203, 0205
ανω   0109, 0203, AT 53, AT 59, AT 64, AT 100, AT 105, AT 123, NT
  15, NT 66, NT 75
ανον   08, 0105, 0108, 0109, 0203, 0204, AT 53, AT 123, NT 46, NT 50,
  NT 66, NT 74, NT 75, Ap 19
αθν   0205, NT 47
ανθν   0205
ανθον   0205
ανπν   0205, AT 51
ανπον   0203
ανε   0108, 0109, NT 69, NT 74, NT 75
ανοι   08, 0108, 0109, AT 49, AT 53, AT 59, AT 123, NT 72, NT 74, NT 75
ανων   02, 08, 09, 0105, 0108, 0109, 0201, 0203, AT 44, AT 50, AT 53,
  AT 59, AT 70, AT 88, AT 105, AT 123, NT 15, NT 46, NT 66,
  NT 74, NT 75, Ap 9
αθων   0205
ανθων   0205
αννων   0205

---

[1] Vgl p 6, Anm 12; für die Identifizierung der nicht überstrichenen nomina sacra
muß der Beschreibungsteil herangezogen werden.

420

ανοις   08, 0105, 0107, 0109, ΑΤ 59, ΑΤ 100, ΑΤ 123, ΝΤ 8, ΝΤ 41, ΝΤ 46,
   ΝΤ 60, ΝΤ 61, ΝΤ 66, ΝΤ 75
ανους   08, 09, 0107, 0109, ΑΤ 53, ΑΤ 59, ΑΤ 123, ΝΤ 61, ΝΤ 66, ΝΤ 75
ανπους   ΑΤ 53

βασιλεύς

βαλευσιν   Ap 14

Δαυίδ

δαδ   09, 0108, ΑΤ 57, ΑΤ 58, ΑΤ 123, ΝΤ 26, ΝΤ 74
δδ   ΑΤ 36, ΑΤ 59
δαυδ   ΑΤ 50
δαυιδ   0205

δύναμις

δυμι   0205, ΝΤ 72
δυνι   0205
δυιν   0205
δνιν   0205

Ἠσαΐας

ησας   Ap 14

θεός

θς   05, 08, 09, 010, 0102, 0104, 0105, 0107, 0108, 0109, 0201, 0202, 0203
   0204, 0205, ΑΤ 1, ΑΤ 4, ΑΤ 5, ΑΤ 12, ΑΤ 13, ΑΤ 38, ΑΤ 44, ΑΤ 47,
   ΑΤ 53, ΑΤ 54, ΑΤ 55, ΑΤ 57, ΑΤ 59, ΑΤ 65, ΑΤ 66, ΑΤ 70, ΑΤ 71,
   ΑΤ 72, ΑΤ 74, ΑΤ 79, ΑΤ 88, ΑΤ 93, ΑΤ 123, ΑΤ 129, ΑΤ 132, ΑΤ
   133, ΑΤ 138, ΑΤ 139, ΝΤ 4, ΝΤ 9, ΝΤ 11, ΝΤ 13, ΝΤ 25, ΝΤ 29,
   ΝΤ 31, ΝΤ 34, ΝΤ 36, ΝΤ 40, ΝΤ 41, ΝΤ 45, ΝΤ 46, ΝΤ 47, ΝΤ 49,
   ΝΤ 50, ΝΤ 59, ΝΤ 61, ΝΤ 65, ΝΤ 66, ΝΤ 72, ΝΤ 74, ΝΤ 75, ΝΤ 88,
   Var 1, Var 8, Var 10, Var 11, Var 13, Var 14, Var 15, Var 21, Var 25,
   Var 26, Var 32, Var 35, Ap 11, Ap 14, Ap 21, Ap 24, Ap 26, Ap 30,
   Ap 31
οθς   ΝΤ 40
θεος   ΑΤ 79
θυ   05, 06, 08, 09, 010, 0102, 0104, 0105, 0107, 0108, 0109, 0201,
   0203, 0204, 0205, ΑΤ 1, ΑΤ 4, ΑΤ 5, ΑΤ 38, ΑΤ 44, ΑΤ 47, ΑΤ 50,
   ΑΤ 53, ΑΤ 55, ΑΤ 59, ΑΤ 70, ΑΤ 71, ΑΤ 74, ΑΤ 77, ΑΤ 79, ΑΤ 80,
   ΑΤ 84, ΑΤ 98, ΑΤ 103, ΑΤ 111, ΑΤ 123, ΑΤ 128, ΑΤ 129, ΑΤ 139,
   ΝΤ 4, ΝΤ 5, ΝΤ 8, ΝΤ 11, ΝΤ 13, ΝΤ 16, ΝΤ 20, ΝΤ 24, ΝΤ 26,
   ΝΤ 32, ΝΤ 34, ΝΤ 38, ΝΤ 40, ΝΤ 43, ΝΤ 45, ΝΤ 46, ΝΤ 47, ΝΤ 49,

NT 50, NT 51, NT 54, NT 61, NT 63, NT 66, NT 68, NT 72, NT 74,
NT 75, NT 88, Var 12, Var 13, Var 14, Var 15, Var 25, Var 26,
Var 32, Var 33, Var 35, Ap 1, Ap 9, Ap 15, Ap 26, Ap 27
τουθυ   NT 27
θω   05, 08, 09, 010, 0101, 0102, 0104, 0105, 0107, 0108, 0109, 0201, 0203,
0205, AT 1, AT 4, AT 5, AT 39, AT 44, AT 50, AT 53, AT 59, AT 70,
AT 74, AT 88, AT 123, AT 129, NT 8, NT 13, NT 15, NT 17, NT 18,
NT 26, NT 30, NT 34, NT 40, NT 45, NT 46, NT 47, NT 49, NT 61,
NT 66, NT 72, NT 74, NT 75, NT 81, Var 9, Var 13
θεω   0205, NT 72
θν   05, 08, 09, 010, 0104, 0105, 0108, 0109, 0201, 0203, 0204, 0205, AT 1,
AT 4, AT 5, AT 38, AT 50, AT 51, AT 53, AT 57, AT 59, AT 65,
AT 70, AT 77, AT 88, AT 123, AT 129, AT 139, NT 11, NT 13,
NT 15, NT 29, NT 40, NT 45, NT 46, NT 47, NT 66, NT 72, NT 74,
NT 75, NT 81, NT 88, Var 24, Var 26, Var 32, Ap 1, Ap 2, Ap 30
θε   AT 77
τονειν = τον θεον   NT 9

θυγάτηρ

θρα   AT 33

'Ιερουσαλήμ

ιημ   0204, 0205, Ap 1, Ap 2
ιηλημ   08
ιηλμ   08, AT 123
ιελμ   0205
ιλμ   AT 123, AT 140
ιλημ   08, 09, 0108, 0109, 0201, AT 36, AT 39, AT 53, AT 123, AT 143,
    NT 41, NT 50, NT 74, NT 75
ιρσημ   0205
ιυλμ   0205
ιυσλμ   0205

'Ιησοῦς

ιϲ   0108, 0109, 0202, 0205, AT 123, NT 1, NT 3, NT 4, NT 6, NT 7,
    NT 8, NT 13, NT 28, NT 55, NT 59, NT 60, NT 63, NT 66, NT 74,
    NT 75, NT 88, Var 13, Ap 9, Ap 15, Ap 27
ιη   0104, NT 18, NT 45, NT 64, Ap 12, Ap 14
ιης   05 ('Ιησοῦς = Josua), 0104, 0105, 0106, 0109, 0205, NT 5, NT 9,
    NT 22, NT 37, NT 39, NT 45, NT 46, NT 53, NT 75, Ap 8
ιηυς   0205
ιυ   0107, 0108, 0109, 0205, AT 123, NT 1, NT 4, NT 8, NT 11, NT 13,
    NT 16, NT 26, NT 33, NT 41, NT 47, NT 51, NT 55, NT 59, NT 60,
    NT 61, NT 66, NT 68, NT 72, NT 74, NT 75, Var 26, Ap 26

υι : ιυ   NT 40

ιηυ   0101, 0109, 0205, NT 30, NT 38, NT 72, NT 75, Var 33, Ap 21,
   Ap 23
ιησυ   NT 37
ιω   NT 88
ιυ   05 ('Ιησοῦς = Josua), 0105, 0108, 0109, AT 123, NT 13, NT 28,
   NT 41, NT 60, NT 66, NT 74, NT 75
ιην   05 ('Ιησοῦς = Josua), 0105, 0109, 0205, NT 5, NT 38, NT 46,
   NT 69, NT 72, NT 75, NT 78, Ap 23, Ap 24
ιηυν   0205

'Ιορδάνης

ιοανου   Ap 14

'Ισραήλ

ιηλ   04, 05, 08, 09, 0108, 0109, 0201, 0204, 0205, AT 23, AT 36, AT 50,
   AT 53, AT 87, AT 105, AT 123, AT 138, AT 143, NT 2, NT 42, NT
   55, NT 74, NT 75
ιλ   AT 71
ιολ   05, 0203, 0204, AT 70, Ap 18
ισηλ   0205, AT 123
ισρλ   0204, 0205
ισαηλ   0205
ισρηλ   0205

κόσμος

κμου   NT 15

κύριος

κς   02, 03, 05, 06, 08, 09, 010, 0104, 0105, 0108, 0109, 0201, 0204,
   0205, AT 1, AT 4, AT 5, AT 9, AT 19, AT 26, AT 35, AT 38, AT 41,
   AT 42, AT 43, AT 44, AT 45, AT 46, AT 47, AT 48, AT 50, AT 51,
   AT 53, AT 57, AT 59, AT 61, AT 63, AT 64, AT 65, AT 66, AT 69,
   AT 70, AT 71, AT 74, AT 82, AT 85, AT 88, AT 97, AT 103, AT 111,
   AT 123, AT 128, AT 129, AT 130, AT 132, AT 133, AT 135, AT
   136, AT 138, AT 139, AT 140, AT 141, AT 143, AT 145, NT 3, NT 4,
   NT 11, NT 13, NT 35, NT 45, NT 46, NT 47, NT 66, NT 72, NT 74,
   NT 75, Var 5, Var 8, Var 9, Var 11, Var 13, Var 15, Ap 14, Ap 16,
   Ap 21
κρς   AT 20
κυ   02, 05, 08, 09, 010, 0101, 0102, 0104, 0105, 0107, 0108, 0109, 0201,
   0204, 0205, AT 1, AT 4, AT 5, AT 9, AT 19, AT 21, AT 38, AT 44,

AT 50, AT 51, AT 53, AT 58, AT 59, AT 61, AT 63, AT 64, AT 80,
AT 88, AT 98, AT 105, AT 123, AT 129, AT 132, AT 133, AT 138,
AT 139, AT 140, AT 141, AT 145, NT 1, NT 3, NT 4, NT 8, NT 13,
NT 15, NT 26, NT 30, NT 34, NT 35, NT 38, NT 45, NT 46, NT 47,
NT 49, NT 51, NT 61, NT 65, NT 66, NT 72, NT 74, NT 75, Var 1,
Var 8, Var 20, Var 24, Var 26, Var 33, Ap 16, Ap 23

κρυ   AT 20

κυριου   0205, NT 72

κω   05, 08, 09, 010, 0104, 0105, 0107, 0108, 0109, 0201, 0204, 0205,
AT 1, AT 4, AT 5, AT 39, AT 44, AT 48, AT 50, AT 51, AT 53,
AT 57, AT 59, AT 64, AT 88, AT 98, AT 123, AT 129, AT 149,
NT 11, NT 15, NT 16, NT 27, NT 45, NT 46, NT 47, NT 49, NT 61,
NT 68, NT 72, NT 74, NT 75, Var 14, Var 27

κν   03, 05, 08, 09, 010, 0101, 0104, 0105, 0106, 0108, 0109, 0201,
0204, 0205, AT 1, AT 4, AT 5, AT 38, AT 44, AT 50, AT 51, AT 53,
AT 59, AT 63, AT 64, AT 70, AT 71, AT 76, AT 88, AT 100, AT
123, AT 129, NT 6, NT 20, NT 30, NT 45, NT 46, NT 53, NT 66,
NT 72, NT 74, NT 75, NT 78, Var 6, Var 9, Var 11, Var 19, Var 23,
Var 24, Ap 1, Ap 2, Ap 21, Ap 23

κον   0205

κε   02, 08, 09, 010, 0104, 0105, 0108, 0109, 0201, 0202, 0205, AT 4,
AT 5, AT 44, AT 45, AT 47, AT 48, AT 49, AT 50, AT 51, AT 53,
AT 55, AT 57, AT 59, AT 65, AT 66, AT 70, AT 74, AT 78, AT 79,
AT 83, AT 84, AT 88, AT 123, AT 129, NT 3, NT 6, NT 37, NT 45,
NT 46, NT 47, NT 59, NT 62, NT 64, NT 66, NT 72, NT 74, NT 75,
Var 15, Var 18, Var 24, Var 28, Var 32, Ap 11, Ap 15

μήτηρ

μρ   AT 53, AT 59
μηρ   09, Var 5
μρς   0201, AT 50, AT 53
μτρς   AT 59
μρα   NT 60

Μωϋσῆς

μω   Ap 14

οὐρανός

ουνος   09
ουνου   06, 09, 0201, AT 97, AT 103, Var 13, Var 14
ουνον   0201, AT 100, NT 56
ουν   0108, 0205, NT 74

ουρν   0205
ουνοις   AT 43
ουνους   AT 70

πατήρ

παρ   0205, NT 72
πηρ   09, 0105, 0108, 0201, 0202, 0205, AT 123, NT 22, NT 39, NT 46,
    NT 62, NT 66, NT 70, NT 74, Ap 11
πρ   05, 0104, 0105, 0109, 0202, 0204, AT 53, AT 111, AT 128, NT 5,
    NT 45, NT 46, NT 66, NT 75, Ap 11
πρς   0104, 0105, 0106, 0108, 0109, 0201, 0204, 0205, AT 13, AT 33,
    AT 53, AT 59, AT 123, NT 5, NT 22, NT 45, NT 46, NT 47, NT 51,
    NT 53, NT 56, NT 66, NT 68, NT 72, NT 74, NT 75, NT 76, Ap 11,
    Ap 26
πς   0104, NT 45 πατέρες
προς   09, 0109, AT 53, AT 123, NT 75, Var 33
πτς   05
πρι   0104, 0105, 0107, 0108, 0109, 0205, AT 123, NT 45, NT 46, NT
    61, NT 66, NT 72, NT 74, NT 75
παρι   0105, NT 46
πρα   0104, 0105, 0108, 0109, 0205, AT 20, AT 123, NT 5, NT 22, NT
    39, NT 45, NT 46, NT 66, NT 74, NT 75, Ap 9, Ap 14, Ap 26
περα   09
πτρα   0205, NT 72
περ   0106, NT 53, NT 59, NT 66
πρες   0201, AT 53, NT 66, Var 12
πρεες   AT 50
πρων   09, 0205, AT 53, AT 59
πτρν   0205

πατρίς

πριδι   Ap 9

πνεῦμα, πνευματικός

πνα   05, 08, 09, 010, 0102, 0104, 0105, 0107, 0108, 0109, 0203, 0204, 0205,
    AT 1, AT 4, AT 38, AT 53, AT 57, AT 59, AT 77, AT 84, AT 88,
    AT 93, AT 97, AT 123, AT 129, NT 4, NT 5, NT 8, NT 15, NT 24,
    NT 26, NT 34, NT 37, NT 38, NT 41, NT 45, NT 46, NT 47, NT 50,
    NT 55, NT 57, NT 61, NT 66, NT 72, NT 74, NT 75, NT 79, Var 21,
    Var 30, Var 32, Var 33, Var 35, Ap 1, Ap 23
πνς   08, 09, 0104, 0105, 0108, 0109, 0203, 0204, 0205, AT 123, NT 1,
    NT 4, NT 7, NT 8, NT 11, NT 13, NT 17, NT 20, NT 45, NT 46,
    NT 66, NT 72, NT 74, NT 75, Ap 1

πνος   ΑΤ 93, ΑΤ 123, ΝΤ 4

πντς   0205

πναι   0205, ΝΤ 72

πνι   08, 010, 0104, 0105, 0108, 0109, 0204, 0205, ΑΤ 50, ΑΤ 53, ΑΤ 59,
    ΑΤ 123, ΝΤ 4, ΝΤ 5, ΝΤ 7, ΝΤ 8, ΝΤ 11, ΝΤ 26, ΝΤ 27, ΝΤ 33,
    ΝΤ 41, ΝΤ 45, ΝΤ 46, ΝΤ 49, ΝΤ 66, ΝΤ 68, ΝΤ 72, ΝΤ 74, ΝΤ 75,
    ΝΤ 88, Αp 1

πντι   09, 0205, ΑΤ 123, ΝΤ 72

πτι   ΝΤ 55

αγιω πνι   0205

πντα   0109, ΑΤ 123, ΝΤ 38, ΝΤ 75

πνευτα   Var 24

πνων   0105, ΝΤ 46

πνατων   05, 0109, ΝΤ 75

πνασι   0109, ΝΤ 75

πσιν   ΑΤ 53

πνκος   0105, ΝΤ 46

πνατικος   0205, ΝΤ 72

πνκον   0105, ΝΤ 46

πνικον   0105, ΝΤ 46

πνκου   ΑΤ 123

πνικω   ΑΤ 123

πνκην   ΑΤ 123

πνκα   ΑΤ 123

πνκων   ΑΤ 123

πνατικας   0205, ΝΤ 72

προφήτης

προφας   Αp 14

σταυρός

στρος   0105, ΝΤ 46

στρου   0105, ΝΤ 46

στου   0105, ΝΤ 46

σϯου   ΝΤ 66

στρω   0105, ΝΤ 46

σϯω   ΝΤ 66

στρον   0109, ΝΤ 75

στρν   0105, ΝΤ 46

σϯν   0104, ΝΤ 45

σϯον   0109, ΝΤ 66, ΝΤ 75

σταυροῦν

σϯναι 0104, NT 45 (σταυρωθῆναι)
σϯωθηναι 0109, NT 75
εσταν 0105, NT 46 (ἐσταύρωσαν)
εστραν 0105, NT 46
εσϯαν NT 66
εσϯθη NT 66
εστρθη 0105, NT 46 (ἐσταυρώθη)
εστρω NT 47
εστραι 0105, NT 46 (ἐσταύρωται)
συνεστραι 0105, NT 46
εστν 0105, NT 46, (ἐσταυρωμένον)
σϯωσω NT 66 (σταύρωσον)
σϯατε NT 66 (σταυρώσατε)
σϯθη NT 66 (σταυρωθῇ)
αναστρες 0105, NT 46
εστρωσαν 0109, NT 75

σωτήρ

σρ AT 123
σηρ AT 123
σωρ AT 123
στρ AT 123
σρς AT 123
σρος AT 123
σωρος AT 123
σρι AT 123
σηρι AT 123
σρα 0108, AT 123, NT 74
σηρα AT 123

υἱός

υιος 0205
υς 0104, 0105, 0109, 0202, 0205, AT 33, AT 123, NT 9, NT 45, NT 46, NT 48, NT 66, NT 75, Var 5, Ap 26, Ap 27
υις 0105, 0205, NT 46
υυ 0107, 0109, AT 123, NT 1, NT 26, NT 61, NT 75, Var 33, Ap 26
υιυ 0105, NT 46
υω 0104, 0105, AT 123, NT 45, NT 46 NT 66,
υν 0104, 0105, 0108, 0109, 0205, AT 123, NT 45, NT 46, NT 60, NT 66, NT 74, NT 75, NT 79
υιν 0105, 0205, NT 46

υε   ΑΤ 123
υιε   0104, NT 45
υιοι   ΑΤ 70
υιων   0205
υς = υἱούς   ΑΤ 105

χριστιανός

χρανους   0104, NT 45

χριστός

χρ   0104, NT 18, NT 45
χς   0104, 0105, 0108, 0109, 0205, NT 4, NT 11, NT 45, NT 46, NT 49, NT 66, NT 74, NT 75, NT 81, Var 32, Ap 15, Ap 27
χρς   0105, 0205, ΑΤ 53, NT 46, NT 72
χθς   NT 9
χυ   0102, 0105, 0107, 0108, 0109, 0201, ΑΤ 79, NT 1, NT 11, NT 13, NT 15, NT 16, NT 26, NT 27, NT 33, NT 34, NT 40, NT 46, NT 47, NT 61, NT 66, NT 74, NT 75, Var 26, Ap 26, Ap 28
χρυ   0105, 0205, ΑΤ 53, NT 46, NT 51, NT 72, Var 33, Ap 23
χου   0205
χω   0101, 0102, 0105, 0107, NT 16, NT 30, NT 31, NT 34, NT 40, NT 46, NT 61, NT 68
χρω   0105, 0205, NT 46, NT 72
χν   0105, 0107, 0108, 0109, 0205, NT 11, NT 46, NT 61, NT 74, NT 75
χρν   0105, 0205, ΑΤ 53, NT 38, NT 46, NT 66, NT 72, NT 78, Ap 23, Ap 24
χε   Var 32

ιαω   ΑΤ 22
יהוה   01, ΑΤ 3
τονειν (= τον θεον)   NT 9
χ μ γ (?)   Var 11
χ⁺ ν μ γ   Ap 26
χ über ρ für ἑκατόνταρχος, -χοι, -χων   05 (ΑΤ 24)
σαρξ   ΑΤ 50

5. ROLLE, KODEX, EINZELBLATT

Rolle

01 (AT 3, AT 27)	AT 135
AT 3 (01)	AT 144
AT 9	NT 12 (Var 35)
AT 18	NT 13
AT 21	NT 18
AT 22	NT 22
AT 23	[NT 43] (o Kodex)
AT 27 (01)	Var 7
AT 28	Var 14
[AT 51] (o Kodex)	Var 16?
AT 59	[Var 24 = Od 8] (o Einzelblatt)
[AT 67] (o Einzelblatt)	Var 32?
AT 76	Var 35 (NT 12)
AT 77	Ap 7?
AT 79	Ap 8
AT 80	Ap 10
[AT 86] (o Kodex)	Ap 13

Kodex

02 (AT 11, AT 29, AT 37, AT 134)	0108 (NT 74)
03 (AT 15, AT 30) [Heft]	0109 (NT 75)
04 (AT 17, AT 31, AT 137)	0201 (AT 16 = Od 1, AT 32 = Od 2, AT 34 = Od 3, AT 117 = Od 6, AT 131 = Od 5 u Od 11, AT 88a = Od 12, AT 150 = Od 7 u Od 8, NT 42 = Od 9 u Od 13)
05 (AT 24, AT 25)	
06 (AT 90, AT 102, AT 107)	
07 (AT 109, AT 112)	
08 (AT 108, AT 110, AT 113, AT 114, AT 115, AT 116, AT 118, AT 119, AT 120, AT 121, AT 122, AT 125)	0202 (AT 151, NT 62)
09 (AT 124, AT 126)	0203 (AT 92, Ap 22)
010 (AT 40, AT 146, AT 147, AT 148, AT 153)	0204 (Ap 2, Ap 3)
0101 (NT 30)	0205 (AT 60, NT 72, Ap 6, Ap 17, Ap 25)
0102 (NT 34)	AT 1
0103 (NT 44)	AT 2
0104 (NT 45)	AT 4
0105 (NT 46)	AT 5
0106 (NT 53)?	AT 6
0107 (NT 61)	AT 8
	AT 10
	AT 11 (02)

AT 12
AT 13
AT 14
AT 15 (03)
AT 16 = Od 1 (0201)
AT 17 (04)
AT 19
AT 20
AT 24 (05)
AT 25 (05)
AT 26
AT 29 (02)
AT 30 (03)
AT 31 (04)
AT 32 = Od 2 (0201)
AT 33
AT 34 = Od 3 (0201)
AT 35
AT 36
AT 37 (02)
AT 38
AT 39
AT 40 (010)
AT 41
AT 42
AT 43
AT 44
AT 45
AT 46
AT 47
AT 48
AT 50
[AT 51] (o Rolle)
AT 52
AT 53
AT 55
AT 57
AT 58
AT 60 (0205)
AT 61
AT 63
AT 64
AT 65
AT 66

AT 68
AT 72
AT 73
AT 74
AT 75
AT 78
AT 82
AT 83
AT 84
[AT 86] (o Rolle)
AT 87
AT 88
AT 88a = Od 12 (0201)
AT 89
AT 90 (06)
AT 91
AT 92 (0203)
AT 93
AT 94
AT 95
AT 96
AT 97
AT 98
AT 99
AT 101
AT 102 (06)
AT 103
AT 104
AT 105
AT 106
AT 107 (06)
AT 108 (08)
AT 109 (07)
AT 110 (08)
AT 111
AT 112 (07)
AT 113 (08)
AT 114 (08)
AT 115 (08)
AT 116 (08)
AT 117 = Od 6 (0201)
AT 118 (08)
AT 119 (08)
AT 120 (08)

AT 121 (08)	NT 20
AT 122 (08)	NT 21
AT 123	NT 23
AT 124 (09)	NT 24
AT 125 (08)	NT 25
AT 126 (09)	NT 26
AT 127?	NT 27
AT 128	NT 28
AT 129	NT 29
AT 130	NT 30 (0101)
AT 131 = Od 5 u Od 11 (0201)	NT 32
AT 132	NT 33 [NT 58]
AT 133	NT 34 (0102)
AT 134 (02)	NT 35
AT 136	NT 36
AT 137 (04)	NT 37
AT 138	NT 38
AT 139	NT 39
AT 140	NT 40
AT 141	NT 41
AT 142	NT 42 = Od 9 u Od 13 (0201)
AT 143	[NT 43] (o Rolle)
AT 145	NT 44 (0103)
AT 146 (010)	NT 45 (0104)
AT 147 (010)	NT 46 (0105)
AT 148 (010)	NT 47
AT 150 = Od 7 u Od 8 (0201)	NT 48
AT 151 = Od 8 (0202)	NT 49
AT 153 (010)	NT 51
NT 1	NT 52
NT 2	NT 53 (0106)
NT 3	NT 54
NT 4	NT 55
NT 5	NT 56
NT 6	NT 57
NT 7?	NT 58 [NT 33]
NT 8	NT 59
NT 9	NT 60
NT 11	NT 61 (0107)
NT 14	NT 62 (0202)
NT 15	NT 63
NT 16	NT 64 [NT 67]
NT 17	NT 65
NT 19	NT 66

NT 67 [NT 64]

NT 68

NT 69

NT 70

NT 71

NT 72 (0205)

NT 73

NT 74 (0108)

NT 75 (0109)

NT 76

NT 77

NT 78

NT 79

NT 80

NT 81

NT 82

NT 85

NT 86

NT 87

NT 88

Var 2

Var 8 [Heft]

[Var 25] (o Einzelblatt)

Ap 1

Ap 2 (0204)

Ap 3 (0204)

Ap 4

Ap 5

Ap 6 (0205)

Ap 9

Ap 11

Ap 12

Ap 14

Ap 15?

Ap 16

Ap 17 (0205)

Ap 18

Ap 19

Ap 20

Ap 21

Ap 22 (0203)

Ap 23

Ap 24

Ap 25 (0205)

Ap 28

Ap 29

[Ap 30] (o Einzelblatt)

[Ap 31] (o Einzelblatt)

Einzelblatt

AT 7?

AT 49?

AT 54

AT 56?

AT 62

[AT 67] (o Rolle)

AT 69

AT 70

AT 71

AT 81?

AT 85?

AT 88b = Od 12?

AT 100

AT 149?

AT 152 = Od 8

NT 10 (Var 33)

NT 31?

NT 50

Var 1

Var 3

Var 4

Var 5

Var 6

Var 9

Var 10

Var 11

Var 12

Var 13

Var 15?

Var 17

Var 18

Var 19

Var 20

Var 21 = Od 5

Var 22 = Od 8

Var 23 = Od 8

[Var 24 = Od 8] (o Rolle) Var 31
[Var 25] (o Kodex) Var 33 (NT 10)
Var 26 Var 34
Var 27 Ap 26
Var 28 Ap 27?
Var 29 [Ap 30] (o Kodex)
Var 30 [Ap 31] (o Kodex)

6. DATIERUNGEN[1]

II ante

*01	(AT 3, AT 27)	Kenyon: 105 ante	[II—I ante, I ante]
*AT 3	(01)		
*AT 27	(01)		
AT 28		Roberts	

II—I ante

*01	(AT 3, AT 27)	Waddell	[II ante, I ante]
*AT 3	(01)		
*AT 18		Treu: ca 100 ante	[I ante]
*AT 27	(01)		
AT 144		Baillet/Milik/de Vaux, Treu: 100 ante	

I ante

*01	(AT 3, AT 27)	Dunand; Treu: vor 50 ante	[II ante, II—I ante]
*AT 3	(01)		
*AT 18		Baillet/Milik/de Vaux	[II—I ante]
AT 22		Skehan	
*AT 27	(01)		

I post

AT 6		Roberts: vor 80; Welles: I M—E; Treu: ca 90

II

03	(AT 15, AT 30)	Bilabel	
*05	(AT 24, AT 25)	Kenyon, Bell/Schubart bei Kenyon: II M; Wilcken: Regierung Hadrians (117—138); Hunt bei Kenyon: II E o III A	[II—III, III]
*07	(AT 109, AT 112)	Bell/Thompson, Hunt bei Bell/Thompson	[III, III—IV]

---

[1] Mit einem * wird auf strittige Datierungen hingewiesen, sie sind sämtlich verzeichnet (in [ ] die notwendigen Querverweise).

*0105	(NT 46)	Wilcken: etwa II	[II—III, III]
*010	(AT 40, AT 146)	Wilcken	[II—III, III]
AT 15	(03)		
*AT 24	(05)		
*AT 25	(05)		
AT 30	(03)		
*AT 40	(010)		
*AT 68		Treu	[II—III]
AT 77		Norsa	
AT 78		Roberts; Treu: II M	
*AT 109	(07)		
*AT 112	(07)		
*AT 146	(010)		
*NT 32		Roberts bei Aland	[II—III,III, III—IV]
*NT 46	(0105)		
NT 52		Roberts, Kenyon bei Scho-field, Schubart bei Scho-field, Bell, Schofield, Maldfeld, Aland, Liste, Papyrus: II A	
*NT 64		Roberts: II E	[II—III, III]
*NT 66		Hunger bei Aland, Papyrus	[II—III]
*NT 67	(NT 64)		
*NT 77		Ingrams/Kingston/Parson/Rea: II E	[II—III]
*Var 3		Traversa	[IV—V]
*Ap 9		Grenfell/Hunt: II o III	[III]
Ap 14		Bell/Skeat	

II—III

*05	(AT 24, AT 25)	Sanders: um 200	[II, III]
*010	(AT 40, AT146, AT 147, AT 148, AT 153)	Geissen, Galiano, Hamm: II—III A; Kenyon bei Johnson/Gehman/Kase, Treu: II E—III A	[II, III]
*0105	(NT 46)	Schofield: II—III A; Aland, Liste, Papyrus, Wilcken bei Kenyon: um 200	[II, III]
*0109	(NT 75)	Martin/Kasser: 175—225	[III]
*AT 8		Rahlfs; Marien	[III]

*AT 19		Hunt	[III]
*AT 24	(05)		
*AT 25	(05)		
AT 39		Roca-Puig, Treu	
*AT 40	(010)		
*AT 68		Barns/Kilpatrick	[II]
*AT 86		Heinrici	[III]
*AT 132		Rahlfs	[IV]
AT 139		Kenyon	
*AT 146	(010)		
*AT 147	(010)		
*AT 148	(010)		
*AT 153	(010)		
*NT 32		Aland, Liste, Papyrus: um 200	[II, III, III—IV]
*NT 46	(0105)		
*NT 64		Aland, Liste, Papyrus, Treu: um 200	[II, III]
*NT 66		Martin, Aland, Liste, Papyrus, Treu: um 200	[II]
*NT 67	(NT 64)		
*NT 75	(0109)		
*NT 77		Treu, Aland, Materialien	[II]

III

*05	(AT 24, AT 25)	Hunt bei Kenyon: II E o III A	[II, II—III]
06	(AT 90, AT 102, AT 107)	Roberts, Zuntz, Treu	
*07	(AT 109, AT 112)	Bell/Thompson: III E	[II, III—IV]
08	(AT 108, AT 110 AT 113, AT 114, AT 115, AT 116, AT 118, AT 119, AT 120, AT 121, AT 122, AT 125)	Sanders/Schmidt	
*010	(AT 40, AT 146, AT 147, AT 148, AT 153)	Kenyon; Johnson/Gehman/Kase, Bell bei Johnson/Gehman/Kase: III A	[II, II—III]
*0101	(NT 30)	Aland, Liste, Papyrus	[III—IV]
0104	(NT 45)	Sanders: um 250; Kenyon, Schofield: III A; Bell bei Schofield, Dobschütz, Schubart bei Schofield,	

		Maldfeld, Aland, Liste, Papyrus; Grenfell/Hunt bei Schofield: III E	
*0105	(NT 46)	Kenyon: III A; Dobschütz, Clark, Maldfeld, Sanders: III E	[II, II—III]
0106	(NT 53)	Sanders, Clark, Maldfeld, um 250; Aland, Liste, Papyrus	
*0109	(NT 75)	Aland, Liste, Papyrus, Treu: III A	[II—III]
*0205	(NT 72, Ap 6, Ap 17, Ap 25)	Testuz, Treu	[III—IV]
AT 1		Sanders/Schmidt, Rahlfs: III E	
AT 4		Kenyon: III M—E	
AT 7		Milne, Rahlfs	
*AT 8		Grenfell/Hunt: III A	[II—III]
AT 9		Hunt, Milne, Rahlfs	
AT 10		Treu: III A?	
AT 14		Milne	
*AT 19		Rahlfs	[II—III]
AT 20		Collart, Treu	
AT 21		Grenfell/Hunt, Milne, Rahlfs	
*AT 24	(05)		
*AT 25	(05)		
AT 38		Bell/Skeat: III M	
*AT 40	(010)		
AT 43		Milne	
AT 44		Wessely, Marien, Rahlfs: IV?	
*AT 48		Sanders; Hunt bei Sanders: III o IV	[IV]
*AT 51		Rahlfs: III E	[III—IV]
AT 72		Sanz, Treu	
*AT 86		Rahlfs: III A?	[II—III]
AT 89		Roberts: III E?; Treu	
AT 90	(06)		
*AT 93		Sanders	[III—IV]
AT 100		Stegmüller: um 220	
AT 102	(06)		
AT 107	(06)		
AT 108	(08)		
*AT 109	(07)		

AT 110	(08)		
*AT 112	(07)		
AT 113	(08)		
AT 114	(08)		
AT 115	(08)		
AT 116	(08)		
AT 118	(08)		
AT 119	(08)		
AT 120	(08)		
AT 121	(08)		
AT 122	(08)		
AT 125	(08)		
AT 129		Vaccari; Kenyon: 236; Bell/ Roberts, Treu: III A?	
AT 130		Donovan: III E	
AT 133		Wessely, Rahlfs	
*AT 136		Rahlfs: III?	[IV]
AT 138		Treu	
*AT 146	(010)		
*AT 147	(010)		
*AT 148	(010)		
*AT 153	(010)		
*NT 1		Hedley, Schubart bei Schofield, Clark, Aland, Liste, Papyrus; Schofield: III E	[III—IV]
*NT 4		Aland, Liste, Papyrus; Wessely: III?	[IV, V, VI]
*NT 5		Streeter: 250—300; Wessely, Kenyon, Schubart bei Schofield, Wilcken bei Schofield, Soden, Hedley, Maldfeld, Aland, Liste, Papyrus; Grenfell/Hunt, Schofield: III E	[III—IV, IV]
*NT 9		Aland, Liste, Papyrus	[IV—V]
*NT 12	(Var 35)	Aland, Liste, Papyrus: III E	[III—IV, IV]
*NT 15		Aland, Liste, Papyrus	[IV]
NT 20		Soden, Dobschütz, Schubart bei Schofield, Maldfeld, Aland, Liste, Papyrus; Grenfell/ Hunt, Schofield, Clark: III E	
*NT 22		Schubart bei Schofield, Maldfeld, Aland, Liste, Papyrus; Grenfell/Hunt, Schofield: III E	[III—IV]

*NT 23	Aland, Liste, Papyrus: III A; Schofield: III E	[IV]
*NT 24	Schofield: III E	[IV]
NT 27	Grenfell/Hunt, Dobschütz, Maldfeld, Aland, Liste, Papyrus; Schofield: III E	
*NT 28	Aland, Liste, Papyrus	[IV]
*NT 29	Aland, Liste, Papyrus	[III—IV, IV]
*NT 30 (0101)		
*NT 32	Hatch: III A; Schofield: III M; Hunt, Schubart bei Schofield, Maldfeld	[II, II—III, III—IV]
*NT 35	Roberts/Skeat bei Aland, Papyrus: III?	[IV, VI, VI—VII, VII]
*NT 37	Dobschütz, Hedley, Clark, Maldfeld, Sanders; Schofield: III E	[III—IV, IV]
*NT 38	Sanders: 200—250; Kenyon	[III—IV, IV, IV—V]
*NT 39	Aland, Liste, Papyrus, Roberts/Skeat bei Aland, Papyrus	[IV]
*NT 40	Aland, Liste, Papyrus	[V—VI, VI]
NT 45 (0104)		
*NT 46 (0105)		
*NT 47	Dobschütz, Maldfeld; Schofield, Aland, Liste, Papyrus: III E	[III—IV]
*NT 48	Dobschütz, Maldfeld; Aland, Liste, Papyrus: III E	[III—IV]
NT 49	Maldfeld; Clark, Aland, Liste, Papyrus, Hatch/Welles, Treu: III E	
NT 53 (0106)		
*NT 64 (NT 67)	Roca-Puig, Huleatt bei Roberts	[II, II—III]
NT 65	Bartoletti, Aland, Liste, Papyrus, Treu	
*NT 67 (NT 64)		
NT 69	Lobel/Roberts/Turner/Barns, Aland, Liste, Papyrus, Treu	
*NT 70	Aland, Liste, Papyrus, Treu	[III—IV]

*NT 72	(0205)		
*NT 75	(0109)		
*NT 80		Roca-Puig, Aland, Materia- lien: III E	[III—IV]
NT 87		Hagedorn	
Var 29		Barns/Zilliacus, Treu	
*Var 35	(NT 12)	Aland, Liste, Papyrus: III E	[III—IV, IV]
Ap 6	(0205)		
Ap 8		Grenfell/Hunt	
*Ap 9		Grenfell/Hunt: II o III	[II]
Ap 10		Grenfell/Hunt	
*Ap 12		Grenfell/Hunt: III o IV	[IV]
Ap 13		Wessely	
Ap 17	(0205)		
Ap 19		Roberts: III A	
*Ap 23		Sanders: III o IV	[IV]
*Ap 24		Sanders: III o IV	[III—IV, IV]
Ap 25	(0205)		

III—IV

*07	(AT 109, AT 112)	Hunt bei Bell/Thompson: III E—IV	[II, III]
*0101	(NT 30)	Grenfell/Hunt, Schofield: III E—IV; Dobschütz, Maldfeld	[III]
0203	(AT 92, Ap 22)	Schmidt/Schubart: um 300	
*0205	(NT 72)	Aland, Liste, Papyrus, Treu	[III]
AT 47		Grenfell/Hunt, Rahlfs: III E —IV A	
*AT 51		Milne	[III]
AT 53		Kasser/Testuz, Treu: III E— IV A	
*AT 63		Rahlfs	[IV]
AT 88		Vitelli	
AT 92	(0203)		
*AT 93		Roca-Puig, Treu	[III]
AT 104		Dianich, Treu	
*AT 109	(07)		
*AT 112	(07)		
AT 135		Carlini	
*AT 145		Rahlfs	[IV]
*NT 1		Grenfell/Hunt: III E—IV; Gregory, Soden, Dobschütz, Maldfeld	[III]

*NT 5		Goodspeed bei Schofield, Dobschütz	[III, IV]
*NT 12	(Var 35)	Grenfell/Hunt, Schofield: III E—IV; Gregory, Maldfeld	[III, IV]
*NT 13		Schofield: III E—IV; Maldfeld: III—IV o IV A; Aland, Liste, Papyrus, Treu; Hedley bei Schofield: ca 300	[IV]
*NT 16		Aland, Liste, Papyrus	[IV]
NT 18		Grenfell/Hunt, Schofield: III E—IV; Hedley bei Schofield: etwa 300; Soden, Dobschütz, Maldfeld, Aland, Liste, Papyrus	
*NT 22		Hedley: etwa 300; Dobschütz	[III]
*NT 29		Grenfell/Hunt: III E—IV; Dobschütz, Maldfeld	[III, IV]
*NT 30	(0101)		
*NT 32		Dobschütz	[II, II—III, III]
*NT 37		Aland, Liste, Papyrus	[III, IV]
*NT 38		Aland, Liste, Papyrus: um 300; Hedley, Schubart: III E—IV; Vogels, Maldfeld, Roberts/Skeat bei Aland	[III, IV, IV—V]
*NT 47		Kenyon: III E—IV	[III]
*NT 48		Vitelli, Kenyon, Hedley, Schofield: III E—IV	[III]
*NT 50		Treu	[IV, IV—V, V]
*NT 70		Lobel/Roberts/Turner/Barns	[III]
*NT 72	(0205)		
NT 78		Ingrams/Kingston/Parson/Rea, Aland, Materialien, Treu	
*NT 80		Treu: III?—IV	[III]
*Var 35	(NT 12)	Grenfell/Hunt, Schofield: III E—IV; Gregory, Maldfeld	[III, IV]
Ap 11		Grenfell/Hunt: III E—IV A	
Ap 22	(0203)		
*Ap 24		Treu	[III, IV]

III—V

*AT 56		Kraft/Tripolitis	[IV—V]

IV

*02	(AT 11, AT 29, AT 37, AT 134)	Roberts, Eitrem/Amundsen, Marien	[IV—V]
0202	(AT 151, NT 62)	Amundsen, Maldfeld, Aland, Liste, Papyrus	
0204	(Ap 2, Ap 3)	Bonner, Kenyon, Treu	
*0205	(AT 60)	Testuz, Martin, Treu	
AT 5		Kenyon	
*AT 11	(02)		
AT 12		Grenfell/Hunt, Rahlfs	
*AT 13		Treu	[IV—V]
AT 23		Grenfell/Hunt, Rahlfs: IV A—M	
AT 26		Hunt, Rahlfs	
*AT 29	(02)		
AT 35		Feinberg, Treu	
*AT 36		Plasberg, Treu	[IV—V]
*AT 37	(02)		
AT 42		Grenfell/Hunt	
AT 44		Wessely, Rahlfs, Marien: IV?	
AT 49		Wessely: IV A	
*AT 50		Rahlfs: IV?	[IV—V, IV —VII, VII]
AT 54		Stegmüller	
AT 55		Wessely, Rahlfs	
AT 59		Heinrici, Rahlfs	
AT 60	(0205)		
AT 62		Sanz, Treu	
*AT 63		Stegmüller, Treu	[III—IV]
AT 64		Vitelli, Treu	
AT 65		Collart	
AT 76		Eberhart	
AT 96		Milne: IV A	
AT 98		Vitelli/Norsa/Bartoletti	
AT 105		Kenyon: IV E	
*AT 132		Stegmüller	[II—III]
*AT 134	(02)		
*AT 136		Stegmüller	[III]
AT 140		Carlini	
AT 141		Haelst; Treu: IV E	
AT 142		Roca-Puig, Treu	
*AT 145		Grenfell	[III—IV]
AT 151	(0202)		

*NT 4	Grenfell/Hunt, Gregory, Kenyon, Dobschütz, Schofield, Maldfeld	[III, V, VI]
*NT 5	Gregory	[III, III—IV]
*NT 6	Aland, Liste, Papyrus	[V, V—VI, VII—VIII]
*NT 7	Schofield, Soden	[IV—VI]
NT 8	Gregory, Soden, Dobschütz, Schofield, Maldfeld, Aland, Liste, Papyrus	
NT 10 (Var 33)	Grenfell/Hunt, Schofield, Clark: IV A; Gregory, Soden, Dobschütz, Maldfeld, Aland, Liste, Papyrus	
*NT 12 (Var 35)	Soden, Clark, Rahlfs	[III, III—IV]
*NT 13	Grenfell/Hunt: IV A; Gregory, Soden, Schubart bei Schofield, Dobschütz, Bartoletti; Kenyon: IV E	[III—IV]
*NT 15	Soden, Dobschütz, Maldfeld, Grenfell/Hunt, Schofield: IV E	[III]
*NT 16	Gregory, Soden, Dobschütz, Maldfeld; Grenfell/Hunt, Schofield: IV E	[III—IV]
NT 17	Grenfell/Hunt, Soden, Dobschütz, Schofield, Maldfeld, Aland, Liste, Papyrus	
*NT 23	Grenfell/Hunt, Dobschütz, Clark, Maldfeld	[III]
*NT 24	Grenfell/Hunt, Clark: IV A; Dobschütz, Maldfeld, Aland, Liste, Papyrus	[III]
*NT 25	Aland, Liste, Papyrus: IV E	[V—VI]
*NT 28	Grenfell/Hunt, Schofield: IV A; Dobschütz, Clark, Maldfeld	[III]
*NT 29	Schofield: IV A	[III, III—IV]
*NT 35	Aland, Liste: IV?	[III, VI, VI —VII, VII]
*NT 37	Kenyon: IV E	[III, III—IV]
*NT 38	Hunt bei Schofield, Schofield: IV A; Dobschütz, Clark, Lagrange	[III, III—IV, IV—V]
*NT 39	Grenfell/Hunt, Dobschütz, Schofield, Clark, Maldfeld	[III]

*NT 50		Kräling, Clark, Maldfeld, • Hunger bei Aland, Papyrus	[III—IV, IV—V, V]
*NT 51		Lobel/Roberts, Maldfeld	[IV—V]
*NT 54		Hunger bei Aland, Papyrus	[V, V—VI, VI]
NT 62	(0202)		
NT 71		Lobel/Roberts/Turner/Barns, Aland, Liste, Papyrus, Treu	
NT 81		Daris, Aland, Materialien, Treu	
NT 86		Hagedorn: IV A	
NT 88		Daris	
*Var 13		Rahlfs, Heinrici	[VI—VII]
Var 23		Gronewald: IV A—IV M (r), IV M—IV E (v)	
Var 27		Amundsen, Treu: IV E	
Var 33	(NT 10)	Grenfell/Hunt, Schofield, Clark: IV A; Gregory, Soden, Dobschütz, Maldfeld, Aland, Liste, Papyrus	
*Var 35	(NT 12)	Soden, Clark, Rahlfs	[III, III—IV]
Ap 2	(0204)		
Ap 3	(0204)		
Ap 5		Pistelli	
*Ap 12		Grenfell/Hunt: III o IV	[III]
Ap 18		Pistelli, de Strycker	
Ap 21		Grenfell/Hunt	
*Ap 23		Schmidt/Schubart, Schmidt; Sanders: III o IV	[III]
*Ap 24		Sanders: III o IV	[III, III—IV]
Ap 29		Grenfell/Hunt: IV E	

IV—V

*02	(AT 11, AT 29, AT 37, AT 134)	Rudberg	[IV]
*AT 11	(02)		
*AT 13		Schubart	[IV]
*AT 29	(02)		
*AT 36		Rahlfs	[IV]
*AT 37	(02)		
*AT 50		Tischendorf, Bond/Thompson/ Warner	[IV, IV—VII, VII]
*AT 56		Treu	[III—V]
AT 74		Kenyon: IV E—V; Rahlfs	

444

AT 79	Lobel/Roberts/Turner/Barns, Treu	
AT 101	Wessely, Rahlfs	
*AT 134 (02)		
*NT 9	Grenfell/Hunt, Schofield: IV E—V; Gregory, Soden, Clark, Maldfeld	[III]
*NT 11	Tischendorf: IV E—V; Mayence	[V, V—VI, VII]
*NT 19	Aland, Liste, Papyrus	[V]
*NT 21	Aland, Liste, Papyrus	[V]
*NT 38	Wilcken bei Schofield	[III, III—IV, IV]
*NT 50	Aland, Liste, Papyrus	[III—IV, IV, V]
*NT 51	Aland, Liste, Papyrus, Treu: um 400	[IV]
*NT 57	Aland, Liste, Papyrus, Treu	[V]
NT 82	Schwartz, Treu	
NT 85	Schwartz	
*Var 3	Bartoletti, Treu	[II]
*Var 8	Sanz, Treu	[V—VI]
Var 31	Vitelli: IV—V?	
Ap 4	Grenfell/Hunt	

IV—VI

*NT 7	Gregory, Treu	[IV]

IV—VII

*AT 50	Rahlfs	[IV, IV—V, VII]

V

AT 33	Vitelli	
AT 52	Sijpestijn, Treu	
*AT 58	Rahlfs	[V—VII, VII]
AT 67	Powell	
AT 80	Vitelli, Mercati, Naldini, Kilpatrik, Treu: V?	
AT 85	Traversa, Treu: V?	
*AT 97	Serruys bei Bardy	[VI—VII, VII]
AT 106	Sanz, Treu	

AT 149	Sanz, Treu	
*NT 4	Hedley: V E; Wilcken bei Cohn, Cohn: vor VI	[III, IV, VI]
*NT 6	Rösch: V E	[IV, V—VI, VII—VIII]
*NT 11	Gregory, Soden, Schubart bei Schofield, Dobschütz	[IV—V, V—VI, VII]
*NT 14	Harris, Gregory, Soden, Schubart bei Schofield, Dobschütz, Aland, Liste, Tischendorf; Maldfeld: V?	[V—VI, VII]
*NT 19	Grenfell/Hunt, Soden, Dobschütz, Schofield, Maldfeld	[IV—V]
*NT 21	Grenfell/Hunt, Dobschütz, Schofield, Clark, Maldfeld	[IV—V]
*NT 36	Roberts/Skeat bei Aland, Papyrus: V A	[VI, VII]
*NT 41	Maldfeld: V?	[VIII, VIII—IX, XI—XII, XII—XIII]
*NT 50	Roberts/Skeat bei Aland, Papyrus	[III—IV, IV, IV—V]
*NT 54	Kase, Clark, Maldfeld; Roberts bei Aland, Papyrus: post 400	[IV, V—VI, VI]
*NT 56	Roberts bei Aland, Papyrus: post 400	[V—VI, VI]
*NT 57	Sanz, Maldfeld	[IV—V]
*NT 68	Roberts/Skeat bei Aland, Papyrus: post 400; Treu: V?	[VII, VIII]
*NT 76	Roberts bei Aland, Papyrus: post 400	[VI]
Var 2	Rahlfs	
Var 6	Sanz, Treu	
Var 32	Hunt: V?	

V—VI

*AT 2	Marien, Schubart, Brooke/ McLean, Rahlfs	[VII]
AT 41	O'Callaghan, Treu	
AT 45	Grenfell/Hunt, Rahlfs	
*AT 61	Rouillard	[VI, VI—VII]
AT 94	Kenyon	
AT 99	Treu	

*AT 123		Koenen	[VI—VII]
*NT 2		Pistelli, Gregory, Soden, Maldfeld	[VI, VI—VII]
*NT 6		Hedley, Schofield, Dob- schütz, Maldfeld: V E—VI	[IV, V, VII—VIII]
*NT 11		Schofield; Maldfeld: V?, V—VI?	[IV—V, V, VII]
*NT 14		Schofield: V E—VI	[V, VII]
*NT 25		Stegmüller, Maldfeld	[IV]
*NT 33	(NT 58)	Sanz, Maldfeld	[VI, VI—VII, VII]
*NT 40		Bilabel, Dobschütz, Maldfeld	[III, VI]
*NT 54		Schofield, Aland, Liste, Pa- pyrus	[IV, V, VI]
*NT 56		Aland, Liste, Papyrus, Treu	[V, VI]
*NT 58	(NT 33)		
*NT 63		Aland, Liste, Papyrus, Treu: um 500	[VI]
Var 4		Bartoletti, Treu	
*Var 8		Wessely bei Sanz	[IV—V]
Var 11		Sanz, Treu	
Var 14		Grenfell/Hunt	
Var 15		Johnson/Martin, Rahlfs	
Var 16		Hedley	
Var 20		Wessely	
Var 26		Grenfell/Hunt	
Var 30		Schäfer, Preisendanz, Wessely	
Ap 1		Grenfell/Hunt	
Ap 7		Klos bei Preisendanz, Treu	

V—VII

*AT 58		Marien	[V, VII]

VI

04	(AT 17, AT 31, AT 137)	Grenfell/Hunt, Rahlfs	
*0201	(AT 16, AT 32, AT 34, AT 88a, AT 117, AT 131, AT 150, NT 42)	Till/Sanz, Maldfeld: VI M—E; Rahlfs	[VII—VIII]
AT 16	(0201)		

```
AT 17    (04)
AT 31    (04)
AT 32    (0201)
AT 34    (0201)
AT 46              Luzzatto/Roselli
AT 57              Kehl, Treu
*AT 61             Rahlfs                      [V—VI,
                                                 VI—VII]

*AT 71             Rahlfs                      [VIII]
AT 75              Barns/Zilliacus, Treu
AT 82              Sanz, Treu
AT 88a   (0201)
AT 91              Sanz, Treu
AT 103             Grenfell/Hunt
AT 111             Grenfell/Hunt, Rahlfs
AT 117   (0201)
AT 131   (0201)
AT 137   (04)
AT 150   (0201)
*NT 2              Hedley bei Schofield, Aland, [V—VI,
                     Liste, Papyrus              VI—VII]
*NT 3              Wessely, Gregory, Dobschütz, [VI—VII]
                     Hedley, Schubart bei Scho-
                     field, Schofield, Maldfeld
*NT 4              Scheil, Soden               [III, IV, V]
*NT 33   (NT 58)   Aland, Liste, Papyrus, Treu [V—VI,
                                                 VI—VII,
                                                 VII]
*NT 35             Hunger bei Aland, Papyrus   [III, IV,
                                                 VI—VII,
                                                 VII]
*NT 36             Pistelli, Soden, Milligan/Co- [V, VII]
                     bern, Maldfeld: VI?; Dob-
                     schütz, Hedley, Schubart bei
                     Schofield, Aland, Liste, Pa-
                     pyrus
*NT 40             Schofield                   [III, V—VI]
*NT 42   (0201)
*NT 54             Bell bei Schofield: VI?     [IV, V,
                                                 V—VI]
*NT 55             Sanz, Maldfeld              [VI—VII]
*NT 56             Sanz, Maldfeld, Hunger bei  [V, V—VI]
                     Aland, Papyrus
*NT 58   (NT 33)
```

*NT 63		Stegmüller	[V—VI]
*NT 76		Hunger, Aland, Liste, Papyrus, Treu	[V]
Var 5		Sanz, Treu	
Var 7		Niederwimmer, Treu	
Var 10		Zereteli	
Var 28		Wilcken	
Var 34		Hunger, Treu	
Ap 15		Lietzmann	
*Ap 16		Grenfell/Hunt, Deissmann: VI o VII	[VII]
*Ap 30		Milne: VI o VII	[VII]
*Ap 31		Milne: VI o VII	[VII]

VI—VII

*09	(AT 124, AT 126)	Wilcken bei Deissmann, Rahlfs	[VII]
*0102	(NT 34)	Wessely, Dobschütz, Maldfeld	[VII]
0103	(NT 44)	Aland, Liste, Papyrus, Maldfeld; Evelyn-White, Hedley, Schofield: VI E—VII A	
*0108	(NT 74)	Kasser	[VII]
*AT 61		Wessely	[V—VI, VI]
AT 73		Sanz, Treu	
AT 87		Sanz, Treu	
AT 88b		Treu	
*AT 97		Hunt, Milne	[V, VII]
*AT 123		Doutreleau	[V—VI]
*AT 124	(09)		
*AT 126	(09)		
AT 128		Barns/Zilliacus, Treu: VI E—VII	
AT 143		Barns/Zilliacus, Treu: VI E—VII	
*NT 2		Dobschütz, Schofield	[V—VI, VI]
*NT 3		Aland, Liste, Papyrus, Treu	[VI]
*NT 26		Aland, Liste, Papyrus: um 600; Grenfell/Hunt, Dobschütz, Clark, Maldfeld	[VII]
*NT 31		Hunt, Schofield: VI E—VII; Dobschütz, Maldfeld	[VII]
*NT 33	(NT 58)	Wessely, Dobschütz, Maldfeld	[V—VI, VI, VII]
*NT 34	(0102)		

*NT 35		Preisendanz bei Aland, Papyrus: um 600	[III, IV, VI, VII]
*NT 43		Bell, Aland, Liste, Papyrus	[VII]
NT 44	(0103)		
*NT 55		Aland, Liste, Papyrus, Treu	[VI]
*NT 58	(NT 33)		
*NT 74	(0108)		
Var 1		Treu	
*Var 13		Wessely	[IV]
Var 22		Hedley	
Var 25		Roberts	
Ap 20		Bauer, Treu	
Ap 26		Casson/Hettich, Treu	
Ap 28		Grenfell/Hunt, Peppermüller	

VII

*09	(AT 124, AT 126)	Kenyon, Deissmann	[VI—VII]
*0102	(NT 34)	Aland, Liste, Papyrus; Schofield: VII?	[VI—VII]
*0107	(NT 61)	Treu	[VII—VIII]
*0108	(NT 74)	Aland, Liste, Papyrus, Treu	[VI—VII]
*AT 2		Stegmüller	[V—VI]
*AT 50		Kenyon: VII?; Gardthausen, Milne	[IV, IV—V, IV—VII]
*AT 58		Lietzmann	[V, V—VII]
AT 66		Stegmüller, Rahlfs	
AT 69		Sanz, Treu	
*AT 83		Collart	[VIII]
*AT 84		Grenfell/Hunt	[VII—IX]
*AT 97		Grenfell/Hunt, Rahlfs	[V, VI—VII]
*AT 124	(09)		
*AT 126	(09)		
AT 152		Sanz, Treu	
*NT 11		Aland, Liste, Papyrus, Treu	[IV—V, V, V—VI]
*NT 14		Treu	[V, V—VI]
*NT 26		Schofield	[VI—VII]
*NT 31		Aland, Liste, Papyrus	[VI—VII]
*NT 33	(NT 58)	Schofield: VII E?	[V—VI, VI, VI—VII]
*NT 34	(0102)		
*NT 35		Schofield: VII A?; Pistelli, Soden, Dobschütz,	[III, IV, VI, VI—VII]

		Hedley, Schubart bei Schofield, Maldfeld	
*NT 36		Schofield: VII A	[V, VI]
*NT 43		Hedley, Schofield, Maldfeld	[VI—VII]
*NT 58	(NT 33)		
*NT 59		Aland, Liste, Papyrus, Treu; Maldfeld: VII E	[VII—VIII]
*NT 60		Aland, Liste, Papyrus, Treu; Maldfeld: VII E	[VII—VIII] [VII—VIII]
*NT 61	(0107)		
*NT 68		Aland, Liste, Papyrus, Treu: VII?	[V, VIII]
*NT 74	(0108)		
NT 79		Treu, Aland, Materialien	
Var 12		Sanz, Treu	
Var 17		Sanz, Treu	
*Var 18		Collart	[VIII]
Var 19		Vitelli, Treu	
*Ap 16		Grenfell/Hunt; Deissmann: VI o VII	[VI]
*Ap 30		Milne: VI o VII	[VI]
*Ap 31		Milne: VI o VII	[VI]

VII—VIII

*0107	(NT 61)	Casson/Hettich, Maldfeld; Aland, Liste, Papyrus: um 700	[VII]
*0201	(NT 42)	Aland, Liste, Papyrus	[VI]
AT 70		Stegmüller	
AT 95		Grenfell, Rahlfs	
*NT 6		Schmidt	[IV, V, V—VI]
*NT 42	(0201)		
*NT 59		Casson/Hettich	[VII]
*NT 60		Casson/Hettich	[VII]
*NT 61	(0107)		
Var 21		Winters	

VII—IX

*AT 84		Rahlfs	[VII]

VIII

*AT 71		Stegmüller	[VI]
*AT 83		Treu	[VII]

29*

*NT 41	Aland, Liste, Papyrus	[V, VIII—IX XI—XII, XII—XIII]
*NT 68	Hunger bei Aland, Papyrus, Treu: VIII?	[V, VII]
*Var 18	Treu	[VII]

VIII—IX

*NT 41	Bell bei Schofield, Hedley, Schofield	[V, VIII, XI—XII, XII—XIII]
Var 24	Benigni	

XI—XII

*NT 41	Ropes	[V, VIII, VIII—IX, XII—XIII]

XII—XIII

*NT 41	Wessely, Ropes(!)	[V, VIII, VIII—IX, XI—XII]

7. FUNDORTE[1]

Auja el Hafir	0107 NT 59, NT 60, NT 61 Ap 26
Antinoopolis:	06 AT 75, AT 78, AT 89, AT 90, AT 102, AT 107, AT 128, AT 143 Var 19, Var 29
Aphroditopolis:	*05, 010, *0104, 0204 AT 4, *AT 24, *AT 25, AT 40, AT 129, AT 139, AT 146, AT 147, AT 148, AT 153 *NT 45 Ap 2, Ap 3
Arsinoe: (Krokodilopolis)	*02 *AT 11, *AT 29, *AT 37, AT 77, *AT 134
Dimeh:	*AT 86
Faijum:	01, *02, *05, 08, 09, 0102, *0104, 0105, 0106, *0203 AT 2, AT 3, AT 5, *AT 11, *AT 24, *AT 25, AT 27, AT 28, *AT 29, *AT 37, AT 51, AT 55, *AT 61, AT 62, AT 63, AT 66, AT 69, AT 71, AT 73, AT 76, AT 87, *AT 92, AT 95, AT 99, AT 108, AT 110, AT 113, AT 114, AT 115, AT 116, AT 118, AT 119, AT 120, AT 121, AT 122, AT 124, AT 125, AT 126, *AT 134, AT 145, AT 149 NT 3, NT 12, NT 33, NT 34, *NT 45, NT 46, NT 53, NT 55, NT 56, NT 57, NT 58, NT 79 Var 8, Var 11, Var 13, Var 17, Var 25, Var 35 Ap 13, *Ap 22, Ap 30, Ap 31
Herakleopolis Magna:	Var 28
Hermopolis Magna:	AT 49, AT 59, *AT 61, AT 70, AT 82, AT 88b, AT 106, AT 152 Var 5, Var 6, Var 9, Var 12, Var 30 Ap 5, Ap 18
Koptos:	NT 4

---

[1] Mit einem * wird auf divergierende Angaben für die Fundorte hingewiesen.

Mittelägypten:	07 AT 109, AT 112
Niltal:	AT 35, AT 53
Oberägypten:	*AT 44
Oxyrhynchus:	0101 AT 8, AT 9, AT 12, AT 19, AT 21, AT 23, AT 33, AT 42, AT 47, AT 74, AT 79, AT 94, AT 98, AT 103, AT 111 NT 1, NT 5, NT 9, NT 10, NT 13, NT 15, NT 16, NT 17, NT 18, NT 19, NT 20, NT 21, NT 22, NT 23, NT 24, NT 26, NT 27, NT 28, NT 29, NT 30, NT 35, NT 36, NT 39, NT 48, NT 51, NT 69, NT 70, NT 71, NT 77, NT 78 Var 14, Var 15, Var 27, Var 31, Var 32, Var 33 Ap 4, Ap 8, Ap 9, Ap 10, Ap 11, Ap 12, Ap 19, Ap 21, Ap 29
Panopolis:	AT 1, *AT 44
Philadelphia:	AT 43
Qarara:	03 AT 15, AT 30 NT 40
Qumran:	AT 18, AT 22, AT 144
Sinai:	NT 11, NT 14, NT 68
Soknopaiou Nesos:	*AT 86
Tebtynis:	*0203 *AT 92 *Ap 22
Theben:	0103 AT 50, AT 81 NT 44, NT 72 Var 22
Toura:	AT 1a, AT 57, AT 92a, AT 96a, AT 123
Wadi Sarga:	NT 43

8. AUFBEWAHRUNGSORTE

Alexandria/Ägypten

P Alexandria 203	Griechisch-Römisches Museum		AT 135
P Alexandria 240	dto	PSI 921	AT 77

Allentown/Pennsylvania/USA

Theol Pap 3	Muhlenberg College	P Oxy 1227	NT 21

P Amherst siehe bei New York, Pierpont Morgan Library

Amsterdam

Inv Nr 83	Universität, Papyrussammlung		AT 52

Ann Arbor/Michigan/USA

P Michigan Inv Nr 22	University of Michigan		AT 48
P Michigan Inv Nr 27 (fr 2)	dto		AT 93
P Michigan Inv Nr 1317	dto		Ap 23
P Michigan Inv Nr 1570	dto	P Michigan 137	NT 37
P Michigan Inv Nr 1571	dto	P Michigan 138	NT 38
P Michigan Inv Nr 1572	dto		Var 21, Od 5
P Michigan Inv Nr 3788	dto		Ap 24
P Michigan Inv Nr 5552	dto		0204, Ap 3
P Michigan Inv Nr 5553	dto		0204, Ap 3
P Michigan Inv Nr 5554	dto		05, AT 24, AT 25
P Michigan Inv Nr 6238	dto		0105, NT 46
P Michigan Inv Nr 6427	dto		Var 23, Od 8
P Michigan Inv Nr 6652	dto		0106, NT 53

P Antinoopolis siehe bei Oxford, Ashmolean Museum

P Baden siehe bei Heidelberg, Papyrussammlung der Universität

Barcelona

P Barc			010, AT 40, AT 146, AT 147, AT 148, AT 153
P Barc Inv Nr 1	Fundación San Lucas Evangelista		NT 64, NT 67
P Barc Inv Nr 3	dto		AT 39
P Barc Inv Nr 5	dto		AT 142
P Barc Inv Nr 83	dto		NT 80
P Barc Inv Nr 20	Seminario de Papirología		NT 81
P Barc Inv Nr 33	dto	P Palau Rib 1	AT 41

Berkeley/California/USA

Pap 2	Palestine Institute Museum, Pacific School of Religion	P Oxy 1596	NT 28
	dto	P Oxy 1595	AT 103

Berlin

P Berlin Fol 66 I/II (durch Brand verloren)	Deutsche Staatsbibliothek	BGU 954	AT 1 Var 28
P Berlin Inv Nr 5018	Staatliche Museen		AT 66
P Berlin Inv Nr 6747	dto		AT 63
P Berlin Inv Nr 6770	dto		AT 2
P Berlin Inv Nr 6772	dto		AT 132
P Berlin Inv Nr 6774	dto		NT 79
P Berlin Inv Nr 6785	dto		AT 63

456

P Berlin Inv Nr 6788	dto		AT 99
P Berlin Inv Nr 7954	dto		AT 71
P Berlin Inv Nr 8683	dto		NT 8
P Berlin Inv Nr 11682	dto		AT 54
P Berlin Inv Nr 11710	dto		Ap 15
P Berlin Inv Nr 11763	dto		AT 70
P Berlin Inv Nr 11778	dto		AT 100
P Berlin Inv Nr 11914	dto		NT 63
P Berlin Inv Nr 13422	dto		AT 136
P Berlin Inv Nr 13893	dto		Ap 23
P Berlin Inv Nr 16158	dto		Var 1
P Berlin Inv Nr 16388	dto		NT 25
P Berlin Inv Nr 17097	dto		AT 88b, Od 12
P Berlin Inv Nr 17098	dto		Var 9
P Berlin Inv Nr 17212	dto		AT 138
P Berlin Inv Nr 17213	dto.		AT 10
BGU 954			Var 28

Birmingham (GB)

Inv Nr 181i	Selly Oak Colleges Library	P Rendel- Harris 31	AT 67

P Bodmer siehe bei Cologny/Genf, Bibliotheca Bodmeriana
P Bodmer VII/VIII siehe bei Vatikan, Bibliotheca Vaticana

P Bouriant siehe bei Paris, Sorbonne

Cambridge (GB)

Add 5893	University Library	P Oxy 1078	NT 17
Add 5894	dto	P Oxy 1081	Ap 11
Add 7211	dto	P Oxy 1355	NT 27

Cambridge/Massachusetts/USA

SM Inv 2218	Houghton Library, Harvard University	P Oxy 209	NT 10, Var 33
SM Inv 3736	dto	P Oxy 402	NT 9
SM Inv 4367	dto	P Oxy 655	Ap 10

P Chester Beatty siehe bei Dublin

Cologny/Genf

P Bodmer sn	Bibliotheca Bodmeriana		AT 57
P Bodmer sn	dto		NT 73
P Bodmer II	dto		NT 66
P Bodmer V	dto		0205, Ap 17
P Bodmer VII	ehemals dto, jetzt Vatikan		0205, NT 72
P Bodmer VIII	ehemals dto, jetzt Vatikan		0205, NT 72
P Bodmer IX	dto		0205, AT 60
P Bodmer X	dto		0205, Ap 25
P Bodmer XI	dto		0205, Ap 6
P Bodmer XII	dto		0205
P Bodmer XIII	dto		0205
P Bodmer XIV	dto		0109, NT 75
P Bodmer XV	dto		0109, NT 75
P Bodmer XVII	dto		0108, NT 74
P Bodmer XX	dto		0205
P Bodmer XXIV	dto		AT 53

P Colt siehe bei New York, Pierpont Morgan Library

Dallas/Texas/USA

sn	Bridwell Library, Perkins School of Theology, Southern Methodist University	P Oxy 1354	NT 26

Dayton/Ohio/USA

United Theological Seminary	P Oxy 1779	AT 42

Dublin

P Chester Beatty sn	0105, NT 46
P Chester Beatty sn	NT 47
P Chester Beatty sn	NT 66
P Chester Beatty I	0104, NT 45
P Chester Beatty III	NT 47
P Chester Beatty IV	AT 5
P Chester Beatty V	AT 4
P Chester Beatty VI	05, AT 24, AT 25
P Chester Beatty VII	AT 129
P Chester Beatty VIII	AT 139
P Chester Beatty IX, P Chester Beatty X	010, AT 40, AT 146, AT 147, AT 148, AT 153
P Chester Beatty XI	AT 105
P Chester Beatty XII	0204, Ap 2, Ap 3

P Egerton siehe bei London, British Museum

Erlangen

P Erlangen 2	Universitäts- bibliothek	AT 13

P Feinberg siehe bei New York, Columbia University

Florenz

	Biblioteca		Var 4
	Laurenziana		
PSI 1	dto		NT 35
PSI 3	dto		NT 36
PSI 6	dto		Ap 18
PSI 7	dto		Ap 5
PSI 127	dto		AT 33
PSI 719	dto		Var 31
PSI 759	dto		AT 80
PSI 921		Alexandria	AT 77
PSI 980	dto		AT 88
PSI 1163	dto		AT 98
PSI 1165	dto		NT 48
PSI 1273	dto		AT 129
PSI 1292		Kairo	NT 13
PSI 1371	dto		AT 64
PSI 1372	Istituto di Papirologia		Var 19
	G. Vitelli		
PSI 1373	dto		NT 65
Inv Nr 531	dto		AT 104
Inv Nr 7134	Museo Archeologico		NT 2

P Kairo Fouad 266 siehe bei Kairo, Universität

Freer Greek Ms V siehe bei Washington/D. C.

Genf

P Gen Gr	Bibliothèque publique		AT 140
Inv Nr 252	et universitaire		

Gent

Inv 61	Centrale Bibliotheek,	P Oxy 1598	0101,
	Rijksuniversiteit		NT 30

Genua

PUG	Universität, Istituto		AT 85
Inv Nr 1160r	di Filologia Classica		

Gießen

P bibl univ Giss	Universitäts-		AT 76
34 (Inv Nr 305)	bibliothek		
		P Jand 14	Var 30

Glasgow

MS 2—x. 1	Special Collections Department, Glasgow University Library	P Oxy 1228	NT 22
	dto	P Oxy 1151	Var 32

Göteborg

P Gothenburg 21	Universitäts-bibliothek		Ap 27

P Grenfell siehe bei Oxford, Bodleian Library

Hamburg

Pap bilinguis 1	Staats- und Universi-tätsbibliothek		0203, AT 92, Ap 22

Heidelberg

P Heidelberg Inv P Gr 8	Papyrussammlung der Universität	P Baden IV 56b	03, AT 15, AT 30
P Heidelberg Inv Nr G 600	dto		09, AT 124, AT 126
P Heidelberg Inv Nr 45	dto	P Baden 57	NT 40

P Jand siehe bei Gießen, Universitätsbibliothek

Jena

P Jena	Philologisches Seminar		AT 58

Jerusalem

4 Q LXX Lev^b	Palestine Archeological Museum		AT 22
7 Q₁ LXX Ex	dto		AT 18
7 Q₂	dto		AT 144

Kairo

P Kairo JE 10735	Museum of Anti-quities		Ap 16
P Kairo JE 10736	dto		Ap 28
	Universität	P Kairo Fouad Inv Nr 266	01, AT 3, AT 27

P Kairo JE 10696	Egyptian Museum, Midan-el-Tahrir		Var 26
P Kairo JE 41083	dto	P Oxy 845	AT 74
P Kairo JE 47423	dto	P Oxy 1008	NT 15
P Kairo JE 47424	dto	P Oxy 1009	NT 16
P Kairo Inventaire provisoire $\frac{27/9}{41/1}$			AT 57
P Kairo Inventaire provisoire $\frac{16/9}{41/1}$			AT 57
		PSI 1292	NT 13

Kiew

Petrov 553	Ukrainische Nationalbibliothek		NT 7

Köln

P Colon theol 1	Universität, Institut für Altertumskunde		AT 57
P Colon theol 2	dto		AT 123
P Colon theol 3—40	dto		010, AT 40, AT 146, AT 147, AT 148, AT 153
P Colon theol 2420	dto		AT 127
P Colon theol 5516	dto		NT 86
Inv Nr 12	dto		NT 87

Leipzig

P Leipzig Inv Nr 39	Universitätsbibliothek		AT 59
P Leipzig Inv Nr 170	(Kriegsverlust)		AT 86

Leningrad

Gr 258 A	Staatlich-Öffentliche Bibliothek		NT 11, NT 14
Gr 258 B	dto		NT 68

Liverpool

ClassGrLibr 424	Harold Cohen Library, University of Liverpool	P Oxy 1226	AT 47

London

Inv Nr 37	British Museum	P Lit London 205	AT 50
Inv Nr 113 (12 b)	dto	P Lit London 227	Ap 31
Inv Nr 113 (13 a)	dto	P Lit London 226	Ap 30
Inv Nr 212 v	dto	P Lit London 228	AT 7
Inv Nr 230	dto	P Lit London 207	AT 51
Inv Nr 782	dto	P Lit London 213, P Oxy 208	NT 5
Inv Nr 1531	dto	P Lit London 222, P Oxy 654	Ap 8
Inv Nr 1532 v	dto	P Lit London 218, P Oxy 657	NT 13
Inv Nr 1859B	dto	P Lit London 210	AT 97
Inv Nr 2053 r	dto	P Lit London 203, P Oxy 1075	AT 21
Inv Nr 2053 v	dto	P Lit London 219, P Oxy 1079	NT 18
Inv Nr 2066	dto	P Lit London 201, P Oxy 1166	AT 9
Inv Nr 2241	dto	P Lit London 220	NT 43
Inv Nr 2484	dto	P Oxy 1781	NT 5
Inv Nr 2486	dto	P Lit London 209	AT 96
Inv Nr 2556	dto	P Lit London 204	AT 43
Inv Nr 2557	dto	P Lit London 202	AT 14
Inv Nr 2921	dto		AT 57
Inv Nr 10825 (früher Inv Nr 2584)	dto		07, AT 109, AT 112
	dto	P Egerton 2	Ap 14
	dto	P Egerton 4	AT 38
		P Merton 2	AT 129
P Lit London 201	dto	Inv Nr 2066	AT 9
P Lit London 202	dto	Inv Nr 2557	AT 14
P Lit London 203	dto	Inv Nr 2053 r	AT 21
P Lit London 204	dto	Inv Nr 2556	AT 43
P Lit London 205	dto	Inv Nr 37	AT 50
P Lit London 207	dto	Inv Nr 230	AT 51
P Lit London 209	dto	Inv Nr 2486	AT 96

P Lit London 210	dto	Inv Nr 1859B	AT 97
P Lit London 213	dto	Inv Nr 782	NT 5
P Lit London 218	dto	Inv Nr 1532v	NT 13
P Lit London 219	dto	Inv Nr 2053v	NT 18
P Lit London 220	dto	Inv Nr 2241	NT 43
P Lit London 222	dto	Inv Nr 1531	Ap 8
P Lit London 226	dto	Inv Nr 113 (13a)	Ap 30
P Lit London 227	dto	Inv Nr 113 (12b)	Ap 31
P Lit London 228	dto	Inv Nr 212v	AT 7

P London Christ P 6 siehe bei Manchester, John Rylands Library

Madrid

P Matr bibl 1	010, AT 40, AT 146, AT 147, AT 148, AT 153

Mailand

P Mailand Inv Nr 151 (fr 1)		AT 93
P Med Inv 69.24	Università Cattolica di Milano	NT 88

Manchester

P Rylands 1	John Rylands Library		AT 26
P Rylands 2	dto		AT 97
P Rylands 3	dto		Var 15
P Rylands 4	dto		NT 31
P Rylands 5	dto	P London Christ P 6	NT 32
P Rylands 457	dto		NT 52
P Rylands 458	dto		AT 28
P Rylands 460	dto		02, AT 11, AT 29, AT 37, AT 134
P Rylands 463	dto		Ap 19
Box III, sub-gr. 1, folder no N	dto		AT 56

464

P Merton 2 siehe bei London

P Michigan siehe bei Ann Arbor, University of Michigan

P Nessana siehe bei New York, Pierpont Morgan Library

New Haven/Connecticut/USA

P Yale 1 (früher Inv Nr 419)	Yale University Library	AT 6
P Yale 415	dto	NT 49
P Yale 1543	dto	NT 50

New York

	Pierpont Morgan Library	P Amherst 1	Ap 1
PapG 3	dto	früher P Amherst 3b	Var 35, NT 12
	dto	P Amherst 4	AT 97
	dto	P Amherst 5	AT 45
	dto	P Amherst 6	AT 84
	dto	P Amherst 191, 192a, 192b, 194	04, AT 17, AT 31, AT 137
	dto	P Colt 3	NT 59
	dto	P Colt 4	NT 60
	dto	P Colt 5	0107, NT61
	dto	P Colt 7	Ap 26
12.180.334	Metropolitan Museum of Art		Var 22, Od 8
14.1.481	dto		AT 81
14.1.527	dto		0103, NT44
	Columbia University	P Feinberg 1	AT 35
	St. Mark's Library, General Theological Seminary	P Oxy 403	Ap 4

Newton Centre/Massachusetts/USA

O P 1230	Andover-Newton-Theological School, Hills Library	P Oxy 1230	NT 24

Oslo

P Osloensis 11	Universitätsbibliothek	02, AT 11, AT 134
P Osloensis 1644	dto	Var 27
P Osloensis 1661	dto	0202, AT 151, Od 8, NT 62

Oxford

Gr bibl c2	(P)	Bodleian Library		Var 25
Gr bibl d4	(P)	dto	P Grenfell 5	AT 145
Gr bibl d5	(P)	dto	P Oxy 656	AT 8
Gr bibl d6	(P)	dto	P Oxy 1170	NT 19
Gr bibl e6	(P)	dto		Var 16
Gr bibl g1	(P)	dto	P Grenfell 7	AT 95
Gr bibl g4	(P)	dto	P Oxy 1597	NT 29
Gr bibl g5	(P)	dto		AT 68
Gr th b1	(P)	dto		Ap 28
Gr th e7	(P)	dto	P Oxy 1	Ap 9
Gr th e8	(P)	dto	P Oxy 1224	Ap 12
Gr th f13	(P)	dto	P Oxy 850	Ap 21
		Magdalen College Gr 18		NT 64, NT 67
		Ashmolean Museum	P Oxy 1928	Var 14
		dto	P Oxy 2066	AT 94
		dto	P Oxy 2069	Ap 29
		dto	P Oxy 2157	NT 51
		dto	P Oxy 2383	NT 69
		dto	P Oxy 2384	NT 70
		dto	P Oxy 2385	NT 71
		dto	P Oxy 2386	AT 79
		dto	P Oxy 2683	NT 77
		dto	P Oxy 2684	NT 78
		dto	P Antinoopolis 7	AT 78
		dto	P Antinoopolis 8	06, AT 90, AT 102, AT 107
		dto	P Antinoopolis 9	AT 89
		dto	P Antinoopolis 51	AT 75
		dto	P Antinoopolis 52	AT 128
		dto	P Antinoopolis 53	AT 143
		dto	P Antinoopolis 54	Var 29

Oxyrhynchus-Papyri[1]

P Oxy 1	Bodleian Library, Gr th e7 (P)	Oxford	Ap 9
P Oxy 2	University Museum, University of Pennsylvania E 2746	Philadelphia	NT 1
P Oxy 208	British Museum, Inv Nr 782	London	NT 5
P Oxy 209	Houghton Library, Harvard University, SM Inv 2218	Cambridge/Mass	NT 10, Var 33
P Oxy 402	dto SM Inv 3736	dto	NT 9
P Oxy 403	St. Mark's Library, General Theological Seminary	New York	Ap 4
P Oxy 654	British Museum, Inv Nr 1531	London	Ap 8
P Oxy 655	Houghton Library, Harvard University, SM Inv 4367	Cambridge/Mass	Ap 10
P Oxy 656	Bodleian Library, Gr bibl d5 (P)	Oxford	AT 8
P Oxy 657	British Museum, Inv Nr 1532 v	London	NT 13
P Oxy 845	Egyptian Museum, Midan-el-Tahrir, JE 41083	Kairo	AT 74
P Oxy 846	University Museum, University of Pennsylvania E 3074	Philadelphia	AT 111
P Oxy 850	Bodleian Library, Gr th f13 (P)	Oxford	Ap 21
P Oxy 1008	Egyptian Museum, Midan-el-Tahrir, JE 47423	Kairo	NT 15
P Oxy 1009	dto JE 47424	Kairo	NT 16
P Oxy 1074	Classical and European Culture Museum, University of Illinois, GP 1074	Urbana	AT 19

---

[1] Angaben nach R. A. Coles, Location-List of the Oxyrhynchus Papyri and of other Greek Papyri Published by the Egypt Exploration Society, London 1974

P Oxy 1075	British Museum, Inv Nr 2053	London	AT 21
P Oxy 1078	University Library, Add 5893	Cambridge GB	NT 17
P Oxy 1079	British Museum, Inv Nr 2053 v	London	NT 18
P Oxy 1081	University Library, Add 5894	Cambridge GB	Ap 11
P Oxy 1151	Special Collections Department, Glasgow University Library	Glasgow	Var 32
P Oxy 1166	British Museum, Inv Nr 2066	London	AT 9
P Oxy 1167	Theological Seminary, Pap 9	Princeton	AT 12
P Oxy 1170	Bodleian Library, Gr bibl d6 (P)	Oxford	NT 19
P Oxy 1171	University Library, AM 4117	Princeton	NT 20
P Oxy 1224	Bodleian Library, Gr th e8 (P)	Oxford	Ap 12
P Oxy 1225	Theological Seminary, Pap 12	Princeton	AT 23
P Oxy 1226	Harold Cohen Library, University of Liverpool, ClassGrLibr 424	Liverpool	AT 47
P Oxy 1227	Muhlenberg College, Theol Pap 3	Allentown	NT 21
P Oxy 1228	Special Collections Department, Glasgow University Library, MS 2-x.1	Glasgow	NT 22
P Oxy 1229	Classical and European Culture Museum, University of Illinois GP 1229	Urbana	NT 23
P Oxy 1230	Andover-Newton Theological School, Hills Library, OP 1230	Newton Centre	NT 24
P Oxy 1354	Bridwell Library, Perkins School of Theology, Southern Methodist University	Dallas	NT 26

P Oxy 1355	University Library, Add 7211	Cambridge GB	NT 27
P Oxy 1595	Palestine Institute Museum, Pacific School of Religion	Berkeley	AT 103
P Oxy 1596	dto Pap 2	Berkeley	NT 28
P Oxy 1597	Bodleian Library, Gr bibl g4 (P)	Oxford	NT 29
P Oxy 1598	Centrale Bibliotheek, Rijksuniversiteit, Inv 61	Gent	0101, NT30
P Oxy 1779	United Theological Seminary	Dayton	AT 42
P Oxy 1780	Ambrose Swabey Library, Colgate Rochester Divinity School, 8864	Rochester	NT 39
P Oxy 1781	British Museum, Inv Nr 2484	London	NT 5
P Oxy 1928	Ashmolean Museum	Oxford	Var 14
P Oxy 2066	dto	Oxford	AT 94
P Oxy 2069	dto	Oxford	Ap 29
P Oxy 2157	dto	Oxford	NT 51
P Oxy 2383	dto	Oxford	NT 69
P Oxy 2384	dto	Oxford	NT 70
P Oxy 2385	dto	Oxford	NT 71
P Oxy 2386	dto	Oxford	AT 79
P Oxy 2683	dto	Oxford	NT 77
P Oxy 2684	dto	Oxford	NT 78

P Palau siehe bei Barcelona, Seminario oe Papirología

Paris

Suppl Gr 1120	Bibliothèque Nationale		NT 4
Inv Nr 827	Sorbonne	P Bouriant 2 (Inv Nr 41)	AT 65
Inv Nr 2125	dto	P Reinach 60	AT 83
Inv Nr 2136	dto	P Reinach 61	Var 18
Inv Nr 2166	dto	P Reinach 59	AT 20
Inv Nr 2250	dto		AT 141

Philadelphia/Pennsylvania/USA

E 2746	University Museum, University of Pennsylvania	P Oxy 2	NT 1
E 3074	dto	P Oxy 846	AT 111

Princeton/New Jersey/USA

P Princeton 15	University Library	Garrett Depots 7742	NT 54
Princeton AM 4117	dto	P Oxy 1171	NT 20
P Princeton 9	Theological Seminary	P Oxy 1167	AT 12
P Princeton 12	dto	P Oxy 1225 John H. Scheide 3	AT 23 010, AT 40 AT 146 AT 147, AT 148, AT 153

P Reinach siehe bei Paris, Sorbonne

P Rendel-Harris siehe bei Birmingham, Selly Oak Colleges

PSI siehe bei Florenz, Biblioteca Laurenziana

Rochester/New York/USA

8864	Ambrose Swabey Library, Colgate Rochester Divinity School	P Oxy 1780	NT 39

Rom

P Lais		Var 24, Od 8

P RussGeorg siehe bei Tiflis

P Rylands siehe bei Manchester, John Rylands Library

John H. Scheide 3 siehe bei Princeton

Sinai

Harris 14		NT 14 (?)

470

Straßburg

P Copt 379, 381, 382, 384	Bibliothèque Nationale et Universitaire		NT 6
P Gr 911	dto		AT 36
P Gr 1027	dto		AT 36
P Gr 1028	dto		NT 85
P Gr 2677	dto		NT 82

P Taur 27 siehe bei Turin, Museo Egizio di Antichità Greco-Romane

Tiflis

P Russ Georg 1	K. S. Kekelidze Institut für Handschriften der Akademie der Wissenschaften der Georgischen SSR	G. Zereteli Fonds Inv Nr 220	Var 10

Turin

T Gr 1	Museo Egizio e di Antichità Greco-Romane	P Taur 27	Var 3

Urbana/Illinois/USA

G P 1074	Classical and European Culture Museum, University of Illinois	P Oxy 1074	AT 19
G P 1229	dto	P Oxy 1229	NT 23

Vatikan

	Bibliotheca Vaticana	P Bodmer VII, VIII	0205, NT 72

Washington D. C.

Freer Greek Ms V			08, AT 108, AT 110, AT 113, AT 114, AT 115, AT 116, AT 118, AT 119,

Freer Greek Ms V (Forts.)			AT 120, AT 121, AT 122, AT 125
4082 B	Library of Congress		AT 130

Wien

K 7541—7548	Österreichische Nationalbibliothek		NT 41
K 8706	dto	fol 1b (AT 16) früher Lit theol 4	0201, AT 16, Od 1, AT 32, Od 2, AT 34, Od 3, AT 88a, Od 12, AT 117, Od 6, AT 131, Od 5, Od 11, AT 150, Od 7, Od 8, NT 42, Od 9, Od 13
K 9907—9972	dto		AT 44
G 330	dto		Ap 7
G 2312	dto	früher P Vindob 8032, Expos Nr 528	Var 13
G 2320	dto	früher P Vindob 8024; Expos Nr 536	AT 133
G 2323	dto	früher P Vindob 8021; Expos Nr 539	NT 3
G 2325	dto	früher Expos Nr 541	Ap 13
G 17973	dto		NT 33, NT 58
G 19887	dto		Var 20
G 19918	dto		NT 56
G 19920	dto		Var 12
G 25199	dto		AT 152, Od 8
G 26020	dto		NT 57
G 26035 B	dto		AT 72
G 26113	dto		AT 69

G 26133	dto		NT 33, NT 58
G 26166	dto		Var 11
G 26205	dto		AT 62
G 26214	dto		NT 55
G 26227	dto		Ap 20
G 26228 B	dto		Var 17
G 26781	dto		AT 82
G 26782	dto		AT 106
G 27290 A	dto		Var 5
G 29245	dto		AT 91
G 29255	dto		AT 149
G 29274	dto		Var 8
G 29418	dto		Var 7
G 29454	dto		AT 91
G 29525	dto		Var 6
G 29830	dto		AT 91
G 30453	dto		Var 34
G 30465	dto		Var 6
G 31974	dto		0104, NT45
G 35782	dto		AT 73
G 35831	dto		NT 33, NT 58
G 35887	dto		AT 87
G 36022	dto		AT 46
G 36102	dto		NT 76
G 39770	dto	früher Lit theol 5	AT 101
G 39772	dto	früher Lit theol 7	AT 55
G 39774	dto	früher Lit theol 9	AT 61
G 39783	dto	früher Lit theol 25 Expos Nr 190	NT 33, NT 58
G 39784	dto	früher Lit theol 26	0102, NT34
G 39786	dto	früher Lit theol 28	AT 49
Expos Nr 26	dto		Var 2

P Yale siehe bei New Haven Yale University Library